SCHÄFFER
POESCHEL

Jürgen Weber

Logistik- und Supply Chain Controlling

5., aktualisierte und völlig überarbeitete Auflage

2002
Schäffer-Poeschel Verlag Stuttgart

Die Deutsche Bibliothek – CIP-Einheitsaufnahme

Ein Titeldatensatz für diese Publikation ist bei Der Deutschen Bibliothek erhältlich

Gedruckt auf säure- und chlorfreiem, alterungsbeständigem Papier

ISBN 3-7910-2068-4

© 2002 Schäffer-Poeschel Verlag für Wirtschaft · Steuern · Recht GmbH & Co. KG
www.schaeffer-poeschel.de
info@schaeffer-poeschel.de
Einbandgestaltung: Willy Löffelhardt
Druck und Bindung: Ebner&Spiegel GmbH, Ulm
Printed in Germany
August /2002

Schäffer-Poeschel Verlag Stuttgart
Ein Tochterunternehmen der Verlagsgruppe Handelsblatt

Vorwort zur 4. Auflage

Viele Unternehmen haben in den letzten Jahren die wirtschaftlichen Chancen genutzt, die mit der Logistik verbunden sind. Lieferservice und -flexibilität konnten gesteigert werden, ohne dass damit eine untragbare Kostenbelastung einherging. Entsprechend wurde die Logistik zumeist als eigenständiger Bereich organisatorisch hervorgehoben. Zunehmend wird deutlich, dass der aufbauorganisatorischen Einbettung der Logistik die Gestaltung einer auf die speziellen Bedingungen materialflussbezogener Führungsaufgaben ausgerichteten Planung, Kontrolle und Informationsversorgung folgen muss. Erfahrung in diesem Kontext hilft, Fehler und Sackgassen zu vermeiden, schneller und effizienter zum Ziel zu kommen. Dieses Buch gibt viel Erfahrung weiter. Sie wurde auf ganz unterschiedlichen Wegen gesammelt:

- In einer theoretisch ausgerichteten ersten Phase standen kostenrechnerische Fragen im Vordergrund.
- Praktische Erfahrungen wurden bei der Erarbeitung und Umsetzung des Konzepts in zwei Unternehmen der Automobilindustrie (1982 und 1988/89) gesammelt.
- Diskussionen auf zahlreichen, seit 1986 veranstalteten Seminaren zum Thema mit mittlerweile mehr als 800 Führungskräften aus der Logistik und dem Controlling halfen, die Ideen abzurunden.
- Ein Arbeitskreis führte elf Industrieunternehmen unterschiedlicher Branchen und Größen sowie einen Softwareanbieter zusammen, die in einem insgesamt dreijährigen Vorgehen gemeinsam eine optimale Gestaltung des Logistik-Controlling diskutiert und umgesetzt haben.
- In einem weiteren Arbeitskreis erarbeiteten schließlich über zwanzig Unternehmen aus Industrie, Handel und anderen Dienstleistungsbereichen über zwei Jahre hinweg einen Vorgehensrahmen zur Bildung von Logistik-Kennzahlen und setzten diesen um.

Das Buch baut auf umfangreicher praktischer Erfahrung auf

Das Buch will ein Leitfaden sein, Logistik-Controlling »vor Ort«, im Unternehmen einzuführen. Es richtet sich deshalb primär an Logistikverantwortliche oder Controller in der Praxis. Hierauf ist auch die Sprache des Buches ausgerichtet. Zur besseren Verständlichkeit durchzieht eine Vielzahl von Abbildungen den Text, wobei diesen Abbildungen häufig ein Checklisten-Charakter zukommt. Auf die Diskussion von filigranen Einzelproblemen wird zugunsten einer kompakten Darstellung des Gesamtkonzeptes verzichtet. Literaturhinweise am Ende des Buches erlauben punktuelle Vertiefungen durch den Leser.

Das Buch wendet sich explizit an die Praxis

Die erste Auflage dieses Buches ist vor etwas mehr als vier Jahren erschienen. Drei Neuauflagen in so kurzer Zeit zeigen den hohen Bedarf des Themas in der Praxis, vielleicht aber auch die Tragfähigkeit des hier gewählten Ansatzes, Logistik-Controlling kurz, aber doch umfassend und umsetzungsnah zu beschreiben. Einige Änderungen im Vergleich zur dritten Auflage sind zu vermerken. Ihr Grund liegt im Wesentlichen darin, dass das

Buch mittlerweile Teil eines kleinen Veröffentlichungsprogramms geworden ist:

- Theoretische, primär kostenrechnerische Grundlagen werden im Buch »Logistikkostenrechnung« gelegt, das 1987 im Springer-Verlag, Berlin u.a., erschienen ist.
- Für die Diskussion des Konzepts der Logistik liegen zwei Bücher vor. Primär an Studenten wendet sich das »Logistikmanagement – Führungsaufgaben zur Umsetzung des Flußprinzips im Unternehmen«, 1994 publiziert in der Sammlung Poeschel im Schäffer-Poeschel Verlag, Stuttgart. Unmittelbar praxisbezogen wird die Logistik im Buch »Einführen von Logistik. Eine spannende Anleitung zum programmierten Erfolg« dargestellt, das 1993 – ebenfalls im Schäffer-Poeschel Verlag – erschienen ist.
- Anwendungsfragen des Logistik-Controlling behandelt die Veröffentlichung »Praxis des Logistik-Controlling«, die – 1993 in derselben Schriftenreihe wie dieses Buch publiziert – die Erfahrung des ersten der beiden bereits angesprochenen Arbeitskreise zusammenfasst.
- Fragen der Bildung von Logistik-Kennzahlen, die auch in diesem Buch eine wichtige Rolle spielen, sind in einem weiteren Arbeitskreis mit einer großen Zahl von Unternehmen aus Handel, Industrie und Dienstleistung diskutiert und beantwortet worden. Hierüber berichtet – in derselben Schriftenreihe – die 1995 erschienene Publikation »Kennzahlen für die Logistik«.
- Den Grundlagen des Controlling widmet sich schließlich die »Einführung in das Controlling«, die sich – mittlerweile in der 6. Auflage in der Sammlung Poeschel erschienen – wiederum primär an Studenten wendet.

Diese Veröffentlichungsbreite lässt eine stärkere Differenzierung zu. Im vorliegenden Buch geht es ausschließlich um Problemstellungen und Lösungen, die Sie in Ihrer praktischen Umsetzung des Logistik-Controlling betreffen. Anknüpfungspunkt ist Ihr Verständnis der Logistik und des Controlling, nicht das, was man in der betriebswirtschaftlichen Theorie unter beiden Konzepten verstehen mag. Wen neueste theoretische Entwicklungen interessieren, sei auf die beiden genannten, in der Sammlung Poeschel erschienenen Bücher verwiesen.

Im Vergleich zur vorangegangenen fällt diese Auflage des Logistik-Controlling deshalb wieder knapper aus. Sie ist von jedem verzichtbaren konzeptionellen Beiwerk befreit und noch stärker auf die Umsetzung der geäußerten Ideen ausgerichtet.

Vorwort zur 5. Auflage

Nach vier Auflagen in vier Jahren hat sich die fünfte Auflage viel Zeit gelassen. Was hat sich in sieben Jahren seit Erscheinen der 4. Auflage verändert?

- Das Offensichtlichste sticht schon im Titel ins Auge: Die Logistik hat sich in der Unternehmenspraxis – wieder einmal durch US-amerikanische Vorbilder angestoßen – maßgeblich unter dem »Label« »Supply Chain Management« weiterentwickelt. Nachdem die innerbetrieblichen Effizienz- und Effektivitätssteigerungen zunehmend erschlossen sind, stehen nun solche in der Zusammenarbeit von Unternehmen innerhalb von Versorgungsketten im Fokus. Obwohl längst noch nicht dem Stadium einer Modewelle entwachsen, ist es an der Zeit, sich über passende Controlling-Instrumente und -Prozesse Gedanken zu machen. Dieser Fragestellung ist ein eigenes, sehr umfangreiches Kapitel gewidmet.

- Mittlerweile liegen einige aussagefähige empirische Erhebungen zu Stand und Erfolgswirkungen der Logistik vor. Beide Aspekte sind für die Gestaltung eines Logistik-Controlling wesentlich. So sollte sich das Controlling viel stärker als in der Vergangenheit mit der Frage auseinandersetzen, wie Logistik die Wettbewerbsfähigkeit des Unternehmens stärkt. Mit anderen Worten: Der vorrangige Blick auf Kosteneinsparungen greift zu kurz. Aktuell sind hohe Fähigkeiten auf der Leistungsseite deutlich wichtiger! Wie im Logistik-Controlling damit umgegangen werden sollte, ist neu ins Buch aufgenommen.
- Controller machen – völlig zu Unrecht – um die Logistik häufig einen großen Bogen – Grund genug, für sie ein konkretes Handlungsprogramm zu entwerfen, das hilft, diesen Mangel zu beseitigen.
- Logistik-Controlling ist nicht nur Routinegeschäft, sondern vollzieht sich auch in vielfältiger Projektarbeit. Für diesen Aspekt ist ebenfalls ein neuer Abschnitt in diesem Buch reserviert.
- Um den praktischen Bezug noch weiter zu steigern, enthält das Buch – gesondert gekennzeichnet und optisch hervorgehoben – Beiträge von Unternehmenspraktikern aus zwei Sektoren, die für die Entwicklung der Logistik wichtige Impulse geleistet haben. Zum einen ist dies die Automobilindustrie. Der Beitrag von *Sören Häse* von der *DaimlerChrysler AG* dient uns insbesondere als Vorbild für die praktische Gestaltung eines Supply Chain Controlling. Zum anderen hat auch der Handel in den letzten Jahren beispielhafte logistische Lösungen erarbeitet. *Saskia Strobel* von der *dm-drogerie markt GmbH + Co. KG* berichtet über Konzept und Umsetzung eines Beziehungscontrolling, dem Vorbildfunk-

Saskia Strobel,
*dm-drogerie markt
GmbH+Co. KG*, Karlsruhe

Sören Häse,
DaimlerChrysler AG,
Stuttgart-Möhringen

tion zukommt. Ein weiteres praktisches Beispiel entstammt schließlich der chemischen Industrie und beschäftigt sich mit einem auf den ersten Blick völlig »unspannenden« Themengebiet: dem C-Teile-Management. Wir werden im Detail am Beispiel eines mit der *BASF AG* durchgeführten Forschungsprojekts sehen, wie fruchtbar auch dort der Ansatz des Supply Chain Managements wirken kann.

Allerdings ist auch vieles gegenüber der vorangegangenen Auflage gleich geblieben. Auch nach sieben Jahren sind deren Vorschläge noch immer aktuell; erfreulicherweise sind viele Unternehmen aktuell (endlich) dabei, das umzusetzen, was die 4. Auflage vorgeschlagen hat. Entwicklungen brauchen ihre Zeit. Deshalb konnten auch wesentliche Passagen aus der alten Auflage praktisch unverändert übernommen werden. Gleich geblieben sind auch die verständliche Sprache und die unmittelbare Umsetzbarkeit der Ausführungen.

von links nach rechts: Ulrich Knobloch, Andreas Bacher, Carl Marcus Wallenburg, Jürgen Weber und Marcus Groll

An der 5. Auflage haben viele Mitarbeiter des Lehrstuhls in unterschiedlichen Rollen mitgearbeitet. Andreas Bacher und Marcus Groll hatten die Funktion der »Projektleitung« inne und brachten ihr Know-how im Bereich des Supply Chain Controlling ein; Ulrich Knobloch und Carl Marcus Wallenburg lieferten inhaltliche Beiträge, Alexandra Matthes und Ursula Opper waren für das Stichwortverzeichnis und das fehlerfreie Finish verantwortlich. Ihnen allen sei an dieser Stelle herzlich gedankt! Dank gilt auch dem Verlag für seine gewohnt unkomplizierte Zusammenarbeit. Ich bin gespannt, ob bis zur nächsten Auflage dieses Buches auch wieder 7 Jahre vergehen werden!

Vallendar im Juli 2002
Jürgen Weber

Gliederung

Grundlagen des Logistik-Controlling

Kapitel 1

Management Summary

Ein Buch zum Thema »Logistik- und Supply Chain Controlling« verbindet eine Reihe von »Buzzwords«, die jeweils sehr unterschiedlich verstanden und interpretiert werden können. Ohne ein klares begriffliches Grundverständnis sind die Aussagen auf Sand gebaut. Deshalb wollen wir das Kapitel 1 nutzen, die erforderlichen Grundlagen zu legen. Im Kern gilt es, folgende Aussagen festzuhalten:

- Controlling wie Logistik sind in der Unternehmenspraxis entwickelte Konzepte. Sie beziehen sich jeweils auf konkrete Probleme der Unternehmen.
- Beide Konzepte haben sich mit Änderungen der Praxisprobleme weiterentwickelt. »Die« Logistik oder »das« Controlling gibt es nicht.
- Beide Entwicklungen lassen sich in unterschiedliche Phasen einteilen. Dabei bildet das Supply Chain Management die vorerst letzte Stufe der Logistikentwicklung. Für das Controlling steht auf selber Stufe die umfassende Koordination der Führung.
- Auch für das Logistik-Controlling folgt eine erhebliche Breite möglicher Ausprägungen, die sich wiederum in eine Ordnung bringen lassen.
- Logistik-Controlling hat sich in der Praxis noch nicht breitflächig durchgesetzt. Ein Supply Chain Controlling steckt noch in den allerersten Anfängen.

1. Idee und Entwicklungsphasen des Controlling

Controlling ist in den Unternehmen seit langem fest verankert. Gleiches gilt seit geraumer Zeit für die Hochschulszene. Dennoch hat sich kein einheitliches Verständnis dessen herausgebildet, was sich unter Controlling exakt verbirgt. Diese Unschärfe hat seiner weiten Verbreitung allerdings keinen Abbruch getan. Sie hat auch nicht verhindert, dass bestimmte Aufgaben – wie Planung, Kontrolle, Informationsversorgung – fast in jedem Unternehmen mit Controlling verbunden werden. Bei näherem Hinsehen lässt sich ein gemeinsamer Kern der wichtigsten Auffassungen ebenso feststellen wie eine Folge von Entwicklungsstufen des Controlling. Beide seien im Folgenden kurz beleuchtet.

1.1. Kern des Controlling

Zugang zum Kern des Controlling erlangt man durch die Beobachtung der Tätigkeit von Controllern. Controller arbeiten eng mit Managern zusammen. In diesem Zusammenspiel wollen beide zusammen eine bestimmte Art von Führung erreichen, die durch folgende Merkmale gekennzeichnet ist:

- Sie baut auf Zahlen auf, vernachlässigt aber nicht die Intuition des Managers.
- Sie schafft Transparenz über die wirtschaftliche Situation. Damit können Entscheidungen sowohl besser getroffen als auch durch andere besser nachvollzogen werden.
- Sie knüpft dezentrale Handlungsspielräume an Pläne und Zielerreichungskontrolle. Damit wird Eigenverantwortung gestärkt.
- Sie versteht Kontrolle schließlich als Mittel zum Lernen, nicht zur Schuldzuweisung.

Mit welcher Art von Führung ist Controlling verbunden?

Manager und Controller wirken dabei zusammen und ergänzen sich. Der Controller ist Führungsdienstleister und Counterpart des Managers. Er verhilft dem Manager durch Informationsversorgung, vielfältige Unterstützungsleistungen und das Recht zum kritischen Diskurs zu einer besseren Wahrnehmung seiner Führungsfunktion.

Aus dieser Tätigkeit leitet sich auch die Funktion des Controlling ab: Controlling dient der Sicherstellung »vernünftiger« Unternehmensführung (»Rationalitätssicherung«): Ähnlich der Qualitätssicherung im Bereich der Produktion, macht es Sinn, Führung einer kritischen Betrachtung zu unterziehen, Qualitätsprobleme frühzeitig zu erkennen und zu beseitigen, ehe sie sich zu signifikanten Ergebnisproblemen ausgewachsen haben. Genauso wie ein Qualitätsbeauftragter ist der Controller kein Übermensch. Er kann nicht besser führen als der Manager; durch seine Neutralität und Unabhängigkeit kann er aber besser zu einseitige Sichtweisen, Inkonsistenzen und andere Führungsprobleme erkennen. Genauso wie Qualitätssicherung soll

Controlling ist Rationalitätssicherung

Controlling nur bis zu dem Umfang erfolgen, an dem die damit erzielten Nutzen die Kosten der Rationalitätssicherung nicht übersteigen.

Controlling als Rationalitätssicherung zu sehen, macht es ebenso »schillernd« wie die zugrunde liegende Führung: Im Mittelstand sehen beide ganz anders aus als in einem Start up-Unternehmen oder in einem multinationalen Konzern. Unterschiede werden auch durch unterschiedliche Entwicklungsstufen der Führung und des Controlling hervorgerufen. Letztere seien im Folgenden näher betrachtet.

1.2. Entwicklungsstufen des Controlling

Am Beginn der Controllingentwicklung steht die Informationsversorgung. Wer vernünftig führen will, muss die Konsequenzen seiner Entscheidungen kennen. Ohne verlässliche Kenntnis der Erfolgswirkungen geplanter Maßnahmen sind Pläne schnell auf Sand gebaut. Dazu, solche Informationen zu generieren, dient insbesondere das Rechnungswesen, speziell die Kostenrechnung. Controller erscheinen in der ersten Entwicklungsstufe des Controlling stark rechnungswesenverhaftet, als Registratoren oder »Erbsenzähler«. Dennoch ist ein solides Zahlengerüst unverzichtbar, wenn man auf Zielen basiert führen will. Die Informationsversorgung bildet somit auch die Grundlage für die weiteren Entwicklungsstufen des Controlling.

Controlling hat sich in drei
aufeinander aufbauenden
Stufen entwickelt

Als zweite Phase schließt sich eine Ausprägung des Controlling an, die man am besten mit dem Regelkreis aus Planung und Kontrolle veranschaulichen kann (vgl. die *Abbildung 1-1*). Eine systematische Planung ermöglicht die Einbindung des Wissens vieler Führungskräfte ebenso wie deren Abstimmung. In der Planung ermittelte Ziele sind die Messlatte des täglichen Führungshandelns. Die Kontrolle sichert die Ernsthaftigkeit der gesetzten Ziele ebenso, wie sie ein systematisches Lernen aus Abweichungen ermöglicht. Controller spielen in dieser Entwicklungsstufe des Controlling zusätzlich die Rolle von Navigatoren, die die Planung organisieren, die notwendigen Informationen für Planung und Kontrolle sicherstellen und keine Planung ohne Abweichungsanalyse lassen. Für viele Unternehmen ist das aktuell der »Normalzustand des Controlling«.

Die dritte Entwicklungsphase weist dem Controlling schließlich zusätzlich umfassende Koordinationsaufgaben innerhalb der Führung zu. Das Unternehmenswachstum hat komplexe Führungsstrukturen entstehen lassen; diese geraten zunehmend unter Veränderungsdruck. Beides führt zu einem erheblichen laufenden Koordinationsbedarf. Als Beispiel sei auf die Einführung wertorientierter Steuerung (»Shareholder Value«) verwiesen: Es reicht längst nicht aus, wertorientierte Größen zu ermitteln und zu berichten. Wenn nicht die Planung darauf abgestellt wird, geeignete Organisationsstrukturen die Erreichung der Wertziele unterstützen, laufende Kontrollen signalisieren, wie weit man auf dem Weg zur Zielerreichung vorangekommen ist, und schließlich die Manager diese Zielerreichung am eigenen Geldbeutel spüren, ist das Steuerungskonzept unwirksam. Controller erscheinen in diesem Umfeld als Innovatoren oder Management Consultants und haben mit ihren Erbsenzähler-Kollegen nicht mehr viel gemein.

Controller haben sich zu
Management-Consultants
entwickelt

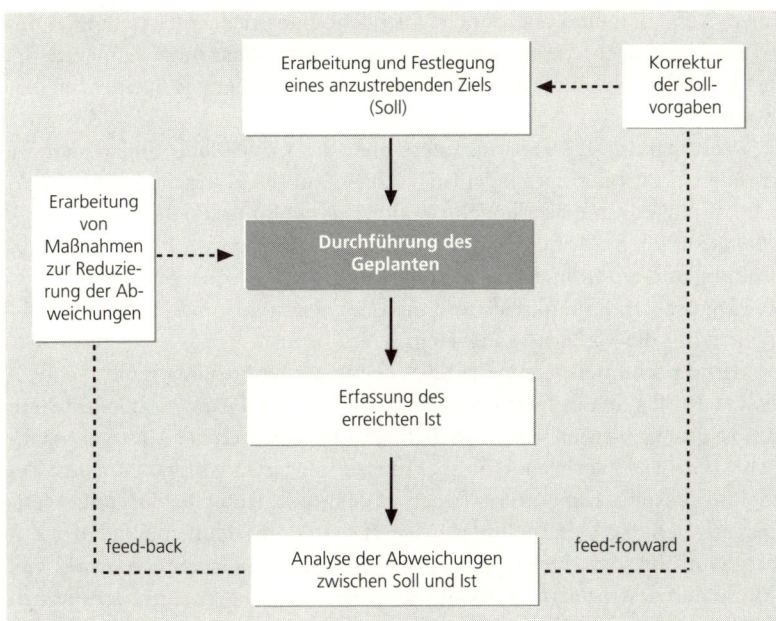

Abb. 1-1: Typischer »Control-
ling-Regelkreis«

Allerdings werden beide gleichzeitig gebraucht; der Controllerbereich gliedert sich entsprechend auf (»front- and back office«).

1.3. Stand des Controlling in der Praxis

Das Controlling ist in der Praxis fest verankert. Diverse empirische Studien belegen dies. Controller finden sich in praktisch jedem größeren Unternehmen. Auch bezüglich der hauptsächlich verfolgten Aufgaben gibt es wenig Dissens. Die »klassischen« Controllertätigkeiten liegen in den Feldern Budgetierung, Kontrolle (Soll-Ist-Abweichungsanalyse), Berichtswesen und Kostenrechnung. Je nach Branche und Unternehmensgröße kommen mehr oder weniger viele »Rand«aufgaben hinzu. Von den funktionalen Teilbereichen sind die Controller stark auf die Produktion konzentriert. Sie kennen sich in Produktionsfunktionen deutlich besser aus als im Kaufverhalten von Kunden oder in der Unsicherheit von F&E-Prozessen.

Übereinstimmend findet sich in den empirischen Studien auch ein Nebeneinander von zentralem und dezentralem Controlling sowie eine starke Abhängigkeit der Organisation vom Führungsverständnis des Unternehmens. Dies wird am deutlichsten am Beispiel von Konzernformen sichtbar (vgl. *Weber/Hunold/Prenzler/Thust* 2001): In einem traditionellen Stammhauskonzern nimmt das Zentralcontrolling typischerweise mehr operative Aufgaben wahr als das in einer Management- oder einer Finanzholding. Der Schwerpunkt der Aufgaben in Stammhauskonzernen liegt auf der Ergebniskontrolle und Informationsversorgung, in strategischen Holdings auf der Planung und Beratung und in Finanzholdings schließlich auf der Entscheidungsunterstützung und Kontrolle. Mit diesen unterschiedli-

Controlling ist in der Praxis
weit verbreitet – und sehr
unterschiedlich ausgeprägt

chen Aufgaben sind auch unterschiedliche personelle Ausstattungen des Controllerbereichs verbunden: in der Spitze eines Stammhauskonzerns arbeiten im Durchschnitt fast viermal so viele Controller wie in einer Finanzholding.

Bezogen auf die Entwicklungsstufen des Controlling fühlen sich die meisten Controller eher beleidigt, wenn sie in die Kategorie des Erbsenzählers eingeordnet werden. Nur weniger als ein Fünftel sieht sich dort (vgl. *Amshoff* 1993, S. 241f.). Angestrebt wird die Phase aktiver Führungsmitgestaltung und Koordination. Allerdings sind dort – wie die Studie von *Stoffel* für Deutschland, Frankreich und die USA zeigt (vgl. *Stoffel* 1995, S. 242) – derzeit nur die Wenigsten angelangt.

Empirische Belege zur Erfolgswirkung des Controlling fehlen schließlich fast völlig. In einer aktuellen WHU-Studie (vgl. *Bauer* 2002) konnte nun jüngst gezeigt werden, dass zwischen der Zufriedenheit der Manager mit ih-

ren Controllern und dem Unternehmenserfolg eine signifikant positive Beziehung besteht. Ein weiteres Ergebnis der Studie lautet: Je härter der Wettbewerb, dem ein Unternehmen ausgesetzt ist, desto deutlicher fällt der Zusammenhang zwischen Controllerleistung und Unternehmenserfolg aus. Mit anderen Worten: Controlling wird umso wichtiger, je größer die Anforderungen an die Wettbewerbsfähigkeit des Unternehmens sind. Damit steht die Rationalitätssicherungsaufgabe des Controlling auch in Zukunft nicht in Frage!

2.   Idee und Entwicklungsphasen der Logistik

Wenn man sich mit der Logistik näher beschäftigt und nach deren »Pudels Kern« fragt, bekommt man leicht ein dejá-vu-Erlebnis: Nicht nur der Controllingbegriff ist schillernd; Gleiches gilt auch für die Logistik! Die Zahl der Beiträge und Bücher zur »richtigen« Abgrenzung füllt diverse Regale. Auch hier scheint die Zahl der Meinungen nahe an die Zahl der Autoren zu

reichen. Und die letzte Analogie: Die unterschiedlichen Meinungen stehen nicht isoliert nebeneinander, sondern bauen aufeinander auf: Das, was für das Controlling die Rationalitätssicherung der Führung ist, ist für die Logistik die Deckung eines Versorgungsproblems! Dies liegt schon der ältesten überlieferten Definition der Logistik zugrunde, die vom byzantinischen Kaiser *Leontos* dem VI. stammt. Für ihn war die Logistik neben der Taktik und Strategie die dritte Kriegskunst mit der Aufgabe, eine umfassende Unterstützung des Heeres zu gewährleisten. Diese grundsätzliche Aufgabe hat in unterschiedlichen Situationen eines Unternehmens ganz unterschiedliche Schwerpunkte. Insbesondere lassen sich vier verschiedene, aufeinander aufbauende Entwicklungsstadien der Logistik unterscheiden, die auch die *Abbildung 1-2* zeigt.

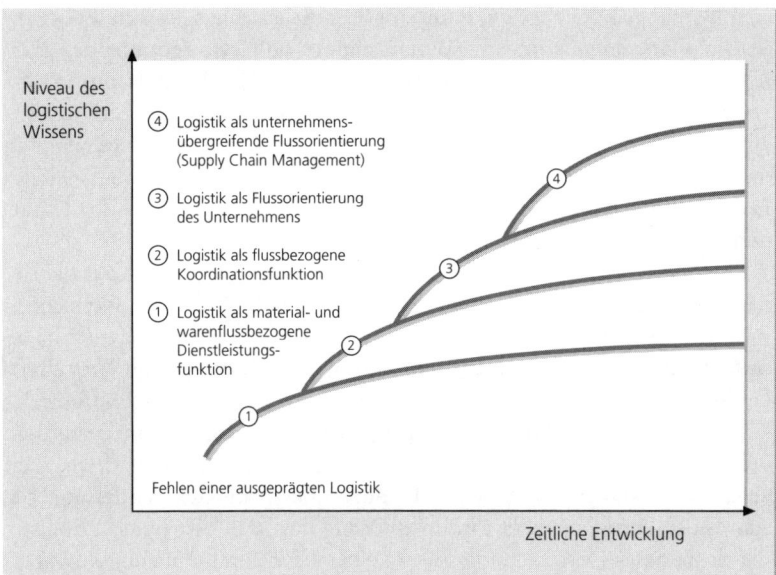

Niveau des
logistischen
Wissens

④ Logistik als unternehmensübergreifende Flussorientierung
(Supply Chain Management)

③ Logistik als Flussorientierung
des Unternehmens

② Logistik als flussbezogene
Koordinationsfunktion

① Logistik als material- und
warenflussbezogene
Dienstleistungs-
funktion

Fehlen einer ausgeprägten Logistik

Zeitliche Entwicklung

Abb. 1-2: Entwicklungs-
phasen der Logistik (entnommen aus *Weber* 2002, S. 5)

2.1. Entwicklungsphasen der Logistik

Der Ursprung der Unternehmenslogistik liegt in einer ganzheitlichen Betrachtung material- und warenflussbezogener Dienstleistungen, insbesondere von Transporten, Umschlagsvorgängen und Lagerungen. Diese die gesamte Wertschöpfungskette eines Unternehmens durchziehenden Aktivitäten waren zuvor aufgrund geringer Bedeutung vernachlässigt worden. U.a.
angestoßen durch erhöhten Wettbewerbsdruck und technologische Entwicklungen (z.B. Lagerautomatisierung), wurden ab Mitte des 20. Jahrhunderts Rationalisierungsgewinne insbesondere durch Investitionen in die
TUL-Technologie (z.B. automatische Hochregallagersysteme), verbesserte
Planungsverfahren und die Berücksichtigung von Wechselwirkungen zwischen den material- und warenflussbezogenen Dienstleistungen erzielt. Für
Letzteres gilt die Studie von *Lewis/Cullington/Steel* 1956 als beispielgebend.
Diese deckte für Luftfracht auf, dass eine höhere Taktfrequenz zwar höhere Transportkosten mit sich brachte, diese jedoch durch die gleichzeitige
deutliche Verringerung von Lagerbeständen mehr als kompensiert werden
konnte. Logistik in diesem Sinne als eine funktionsbezogene Spezialisierung
zu verstehen (»TUL-Logistik«), ist noch heute weit verbreitet und bildet eine unverzichtbare Basis zur Erzielung von Versorgungssicherheit.

Die nächste Phase der Logistikentwicklung lässt sich als eine Folge dieser Funktionsspezialisierung auffassen. Nach einer vollzogenen Rationalisierung der gegebenen Transporte, Umschlags- und Lagervorgänge waren
weitere Spezialisierungsgewinne nur dadurch möglich, dass die Logistik aktiven Einfluss auf die Bedarfe nahm. Ihr Fokus wendete sich von der Effizienz einer isolierten Funktion zur Effizienz der Koordination unterschiedlicher Funktionsbereiche. Nicht genügend berücksichtigte Zu-

*Der Ursprung der Logistik
liegt in der physischen
Bewältigung von
Transporten, Umschlags-
vorgängen und Lagerungen*

sammenhänge boten breiten Raum für Rationalisierungsgewinne. So »rechnet sich« z.B. eine Just-in-time-Bereitstellung von Einsatzgütern erst bei einer gemeinsamen Steuerung von Bereitstellungs- und Produktionsprozessen. Organisatorischer Ausdruck der Wahrnehmung dieser Koordinationsaufgabe war die Übertragung der Produktionsplanung und -steuerung an die Logistik. Mit der Aufgabenausweitung wuchs der dispositive Anteil der Logistikaktivitäten erheblich. Gleichzeitig gewann die Logistik im Unternehmen an Bedeutung.

Die dritte Phase der Logistikentwicklung stellte dann nicht nur die Bedarfe an TUL-Leistungen, sondern die gesamte Struktur der Wertschöpfungsprozesse in Frage. Nur durch eine konsequente Fluss- bzw. Prozessorientierung des Gesamtunternehmens waren noch zusätzliche Wirtschaftlichkeitsgewinne erzielbar. Sie ermöglichte sowohl eine Ausschöpfung des leistungsbezogenen Wettbewerbspotenzials der Logistik (insbesondere durch Lieferschnelligkeit, Liefersicherheit und Lieferflexibilität), als auch zusätzliche Kostensenkungen (z.B. durch Fertigungssegmentierung, bestandslose Fertigung oder die Realisierung von Pull-Prinzipien). Logistik wurde in dieser Entwicklungsstufe zu einer stark durch Führungsaufgaben geprägten Funktion, die alle Wertschöpfungsprozesse flussorientiert gestalten will.

Die (vorerst) letzte Phase der Logistik-Entwicklung weitet den Blick über die Unternehmensgrenzen hinaus und versucht, das Prinzip der flussorientierten Gestaltung der Wertschöpfung auf mehrere miteinander in Liefer- und Leistungsbeziehungen stehende Unternehmen gemeinsam anzuwenden. Angestrebt wird eine Koordination von der »Source of Supply« bis zum »Point of Consumption«. Frühzeitige gegenseitige Information ermöglicht schnelle und durchgängige Reaktionen auf Bedarfsveränderungen, enge gegenseitige Abstimmung in der Planung, Produktgestaltung und IT-Systemen Vorteile gegenüber unkoordinierten Wettbewerbern. Um diese Vorteile zu realisieren, sind allerdings sehr weitreichende Erkenntnisse und Erfahrungen erforderlich. Die Trauben hängen hier sehr hoch!

**Supply Chain Management
lässt sich als die (vorerst)
letzte Entwicklungsstufe der
Logistik auffassen**

2.2.   Stand der Logistik in der Praxis

Basis der folgenden Ausführungen sind die Ergebnisse einer umfangreichen empirischen Studie der WHU, an der genau 500 Unternehmen aus allen wichtigen Branchen der Bundesrepublik Deutschland teilgenommen haben (im Detail *Dehler* 2001). Diese Unternehmen wurden zum Entwicklungsstand der Logistik zunächst auf Basis einer Selbsteinschätzung befragt. Im Ergebnis zeigt sich, dass bei den meisten Industrieunternehmen heute noch ein eher traditionelles Logistikverständnis vorherrscht (vgl. die *Abbildung 1-3*): Über 80 Prozent der Unternehmen betrachten die Logistik noch als Dienstleistungsfunktion (Stufe 1) oder als Koordinationsfunktion (Stufe 2). Lediglich 7 Prozent der befragten Unternehmen sehen sich bereits auf der höchsten Entwicklungsstufe der Logistik angelangt. Vergleicht man den derzeitigen Entwicklungsstand mit dem Entwicklungsziel der Logistik, so ergibt sich ein vollkommen entgegengesetztes Bild: Nur 8 Prozent der

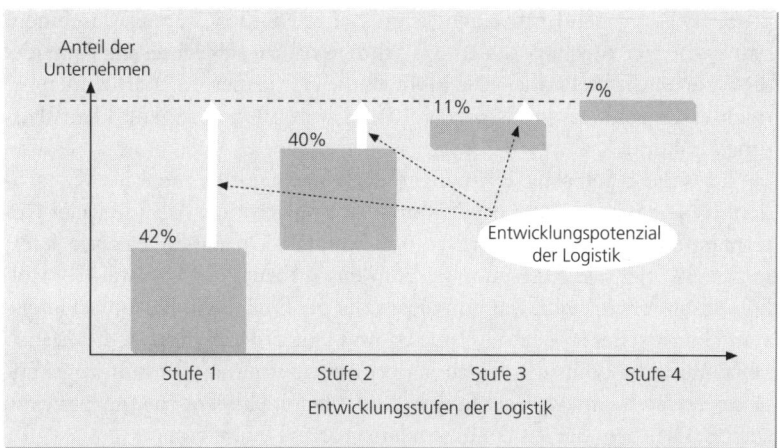

Unternehmen möchten auf der ersten Stufe verbleiben. Die zweite Entwicklungsstufe wird von 22 Prozent und die dritte Stufe von 13 Prozent angestrebt. Die große Mehrheit der Unternehmen (57 Prozent) hat das Ziel, die Logistik zu einer unternehmensübergreifenden Führungsfunktion (Supply Chain Management) weiterzuentwickeln.

Der Branchenvergleich zeigt ein uneinheitliches Bild (vgl. die *Abbildung 1-4*). Zunächst gelten die vorab skizzierten Grundaussagen über alle Unternehmen hinweg: Höchstens ein Viertel der Unternehmen in jeder Branche sieht in der Logistik jetzt schon ein Managementkonzept bzw. eine Führungsfunktion. Allerdings lässt sich deutlich erkennen, dass die Automobilbranche nach wie vor in der Logistik eine Vorreiterrolle einnimmt. Keine andere Branche hat anteilsmäßig so viele Unternehmen, die sich auf der

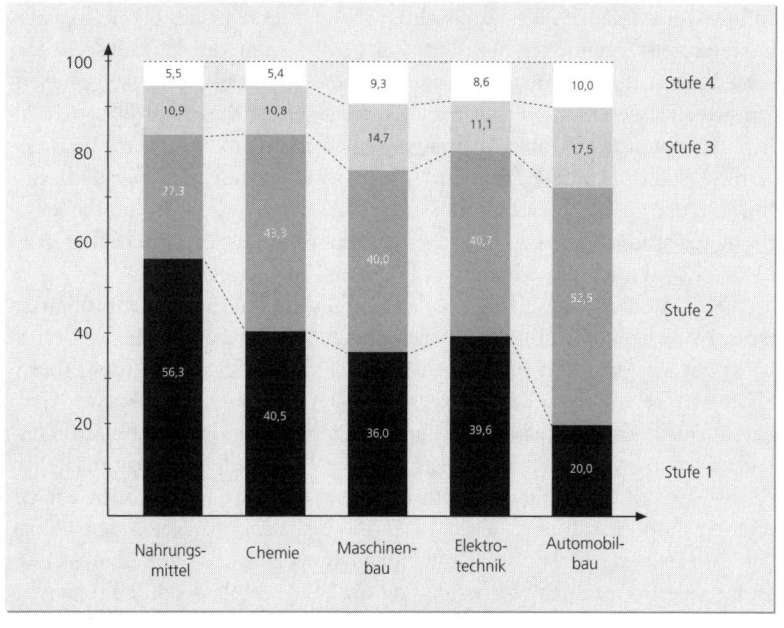

Abb. 1-4: Logistiksichtweisen nach Branchen differenziert (entnommen aus *Weber* 2002, S. 25)

dritten oder vierten Entwicklungsstufe befinden. Die Chemie, Maschinen-
bau und Elektrotechnik bilden das Mittelfeld. Am schlechtesten schneidet
die Nahrungsmittelbranche ab. Mehr als die Hälfte dieser Unternehmen betrachtet Logistik allein als material- und warenflussbezogene Dienstleistungsfunktion.

Dass diese Selbsteinschätzungen der Unternehmen mehr als Wunsch-
denken war, wurde in der Studie durch eine aufwändige Analyse vieler Un-
ternehmensmerkmale überprüft – und bestätigt. Die nähere Analyse lieferte weitere wichtige Erkenntnisse. Für den Aufbau eines Logistik-Controlling besonders relevant war von diesen der generell niedrige Entwicklungsstand logistischer Kosten-, Leistungs- und Erlösinformationen, der es auch
verhindert, die Logistik adäquat in der Anreizgestaltung für Führungskräfte zu verankern, also z.B. servicegrad- oder lieferzeitbezogene Incentives zu
setzen. Hier liegt derzeit ein besonders großes Defizit vor.

Die Studie machte schließlich auch Aussagen zur Erfolgswirkung der
Logistik. Wie und mit welchem Ergebnis vorgegangen wurde, um den Zusammenhang zwischen der Fähigkeit, eine professionelle Logistik zu realisieren, und dem Unternehmenserfolg zu messen, sei im Folgenden kurz beschrieben: Zum einen ist Erfolgsmessung eine Kernaufgabe des Controlling; zum anderen machen die empirischen Ergebnisse Mut, die Logistik im
Unternehmen möglichst schnell und konsequent fortzuentwickeln!

**Wie kann man die Erfolgswir-
kungen der Logistik messen?**

Zunächst ging es darum, die logistische Performance zu erfassen. Die
Messung richtete sich dabei zum einen auf die Fähigkeit eines Unternehmens, seine Abnehmer schnell, zuverlässig und flexibel mit qualitativ ein-
wandfreien, den Marktanforderungen entsprechenden Gütern zu versorgen. Hiermit wurde die Output- bzw. Leistungsseite der Logistik angesprochen. Zum anderen wurde die Fähigkeit adressiert, die logistischen
Leistungen mit möglichst niedrigen Logistikkosten zu erstellen (Input-
aspekt). Beide Facetten wurden mit mehreren Maßgrößen erfasst, wobei absolute Werte (z.B. 5 Tage durchschnittliche Lieferzeit oder 8,7% Logistik-
kostenanteil) vermieden wurden. Zu groß wären die Einflüsse unterschiedlich vorgenommener Abgrenzungen und die Hemmnisse gewesen,
konkrete Zahlen Dritten preiszugeben. Sowohl die Leistungs- als auch die
Inputseite wurden in ihrer Ausprägung hochsignifikant vom verfolgten Logistikverständnis und der erreichten Entwicklungsstufe der Logistik beein-

**Je höher entwickelt die
Logistik, desto höher die logistische Leistungsfähigkeit!**

flusst. Kurz gesagt: Je höher entwickelt die Logistik, desto höher die logistische Leistungsfähigkeit. Hier besteht für die meisten Unternehmen in
Deutschland noch ein erhebliches Potenzial!

Der Unternehmenserfolg wurde ebenfalls mit mehreren Maßgrößen erfasst. Nahe liegend zählten zu diesen die Unternehmensrendite, wiederum
nicht absolut, sondern im Verhältnis zu den wichtigsten Wettbewerbern.
Spätestens seit der Balanced Scorecard ist aber bekannt, dass monetäre Größen alleine nicht ausreichen, ein Unternehmen erfolgreich zu führen. Deshalb wurden zwei Vorsteuerungsgrößen des finanziellen Erfolgs zusätzlich
erfasst: Der Markterfolg des Unternehmens, gemessen an Größen wie er-
reichter Kundenzufriedenheit oder Marktanteil, und die Anpassungsfähigkeit. Mit letzterer Größe sollte die Fähigkeit berücksichtigt werden, Marktänderungen – quasi als Vorbedingung für Markterfolg – schnell folgen zu

können. So vorbereitet, konnten die logistische Leistungsfähigkeit und der Unternehmenserfolg zueinander in Beziehung gebracht werden.

Das Ergebnis ist für alle Logistikverantwortlichen sehr erfreulich: Unterschiede in der professionellen Beherrschung der Logistik können einen wesentlichen Teil (deutlich mehr als die Hälfte) der Unterschiede im Erfolg der Unternehmen erklären. Die Logistik ist mit anderen Worten derzeit ein Erfolgsfaktor, dessen Durchschlagskraft kaum überschätzt werden kann. Geld in den weiteren Ausbau der logistischen Leistungsfähigkeit oder die entsprechende Verringerung eines Nachteils gegenüber der Konkurrenz gesteckt, bedeutet eine ausgesprochen lohnende Investition.

3. Ausprägungen des Logistik-Controlling

Wenn Logistik so unterschiedlich weit entwickelt sein kann, ist es beinahe selbstverständlich, dass es auch kein Logistik-Controlling »von der Stange« geben kann. An die Stelle eines »one size fits all« muss ein individuell zu gestaltendes Konzept treten. Dieses wird wesentlich vom erreichten Entwicklungsstand von Logistik und Controlling bestimmt.

Auch das Logistik-Controlling tritt in ganz unterschiedlichen Ausprägungen auf

3.1. »TUL«-Controlling

Für Unternehmen, für die die Logistik in erster Linie transportieren, umschlagen und lagern heißt, steht die Optimierung dieser material- und warenflussbezogenen Dienstleistungen im Vordergrund. Dies bedeutet für das Controlling, in einem ersten Schritt diese Aktivitäten mengen- und qualitätsmäßig, zeitlich und in ihrer Wirkung auf die »klassischen« monetären Steuerungsgrößen hin zu erfassen und auszuweisen. Es erfordert also mit anderen Worten, eine Kosten- und Leistungsrechnung für die Logistik aufzubauen.

An dieser Stelle sind in der Praxis diverse Mängel festzustellen. Obwohl für die erste Phase der Logistikentwicklung Kosteneinsparungen ganz oben auf der Wunschliste des Logistikmanagements stehen, findet sich die Logistik nur unzureichend in der Kostenrechnung berücksichtigt. Erweiterungen und Präzisierungen sind insbesondere im Bereich der Kostenstellenrechnung erforderlich. Erhebliche Mängel bestehen aber vor allem hinsichtlich der Logistikleistungen. Das Fehlen bzw. die erheblichen Entwicklungsmängel einer solchen Rechnung erweisen sich in vielen Unternehmen zum einen als Engpass des Aufbaus einer Logistikkostenrechnung. Zum anderen kommt Leistungsgrößen zur Steuerung des Unternehmens eine eigenständige, sehr bedeutsame Rolle zu. Wir werden darauf noch mehrfach in diesem Buch eingehen.

Die Kostenrechnung ist immer noch nur unzulänglich auf die Logistik ausgerichtet

Liegt eine hinreichende Informationsbasis vor, können die Transport-, Umschlag- und Lagerbereiche auch hinreichend exakt in den »normalen« Planungs- und Kontrollregelkreis aufgenommen werden. Dies bedeutet im ersten Schritt, präzise und in sich konsistente Ziele für die Logistik zu for-

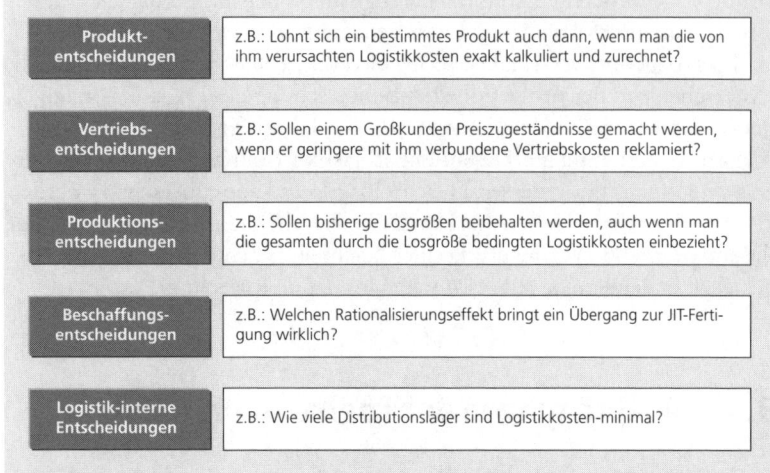

Abb. 1-5: Beispiele logistischer und von der Logistik beeinflusster Ziele

mulieren. Die in den Zahlen abgebildete Erfahrung kann hierbei helfen. Im zweiten Schritt gilt es, wichtige gesonderte Entscheidungen der Logistikmanager – zum Teil auf vorhandenen, zum Teil auf fallweise erfassten Daten basierend – zu unterstützen. Die *Abbildung 1-5* macht deutlich, dass sich solche Entscheidungen oftmals nicht nur auf die Logistik selbst beziehen, sondern auch angrenzende Bereiche betreffen. Schon eine »TUL-Logistik« steht nicht alleine, sondern ist in die betrieblichen Geschäftsprozesse eng eingebunden. Im dritten Schritt schließlich macht es eine umfangreiche Informationsbasis möglich, die Logistik auf Basis von Leistungsmengen zu budgetieren. Hiermit wird die Logistik gleichberechtigt im Budgetierungsprozess verankert. Zugleich können Kostenabweichungen einer aussagefähigen Abweichungsanalyse unterzogen werden. Wie die Empirie zeigt (vgl. *Dehler* 2001, S. 221), nimmt eine solche Kostenkontrolle einen zentralen Einfluss auf die Höhe der Logistikkosten.

3.2. Koordinationsbezogenes Logistik-Controlling

Die Schwelle zur zweiten Entwicklungsphase der Logistik ist überschritten, wenn es dem Logistikmanagement mehr und mehr darauf ankommt, Einflussgrößen auf den Material- und Warenfluss »in den Griff« zu bekommen. Was nützt der schnellste und präziseste Transportvorgang, wenn die gelieferte Ware ungeplant mehrere Tage auf ihre Weiterverarbeitung warten muss? Abstimmungsfragen zwischen Beschaffung, Produktion und Absatz stehen nun im Mittelpunkt. Lohnt sich etwa eine bedarfssynchrone Bereitstellung von Material angesichts hoher Kosten der Beschaffungslogistik für sich alleine betrachtet nicht, kann sie in Just-in-Time-Konzepten Vorteilhaftigkeit gewinnen, dann nämlich, wenn eine integrierte Sicht die Nutzen in der Produktions- und Distributionslogistik hinzunimmt.

Koordinationsprobleme rufen ganz andere Controlling-Fragestellungen hervor

Für derartige Fragestellungen benötigt das Logistikmanagement Informationen und andere Führungsunterstützung. Deren Aufgaben gewinnen folglich stark einen projektmäßigen und fallbezogenen Charakter. Die Informationsbasis der Logistikkosten- und -leistungsrechnung erweist sich als wichtige Hilfestellung zur Lösung der Koordinationsprobleme; allerdings müssen etliche Daten auch einzelfallbezogen erhoben werden.

Weiterhin führt die breitere Perspektive dazu, den Blick auch auf die Produktkalkulation zu richten. Eine »logistikgerechte Kalkulation« würde zu erheblichen Veränderungen der Produktprogramme führen – insbesondere Sonderausführungen und wenig gängige Varianten werden in der traditionellen Kostenrechnung mit viel zu geringen Kosten belastet. Diese Erkenntnis ist alles andere als neu, wie das folgende Zitat zeigt: »Unkurante Sorten, welche in kleinen Quantitäten gemacht werden, erfordern höhere Preise; besonders das Verwaltungspersonal hat oft grosse Scherereien dadurch. ... So wirken die Gestaltungskosten dieser [nicht gängigen] Artikel schädlich auf die kuranten Sorten ein. Einer weitgehenden Arbeitsteilung stehen gerade diese Unkuranten oft entgegen. So weit eine exakte Feststellung dieser Einflüsse möglich ist, darf sie nicht unterbleiben. Eine richtige Kalkulation würde auch auf dem Markte ihren Einfluss zeigen in der Weise, dass manche kurante Ware die unkurante verdrängen würde, und das wirkte günstig auf die Produktion zurück«. Das Zitat stammt von *Eugen Schmalenbach*, einem der Urväter der Kostenrechnung, und ist über Hundert Jahre alt! (vgl. *Schmalenbach* 1899, S. 107). Damals eher akademischer Natur, hat der erkannte Verrechnungsfehler heute eine hohe Bedeutung für die Wettbewerbsfähigkeit der Unternehmen.

Wenn die Logistikkosten richtig zugerechnet werden, ergeben sich ganz neue Einsichten für die Gestaltung des Produktprogramms

In der zweiten Entwicklungsphase kommt die Logistik schließlich auch in Berührung mit der strategischen Planung. Ihre gewachsene Bedeutung und die höhere Aufmerksamkeit des Managements lässt Fragen ihrer strategischen Bedeutung aufkommen, die mit Hilfe des Logistik-Controlling zu beantworten sind.

3.3. Flussbezogenes Logistik-Controlling

Mit weiter ansteigendem logistischem Know-how treten grundlegende strukturelle Fragen in den Mittelpunkt der Aufgaben des Logistikmanagements. Hierzu zählen z.B. Fertigungssegmentierung, Reduktion der Zahl der Lieferanten oder Veränderung der Distributionsstruktur. Das ganze Geschäftsmodell des Unternehmens befindet sich auf dem Prüfstand. Entsprechend fallen die Aufgaben des Logistik-Controlling aus: Projektbezogene Arbeit, die Vorbereitung und Begleitung der weitreichenden Strukturfragen stehen im Zentrum. Controller wirken als interne Berater des Logistik-Managements.

Aber auch die Aufgabe der laufenden Informationsbereitstellung erfährt eine Erweiterung. Die Logistik wird nicht länger primär als Funktion gesehen, deren Beitrag für die Wettbewerbsfähigkeit des Unternehmens in der Reduzierung von Kosten liegt. Die Erlösseite gewinnt an Bedeutung. »Erlösnahe« Leistungsgrößen rücken ebenso in den Mittelpunkt der laufenden Informationsbereitstellung wie gesondert messbare Erlöswirkungen der Logistik (z.B. Preiszuschläge bei besonders schneller Belieferung). Hiermit

sind Fragen angesprochen, die bislang zumeist dem Marketing-Bereich zugeordnet wurden. Aufgabe der Controller ist es zumindest, die dort ver-
fügbaren Informationen zugänglich zu machen. Reichen diese nicht aus,
müssen sich die Controller in eigener Verantwortung um deren Bereitstellung kümmern.

3.4. Supply Chain Controlling

Die letzte Entwicklungsstufe der Logistik weitet den Blick auf das logistische Zusammenspiel mehrerer Unternehmen in einer Wertschöpfungskette aus. Die zusätzliche Herausforderung besteht darin, rechtlich und wirtschaftlich selbständige Unternehmen zu einer engen Zusammenarbeit zu
bringen. Gänzlich ungewohnte bzw. neue Fragen von Netzwerkfähigkeit,
Vertrauen, Gerechtigkeit und Macht sind ebenso relevant wie »klassische«
TUL-Problemstellungen (etwa Herstellung der »Gesprächsfähigkeit« der jeweiligen IT-Steuerungssysteme, übereinstimmende Definition und Messung gemeinsam genutzter Steuerungsgrößen, Aufbau einer unternehmensübergreifenden Logistikkostenrechnung). Die Probleme des Logistik-Controlling, die für die dritte Entwicklungsstufe genannt wurden, gelten auch
für das Supply Chain Controlling; alle Partner der Wertschöpfungskette
müssen zunächst ihre unternehmensinternen Hausaufgaben machen. Die
Abstimmung und Kommunikation über die Partner hinweg stellen dann die
neue Herausforderung dar.

Das Feld neuer Management-Aufgaben ist weit, ebenso das der Unter-
stützungsaufgaben des Logistik-Controlling.

Die Abstimmung zwischen
den Partnern einer Supply
Chain bildet auch für das
Controlling die zentrale Herausforderung

3.5. Stand des Logistik-Controlling in der Praxis

Auch an dieser Stelle soll kurz der aktuelle Stand aus der Praxis referiert werden. Basis der folgenden kurzen Ausführungen sind zwei empirische Studien. Eine der beiden stammt von der WHU und wurde im Jahr 1999 durchgeführt (vgl. *Weber/Blum* 2001). Die zweite datiert ebenfalls auf das Jahr
1999 und ist auf den Stand des Performance Measurements für das Supply
Chain Management US-amerikanischer Unternehmen ausgerichtet (vgl.
Keebler 2000).

3.5.1. Studie von *Weber/Blum*

In der WHU-Studie wurden über dreihundert verantwortliche Logistikmanager mittelgroßer und großer Unternehmen aus den wichtigsten indus-
triellen Branchen der Bundesrepublik Deutschland befragt. Als potenzielle »Kunden« der Controller können sie am besten einschätzen, wie ihnen
die Controller bei ihrer Führungsaufgabe helfen.

Eine Kernfrage der Erhebung befasste sich mit der Einschätzung der
Manager, was alles unter Logistik-Controlling zu subsumieren ist. Wie die
Abbildung 1-6 zeigt, offenbart sich hier ein erhebliches Defizit: Traditionel-

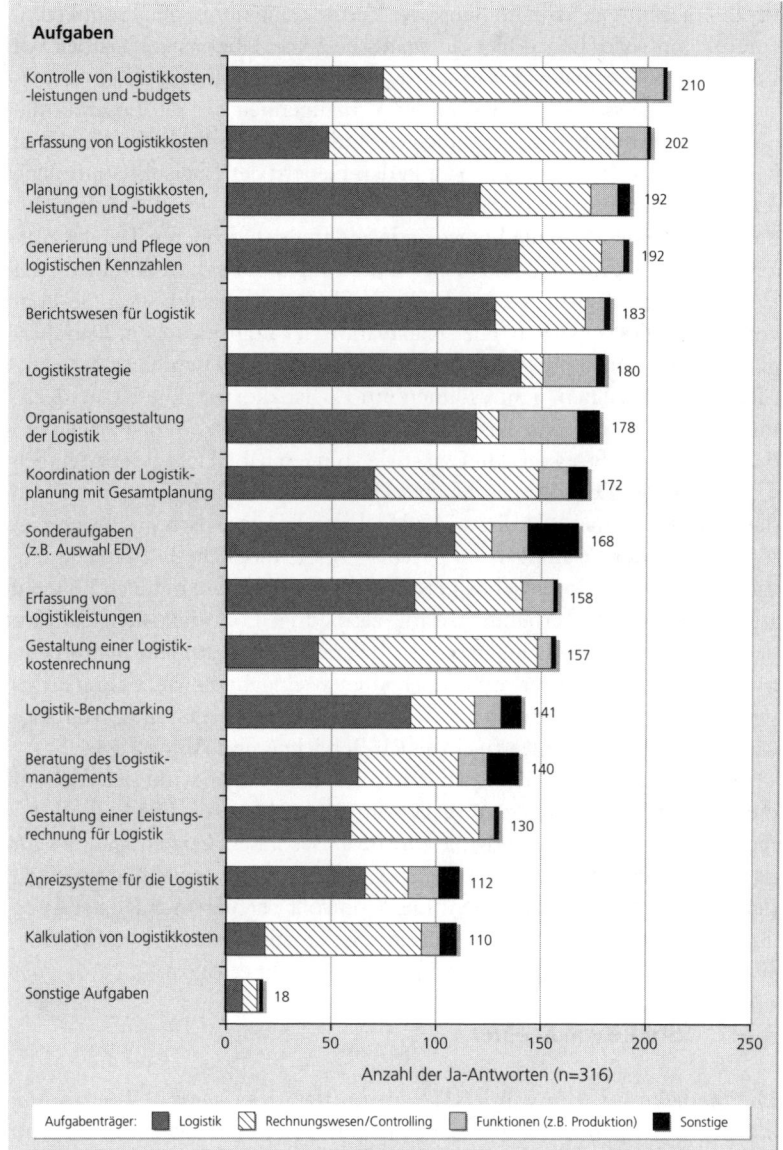

Aufgaben

Abb. 1-6: Aufgaben des Logistik-Controlling und deren Träger (Antworten auf die Frage: »Verstehen Sie die folgenden Aufgaben als Controlling-Tätigkeit der Logistik«? (entnommen aus *Weber/Blum* 2001, S. 21)

le Kernfunktionen wie das Berichtswesen oder die Beratung des Managements werden gerade einmal von etwas mehr als der Hälfte der Logistik-Manager als Aufgaben des Controlling angegeben. Selbst die Erfassung und die Kontrolle von Logistikkosten sieht etwa ein Drittel der Manager nicht im Logistik-Controlling! Damit bleiben mögliche Effizienzgewinne ungehoben. Wie viel Aufklärungsarbeit nötig ist, zeigt auch der erschreckend niedrige Wert bei der Aufgabe »Kalkulation der Logistikkosten«: Wer nicht die Logistikkostenanteile in den Gesamtkosten seiner Produkte kennt, weiß nicht, wie falsch die traditionelle Kostenrechnung Logistikkosten zuordnet, und wer dieses nicht weiß, nimmt keinen entsprechenden Einfluss auf die

Produktgestaltung (etwa im Sinne der Vermeidung unnötiger Produktvarianten). Controller haben hier ein weites Feld von Überzeugungsarbeit vor sich – mit hoher positiver Wirkung auf den Unternehmenserfolg!

Wie wenig sich Controller in der Vergangenheit um die Logistik-Manager gekümmert haben, zeigt auch ein anderes Ergebnis der Studie: Es ist keineswegs so, dass die Controller in den Feldern des Logistik-Controlling durchweg die Aufgabenhoheit besitzen. Wie ebenfalls der *Abb. 1-6* zu entnehmen, übernehmen die Logistiker insgesamt den größeren Teil der Aufgaben selbst. Controller sind insbesondere auf drei Feldern dominant: der Erfassung der Logistikkosten, der Kontrolle von Logistikkosten, -leistungen und -budgets sowie bei der Kalkulation der Logistikkosten. Damit ergibt sich ein konsistentes Bild: Wenn Controller am Tisch eines Logistik-Managers erscheinen, geht es ihnen um Logistikkosten. Die Kostenrechnung als Hometurf und Bastion der Controller: Dieses (Vor-)Urteil wird durch die Studie bestätigt. Mit Logistikleistungen haben Controller deutlich weniger zu tun. Dies ist in zweifacher Hinsicht bedenklich: Zum einen wird die Schlacht um mehr Wettbewerbfähigkeit – wie im Abschnitt 2.2. gezeigt – primär an der Leistungsfront geschlagen; die mögliche Differenzierung durch ein höheres logistisches Leistungsniveau hat einen deutlich höheren Einfluss auf den Unternehmenserfolg als niedrige Logistikkosten. Zum anderen zeigen die Erfahrungen mit der Balanced Scorecard (ein Instrument, auf das wir im 2. und 7. Kapitel noch intensiv eingehen), wie wichtig nicht-monetäre Steuerungsgrößen für die Unternehmensführung sind, vom Top-Management bis hinunter zu einzelnen Bereichen und Abteilungen.

Der Stand des Logistik-Controlling ist in deutschen
Unternehmen alles andere
als zufriedenstellend!

Die mangelnde Beschäftigung mit Logistikleistungen wirkt sich auch auf die Bereitstellung und den Ausweis von Kennzahlen aus. Die Logistik-Linie übernimmt hier eindeutig die Initiative. Besonders eklatant gilt dies für das Berichtswesen. Damit ist auch die Chance vertan, regelmäßig am Tisch der Logistik-Manager zu sitzen. Der Controller steuert nur Kostendaten zum laufenden Berichtswesen bei; eine Berichtsdurchsprache und Diskussion der Entwicklung des Geschäfts kann so nicht erfolgen.

3.5.2. Studie von *Keebler*

Die Studie von *Keebler* wurde 1999 im Auftrag des *Council of Logistics Management* durchgeführt und bezieht sich auf den Stand der Erfassung von Logistik-Kennzahlen in US-amerikanischen Unternehmen. Insgesamt liegen der Studie 355 Fragebogen zu Grunde, die einen repräsentativen Überblick versprechen. Den Unternehmen wurde eine Liste von insgesamt 70 Kennzahlen präsentiert, aus denen sie die von ihnen gemessenen auswählen konnten. Das Ergebnis zeigt die *Abbildung 1-7*. Trotz eines hohen Bedarfs an derartigen Messgrößen lässt sich ein signifikantes und erhebliches Defizit der Leistungsmessung feststellen. Als wesentliche Gründe werden der fehlende IT-Support und die Verfügbarkeit von Informationen genannt. Positiven Einfluss nimmt insbesondere die Unterstützung durch das obere Management.

Die mangelnde Messung lässt eine mangelnde Fähigkeit zur Gestaltung und Steuerung der Logistik vermuten, die angesichts der hohen wettbe-

Effectiveness Measures	% Capture	Efficiency Measures	% Capture
Involved Trading Partner		**Cost**	
Customer complaints	76,6	Outbound freight cost	87,3
On-time delivery	78,6	Inbound freight cost	68,9
Over/short/damaged	72,3	Inventory carrying cost	60,4
Returns and allowances	69,1	3rd party storage cost	58,6
Order cycle time	62,3	Logistics cost per unit vs. budget	52,4
Overall customer satisfaction	60,8	Cost to serve	37,4
Days sales outstanding	58,7	Average	60,8
Forecast accuracy	54,4	**Productivity**	
Invoice accuracy	52,1	Finished goods inventory turns	80,2
Perfect order fulfillment	39,5	Orders processed/labor unit	43,3
Inquiry response time	29,6	Product units processed per	
Average	59,5	warehouse labor unit	47,6
Internal focus		Units processed per time unit	37,2
Inventory count accuracy	85,5	Orders processed per time unit	36,1
Order fill	80,8	Product units processed per	
Out of stocks	70,5	transportation unit	21,8
Line item fill	68,5	Average	44,4
Back orders	64,4	**Utilization**	
Inventory obsolescence	62,7	Space utilization vs. capacity	46,5
Incoming material quality	61,6	Equipment downtime	46,0
Processing accuracy	45,0	Equipment utilization vs. capacity	40,4
Case fill	39,1	Labor utilization vs. capacity	35,8
Cash/cash cycle time	32.2	Average	42,2
Average	61,1		

Abb. 1-7: Stand des Logistik-
Performance Measurements
in den USA (entnommen aus
Keebler 2000, S. 2)

werblichen Bedeutung der Logistik ein erhebliches Problempotenzial bedeutet. Betroffen von dem Defizit sind alle von *Keebler* unterschiedenen Ab-
bildungsbereiche. Positiv ließe sich formulieren, dass die für ein Supply
Chain Management wichtigen, auf die Wertschöpfungspartner bezogenen
Messgrößen zumindest nicht schlechter abgedeckt sind als die traditionellen, primär intern gerichteten Kennzahlen.

Wie weit US-amerikanische Unternehmen allerdings noch von einer
hinreichenden Unterstützung des Supply Chain Managements durch das
Performance Measurement absolut entfernt sind, zeigen weitere Ergebnisse
der Studie. Eine enge Abstimmung in der Supply Chain setzt eine gemeinsame Planung der beteiligten Partner voraus. Diese muss auf gemeinsam
definierten und abgestimmten Messgrößen basieren. Hieran besteht allerdings ein erheblicher Mangel. Nur die Hälfte der Befragten hält die Kennzahlen für geeignet, keine Anreize für opportunistisches Verhalten zu geben. Noch weniger Unternehmen – nur ein Drittel – geben an, dass die laufend verwendeten Kennzahlen unternehmensübergreifend vergleichbar
sind und die gegenseitige Koordination unterstützen.

*Auch in amerikanischen
Unternehmen sieht es nicht
viel besser aus!*

Gründe für diese unbefriedigende Situation liegen im Widerstand gegen Veränderungen, einer Inkompatibilität der IT-Systeme, unterschiedlichen Definitionen der Messgrößen und mangelnden Ressourcen zur Pfle-
ge der Kennzahlen. Vertrauen zwischen den Partnern der Supply Chain beeinflusst den Stand des Performance Measurement dagegen positiv.

3.5.3. Fazit und Konsequenzen

Insgesamt besteht damit ein erhebliches Defizit – und damit noch ein erhebliches Entwicklungspotenzial des Logistik-Controlling. Verbesserungs-

möglichkeiten liegen selbst im traditionellen Kern der Funktion vor, der auf die TUL-bezogenen Felder der Logistik gerichteten Informationsbereitstellung. Von einem Supply Chain Controlling, das eine breite Führungsabstimmung leistet, ist die Praxis noch sehr weit entfernt.

4. Weiteres Vorgehen

An dieser Stelle ist die Breite des unter dem Thema »Logistik- und Supply Chain Controlling« zu behandelnden Themenfeldes sichtbar geworden. Ebenfalls transparent sollten einige zentrale Bausteine sein, auf denen ein solches Controlling aufbaut. Hierzu zählt – quasi als conditio sine qua non – eine hinreichende Informationsversorgung. Logistikkosten, Logistikleistungen und – sofern ermittelbar – Logistikerlöse werden für das Management in allen Entwicklungsphasen der Logistik benötigt. Deshalb werden sich vier der neun Kapitel dieses Buches mit Fragen der Informationsgewinnung, -aufbereitung und -auswertung beschäftigen. Die Neuartigkeit des Supply Chain Controlling erfordert ebenfalls eine intensivere Betrachtung. Die hohe Erfolgswirkung der Logistik legt es schließlich nahe, sich näher mit der grundsätzlichen Positionierung der Logistik und ihrer Einbindung in die strategische Unternehmensplanung zu beschäftigen. Dies ist Gegenstand des folgenden Kapitels.

5. Zitierte und weiterführende Literatur

Basisliteratur zum Controlling und zur Logistik
- Horváth, P. (1998): Controlling, 7. Aufl., Stuttgart.
- Küpper, H.-U. (2001): Controlling. Konzeption, Aufgaben, Instrumente, 3. Aufl., Stuttgart.
- Weber, J. (1999): Einführung in das Controlling, 8. Aufl., Stuttgart.
- Pfohl, H.-Chr. (1994): Logistikmanagement. Funktionen und Instrumente. Implementierung der Logistikkonzeption in und zwischen Unternehmen, Berlin u.a.
- Pfohl, H.-Chr. (2000): Logistiksysteme. Betriebswirtschaftliche Grundlagen, 6. Aufl., Berlin u.a.
- Göpfert, I. (2000): Logistik: Führungskonzeption. Gegenstand, Aufgaben und Instrumente des Logistikmanagements und -controllings, München.
- Weber, J./Kummer, S. (1998): Logistikmanagement, 2. Aufl., Stuttgart.

Wichtige empirische Studien
- Amshoff, B. (1993): Controlling in deutschen Unternehmungen. Realtypen, Kontext und Effizienz, Wiesbaden.
- Bauer, M. (2002): Controllership in Deutschland. Zur erfolgreichen Zusammenarbeit von Controllern und Managern, Wiesbaden.

- Dehler, M. (2001): Entwicklungsstand der Logistik. Messung – Determinanten – Erfolgswirkungen, Wiesbaden.
- Keebler, J.S. (2000): The State of Logistics Measurement, in: Supply Chain & Logistics Journal 3. Jg., Spring, S. 1-7.
- Küpper, H.-U./Hoffmann, H. (1988): Ansätze und Entwicklungstendenzen des Logistik-Controlling in Unternehmen der Bundesrepublik Deutschland. Ergebnisse einer empirischen Erhebung, in: DBW, 48. Jg., S. 587-601.
- Stoffel, K. (1995): Controllership im internationalen Vergleich, Wiesbaden.
- Weber, J./Blum, H. (2001): Logistik-Controlling. Konzept und empirischer Stand, Schriftenreihe Advanced Controlling, Bd. 20, Vallendar.

Weitere zitierte Literatur

- Lewis, H.T./Culliton, J.W./Steel, J.D. (1956): The Role of Air Freight in Physical Distribution, Boston.
- Schmalenbach, E. (1899): Buchführung und Kalkulation im Fabrikgeschäft, in: Deutsche Metall-Industrie-Zeitung, 15. Jg., S. 98f., 106f., 115-117, 124f., 130f., 138f., 147f., 156f., 163-165, 171f.
- Weber, J. (2002): Logistikkostenrechnung. Kosten-, Leistungs- und Erlösinformationen zur erfolgsorientierten Steuerung der Logistik, 2. Aufl., Berlin u.a.
- Weber, J./Hunold, C./Prenzler, C./Thust, S. (2001): Controllerorganisation in deutschen Unternehmen, Schriftenreihe Advanced Controlling, Bd. 18, Vallendar.

Strategisches Logistik-Controlling

Kapitel 2

Management Summary

Die Logistik hat in den letzten drei Jahrzehnten eine wahre Erfolgsstory auf das Parkett der Unternehmenspraxis gelegt und sich auch in den Fluren der Hochschulen fest etabliert. Sie ist dem Stadium eines wenig spannenden notwendigen Übels entwachsen sowie vorstands- und kapitalmarktfähig geworden.

Um diese Potenziale zu heben, müssen die Unternehmen die Logistik fest in ihre strategischen Überlegungen mit einbeziehen. Dies bedeutet eine adäquate Verankerung in der strategischen Planung. Hierzu sind

- die strategische Bedeutung der Logistik für das Unternehmen zu analysieren und
- hierauf bezogene logistische Strategien zu entwickeln.

Deutlich stärker als in der Vergangenheit müssen diese darauf abzielen, die Möglichkeit zur Differenzierung gegenüber dem Wettbewerb zu nutzen. Es wäre sehr verkürzt, die Logistik nur als Hilfsmittel zu sehen, Kostenvorteile im Material- und Warenfluss zu erlangen. Der Hauptnutzen der Logistik liegt derzeit vielmehr darin, sich von der Konkurrenz in der logistischen Leistungsfähigkeit abzusetzen.

Die beste Strategie hilft aber nicht, wenn sie nicht in das tägliche Geschäft umgesetzt wird. Hier sind in den Unternehmen häufig große Defizite zu beobachten. Um diese zu vermindern oder ganz zu vermeiden, wurden unterschiedliche Instrumente entwickelt. Von diesen lassen sich insbesondere die Selektiven Kennzahlen und die Balanced Scorecard gut für die Logistik einsetzen.

Der Beitrag des Controlling zur strategischen Verankerung der Logistik schließlich ist breit und bedeutsam. Er reicht vom Anstoß strategischer Überlegungen über die Organisation und Moderation des Planungsprozesses bis hin zu permanenten Überprüfungen, ob die formulierten strategischen Ziele tatsächlich erreicht worden sind.

1. Überblick über Inhalt, Aufgaben und Prozess der strategischen Planung

2. Festlegung der strategischen Stoßrichtung für die Logistik
   2.1. Strategische Bedeutung der Logistik
   2.2. Portfoliogestützte strategische Positionierung der Logistik
   2.3. Praxisbeispiel

3. Umsetzung der strategischen Stoßrichtung für die Logistik
   3.1. Umsetzung mit Hilfe Selektiver Kennzahlen
   3.2. Umsetzung mit Hilfe der Balanced Scorecard

4. Rolle des Controlling bei der strategischen Verankerung der Logistik

5. Fazit

6. Zitierte und weiterführende Literatur

1. Überblick über Inhalt, Aufgaben und Prozess der strategischen Planung

Die strategische Planung gehört spätestens seit den achtziger Jahres des letzten Jahrhunderts zum Standardprozess der Unternehmensplanung. Hervorgegangen aus der Langfristplanung, ist es das Ziel der strategischen Planung, die Erfolgsposition eines Unternehmens und damit seine Überlebensfähigkeit in den Märkten auf Dauer zu sichern. Dabei geht es der strategischen Planung nicht um die Überführung von unternehmerischer Unsicherheit in Gewissheit und um eine eindeutig »richtige« Vorhersage, was in 5 oder 10 Jahren sein wird. Sie zielt vielmehr auf Antworten auf die Frage, was in der Gegenwart zu tun ist, um trotz der Unsicherheit gewünschte Zustände zu erreichen. Dies schließt auch die bessere Beherrschung von Diskontinuitäten im Umfeld des Unternehmens ein (z.B. Aufkommen neuer Technologien, erhebliche Änderungen im Konkurrenzfeld).

Vergleicht man die strategische mit der operativen Planung, so zeigen sich insbesondere folgende signifikante Unterschiede:

(1) Die strategische Welt ist zu komplex, um in der Planung vollständig erfasst und abgebildet werden zu können. Strategische Planung bedeutet somit die Notwendigkeit, sich auf einige wenige wichtige Punkte zu konzentrieren, die das Unternehmen strategisch voranbringen. Das Postulat in der Planung muss daher lauten: *Selektion statt Vollständigkeit.* Die Logistik kann ein solches selektiertes Feld sein, muss es aber nicht.

Strategische Planung heißt, sich auf wirklich Wichtiges zu beschränken

(2) Die strategische Unsicherheit ist so groß, dass Zahlen leicht eine Beherrschbarkeit der Zukunft nur vorspiegeln. Deshalb ist der Anteil von Zahlen in der strategischen Planung deutlich geringer als in der operativen Planung. Allerdings kann man auf Zahlen auch nicht verzichten, weil der strategischen Planung sonst eine zu große Unverbindlichkeit anhaftete. Die Kunst besteht darin, beides auszutarieren. Die Investition in eine höhere logistische Leistungsfähigkeit z.B. muss sich am Ende rechnen; zunächst reichen aber auch plausible qualitative Argumente aus.

(3) Strategische Planung lebt in einem Graubereich, der Ingenieuren und Technikern eher fremd ist: Das, was passieren wird, hängt in einem nicht unbeträchtlichem Maße davon ab, ob man fest genau an das Gewünschte glaubt. Der strategische Kontext ist nicht unverrückbar gegeben, sondern in gewissem Umfang zu beeinflussen. Ein (weiterer) Erfolgsfaktor der strategischen Planung besteht darin, diesen Gestaltungsspielraum zu erkennen und aktiv auszuschöpfen.

Von der logischen Struktur her folgt die strategische Planung folgendem Grundaufbau:

Logische Struktur der strategischen Planung

- Ausgangspunkt sind *Wettbewerbsstrategien*, die Grundverhaltensweisen gegenüber Konkurrenten festlegen. Eine häufig verwendete Unterscheidung hierfür ist die in Kostenführerschaft, Differenzierung und Fokussierung auf spezielle Segmente oder Branchen.

- In *Geschäftsfeldstrategien* werden abgrenzbare Produkt- (z.B. Telefonendgeräte), Markt- (z.B. Mobilfunkmarkt) oder Kundensegmente (z.B. Privatkunden) betrachtet und festgelegt, in denen Unternehmen auf Dauer Erfolgspotenziale erschließen kann.
- *Funktionalstrategien* beschreiben dagegen spezielle Fähigkeiten des Unternehmens, die für das Überleben wichtig sind. Hierunter finden sich z.B. die Beherrschung innovativer Technologien ebenso wie die Fähigkeit, die Geschäftsprozesse schnell und flexibel Umweltveränderungen anpassen zu können.

Die Logistik findet in dieser logischen Struktur ihren Platz im Bereich der Funktionalstrategien. Die Beherrschung eines schnellen und durchgängigen Material- und Warenflusses über die gesamte Wertschöpfungskette hinweg lässt sich für viele Unternehmen als eine (häufig noch nicht hinreichend erkannte) strategische Kernfähigkeit einordnen. Sie kann zum einen notwendige Bedingung zur Realisierung bestimmter Geschäftsfeldstrategien sein (z.B. Mitspielen auf Märkten mit besonders hohen Anforderungen an Lieferschnelligkeit und Liefergenauigkeit). Zum anderen kann sie aber auch umgekehrt den Ausgangspunkt bilden, neue Erfolgspotenziale zu erschließen (Suche nach neuen Märkten, auf denen die logistischen Fähigkeiten in Zukunft besonders bedeutsam werden).

2. Festlegung der strategischen Stoßrichtung für die Logistik

Ob sich eine strategische Planung für die Logistik für ein Unternehmen lohnt, hängt von ihrem möglichen Beitrag zur Erreichung von Wettbewerbsvorteilen ab. Dieser ist in einem ersten Schritt zu analysieren. Hierzu soll der folgende Abschnitt Hilfestellung leisten. Neuen entsprechenden empirischen Ergebnissen folgt dabei die Vorstellung eines Instruments, das zu einer solchen Analyse herangezogen werden kann.

2.1. Strategische Bedeutung der Logistik

Die Logistik macht Unternehmen – wie im ersten Kapitel ausgeführt – empirisch gesehen erfolgreich. Um aus dieser für Logistiker sehr erfreulichen Botschaft konkrete Managementimplikationen ableiten zu können, ist es erforderlich zu wissen, wie die Logistik konkret auf den Erfolg einwirkt. Jeder wird hier unmittelbar an die Reduzierung der Logistikkosten denken: Je professioneller die Logistik, desto niedriger die Logistikkosten, desto höher der Unternehmenserfolg. Die genannte empirische Studie zeigt (vgl. *Dehler* 2001): Dieser Zusammenhang ist zwar tatsächlich gegeben, aber er deckt nur einen (kleinen) Teil der Gesamtwirkung ab. Mit anderen Worten: Wer die Logistik auf eine reine Servicefunktion reduziert, die möglichst wenig Kosten verursachen soll, nutzt ihr Potenzial nur zu einem kleinen Teil aus.

29

**Festlegung der strategi-
schen Stoßrichtung für
die Logistik**

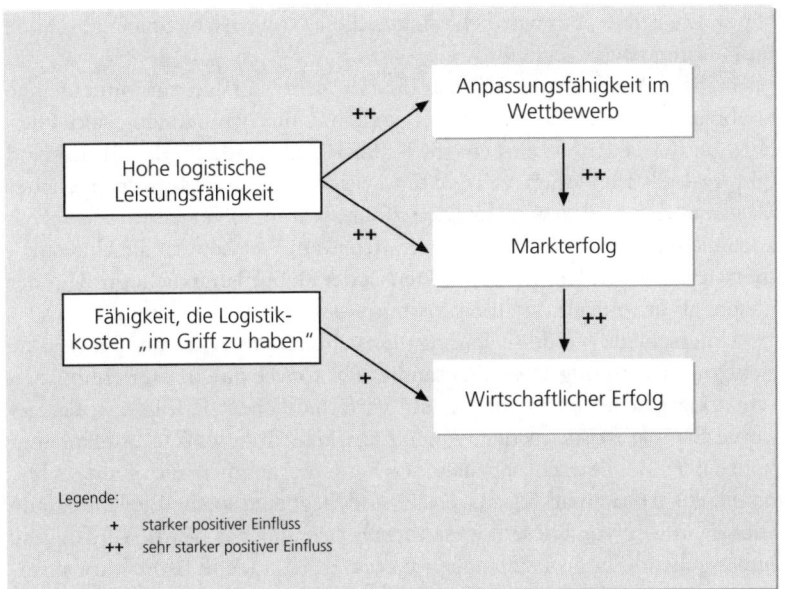

Legende:
+ starker positiver Einfluss
++ sehr starker positiver Einfluss

Abb. 2-1: Erfolgswirkungen
der Logistik im Detail
(vereinfacht entnommen
aus *Dehler* 2001, S. 241)

Kostensenkungen wirken zwar schnell und unmittelbar auf den Unternehmenserfolg; der (weitaus) größere Hebel liegt aber im Bereich der logistischen Leistungen (Lieferzeit, Lieferservice u.a.m.).

Im Detail zeigt sich folgender Zusammenhang (vgl. auch die *Abbildung
2-1*): Eine hohe logistische Performance wirkt hoch positiv auf die beiden
Erfolgsgrößen Anpassungsfähigkeit und Markterfolg, und dies in fast gleichem Ausmaß. Die Anpassungsfähigkeit – als Vorsteuerungsgröße – beeinflusst ihrerseits stark den Markterfolg. Hohe logistische Performance ermöglicht es somit den Unternehmen, schnell Marktänderungen folgen zu
können, was im Sinne eines Differenzierungsmerkmals gegenüber dem
Wettbewerb zu einer Stärkung der Marktposition führt. Gleichzeitig wird
diese Marktposition auch direkt durch ein hohes logistisches Leistungsniveau beeinflusst, indem etwa bessere Lieferfähigkeit die Präferenzen der
Kunden besser trifft. Ökonomische Brisanz gewinnen diese Ergebnisse dadurch, dass der Markterfolg seinerseits in sehr intensivem Maße den wirtschaftlichen Erfolg bestimmt. Unternehmen mit hohem Markterfolg erzielen in aller Regel auch ein hohes Unternehmensergebnis.

Stellt man die monetären Wirkungen beider grundsätzlicher Wirkungen
professioneller Logistik einander gegenüber, zeigt sich ein eklatanter Unterschied in Art und Stärke der Wirkung: Kostenreduzierungen wirken zwar
schnell und unmittelbar, sind aber in ihrem Ausmaß begrenzt. Umgekehrt
sind die Wirkungen hoher logistischer Performance eher mittel- und langfristiger Natur, ihre Erfolgswirkung übertrifft die von Kostenreduzierungen in ihrem Umfang aber bei weitem. Logistik kann damit beides: Sie lässt
sich in den Dienst kurzfristiger Kostensenkungsprogramme stellen und ist
gleichzeitig in der Lage, die Wettbewerbsposition strategisch maßgeblich zu
verbessern. Nur die Kostenseite zu betonen, wird ihr nicht gerecht; ihre
strategische Bedeutung ist viel höher, als bislang in vielen Unternehmen er-

*Die Erfolgswirkung der
Logistik geht primär den Weg
über ein hohes logistisches
Leistungsniveau*

kannt. Logistik-Verantwortliche sollten dieses strategische Spielfeld schnell und konsequent besetzen!

Nähere Analysen zeigen, dass die erhobenen Erfolgszusammenhänge unabhängig von der Branche gelten, in dem Unternehmen tätig sind. Gleiches gilt für die Unternehmensgröße. Auch und gerade für den Mittelstand gibt es logistisch noch viel zu tun – signifikante Verbesserungen der Wettbewerbsposition winken! Die Erfolgszusammenhänge sind schließlich auch nicht davon beeinflusst, in wie intensivem Wettbewerb die Unternehmen stehen. In umkämpften Märkten ist der Hebel damit nicht größer oder kleiner als in ruhigem Wettbewerbsfahrwasser.

Unterschiede werden allerdings hinsichtlich der Dynamik der Märkte sichtbar. Der wichtigste von diesen besteht für die direkte Beziehung zwischen logistischer Performance und wirtschaftlichem Erfolg: Für das gesamte Sample wurde in der *Abb. 2-1* ein Fehlen dieses Zusammenhangs konstatiert. Bei Betrachtung allein solcher Unternehmen, die niedriger Dynamik des Absatzmarktes ausgesetzt sind, liegt eine solche Beziehung nun aber signifikant vor. Diesen ist es möglich, sich über das Wettbewerbsniveau hinausgehende Logistikleistungen von ihren Kunden in barer Münze vergüten zu lassen. Damit rücken die Erlöswirkungen der Logistik in den Fokus der Betrachtung, die in den meisten Unternehmen in der Aufmerksamkeit des Managements und der Logistik-Controller bislang noch ein Schattendasein fristen. Wir werden auf die Frage, ob, wie und inwieweit sich solche Erlöswirkungen messen lassen, näher im 3. Kapitel des Buches eingehen.

Insgesamt zeigt die Empirie ein spannendes und für die Logistik insgesamt sehr erfreuliches Bild. Es lohnt sich für die meisten Unternehmen, in ihre logistische Leistungsfähigkeit zu investieren. Der Nutzen ist sowohl kurzfristiger wie langfristiger Natur. Die Wirkung geht weit über Kosteneffekte hinaus.

In bestimmten Märkten lässt sich ein hohes logistisches Leistungsniveau auch in höhere Erlöse umsetzen

2.2. Portfoliogestützte strategische Positionierung der Logistik

Empirische Analysen der im letzten Abschnitt getroffenen Art sind sowohl zeitlich wie vom Umfang befragter Unternehmen her begrenzt. Die von ihnen gewonnenen Aussagen müssen deshalb nicht für ein einzelnes Unternehmen zutreffen. Nicht jedes Unternehmen findet in der Logistik den besten Ansatzpunkt, seine strategische Position zu verbessern Damit kann die erste Aktivität des Logistik-Controlling auch schon die letzte sein: Erweist sich die Logistik strategisch als wenig interessant, spricht viel dafür, dass sich auch der Aufbau eines umfassenden Logistik-Controlling nicht lohnt! Allerdings ist die Wahrscheinlichkeit dafür, einen wichtigen strategischen Erfolgsfaktor in der Logistik gefunden zu haben, derzeit deutlich (!) höher.

Um die strategische Bedeutung der Logistik für ein Unternehmen zu bestimmen, kann man sich eines bewährten strategischen Analyseinstruments bedienen, der Portfolio-Analyse. Sie wird zumeist für die Kunden- bzw. Marktseite angewendet, lässt sich aber auch für die Einschätzung strategi-

Portfolio-Analysen lassen sich auch für die Logistik nutzen

scher Fähigkeiten heranziehen. Bezogen auf die Logistik stellt sie die beiden Größen Logistikattraktivität und Logistikkompetenz einander gegenüber.

Logistikattraktivität bildet die Einschätzung des Erfolgspotenzials einer optimierten Logistik für ein Unternehmen ab. Wie gezeigt, wird dieses durch Kostensenkungsmöglichkeiten einerseits und Leistungssteigerungsmöglichkeiten andererseits bestimmt. Die Attraktivität von Kostensenkungsmöglichkeiten ist im ersten Schritt nach ihrer Höhe zu untersuchen, wobei die absolute Höhe der Logistikkosten und der Grad ihrer Beeinflussbarkeit zu bestimmen sind. Im zweiten Schritt gilt es, die Bedeutung von möglichen Kosteneinsparungen im Wettbewerb zu analysieren. In einzelnen Branchen kann eine geringe Kostensenkung einen entscheidenden strategischen Erfolgsfaktor darstellen (wie z.B. im Stahlhandel), in anderen – wegen anderer wettbewerblicher Differenzierungskriterien – kaum eine Rolle spielen.

Bestimmung der Attraktivität der Logistikkosten

Beide Aspekte, die Höhe des Kostensenkungspotenzials und die Bedeutung einer Reduzierung der Logistikkosten, müssen nach ihrer Ermittlung entsprechend zusammengefasst werden. Hierzu kann man sich vergleichsweise komplizierter Techniken bedienen, wie man sie beispielsweise von Wertanalysen gewohnt ist. Man kann aber auch stark vereinfachend vorgehen, wie dies die *Abbildung 2-2* auf der Folgeseite in ihrem oberen linken Teil zeigt. Die dort durch unterschiedliche Schraffur gekennzeichnete Zuordnung zu einer hohen, mittleren und geringen Attraktivität der Logistikkosten ist als ein Beispiel zu verstehen, das im konkreten Anwendungsfall unternehmensbezogen spezifiziert werden muss.

In gleicher Weise ist für die Beurteilung des durch eine optimale Logistikgestaltung erzielbaren Leistungssteigerungsaspekts – insbesondere die Erzielung einer höheren Liefergenauigkeit, Liefersicherheit, Lieferschnelligkeit und Lieferflexibilität – vorzugehen (vgl. den rechten oberen Teil der *Abb. 2-2*). Der Analyse der Beeinflussbarkeit der Differenzierungskriterien gegenüber Wettbewerbern folgt eine Untersuchung der Bedeutung der einzelnen Differenzierungskriterien und ihrer Veränderung. Die ermittelte Attraktivität der Differenzierung durch Logistik wird schließlich der Attraktivität der Kostenreduzierung gegenübergestellt (vgl. den unteren Teil der *Abb. 2-2*). Die durch unterschiedliche Schraffuren gekennzeichnete Zuordnung zu den Wertklassen hoch, mittel und gering ist wiederum als ein Beispiel, nicht als Normzuordnung zu verstehen.

Bestimmung der Veränderbar- bzw. Beeinflussbarkeit der Logistikkosten

Der Logistikattraktivität ist im nächsten Schritt die *Logistikkompetenz* gegenüberzustellen. Hiermit sei die Fähigkeit des Unternehmens bezeichnet, das Konzept der Logistik in Konzeption und Umsetzung optimal zu beherrschen. Hierzu zählt u.a. Erfahrung mit automatischen Lager- und Transportsystemen, Know-how in komplexer Software der Produktionssteuerung, Wissen darüber, wie logistische Aspekte in die Produktgestaltung einbezogen werden müssen, oder auch nur die Kenntnis über die unterschiedlichen Logistikkostenhöhen der Produkte. Eine derartige Kompetenzanalyse wird die meisten Unternehmen vor gänzlich neue Probleme stellen. Trotz aller Diskussionen um »Kernkompetenzen« bestehen in der Regel nur sehr unzureichende Vorstellungen, was ein Unternehmen strate-

Gegenüberstellung der Logistikkompetenz

Strategisches Logistik-Controlling

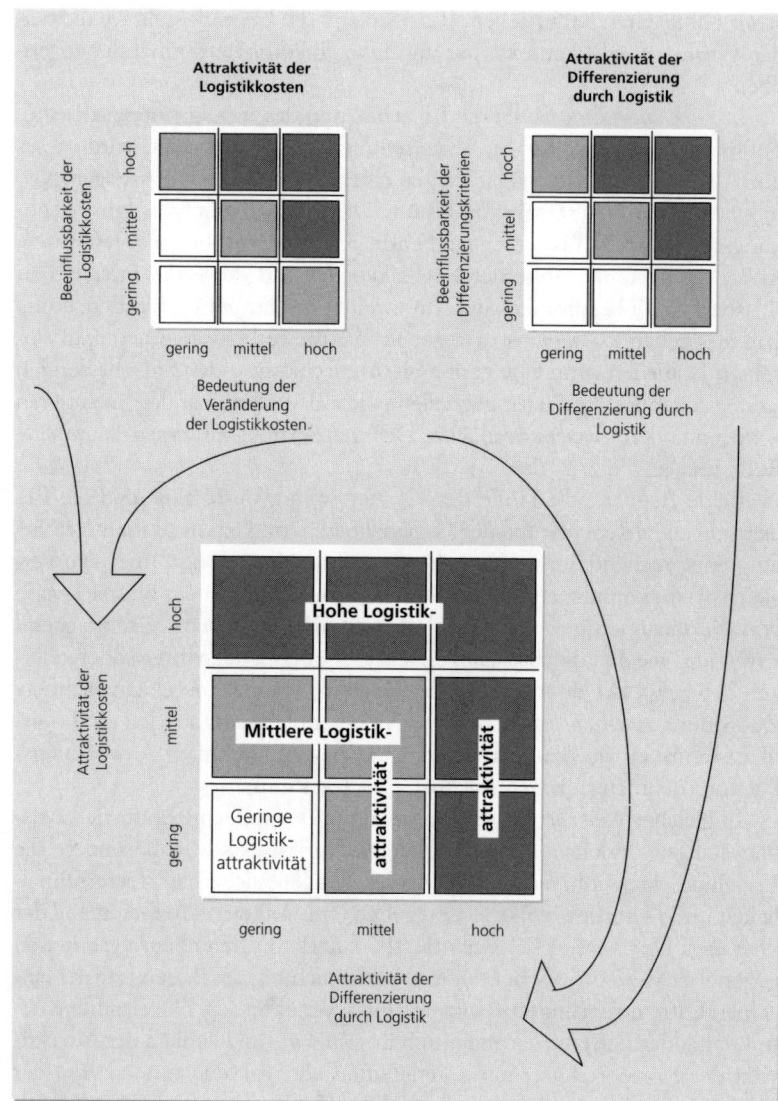

Abb. 2-2: Portfolio-gestützte
Ermittlung der Logistik-
Attraktivität

Wenn entsprechende
Planungsgrundlagen fehlen,
muss die Planung logisti-
scher Ressourcen »gefühlsmäßig« geschehen

gisch Bedeutsames besser als die Konkurrenz kann. Dennoch führt die Auseinandersetzung mit dem Einordnungsproblem aller Erfahrung nach zu
fruchtbaren Diskussionen und infolge davon erheblich genauerer Kenntnis des eigenen logistischen Leistungsvermögens.

Ist die Abbildung der Logistikkompetenz gelungen, kann sie der Logistikattraktivität in einem *Portfolio* gegenübergestellt werden, so wie es die *Abbildung 2-3* zeigt. Im Falle weitgehend homogener Unternehmensstruktur
erfolgt eine eindeutige Platzierung der Logistik. Im Falle sehr unterschiedlicher Geschäftsfelder muss die Platzierung für jedes Geschäftsfeld gesondert vorgenommen werden.

Wie bei Portfolio-Analysen üblich, zeigt die *Abb. 2-3* sogenannte
»Normstrategien«. Diese weisen bei hoher Logistikattraktivität und gerin-

33

**Festlegung der strategi-
schen Stoßrichtung für
die Logistik**

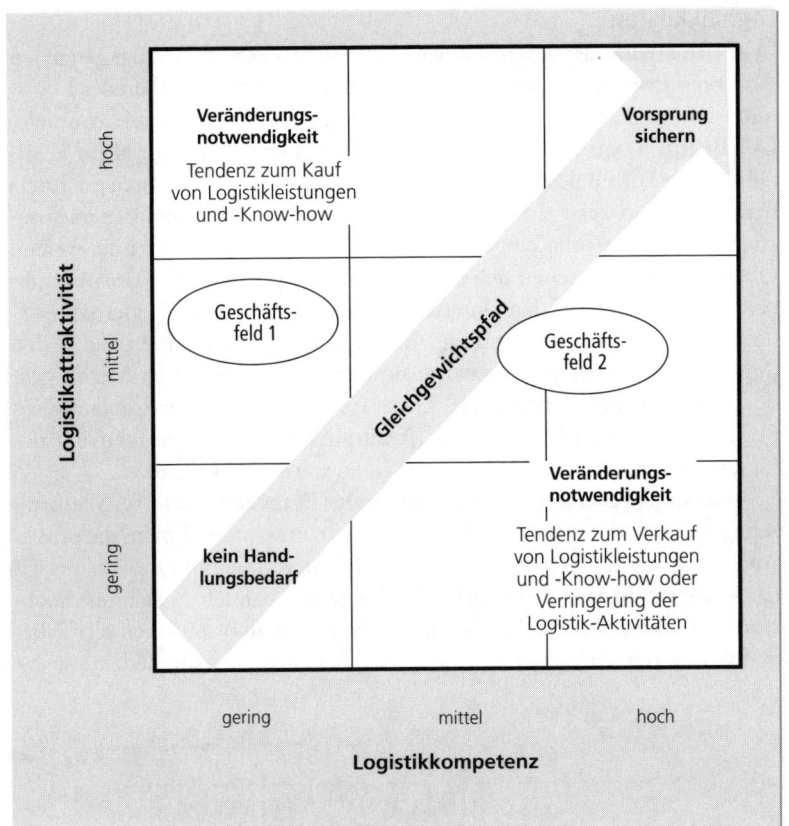

Abb. 2-3: Beispiel eines
Logistik-Portfolios

ger Logistikkompetenz einen hohen Handlungsbedarf aus, für dessen
schnelle Realisierung sich z.B. ein Zurückgreifen auf Logistikdienstleister
(z.B. Spediteure) anbietet. Im umgekehrten Fall (niedrige Logistikattraktivität und hohe Logistikkompetenz) erscheint das Herausbilden eines neu-
en Geschäftsbereichs Logistik (Anbieter von Logistik-Dienstleistungen) als
eine mögliche, sinnvolle Strategie. Ebenfalls ausgewiesen ist die Zone von
Ausgewogenheit zwischen Kompetenz und Attraktivität, die man als
Gleichgewichtspfad bezeichnen kann.

2.3. Praxisbeispiel

Nach der konzeptionellen Erläuterung sei nun die praktische Umsetzung
der Portfolio-Analyse dargestellt. Im Rahmen einer empirischen Untersuchung der WHU wurde die strategische Positionierung der Logistik von 30
Unternehmen aus verschiedenen Branchen mit Hilfe von Interviews analysiert. Bei allen befragten Unternehmen besitzt die Logistik entweder eine
hohe Bedeutung oder die Unternehmen verfolgen im logistischen Bereich
innovative Ansätze.

Die folgenden Aussagen
basieren auf einer
Studie der WHU

Logistikkosten

Die Attraktivität der Logistikkosten lässt sich – wie im vorangegangenen Abschnitt gezeigt – durch die zwei Faktoren »Beeinflussbarkeit der Logistikkosten« und »Bedeutung der Veränderung der Logistikkosten« ermitteln. Der Begriff Logistikkosten umfasst in der Untersuchung vor allem Kapitalbindungskosten des Lagers, Distributionskosten sowie Kosten der internen Logistikprozesse. In der *Abbildung 2-4* sind die Unternehmen entsprechend in ein Portfolio eingeordnet. Alle Unternehmen, die in die weißen Quadranten fallen, sehen sich nur einer geringen Attraktivität der Logistikkosten gegenüber. Bei den Unternehmen in den hellgrauen Feldern liegt eine mittlere Attraktivität der Logistikkosten vor. Unternehmen, die in den dunkelgrauen Quadranten genannt sind, sind mit einer hohen Attraktivität der Logistikkosten konfrontiert. Diese Einstufung dient als Eingangsgröße (Ordinate) des Portfolios zur Ermittlung der Logistikattraktivität des Unternehmens, das wir später noch zeigen werden (*Abb. 2-6*).

Bei den untersuchten Unternehmen der Branchen Sensorik, Medizinische Geräte und Anlagenbau handelt es sich um Unternehmen, die primär Auftragsfertigung betreiben. Somit entfallen Kapitalbindungskosten für das Fertigwarenlager fast vollständig. Weiterhin handelt es sich um hochwertige Elektronikprodukte, bei denen die Personalkosten einen relativ bedeutenden Teil der Gesamtkosten ausmachen. Daher ist die Bedeutung der

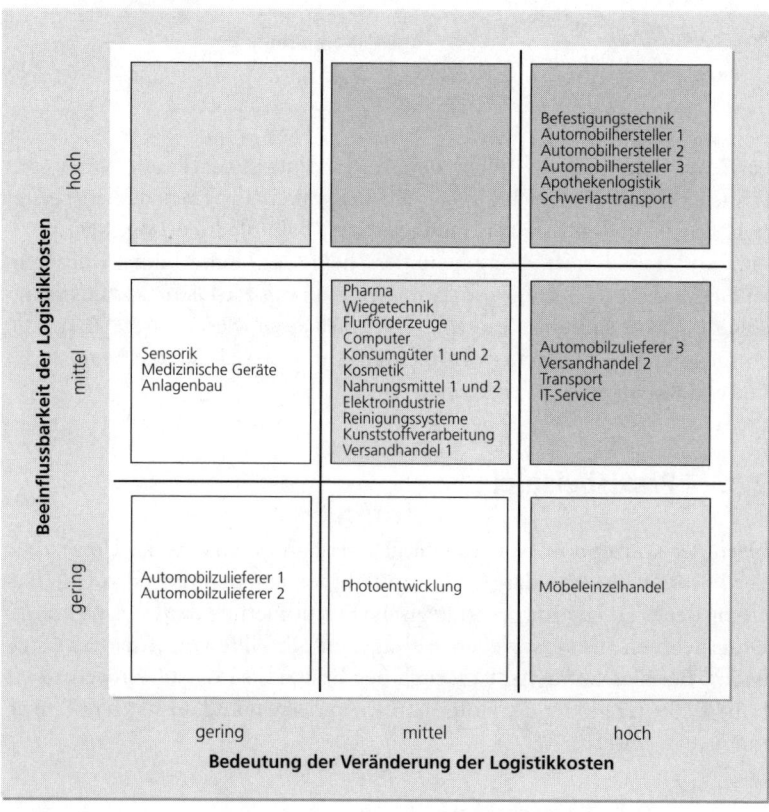

Abb. 2-4: Attraktivitätseinschätzung der Logistikkosten für die untersuchten Unternehmen

Veränderung der Logistikkosten insgesamt als gering einzustufen. Die mittlere Beeinflussbarkeit der Logistikkosten kommt dadurch zu Stande, dass – etwa durch ein funktionierendes Supply Chain Management – der Bestand an Bauteilen reduziert werden kann. Zwei Unternehmen aus dem Bereich der Automobilzulieferer schätzen die Bedeutung der Veränderung der Logistikkosten als nur gering ein, ebenso die Beeinflussbarkeit der Logistikkosten: Sie werden wesentlich durch die Leistungsspezifikation des Kunden bestimmt. Das dritte Unternehmen im Bereich Automobilzulieferer sieht sich im Gegensatz zu den beiden anderen einer hohen Attraktivität der Logistikkosten gegenüber, da durch die vorhandene Produktion auf Lager höhere Lagerkosten anfallen, und diese auch besser beeinflussbar sind. Ebenfalls eine geringe Attraktivität der Logistikkosten weist dagegen das Unternehmen aus dem Bereich der Photoentwicklung auf. Hier ist wegen der häufigen Auslieferungen an die Fotohändler zwar die Höhe der Logistikkosten bedeutend, eine deutliche Reduzierung der Frequenz der Auslieferungen hätte allerdings erhebliche Umsatzeinbußen zur Folge. Daher besteht auch hier nur eine geringe Beeinflussbarkeit der Logistikkosten.

Es gibt relativ viele Unternehmen, bei denen sowohl eine mittlere Bedeutung als auch eine mittlere Beeinflussbarkeit der Logistikkosten vorliegt. Hierzu gehören beispielsweise Unternehmen der Konsumgüter-, Nahrungsmittel- und Kosmetikbranche. Auch wenn diese Unternehmen keine Auftragsfertigung betreiben und somit immer einen gewissen Lagerbestand halten müssen, sind die Logistikkosten doch in einem gewissen Maße beeinflussbar. So hofft z.B. ein Konsumgüterhersteller, durch den Datenaustausch per EDI mit seinen Kunden den notwendigen Lagerbestand deutlich reduzieren zu können.

Für die untersuchten Unternehmen der Bereiche Elektroindustrie, Reinigungssysteme, Kunststoffverarbeitung, Computer, Wiegetechnik und Flurförderzeuge wird ebenfalls eine mittlere Beeinflussbarkeit und Bedeutung der Veränderung der Logistikkosten ermittelt, da diese Unternehmen nur teilweise Auftragsfertigung betreiben und somit für manche Endprodukte ein Lagerbestand notwendig ist. Die Beeinflussbarkeit der Logistikkosten bei dem Pharmaunternehmen erweist sich als relativ hoch, da dort die Produktion wegen der sehr hohen Rüstkosten derzeit noch durch Verbrauchsprognosen und nicht durch Bestellungen ausgelöst wird. Diese Vorgehensweise ist mit hohen Lagerhaltungskosten verbunden, die Verbesserungspotenziale in sich bergen. Das Unternehmen im Bereich Möbeleinzelhandel, dem ebenfalls eine mittlere Attraktivität der Logistikkosten zugeordnet wird, kann wegen des hohen gewünschten Servicegrades die Logistikkosten nur in geringem Maße beeinflussen, allerdings spielt ihre Veränderung eine große Rolle.

Bei den Automobilherstellern ist nicht nur die Veränderung der Logistikkosten von hoher Relevanz, auch die Beeinflussbarkeit der Logistikkosten fällt hoch aus. Hier hat sich in den letzten Jahren gezeigt, dass durch Supply Chain Management ein großer Einfluss auf einen bedeutenden Kostenblock ausgeübt werden konnte, und es wird davon ausgegangen, dass sich auch in Zukunft in diesem Bereich weitere Einsparungspotenziale realisieren lassen. Die Attraktivität der Logistikkosten bei den Unternehmen

Im Feld mittlerer Bedeutung und mittlerer Beeinflussbarkeit befinden sich die meisten Unternehmen

Auch in dieser Studie sind Automobilunternehmen logistisch führend

im Bereich Befestigungstechnik und Apothekenlogistik ist ebenfalls hoch, da diese über einen eigenen Auslieferungsservice verfügen, dessen Kosten leichter zu beeinflussen sind, als dies im Falle des Zukaufs dieser Leistungen möglich wäre. Für die Unternehmen im Versandhandel divergiert schließlich die Attraktivität der Logistikkosten deshalb, weil beide sehr unterschiedlich preissensitive Kunden besitzen.

Logistikleistungen

Für die Beurteilung der strategischen Bedeutung der logistischen Leistungsfähigkeit gilt es – wie oben gezeigt – zwei Aspekte gleichzeitig zu berücksichtigen: Zum einen die Wirkung der Leistungsfähigkeit auf den Markterfolg und den wirtschaftlichen Erfolg eines Unternehmens, zum anderen die Beeinflussbarkeit der Leistungskriterien im Wettbewerb. Die *Abbildung 2-5* zeigt das Ergebnis der Analyse.

Diejenigen Unternehmen, die das zu erbringende Logistikleistungsniveau von ihren Kunden vorgeschrieben bekommen – z.B. trifft das auf manche Unternehmen der Konsumgüter-, Nahrungsmittel- oder Automobilzuliefererindustrie zu – können sich durch die Logistik nur (sehr) begrenzt von ihrer Konkurrenz absetzen. Bei den Unternehmen aus dem Bereich Automobilzulieferer besteht beispielsweise die Möglichkeit, bei der Einführung eines neuen Produktes in der Angebotsphase auch ein kom-

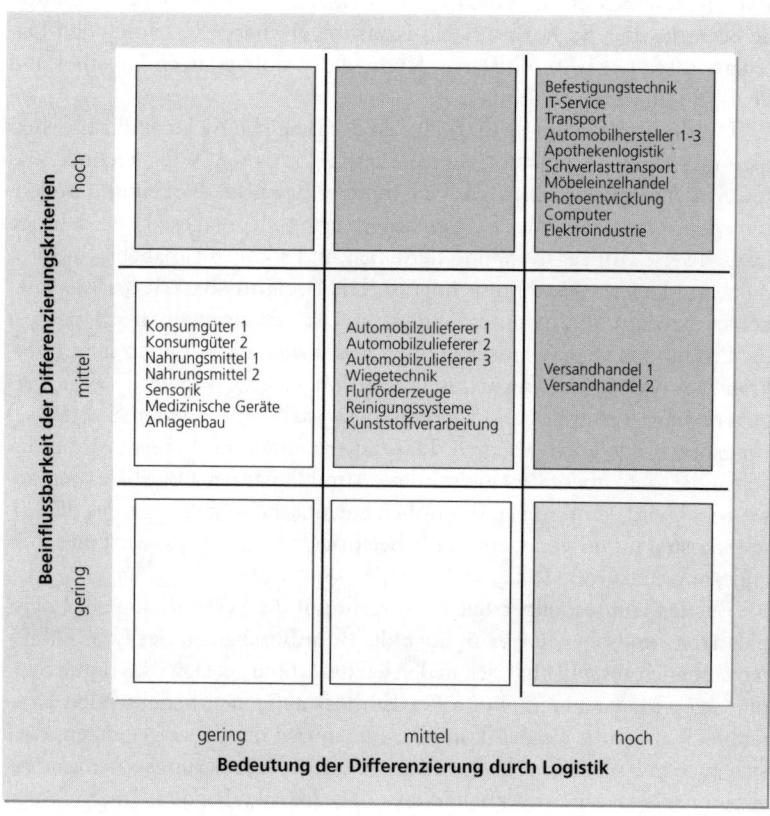

Abb. 2-5: Attraktivitätseinschätzung der Differenzierung durch Logistik für die
untersuchten Unternehmen

plettes kundenspezifisches Logistikkonzept vorzulegen und sich somit in gewissem Rahmen gegenüber Mitbewerbern abzuheben. Dennoch ist hier die Bedeutung der Differenzierung durch Logistik nur als mittel einzustufen.

Eine hohe Bedeutung besteht für den Versandhandel, da dort kein direkter Kundenkontakt besteht. Wegen der starken Abhängigkeit von der Zuverlässigkeit der Lieferanten ist aber nur eine mittlere Beeinflussbarkeit der Differenzierungskriterien gegeben.

Das Unternehmen der Photoentwicklung kann sich durch Lieferpünktlichkeit und -zeit differenzieren – eine Beeinflussung erfolgt beispielsweise durch das Aufstellen von Minilabs in Innenstädten, in denen eine Entwicklung der Fotos innerhalb einer halben Stunde möglich ist. Auch bei den Automobilunternehmen, die durch die Ausweitung der Produktpalette in einem immer stärkeren Wettbewerb stehen, kommt der Logistik als Differenzierungskriterium eine Schlüsselrolle zu. Das Unternehmen im Bereich Befestigungstechnik differenziert sich von den Wettbewerbern durch einen eigenen Auslieferservice, den das Unternehmen – wenn nötig – schnell und flexibel umgestalten kann. Die Philosophie des Unternehmens im Möbeleinzelhandel, dass der Kunde die gewünschten Produkte sofort mit nach Hause nehmen kann, unterscheidet sich stark von derjenigen seiner Mitbewerber. Die Grundidee des innovativen Unternehmens im Bereich Schwerlasttransport besteht darin, durch ein neuartiges Logistikangebot dem Kunden attraktive Alternativen zu herkömmlichen Schwerlasttransporten zu liefern, was Auswirkungen sogar auf die Phase der Produktentwicklung des Kunden haben kann.

Logistikattraktivität

Zur Einschätzung der Logistikattraktivität sind nun die bisher vorgestellten Ergebnisse zusammenzufassen (vgl. *Abbildung 2-6*). Die Einordnung der Unternehmen hinsichtlich ihrer »Attraktivität der Logistikkosten« ist auf der Ordinate, die der »Attraktivität der Differenzierung durch Logistik« auf der Abszisse wiederzufinden. Im Ergebnis ermittelt sich eine niedrige (weiße Felder), mittlere (hellgraue Felder) oder hohe (dunkelgraue Felder) Logistikattraktivität für jedes der betrachteten Unternehmen.

Logistikkompetenz

Die Attraktivität der Logistik zeigt das Erfolgspotenzial der Unternehmen auf; ausgeschöpft werden kann es nur dann, wenn eine ausreichende Logistikkompetenz vorliegt. In der empirischen Studie wurde die Logistikkompetenz der Unternehmen aufgrund zahlreicher Interviews ermittelt. Die hierbei berücksichtigten Einflüsse sind zu vielfältig, um sie an dieser Stelle wiederzugeben. Nur die Ergebnisse der Analyse seien aufgeführt. Sie sind dem in der *Abbildung 2-7* dargestellten Logistik-Portfolio zu entnehmen (vgl. S. 39).

Je weniger Sorgfalt auf das Abgrenzungsproblem gelegt wird, desto weniger Klarheit besteht darüber, was alles in der Logistik-Leistungsrechnung abgebildet werden soll

Logistik-Portfolio

Dieses Portfolio führt die Attraktivitäts- und Kompetenzergebnisse zusammen und entwickelt Handlungsempfehlungen (Normstrategien) für die

**Strategisches Logistik-
Controlling**

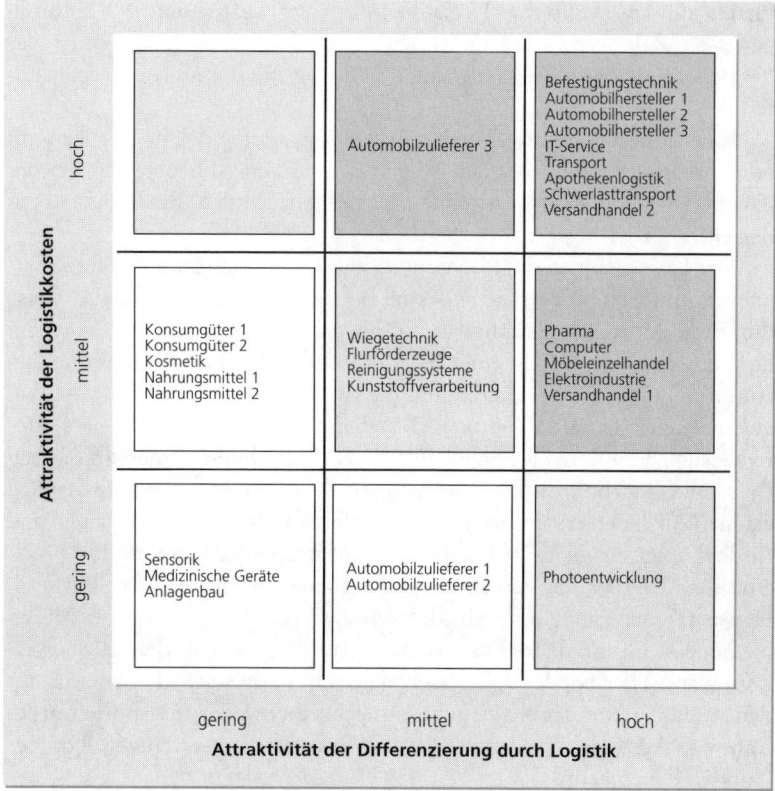

Abb. 2-6: Logistik-Attrakti-
vität der untersuchten Unternehmen

Unternehmen. Sofern sich die Einschätzungen bzgl. Logistikattraktivität
und Logistikkompetenz die Waage halten, befindet sich das Unternehmen
auf dem Gleichgewichtspfad. Eine Position oberhalb bzw. unterhalb des
Gleichgewichtspfades signalisiert eine Tendenz zum Kauf bzw. Verkauf
von Logistikleistungen und -Know-how.

Als Ergebnis der empirischen Untersuchung ist festzuhalten, dass sich
die meisten Unternehmen auf dem Gleichgewichtspfad befinden, ein Teil
der Unternehmen allerdings durch Kompetenzdefizite einen Handlungsbedarf besitzt. So geht bei einem Unternehmen der Automobilbranche beispielsweise der Trend hin zu einer den Produktionsablauf optimierenden
Produktionsplanung, eine Vorgehensweise, die bei einem anderen Unternehmen der Automobilbranche vor einigen Jahren auch üblich war, inzwi-
schen aber durch eine flexible und an den Kundenwünschen orientierte
Produktionsplanung abgelöst wurde. Das Unternehmen der Transport-
branche läuft Gefahr, durch Unpünktlichkeit und schlechte Zubringer-
dienste stark an Attraktivität für seine potenziellen und bestehenden Kunden zu verlieren.

Durch eine entsprechende Messung des Erfolgs der Logistik und eine
Quantifizierung der mit einer besseren Logistikleistung einhergehenden Er-
folgssteigerung könnte die Notwendigkeit einer Verbesserung der angebo-
tenen Logistikleistung in den Unternehmen besser kommuniziert werden.

Die meisten von uns untersuchten Unternehmen befinden sich auf dem Gleichgewichtspfad

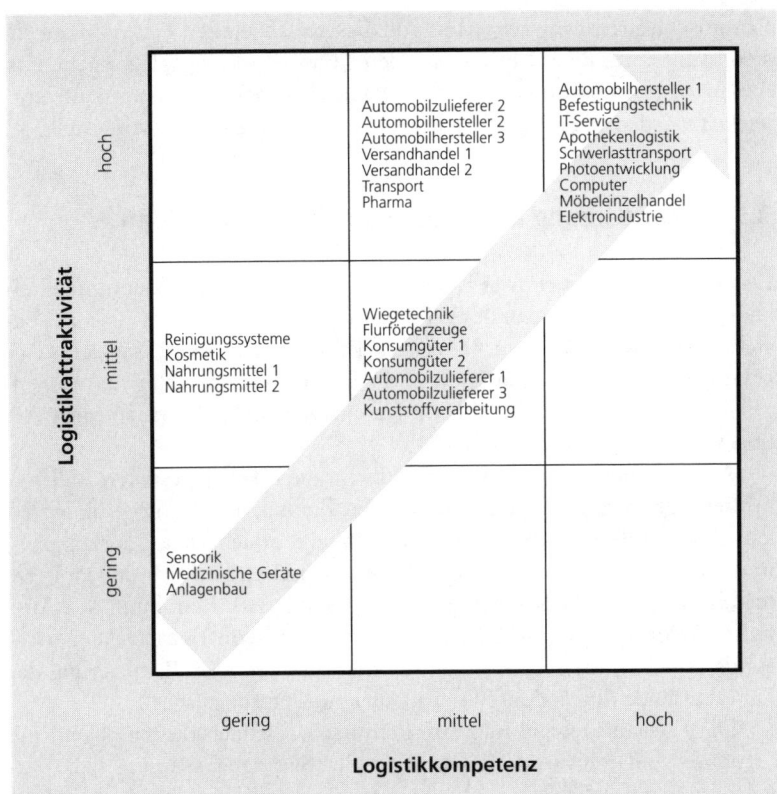

Abb. 2-7: Logistik-Portfolio der untersuchten Unternehmen

Geeignete Schritte könnten eingeleitet werden, um das der Logistik innewohnende Potenzial adäquat zu nutzen.

3. Umsetzung der strategischen Stoßrichtung für die Logistik

Die strategische Planung genießt in den Unternehmen zumeist einen hohen Stellenwert. Die strategische Planungsabteilung »hängt« meist direkt unter dem Vorstandsvorsitzenden und gilt für deren Mitarbeiter als sicherer Garant einer Managementkarriere. Dennoch finden sich viele Klagen insbesondere hinsichtlich der Strategieumsetzung. Im Einzelnen stößt man häufig auf folgende Kritikpunkte:

- Die Strategien sind viel zu »abgehoben« und unkonkret, um klare Handlungsanweisungen geben zu können.
- Die strategischen Stoßrichtungen sind im Wesentlichen nur dem Top-Management bekannt. Sie werden kaum kommuniziert. Damit scheidet eine Verfolgung durch das Middle-Mangement weitgehend aus.
- Die strategische Planung ist kaum mit der operativen verknüpft. Sie nutzt ihre Chance, Rahmen zu geben, nicht.

Die strategische Planung erfüllt in der Praxis häufig nicht das, was sie verspricht

Empirische Erfahrung zeigt, dass von dieser mangelnden Verknüpfung ein signifikanter negativer Einfluss auf den Unternehmenserfolg ausgeht. Um diesen zu vermindern, sind in der letzten Zeit mehrere Instrumente entwickelt worden. Zwei von diesen seien im Folgenden näher vorgestellt.

3.1. Umsetzung mit Hilfe Selektiver Kennzahlen

Das Konzept der Selektiven Kennzahlen wurde im Zuge einer umfangreichen Arbeitskreisarbeit an der WHU entwickelt. Das Ziel des Ansatzes besteht darin, die gewünschte strategische Positionierung der Logistik ins tägliche Geschäft zu transportieren und damit umsetzungsfähig zu machen. Hilfsmittel ist eine kleine Zahl von Kennzahlen, die auf eine spezielle Art und Weise bestimmt werden.

Das Konzept der Selektiven Kennzahlen entstammt einer Arbeitskreisaktivität der WHU

Ausgangspunkt des Konzepts ist die für die Logistik gestaltete und von ihr verfolgte Strategie. Sie beschreibt den Beitrag, den die Logistik leisten kann, die Erfolgspotenziale des Unternehmens zu sichern und auszubauen, und konkretisiert die zu verfolgenden strategischen Stoßrichtungen. Letztere beziehen sich auf die Logistik insgesamt (z.B. Erhöhung der Auskunftsfähigkeit durch durchgängige Einführung von Betriebsdatenerfassungssystemen) und einzelne logistische Segmente (z.B. Reduzierung der Lagerbestände durch Zentralisierung der Auslieferungsläger).

Die Logistikstrategie fußt auf Prämissen. Vielfach dienen allgemeine Struktur- und Rahmendaten als Basis der Strategiefestlegung (z.B. verkehrswirtschaftliche Rahmenbedingungen). Ähnliche Prämissen sind im Zusammenhang mit der Planung logistischer Teilbereiche notwendig. Eine Festlegung von Durchlaufzeiten und Servicegraden einzelner Bereiche als Plangrößen erfolgt so z.B. unter der Annahme einer dort vorhandenen technischen Ausstattung. Eine Planerfüllung ist nur möglich, wenn auch die hierfür vorgenommenen Prämissen ihre Gültigkeit beibehalten.

Selektive Kennzahlen setzen an der Strategie und an operativen Engpässen an

Auf dieser Basis werden im Konzept der Selektiven Kennzahlen strategiegerichtete Kennzahlen ermittelt. Sie können sich auf zentrale Ziele (z.B. eine anzustrebende Lieferbereitschaft), auf Meilensteine strategischer Programme (z.B. Fertigstellung eines integrierten Steuerungssystems bis zu einem bestimmten Zeitpunkt) und auf strategische Prämissen beziehen (z.B. die Straßenverkehrsinfrastruktur erlaubt weiterhin eine Versorgung im Nachtsprung). Für die Auswahl der Kennzahlen gelten zwei Bedingungen:

- *Selektion:* Zum einen müssen sich die Logistikverantwortlichen auf eine sehr geringe Zahl von Kennzahlen beschränken (3-5 Größen). Dies erfordert eine strikte Selektion, die in ihrem Vorgehen dem der Ermittlung strategischer Erfolgsfaktoren gleicht. Hieraus resultiert der Zwang, innerhalb des Strategiefokus nach besonders wichtigen Engpässen für die Wettbewerbsfähigkeit zu suchen und nur diese schlaglichtartig zu beleuchten. Alternativ oder parallel könnte man den Scheinwerfer der Aufmerksamkeit auch auf zentrale Wachstumsfaktoren bzw. -treiber richten.
- *Auswahl im Managementteam:* Welche Kennzahlen wirklich für die Realisierung der Logistikstrategie wichtig sind, lässt sich weder allgemein-

gültig noch mittels analytischer Methoden bestimmen. Komplexität und Unsicherheit der strategischen Planung bedingen zu große Wissensdefizite. Erforderlich ist es deshalb, die verantwortlichen Führungskräfte der Logistik in einem geeigneten Diskussionsprozess zu einer gemeinsamen Auffassung zu bringen. Ein solcher Prozess schafft hohe Akzeptanz der gemeinsam gefundenen Lösung und ist die beste Voraussetzung für Aufmerksamkeit des Managements in der Phase der Strategieumsetzung.

Das Konzept Selektiver Kennzahlen beschränkt sich jedoch nicht allein auf die strategische Perspektive, sondern weitet den Blick auf kritische Engpässe im operativen Geschäftssystem aus. Die Motivation für dieses Vorgehen liegt in einer – trivialen, aber dadurch nicht minder wichtigen – Erkenntnis: Strategien können nicht nur dadurch scheitern, dass man einmal gefasste strategische Ziele aus den Augen verliert, sondern auch dadurch, dass sich bei der Strategieumsetzung unerwartete Probleme einstellen. Solche den Material- und Warenfluss störenden operativen Engpässe herauszufinden und die Aufmerksamkeit des Managements auf sie zu lenken, bietet die beste Gewähr, ihr Gefahrenpotenzial zu beherrschen. Auch für diese »operativen« Kennzahlen gilt die Forderung einer strikten Beschränkung auf 3-5 Größen und ihrer Auswahl im Managementteam.

Das Konzept der Selektiven Kennzahlen fordert eine starke Beschränkung auf insgesamt 5-10 Mess- und Steuerungsgrößen

Strategisch und operativ engpassbezogene Kennzahlen stimmen nur in Ausnahmefällen überein. Dies zeigt das Beispiel der *Abbildung 2-8*. Auch in zeitlicher Hinsicht gilt Unterschiedlichkeit: Während die strategischen Kennzahlen längerfristig gültig sind (entsprechend dem Horizont logistischer Strategien), unterliegen die engpassbezogenen Kennzahlen im operativen Bereich häufigeren Veränderungen: Engpässe zu erkennen und die Aufmerksamkeit des Managements auf sie zu lenken, wird häufig dazu führen, sie zu beheben. Das Beseitigen alter Engpässe lässt neue hervortreten, usw.

Die Erfahrung im Arbeitskreis zeigte in vielfältiger Hinsicht Defizite in den Unternehmen auf. In den meisten Fällen lag keine Logistikstrategie vor. Deren Entwicklung wurde infolge von erheblichen Defiziten auf dem Gebiet der Unternehmensstrategie behindert. Im Arbeitskreis ging es folglich zunächst weniger um die Frage, wie gefundene Strategien im täglichen Handeln umgesetzt werden können, sondern primär darum, zunächst überhaupt adäquate Strategien zu finden (Einsatz des Konzepts Selektiver Kennzahlen als Hilfsmittel zum Strategielernen). Eine solche Situation dürfte in vielen Unternehmen nicht untypisch sein.

Nicht wenige Unternehmen müssen ihre Strategielektion in der Logistik erst noch lernen

3.2. Umsetzung mit Hilfe der Balanced Scorecard

Auch das Instrument der Balanced Scorecard ist in einer engen Verbindung von Theorie und Praxis entstanden, allerdings vor einem anderen Hintergrund. Ziel war es, angesichts immer lauterer Kritik an der Eindimensionalität finanzieller Kennzahlensysteme in den USA diese den geänderten Anforderungen der Unternehmen anzupassen. Im Konzept der Balanced

**Strategisches Logistik-
Controlling**

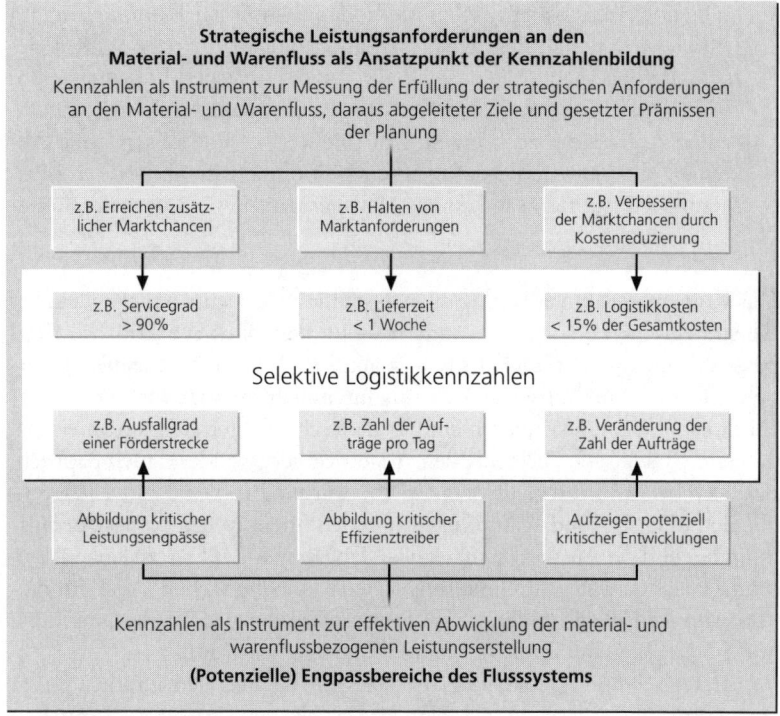

Abb. 2-8: Konzept der Selektiven Kennzahlen

Scorecard werden dementsprechend – wie auch die *Abbildung 2-9* zeigt – die
traditionellen finanziellen Kennzahlen durch eine Kunden-, eine interne
Prozess- sowie eine Lern- und Entwicklungsperspektive ergänzt; vorlau-
fende Indikatoren bzw. Leistungstreiber treten damit an die Seite von Er-
gebniskennzahlen:

- *Finanzielle Perspektive*: Sie zeigt, ob die Implementierung der Strategie zur
Ergebnisverbesserung beiträgt. Kennzahlen der finanziellen Perspektive sind z.B. die erzielte Eigenkapitalrendite oder der Economic Value
Added. Die finanziellen Kennzahlen nehmen dabei eine Doppelrolle
ein. Zum einen definieren sie die finanzielle Leistung, die von einer Strategie erwartet wird. Zum anderen fungieren sie als Endziele für die anderen Perspektiven der Balanced Scorecard. Kennzahlen der Kunden-,
internen Prozess- sowie Lern- und Wachstumsperspektive sollen grundsätzlich über Ursache-Wirkungs-Beziehungen mit den finanziellen Zielen verbunden sein.

Typischerweise werden in
der Balanced Scorecard vier
Perspektiven unterschieden

- *Kundenperspektive*: Sie bildet die strategischen Ziele des Unternehmens in
Bezug auf die Kunden- und Marktsegmente ab, auf denen es konkurrieren möchte.

- *Prozessperspektive*: Aufgabe der Prozessperspektive ist es, diejenigen Prozesse innerhalb der betrieblichen Wertschöpfung abzubilden, die vornehmlich von Bedeutung sind, um Ziele der finanziellen und der Kundenperspektive zu erreichen.

- *Lern- und Entwicklungsperspektive:* Kennzahlen dieser vierten Perspektive
beschreiben wesentliche Elemente der für die anderen Perspektiven not-

43

**Umsetzung der strategi-
schen Stoßrichtung für
die Logistik**

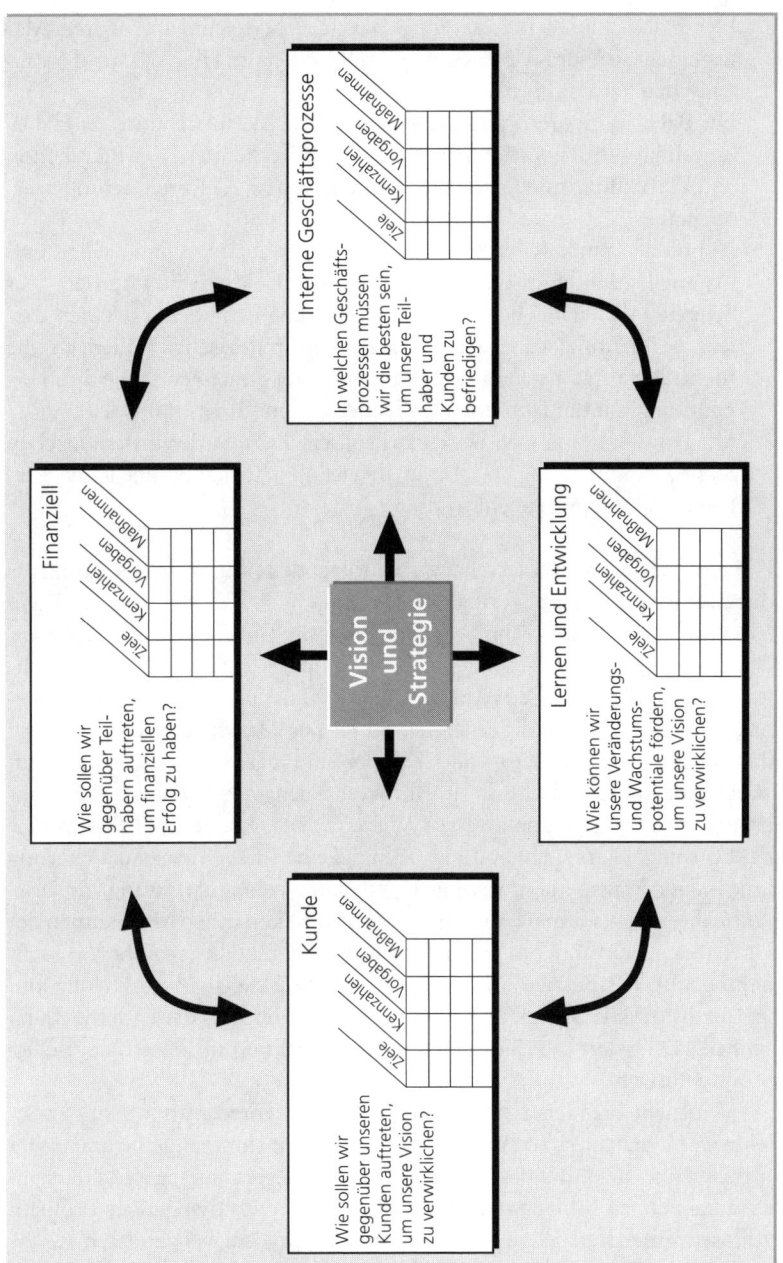

wendigen Infrastruktur. Hierzu zählen etwa die Qualifikation von Mitarbeitern oder die Leistungsfähigkeit der IT-Systeme.

Alle anfangs angesprochenen Defizite in der Umsetzung von Strategien in
das operative Geschäft sollen durch den Einsatz der Balanced Scorecard
überwunden werden:

- Der Entwicklungsprozess einer Balanced Scorecard im oberen Management soll zur Klärung sowie zum Konsens im Hinblick auf die strategischen Ziele führen.
- Die Balanced Scorecard soll eine einheitliche Zielausrichtung der Handlungsträger im Unternehmen mittels entsprechender Kommunikation und Verbindung mit persönlichen Anreizen bzw. Zielvereinbarungen erreichen.
- Neben den personellen Ressourcen müssen auch die finanziellen und materiellen Mittel auf die Unternehmensstrategie gerichtet werden. Vier Schritte sollen dabei helfen: die Formulierung von hochgesteckten Zielen, die Identifizierung und Fokussierung strategischer Initiativen, die Identifikation kritischer unternehmensweiter Strategien sowie ihre Verknüpfung mit der laufenden Budgetierung und Investitionsplanung.
- Mit Hilfe der Balanced Scorecard soll ein Prozess der systematischen Strategieüberprüfung und daraus abgeleiteten Rückkopplung in die Strategieentwicklung erreicht werden.

Kurz zusammengefasst lassen sich die folgenden Merkmale des Konzepts der Balanced Scorecard festhalten: Sie versteht sich in erster Linie als ein Instrument der Umsetzung von Strategien ins tägliche Managementhandeln. Die Komplexität strategierelevanter Aspekte wird durch die Verdichtung auf vier Perspektiven reduziert. Diese fokussieren die wichtigsten Managemententwicklungen der letzten Jahre: Die Marktperspektive zielt auf das Kundenzufriedenheits- und Kundenbindungsmanagement, die Prozessperspektive auf Logistik und Process Reengineering sowie die Lern- und Entwicklungsperspektive auf Wissensmanagement und Organizational Learning. Damit gelingt ihr im Idealfall eine Integration und Sicherung innovativen Managementwissens. Der ihr innewohnende Zwang zur Operationalisierung der Strategie führt zum einen zu konkreten Maßnahmen der Umsetzung, zum anderen verhindert die Beschränkung der Zahl von Maßnahmen pro Perspektive auf eine Handvoll Projekte eine Verzettelung und ineffektiven Aktionismus. Das systematische Monitoring der Zielerreichung schließlich fördert das Kommitment zur Realisierung der strategischen Stoßrichtungen.

Charakterisierung der Balanced Scorecard

Vergleicht man das Konzept der Balanced Scorecard mit dem der Selektiven Kennzahlen, so ist als erstes der übereinstimmende Grundansatz festzuhalten: Beide Konzepte versuchen, Strategien ins tägliche Managementhandeln zu bringen und damit ein in der Praxis drängendes Problem zu lösen. Auch versuchen beide, die Zahl der hierfür verwendeten Kennzahlen (stark) zu begrenzen. Inhaltlich steht der Forderung nach Ausgewogenheit (»balanced«) und die daraus folgende Bildung von vier Perspektiven der Balanced Scorecard die Fokussierung auf strategische und operative Engpässe der Selektiven Kennzahlen gegenüber. Beide Konzepte müssen sich damit nicht ausschließen, sondern können sich vielmehr sinnvoll ergänzen.

Unterschied zum Konzept der Selektiven Kennzahlen

4. Rolle des Controlling bei der strategischen Verankerung der Logistik

Controlling bedeutet – wie im 1. Kapitel hergeleitet – Rationalitätssicherung der Führung. Wie ebenfalls ausgeführt, fällt diese Aufgabe je nach vorliegendem Führungskontext ganz unterschiedlich aus. Dies gilt auch für das strategische Logistik-Controlling.

- Betritt man mit der Formulierung von Logistikstrategien im Unternehmen Neuland, so muss das Controlling die Sinnhaftigkeit einer strategischen Planung für die Logistik vermitteln, die wesentlichen Verantwortlichen mit anwendbaren Instrumenten (z.B. der Wertketten- oder der Stärken-Schwächen-Analyse) vertraut machen und häufig auch einen beträchtlichen Teil der Planungsarbeit selbst leisten.

- Liegt strategische Planungserfahrung im Logistikbereich vor, kommen auf das Logistik-Controlling lediglich »normale« Aufgaben des Planungsmanagements zu. Zu diesen zählt auf der einen Seite die Funktion, gewisse »Spielregeln« für die Planung vorzugeben. Die *Abbildung 2-10* veranschaulicht beispielhaft die Sollstruktur eines strategischen Teilplans, die zu seiner Einbringung in den strategischen Planungsprozess erfüllt werden muss. Auf der anderen Seite obliegt es den Controllern, im laufenden Planungsprozess die Teilstrategien auf ihre Plausibilität zu überprüfen, ihre Konsistenz zueinander sicherzustellen, Ab-

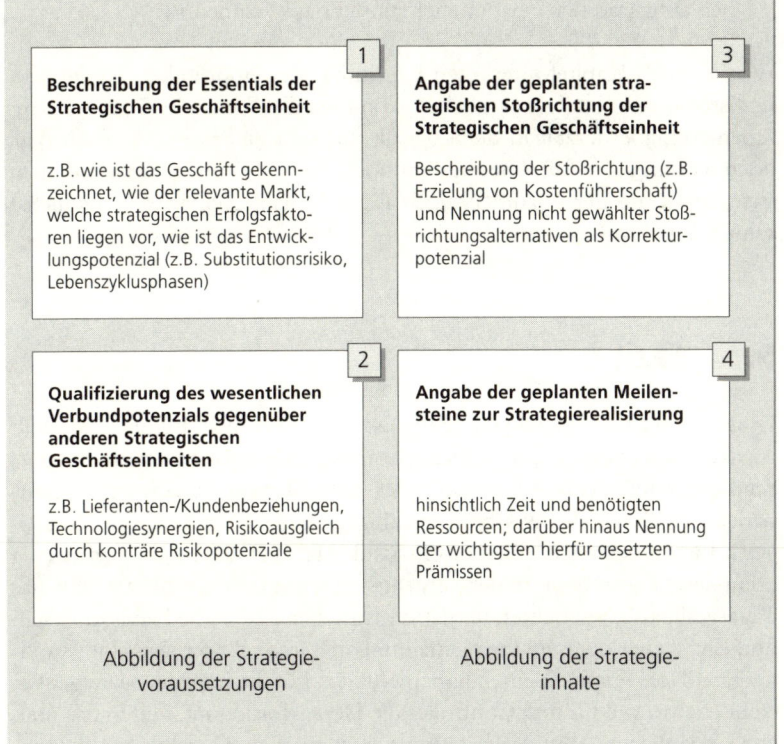

1 **Beschreibung der Essentials der Strategischen Geschäftseinheit**	**3** **Angabe der geplanten strategischen Stoßrichtung der Strategischen Geschäftseinheit**
z.B. wie ist das Geschäft gekennzeichnet, wie wie der relevante Markt, welche strategischen Erfolgsfaktoren liegen vor, wie ist das Entwicklungspotenzial (z.B. Substitutionsrisiko, Lebenszyklusphasen)	Beschreibung der Stoßrichtung (z.B. Erzielung von Kostenführerschaft) und Nennung nicht gewählter Stoßrichtungsalternativen als Korrekturpotenzial
2 **Qualifizierung des wesentlichen Verbundpotenzials gegenüber anderen Strategischen Geschäftseinheiten**	**4** **Angabe der geplanten Meilensteine zur Strategierealisierung**
z.B. Lieferanten-/Kundenbeziehungen, Technologiesynergien, Risikoausgleich durch konträre Risikopotenziale	hinsichtlich Zeit und benötigten Ressourcen; darüber hinaus Nennung der wichtigsten hierfür gesetzten Prämissen
Abbildung der Strategievoraussetzungen	Abbildung der Strategieinhalte

Abb. 2-10: Sollstruktur eines strategischen Teilplans einer Strategischen Geschäftseinheit

stimmungsrunden zu organisieren und zu moderieren und dem Logistik-Management (und dem Unternehmen) schließlich zu einer stimmigen Gesamtstrategie zu verhelfen. Das Logistik-Controlling arbeitet dabei eng mit den anderen Bereichscontrollings und dem Zentral-Controlling zusammen.

Eine weitere wichtige Aufgabe des strategischen Controlling besteht darüber hinaus in Gestaltung, Aufbau und Durchführung einer strategischen Kontrolle. Diese tritt insbesondere in zweifacher Gestalt auf (vgl. *Schreyögg/Steinmann* 1985, S. 401ff.):

- Als *Prämissenkontrolle* überwacht sie fortlaufend die Gültigkeit der in der Strategiefindung gesetzten Prämissen. Dies gilt für einzelne strategische Logistikprojekte ebenso wie für die Logistik insgesamt. Werden Veränderungen innerhalb der Prämissen deutlich (gleichen z.B. Konkurrenten wider Erwarten den Vorsprung im Lieferservice in kurzer Frist weitgehend aus), so sind grundsätzliche Überprüfungen der Strategie erforderlich, die bis zu einem Verwerfen und einer anschließenden Neuplanung führen können.

Im Bereich der strategischen Führung geht Kontrolle über eine reine Durchführungskontrolle hinaus

- Die *Durchführungskontrolle* bezieht sich auf den Realisierungsprozess der gefundenen Strategien. Im Sinne eines Feed-backs werden Plan-Ist-Abweichungen analysiert. Zwei grundsätzliche Ergebnisse der Abweichungsanalyse sind möglich: Zum einen der Hinweis auf verstärkte Anstrengungen, die verfolgten Strategien trotz eingetretener Turbulenzen zu erreichen, zum anderen die Anregung, eine Veränderung der Strategien aufgrund neu gewonnener Einsichten vorzunehmen.

Wie die im 1. Kapitel referierten Ergebnisse der empirischen Studie zum Logistik-Controlling gezeigt haben, kommen die Controller ihrer strategischen Aufgabe derzeit in der Logistik nur sehr eingeschränkt nach (vgl. nochmals die *Abb. 1-6*). Hier besteht noch ein weites Betätigungsfeld, dem sich die Controller – zum Nutzen ihrer Logistik-Manager – möglichst schnell annehmen sollten.

5.   Fazit

Es ist mit der Logistik wie im richtigen Leben: Wer nicht richtig aufgestellt ist, kann sich noch so sehr anstrengen; erfolgreich wird er nicht. In der passenden strategischen Ausrichtung der Logistik liegt derzeit ein überaus wirksamer Hebel, die Wettbewerbsfähigkeit eines Unternehmens zu steigern. Ihn zu betätigen, führt das Logistik-Management in ein noch wenig erkundetes Fahrwasser. In der Vergangenheit war die Logistik stark auf das Tagesgeschäft ausgerichtet, für die strategischen Planer die Nähe zu Kisten und LKW eher operativ unangenehm. Langsam vollzieht sich eine Wandlung, und sie verspricht einen hohen Nutzen. Für die Logistik-Manager besteht ebenso wie für ihre Controller die Herausforderung, sich in das übliche Gedankengut strategischer Planung einzuarbeiten und dann die möglichen Beiträge der Logistik zur Steigerung der Wettbewerbsfähigkeit des Unternehmens einzubringen. Sie lässt sich um so leichter bewältigen, je weiter das Unternehmen in der Entwicklung der Logistik gekommen ist. Allerdings haben auch »klassische« TUL-geprägte Unternehmen nicht mehr viel Zeit. Der Wettbewerb schläft nicht!

6. Zitierte und weiterführende Literatur

Literatur zur strategischen Planung

- Baum, H.-G./Coenenberg, A.G./Günther, T. (1999): Strategisches Controlling, 2. Aufl., Stuttgart.
- Goeldel, H. (1997): Gestaltung der Planung. Konzeptioneller Ansatz und Fallstudien, Wiesbaden.
- Hahn, D./Taylor, B. (Hrsg.) (1992): Strategische Unternehmensplanung. Stand und Entwicklungstendenzen, 6. Aufl., Heidelberg.
- Hinterhuber, H.H. (1989): Strategische Unternehmensführung, 4. Aufl., Berlin/New York.

Literatur zur Balanced Scorecard

- Kaplan, R.S./Norton, D.P. (1996): Balanced Scorecard – Strategien erfolgreich umsetzen, Stuttgart.
- Horváth & Partner (2000): Balanced Scorecard umsetzen, Stuttgart.
- Weber, J./Schäffer, U. (2001): Balanced Scorecard&Controlling. Implementierung – Nutzen für Manager und Controller – Erfahrungen in deutschen Unternehmen, 3. Aufl., Wiesbaden.

Weitere zitierte Literatur

- Schreyögg, G./Steinmann, H. (1985): Strategische Kontrolle, in: ZfbF, 37. Jg., S. 391-410.

Erfassung und Ausweis logistischer Leistungen und Erlöse

Kapitel 3

Management Summary

Ein rationales Logistik-Management ohne eine hinreichende Kenntnis der Material- und Warenflussprozesse ist nicht möglich. Hierzu muss das Logistik-Controlling beitragen. Es darf dabei nicht – wie derzeit zumeist in der Unternehmenspraxis zu beobachten – auf Kosten beschränkt sein. Die Leistungen der Logistik spielen eine mindestens ebenso wichtige Rolle zur Steuerung der Logistik. Sie werden vom Logistik-Management für sehr unterschiedliche Zwecke benötigt.

Welche Leistungen die Logistik im Detail erbringt, ist in vielen Unternehmen nicht hinreichend erfasst. Schon ein einheitliches, im Detail konsistentes Begriffsverständnis liegt zumeist nicht vor. Das Logistik-Controlling muss deshalb

- im ersten Schritt herausarbeiten, wofür welche Logistikleistungen benötigt werden,
- im zweiten Schritt die zu erfassenden Leistungen definieren und ihre Erfassung – unter starkem Rückgriff auf vorhandene DV-Systeme – festlegen
- und sie im dritten Schritt für die vielfältigen Verwendungen bereithalten.

Die Thematik der Leistungserfassung besitzt schließlich enge Bezüge zu der Frage, ob und – wenn ja – welche Erlöswirkungen von der Logistik ausgehen. Sie reichen von direkten Mehrerlösen (z.B. für eine besonders hohe Lieferfähigkeit) bis zu indirekten Einflüssen auf die Wettbewerbsposition. Dieser Marktbezug der Logistik wurde in der Vergangenheit viel zu wenig betrachtet. Er stellt ein wesentliches Objekt des Logistik-Controlling dar.

1. Grundsätzliche Formen der Nutzung von Informationen

1.1. Vorüberlegungen: Transparenz kann auch schaden

Logistikleistungen sind als Dienstleistungen schlecht zu präzisieren, sehr vielgestaltig und oftmals problematisch zu messen. Sie werden über das ganze Unternehmen hinweg erbracht und sind umfangmäßig – wegen ihrer »Zerstreuung« – häufig jeweils nur wenig bedeutsam. All diese Tatbestände haben dazu geführt, dass man nur in wenigen Unternehmen auf eine systematische, ausgebaute logistische Leistungsrechnung trifft. Zwar sind bei näherem Hinsehen viele Einzeldaten schon verfügbar. Es handelt sich jedoch zumeist um »Informationsinseln«, die zudem sehr schlecht genutzt werden.

Um diesen Zustand zu verändern, muss auf der einen Seite klar sein, dass der Aufbau einer logistischen Leistungsrechnung nicht ohne (Informations-)Kosten erfolgen kann. Diese werden auch von den Controllern oftmals gescheut. Auf der anderen Seite muss Klarheit bestehen, welche potenziellen Nutzen eine solche Rechnung stiften kann. Pauschal trifft man häufig auf das plausible, offensichtliche Argument, eine Logistikleistungsrechnung schaffe eine weitreichende Transparenz in der Logistik, die für die unterschiedlichsten Zwecke nutzbar sei.

Mit dem Hinweis auf Transparenz fängt man Controller schnell ein. Für sie hat Transparenz eine schon fast emotionale Bedeutung: Nicht wenige beschreiben ihre Hauptaufgabe in der Übernahme von Transparenzverantwortung. Aber hier ist Vorsicht geboten. Nicht nur notorische Gegner und Verhinderer von Veränderungen machen immer wieder deutlich: Transparenz kann auch schaden! Für diese Aussage lässt sich auch eine ganze Reihe von vernünftigen Gründen aufführen. Sie trifft dann zu, wenn

In einer Reihe von Fällen kann Transparenz für das Unternehmen schädlich sein

- Menschen von der Vielzahl von Informationen überfordert sind (»Information Overload«),
- die wirklich wichtigen Informationen durch eine Vielzahl unwichtiger verdeckt werden (»Wald vor lauter Bäumen nicht mehr sehen«, »Zahlenfriedhof«),
- nur noch das Gemessene zählt, die komplexe Wirklichkeit auf ein paar Zahlen reduziert wird (Lenkung der Motivation auf allein durch Zahlen messbar Gemachtes)
- die falschen Informationen erhoben werden (der Satz »what gets measured, that gets done« gilt unabhängig von der Qualität der Informationsauswahl!),
- Informationen opportunistisches Verhalten ermöglichen (»es ist für jeden etwas dabei, um gut auszusehen«) und
- Informationen bewusst manipuliert werden können (Verfälschung).

Nicht immer sind mehr Informationen besser als wenige

Dass die so plausible Regel »Mehr Informationen sind besser als weniger« nur eingeschränkt gilt, liegt in den Eigenschaften von Menschen begründet: Uns kennzeichnen vielfältige kognitive Begrenzungen und ein – mehr oder weniger stark ausgeprägter – Eigennutz. Diese Tatsache wird von Ingenieuren genauso häufig ausgeblendet oder vernachlässigt wie von den »klassischen« Betriebswirten (homo-oeconomicus-Annahme). Wer dem Management durch die Lieferung zusätzlicher Informationen helfen will, muss sich deshalb vorher überlegen, wie diese Informationen auf die Manager wirken, d.h. was diese mit den Informationen konkret anfangen werden. Hierfür ist es hilfreich, zwei Differenzierungen zu beachten, die aktuell Eingang in die Controlling-Diskussion gefunden haben.

1.2. Instrumentelle, konzeptionelle und symbolische Nutzung von Informationen

Wer die Bereitstellung zusätzlicher Informationen fordert, hat zumeist ein konkretes Entscheidungsproblem vor Augen, zu dessen Lösung das vorhandene Wissen nicht ausreicht. Diese Perspektive findet sich sowohl in den einschlägigen Lehrbüchern (wie z.B. unter dem Stichwort »entscheidungsorientierte Kostenrechnung«) als auch in den Verkaufsprospekten von einschlägigen DV-Anbietern. Allerdings nehmen Menschen Informationen nicht nur bzw. erst dann auf, wenn sie vor konkrete Probleme gestellt werden. Man informiert sich auch »ganz allgemein«. Die Informationsverwendung scheint differenzierter zu sein, als zumeist unterstellt.

Auf der Suche nach hilfreichen Strukturierungen stößt man u.a. auf die folgende Differenzierung (sie stammt von *Menon/Varadarajan* 1992). Die ersten beiden Nutzungsarten greifen die soeben geäußerten Gedanken auf:

Bei der Verwendung von Instrumenten denkt man zumeist an instrumentelle Nutzung

- Informationen können direkt zur Fundierung spezieller Entscheidungen genutzt werden. In diesem Fall lösen sie unmittelbar Handlungen der Manager aus. Diese entscheidungsorientierte Nutzung wird *instrumentell* genannt.
- Darüber hinaus können Informationen das allgemeine Verständnis des Geschäfts und der Situation, in der sich der Manager befindet, fördern (*konzeptionelle Nutzung*). Die Informationen führen hier nicht zu konkreten Entscheidungen, sondern beeinflussen »nur« die Denkprozesse und Handlungen der Manager.
- *Menon/Varadarajan* unterscheiden daneben noch eine dritte Nutzungsart. Diese löst sich explizit von der Annahme, dass die Informationen zuerst vom Manager verarbeitet werden, um unmittelbar oder zu einem späteren Zeitpunkt in Kenntnis der Informationen Entscheidungen zu treffen. Als *symbolische Nutzung* bezeichnen sie es, wenn die Informationen erst dann benutzt werden, wenn die Entscheidung an sich schon getroffen ist, die Informationen aber zur Durchsetzung eigener Entscheidungen und Beeinflussung anderer Menschen angewandt werden. Ein solches Vorgehen kann zum einen gewollt sein, um kognitiven Begrenzungen Anderer zu begegnen. Die hierfür passende Veranschaulichung ist die Frage »Wie sage ich es meinem Kinde«? Allerdings kann symbolische Nutzung auch eine bewusste Manipulation Anderer zur Erreichung seiner eigenen Ziele durch den Manager bedeuten.

Symbolische Nutzung wirkt auf den ersten Blick manipulativ

Welche Nutzungsart bei logistischen Leistungsinformationen in der Praxis dominiert, ist nicht bekannt. Wohl aber liegen Erkenntnisse bezüglich der Nutzung von Kennzahlen einerseits und von Daten der Kostenrechnung andererseits vor. Sie wurden jeweils in Studien der WHU gewonnen (*Weber/Sandt* 2001, S. 27-31; *Homburg/Weber/Aust/Karlshaus* 1998, S. 36-39). Im Ergebnis zeigt sich für beide übereinstimmend, dass zum einen alle drei Nutzungsarten parallel zu beobachten sind, zum anderen unter diesen die instrumentelle Nutzung im Schnitt weniger als die beiden anderen Nutzungsarten auftritt! Die auf Kostenrechnung bezogene Studie lieferte noch eine weitere überraschende Erkenntnis: Setzt man die drei Nutzungsarten in Beziehung zum Unternehmenserfolg, zeigt sich für die instrumentelle Nutzung ein negativer, für die konzeptionelle Nutzung ein positiver Zusammenhang. Für die symbolische Nutzung ist schließlich kein signifikanter Zusammenhang festzustellen (vgl. *Karlshaus* 2000, S. 178).

Die konzeptionelle Nutzung
wirkt positiv auf den Unternehmenserfolg, die instrumentelle dagegen eher
negativ!

Versuche, laufend erfasste Informationen unmittelbar und unkritisch zur Lösung eines Entscheidungsproblems heranzuziehen, sind damit skeptisch zu beurteilen. Informationen machen Managerexpertise nicht überflüssig. Viel wichtiger ist das hinter der Informationserfassung steckende Wissen. Informationen vermitteln eine gewisse Sicht auf die Managementwelt, machen Managern Probleme und Lösungskorridore transparent, spielen eine gewisse Scheinwerferfunktion. Dies gilt aber nur so lange, wie die Manager nicht durch zu viele Informationen überlastet werden. Eine konzeptionelle Ausrichtung der Informationsversorgung verlangt damit Disziplin in der Auswahl zu erfassender Daten. Hohe Komplexität und konzeptionelle Nutzung vertragen sich nicht.

1.3. Diagnostische und interaktive Nutzung von Informationen

Schließlich sei noch eine Differenzierung aufgeführt, die ebenfalls unter Nutzungsart zu fassen ist. Sie stammt von *Simons* und wurde speziell für Steuerungssysteme entwickelt (vgl. *Simons* 1995, S. 59ff.). *Simons* unterscheidet eine diagnostische und eine interaktive Variante:

- Ein *diagnostisches Steuerungssystem* gibt der Unternehmung Sicherheit, ohne dass die ständige Aufmerksamkeit des Managements erforderlich ist. Wie ein Thermostat reguliert sich das System im Idealfall über negative Rückkopplungsschleifen selbst und erfordert im laufenden Betrieb keine weitere Aufmerksamkeit. Die Kapazität des Managements wird – außer sporadischen Kontrollen – nur dann in Anspruch genommen, wenn starke Abweichungen zwischen Soll und Ist gesonderte Eingriffe erforderlich machen.

- Ein *interaktives Steuerungssystem* steht dagegen im Zentrum der Aufmerksamkeit des Managements. Es treibt die Unternehmung und generiert Spannung. Unter Umständen handelt es sich dabei nur um eine einzige Steuerungsgröße.

Im 2. Kapitel wurden zwei Instrumente zur Strategieumsetzung vorgestellt. Sie lassen sich an dieser Stelle exakter voneinander unterscheiden: Während die Balanced Scorecard in ihrem Grundverständnis ein diagnostisches Steuerungssystem darstellt, ist das Konzept Selektiver Kennzahlen interaktiv gemeint. Insofern lassen sich beide gut miteinander kombinieren.

Auch die Unterscheidung diagnostischer oder interaktiver Verwendung von Informationen wirft ein Schlaglicht auf die Notwendigkeit, die Frage von Erfassung und Ausweis logistischer Leistungsinformationen nicht allein vor dem Hintergrund der dafür anfallenden Informationskosten zu entscheiden. Wir werden der Differenzierung bei der folgenden Diskussion möglicher Nutzen ebenso begegnen wie später im Kapitel 5, in dem es um die Gestaltung eines logistischen Berichtswesens geht.

2. Nutzen einer logistischen Leistungsrechnung

Zusätzliche Informationen zu erhalten, wird vom Management zumeist (sehr) begrüßt – insbesondere dann, wenn es dafür nichts bezahlen muss. Wie gezeigt kann die Frage der »richtigen« Informationsversorgung nicht allein von der Kostenseite her beantwortet werden. Eine genaue Analyse der Informationsverwendung ist unabdingbar. Auch für das Projekt »Logistik-Leistungsrechnung« gilt die Erkenntnis: Je besser die Vorbereitung, desto sicherer der Erfolg. Jedes Unternehmen muss individuell die für den eigenen Kontext relevanten Rechnungszwecke bestimmen. Die folgenden Ausführungen (vgl. auch die *Abbildung 3-1*) haben deshalb im Wesentlichen einen Beispielcharakter; sie ersetzen keine nähere Analyse »vor Ort«. Ein Verweis auf die vorab herausgearbeiteten Nutzungsarten erfolgt (insbesondere) dann, wenn spezielle Nutzungsschwerpunkte vorliegen.

Je besser die Vorbereitung der Einführung einer logistischen Leistungsrechnung, desto besser das Ergebnis

2.1. Lieferung von Anregungsinformationen

Die Logistik muss ein sehr vielschichtiges Leistungsspektrum abdecken. Diese Heterogenität führt im Tagesgeschäft leicht zu mangelnder Überschaubarkeit. Es ist häufig nicht in toto bekannt, wo welche Leistungen in welchem Umfang erforderlich sind und erbracht werden. Problembereiche bleiben unerkannt. Diesem Mangel kann (nur) eine laufende Aufzeichnung logistischer Leistungen abhelfen. Sie macht transparent, wo Auffälligkeiten bestehen. Ein Beispiel möge dies verdeutlichen.

Im Bereitstellungsraum vor einem Pressteil-Hochregallager kam es häufig zu einem – mehr oder weniger großen – Behälter- und Gestelle-Stau. Gründe waren ebenso wenig bekannt wie die genaue Häufigkeit und der jeweilige Umfang der Stausituationen. Man passte sich an die schwankenden Materialströme jeweils ad hoc an. Die Auswertung der (vorhandenen) Ein- und Auslagerungsstatistik eines Pressteil-Hochregallagers ergab dann ein Leistungsbild, das zwei zusätzliche, neue Erkenntnisse erbrachte: Zum ei-

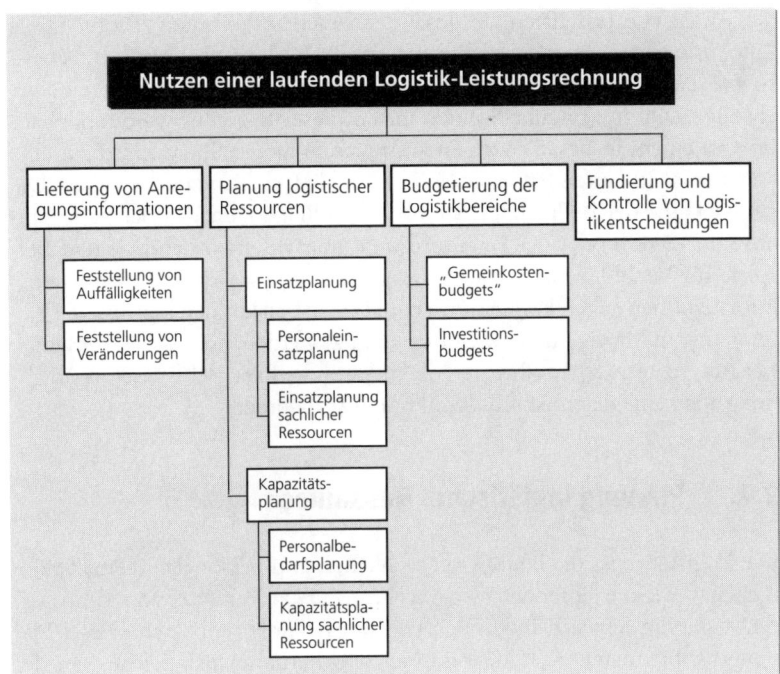

nen wurde das erhebliche Ausmaß der Schwankungen transparent; im Betrachtungszeitraum fielen Durchsatzspitzen und -senken fast genau um den Faktor zwei auseinander. Zum anderen konnte man einen zyklischen Charakter der Schwankungen erkennen. Hierdurch wurde zunächst die Frage angestoßen, ob die Schwankungen des Materialflusses vermeidbar waren bzw. sie vermindert werden konnten.

Analysen ermittelten die Ursache der Schwankungen in der Losgrößen- und Losreihenfolgeplanung im Presswerk. Der verwendete Planungsalgorithmus wurde daraufhin überprüft, ob er alle logistisch relevanten Parameter enthielt. Dies war nicht der Fall. Die verwandte »klassische« *Andler*'sche Losgrößenformel berücksichtigt die Logistik nur im kapitalbindungsbezogenen Lagerkostensatz. Andere logistische Kosten (z.B. Behälterkosten) bleiben außer Ansatz. Dennoch konnte aus verschiedenen Gründen keine Änderung der Loseinplanung erreicht werden. Die erkannten Schwankungen waren aber dann die Grundlage für eine bessere Personaleinsatzplanung, da im Vorhinein Urlaubs- und Freischichten, Überstunden und Zusatzschichten entsprechend platziert werden konnten. Diese Planungssicherheit eliminiert unnötige Hektik und damit auf Dauer verbundene Motivationsprobleme.

Anregungsinformationen machen die Verantwortlichen auf ein sonst unerkanntes, verdeckt bleibendes Problem aufmerksam und stoßen damit eine Problemlösung an. In dieser Eigenschaft wirken sie interaktiv.

Auch Zeitvergleiche sind eine wesentliche Quelle von Anregungsinformationen. Laufend erfasste logistische Leistungsdaten lassen Trends und Veränderungen erkennen. In vielen Unternehmen hat sich beispielsweise der Anteil von Eilfahrten am gesamten Frachtaufkommen erhöht. Diese Folge von verringerten Sicherheitsbeständen blieb häufig unerkannt, ebenso wie die damit verbundenen hohen Kosten. Man sah zwar die steigende absolute Zahl von Eil- und Sonderfahrten; diese Steigerung wurde aber häufig von einem insgesamt steigenden Frachtvolumen überdeckt. Erst eine systematische, laufende Gegenüberstellung liefert adäquate Aussagen. Die Entwicklung der Bedienungshäufigkeit von Relationen, des Belegungsgrades von Lägern oder des Kommissionierungsvolumens sind weitere Beispiele für Veränderungen, die der Logistikleitung wesentliche Anregungsinformationen geben können. Auch in diesem Fall können logistische Leistungen vom Management interaktiv genutzt werden. Gibt dieses für einige Leistungsdaten feste Sollwerte vor, so kann die logistische Leistungsrechnung auch eine diagnostische Funktion wahrnehmen.

2.2.   Planung logistischer Ressourcen

Die Logistik muss die benötigten sachlichen und personellen Kapazitäten – ebenso wie die laufenden Verbräuche von Faktoren (z.B. von Treibstoffen) – ständig dem sich ändernden Leistungsvolumen anpassen. Dieses Planungsproblem stellt sich analog in allen Unternehmensbereichen. In der Produktion greift man zur Lösung des Problems auf Arbeitsgangpläne zurück. Aus diesen geht hervor, welche Bearbeitungsschritte für ein Produkt erforderlich sind und wie lange diese dauern. Verknüpft mit der Gesamtzahl zu produzierender Halb- und Fertigerzeugnisse ermittelt sich exakt der Bedarf an Fertigungskapazitäten.

In vielen Unternehmen verfügt die Logistik über eine vergleichbare Planungsgrundlage nicht oder nur in Ausschnitten. Es dominiert eine mehr oder weniger intuitive Kapazitätsplanung. Diese basiert auf Erfahrungen der Vergangenheit und »gefühlsmäßigen« Schätzungen von zu erwartenden Veränderungen.

Diese Schätzungen betreffen zum einen die Änderungen des zu erbringenden Leistungsvolumens. So ist in vielen Unternehmen nicht bekannt, wie sich Veränderungen der Produktstruktur (z.B. steigende Komplexität von Automobilen bei weitgehend gleichbleibender Stückzahl) auf den Bedarf an Logistikleistungen auswirken. Zum anderen beziehen sich die Schätzungen auf die Abhängigkeit des Kapazitätsbedarfs vom Volumen der zu leistenden Transporte, Lagerungen und Kommissionierungen. Auch hierzu liegen in vielen Unternehmen keine verlässlichen Planungsgrundlagen vor.

Eine solche »gefühlsmäßige« Ressourcenplanung birgt stets die *Gefahr von Unwirtschaftlichkeit*. So trifft man auf Unternehmen, deren Logistikkapazitäten trotz ständig steigender Anforderungen an Schnelligkeit, Komplexität und Umfang der zu erfüllenden Logistikaufgaben nicht oder nur geringfügig erhöht wurden. Die Ausschöpfung vorhandener Rationalisierungspotenziale erfolgt in einer Art von Trial-and-Error-Verfahren: Kapazitätsausweitungen aufgrund steigender Logistikbedarfe wurden nicht oder nur zu einem geringen Prozentsatz (z.B. 50% des Mehrbedarfs) bewilligt,

Wenn entsprechende Planungsgrundlagen fehlen, muss die Planung logistischer Ressourcen »gefühlsmäßig« geschehen

nur bei sich abzeichnender effektiver Gefährdung der logistischen Aufgabenerfüllung erfolgte eine nachträgliche Aufstockung.

Ein solches Vorgehen ist jedoch nur beschränkt tragfähig. Es stößt an seine Grenzen, wenn die Logistikverantwortlichen vor Ort das Verfahren »verstanden haben«: Sie setzen dann ihre Bedarfsanforderungen entsprechend (zu) hoch an. Vorkehrungen gegen dieses Verhalten sind nur sehr beschränkt möglich, da genauere Informationen über den Zusammenhang zwischen dem Bedarf an Logistikleistungen und dem zu seiner Deckung erforderlichen Bedarf an logistischen Ressourcen fehlen. Weitere Grenzen des Verfahrens werden sichtbar, wenn – in Teilbereichen der Logistik oder insgesamt – vorhandene Rationalisierungsreserven weitgehend ausgeschöpft wurden. Mehrbedarfe an Leistungen führen dann unmittelbar zu Mehrbedarfen an Kapazitäten.

Der Blick zur Fertigung zeigt, wie das Ressourcenplanungsproblem grundsätzlich gelöst werden müsste: Analog den Arbeitsgangplänen sind *logistische Leistungspläne* aufzustellen, die – z.B. auf der Basis einer analytischen Arbeitsplanung (Ermittlung der notwendigen Zeit für jeden Arbeitsschritt) – den Zusammenhang zwischen Leistungsbedarf und Ressourcenbedarf aufzeigen. Sie für die Logistik umfassend zu erstellen, ist allerdings ein sehr aufwendiges Unterfangen. Im Vergleich zur Fertigung ist das Leistungsspektrum der Logistik zum einen vielfältiger, zum anderen ist es im Zeitablauf häufigeren Änderungen unterworfen. Es erscheint deshalb als der wirtschaftlichere Weg, die Logistikleistungen im ersten Schritt exakt im Ist aufzuzeichnen und sie dann im zweiten Schritt den Ist-Kapazitäten gegenüberzustellen. Durch den Vergleich der damit ermittelbaren Bedarfs-Kapazitäts-Relationen (z.B. 500 betreute Sachnummern pro Mitarbeiter in der Bestelldisposition) im Zeitablauf und zwischen ähnlichen Leistungsbereichen innerhalb des Unternehmens (z.B. Hochregallager im Beschaffungs- und im Versandbereich) erhält man einen sehr aussagefähigen Einblick in die Produktionseffizienz der Logistik.

Die Logistik brauchte für eine detaillierte Planung ein Analogon zu Arbeitsgangplänen der Fertigung

Laufend bereitgestellte Leistungsdaten werden aber nicht nur für die Kapazitätsplanung benötigt. Sie sind auch für die kurzfristige Planung des Einsatzes der Logistikanlagen und des Logistikpersonals sehr nützlich. Eine schlagkräftige Personaleinsatzplanung gibt über eine reine Personalbereitstellung hinaus wertvolle Hinweise für anzustrebende Veränderungen der Logistikbedarfe. Sie ist jedoch nur dann möglich, wenn das zu bewältigende Logistikaufgabenvolumen und die für bestimmte Leistungsbedarfe benötigten Personalbedarfe hinreichend exakt bekannt sind.

Eine laufende logistische Leistungsrechnung unterstützt die Logistikplaner auch dann, wenn neue Logistikbedarfe entstehen und diese – z.B. für entsprechende Investitionsrechnungen – von ihrem Umfang her abgeschätzt werden sollen. Beispiele sind etwa der Aufbau einer neuen Fertigungslinie oder konstruktionsbedingte Änderungen innerhalb von Produkten. Zwar kann man die benötigten Plan-Leistungsdaten nicht direkt aus der Ist-Leistungsrechnung abziehen; dennoch leistet die vorhandene Datenbasis in zweifacher Weise Hilfestellung:

Kenntnis der Leistungs»vergangenheit« hilft auch bei Neuplanungen

- *Oftmals finden sich für neu zu planende Aufgabenfelder Vorbilder in anderen Logistikbereichen.*

Für die Umstellung eines Fertigungsbereichs von Kettenförderern auf FTS-Versorgung der einzelnen Verbrauchsstellen kann man die Erfahrungen heranziehen, die man mit fahrerlosen Transportsystemen an anderer Stelle im Unternehmen gemacht hat. Ein erheblicher Teil der Planungsinformationen braucht nicht neu erhoben zu werden.

• *Eine laufende logistische Leistungsrechnung bildet die Logistikketten vollständig ab.* Dies reduziert für Neuplanungen die Gefahr, einzelne Logistikaktivitäten zu vergessen: Für jeden ausgewiesenen, bislang vorhandenen logistischen »Arbeitsschritt« muss geprüft werden, ob er zukünftig in gleicher Weise erhalten bleibt, sich – wenn ja wie – ändert oder aber entfällt. Dieser Funktion eines »Erinnerungspostens« kommt eine hohe Bedeutung zu. Einschlägige Erfahrungen zeigen so z.B., dass in Investitionsentscheidungen für Produktionsanlagen die logistischen Konsequenzen (etwa Änderungen des Bedarfs an Lager- und Transportflächen, Fahrzeugen usw.) in vielen Unternehmen nur ausschnittsweise berücksichtigt werden.

Leistungsdaten wirken für die logistische Ressourcenplanung insbesondere instrumentell. Ihre laufende Anwendung hat darüber hinaus aber auch eine konzeptionelle Wirkung, indem sie die Art der Planung – und damit auch das Denken der Planer – entsprechend verändern.

2.3. Budgetierung des Logistikbereichs

Wesentliches Ziel der jährlichen operativen Unternehmensplanung ist die Festlegung von Kosten- und Ergebnisbudgets. Diese erfolgt zumeist im Gegenstromverfahren (vgl. auch die veranschaulichende *Abbildung 3-2*): Den top-down erstellten Budgetvorschlägen werden bottom-up ermittelte Planungsansätze gegenübergestellt. Diese Budgetierungstechnik ermöglicht einen optimalen Ausgleich zwischen den gesamtunternehmensbezogenen Interessen und den Interessen der dezentralen Führungsinstanzen. Durch sie kann die Durchsetzung von Leitlinien des Top-Managements erreicht werden, ohne – über ein notwendiges Mindestmaß hinaus – die Entscheidungskompetenz und damit zugleich die Motivation der einzelnen Führungskräfte einzuschränken.

In der Ermöglichung einer adäquaten Budgetierung der Logistik liegt ein zentraler Nutzen einer Logistik-Leistungsrechnung

Die Budgetierung im Gegenstromverfahren erfordert – neben anderen Ausgangsinformationen – differenzierte Leistungsdaten. Nur so können die planenden Bereiche valide das Zustandekommen der Planwerte begründen. Nur so wird die Unternehmensleitung bereit sein, Änderungen ihrer Budgetvorschläge zuzulassen. Erst eine laufende, aussagefähige logistische Leistungsrechnung eröffnet somit die Möglichkeit, eine »ex-post-plus-Planung« (Budgetwert des neuen Jahres = Budgetwert des alten Jahres korrigiert um einen bestimmten Prozentsatz) zu überwinden und durch eine zielführendere Budgetierungstechnik zu ersetzen.

Gerade auf dem Feld der Budgetierung finden Controller in der Logistik ein wichtiges Betätigungsfeld vor. Sie sind unternehmensweit Hüter und Betreiber des Budgetierungsprozesses. Sie können damit zum einen ihre

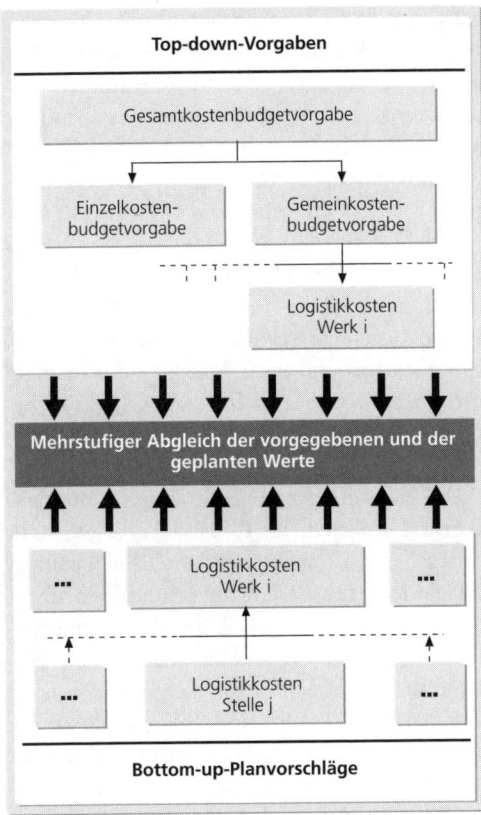

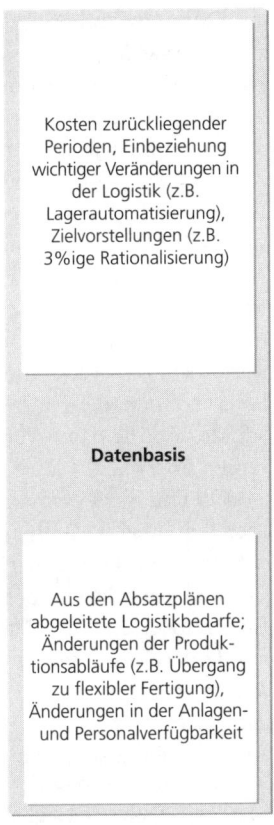

Abb. 3-2: Grundstruktur einer auf einer hinreichenden logistischen Leistungsbasis aufbauenden Budgetierung

methodische Erfahrung in den Logistik-Bereich einbringen und zum anderen die Logistik angemessen in der bereichsübergreifenden Abstimmung der Budgets vertreten. Allerdings darf es bei letzterem nicht zu einer Funktion »des verlängerten Arms des Logistik-Managements« kommen. Controller müssen stets eine Neutralität und Unbestechlichkeit wahren. Ansonsten können sie nicht die ihnen zugewiesene Rolle spielen.

2.4. Untermauerung von Produkt- und Variantenentscheidungen

Enger gewordene Märkte haben es in vielen Unternehmen notwendig gemacht, immer differenzierter auf einzelne Kundenwünsche einzugehen. Dies führte zu einer deutlichen Ausweitung des Produktions- und Absatzprogramms. Sie betrifft sowohl die Zahl angebotener Erzeugnisse als auch deren markt- und kundenspezifische Differenzierung. Letztere reicht von gesonderten Verpackungen bis hin zu kundenindividuellen Änderungen von Konstruktion und Ausführung der Produkte. So verlassen z.B. in der Automobilindustrie auch in großen Fabrikationsstätten selten zwei völlig gleiche Automobile an einem Tag das Band.

Differenzierung tut Not – nur an welcher Stelle lohnt sie sich wirklich?

Differenzierung wird häufig von den Unternehmen als eine kaum zu umgehende Wettbewerbsstrategie aufgefasst. Die Vorteile in Cent und Euro auszudrücken, erachtet man in diesen Fällen nicht für erforderlich. Liegen der Ausweitung des Produktions- und Absatzprogramms gesonderte Wirtschaftlichkeitsrechnungen zugrunde, so enthalten diese logistische Gesichtspunkte oft nicht oder nur unzureichend. Die Logistik erweist sich – trotz überproportional steigender Aufgabenumfänge – nicht als ein ökonomischer Begrenzungsfaktor des Differenzierungsgrades, sondern schafft für diese Wettbewerbsstrategie oftmals umgekehrt zusätzliche Spielräume. So ist die Einbeziehung von Spoilern und Spiegeln in die einheitliche Farbgestaltung eines Automobils nur dadurch wirtschaftlich vertretbar möglich geworden, dass diese Zukaufteile weitgehend produktionssynchron angeliefert werden, der Fahrzeugproduzent sonst erforderliche große Lagerbestände und die damit verbundenen Risiken vermeidet oder auf die Lieferanten überwälzt.

Ob und inwieweit eine solche Nutzung der Logistik für das Unternehmen Sinn macht, ist über den grundsätzlichen, im 1. Kapitel gezeigten empirischen Zusammenhang hinaus zumeist nicht bekannt. Ein wichtiger Grund hierfür liegt in der mangelnden Transparenz hinsichtlich der für die Differenzierung erforderlichen Logistikleistungen. Wenn das Mengengerüst fehlt oder nur sehr unvollständig vorhanden ist, kann aber auch das beste Kostenrechnungssystem keine aussagefähigen Informationen liefern. So zählt denn auch das Thema »Kosten der Typen- und Teilevielfalt« in der Automobilindustrie schon seit langem zu den zwar wichtigen, jedoch nur schlecht beherrschten Problemen. Durch entsprechende Leistungsinformationen kann es folglich zu einer Veränderung des Verhaltens in der Produkt- und Variantengestaltung kommen; die Leistungsrechnung besitzt hier eine (potenziell) stark konzeptionelle Wirkung: Es kommt weniger auf die Stelle hinter dem Komma an; zentral bedeutsam ist vielmehr, dass überhaupt logistische Aspekte mit berücksichtigt werden.

Die Logistikleistungsrechnung nimmt auch eine wichtige Zulieferfunktion für die Logistikkostenrechnung wahr

Die Logistikleistungsrechnung besitzt – so zeigen die kurzen Ausführungen – eine wesentliche Zulieferfunktion für die Logistikkostenrechnung. Ohne eine ausgebaute und laufende Erfassung der Logistikleistungen können die später (im Kapitel 4) noch im Detail dargestellten Rechnungszwecke einer Logistikkostenrechnung nicht erfüllt werden. Dieser Zusammenhang wurde bei den zuvor angesprochenen Aufgaben einer Logistikleistungsrechnung zwar schon mehrfach implizit berührt, tritt jedoch für die Produkt- und Variantenkalkulation besonders deutlich zu Tage.

3. Abgrenzung und Strukturierung logistischer Leistungen

3.1. Abgrenzungsprobleme

Die Aussagefähigkeit einer logistischen Leistungsrechnung steht und fällt mit einer exakten mengenmäßigen und zeitlichen Erfassung des Material-

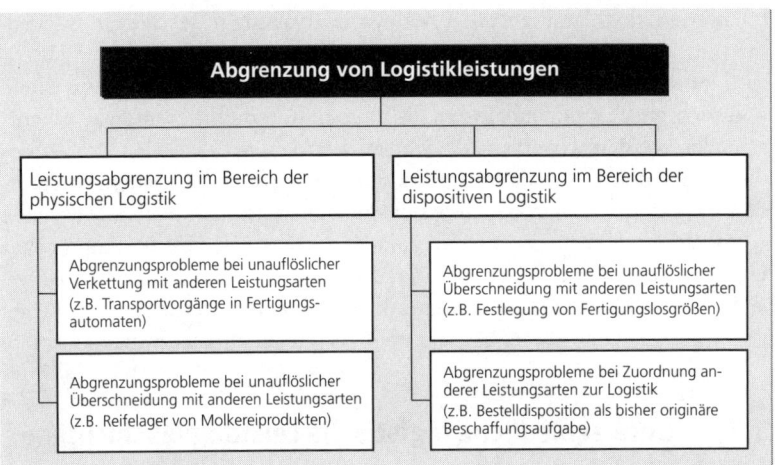

und Warenflusses. Als Voraussetzung hat man hierzu zunächst zu konkretisieren, was unter Logistikleistung im Einzelnen zu verstehen ist. Eine solche Abgrenzung bereitet jedoch – wie auch die *Abbildung 3-3* veranschaulicht – Probleme. Diese betreffen schon den Bereich der operativen Logistik, wie folgende Fragen deutlich machen:

- Erbringt ein Reifelager (z.B. für Molkereiprodukte) logistische Leistungen oder Produktionsleistungen (als bewusste Stoffveränderung von Vorprodukten)?
- Ist die Bewegung glühender Brammen allein ein Transportvorgang oder kommt ihr nicht auch die Funktion eines Produktionsvorgangs zu, da zur Weiterverarbeitung des Eisens eine Abkühlung unabdingbar ist?
- Was gilt für die vielen kurzen Transporte und Lagerungen von Material innerhalb automatischer Produktionsanlagen?

Im ersten Fall wird man zumeist eine Zuordnung zur Produktion vornehmen. Im zweiten Fall kann man – unentscheidbar – unterschiedlicher Meinung sein. Im dritten Fall sprechen nicht nur Erfassungsschwierigkeiten dafür, die Produktionsanlage als eine in sich geschlossene Einheit zu betrachten: Bedingt durch die von der Konstruktion her festgelegte feste Verkettung hat die Logistik bezüglich der sogenannten »innerapparativen« logistischen Leistungen keinerlei Dispositionsspielraum. Eine entsprechende Datenbereitstellung (als erbrachte Logistikleistungen) wäre nutzlos.

Abgrenzungsprobleme bestehen darüber hinaus insbesondere im Bereich der dispositiven Logistik. »Klassisches« Beispiel hierfür ist die Losgrößenplanung, mit der in einem Schritt über Rüst-, Produktions- und Lagervorgänge entschieden wird. Das Abgrenzungsproblem betrifft weiterhin jedoch die gesamte Fertigungssteuerung und außerhalb des Bereichs der Produktion insbesondere die Bestelldisposition. Die Frage der Zuordnung wird dabei maßgeblich von der im Unternehmen gewählten Logistikkonzeption bestimmt. Eine koordinationsorientierte Logistik übernimmt eine Reihe von Teilaufgaben, die in der TUL-bezogenen Entwicklungsphase den »klassischen« Unternehmensbereichen zugeordnet waren. Konsequent be-

Je weniger Sorgfalt auf das
Abgrenzungsproblem gelegt
wird, desto weniger Klarheit
besteht darüber, was alles in
der Logistikleistungsrechnung abgebildet
werden soll

trachtet werden damit zugleich bestimmte (bisherige) Beschaffungs-, Produktions- und Absatzleistungen zu Logistikleistungen.

Derartige Abgrenzungsprobleme lassen sich nicht »richtig«, im Sinne von theoretisch eindeutig, lösen. Sie müssen unternehmensindividuell entschieden werden. Um nicht die Vergleichbarkeit im Zeitablauf zu behindern, sollte man die gewählte Zuordnung konsequent beibehalten. Am Rande sei vermerkt, dass in den unterschiedlichen, unternehmensindividuellen Abgrenzungen ein nicht unbedeutender Grund für die von empirischer Untersuchung zu empirischer Untersuchung sehr unterschiedlichen Anteile der Logistikkosten an den Gesamtkosten in den Unternehmen zu sehen ist – wir werden auf diesen Aspekt im 4. Kapitel nochmals zurückkommen.

3.2. Unterschiedliche logistische Leistungs»schichten«

Stärker als von den skizzierten Abgrenzungsproblemen wird der Aufbau einer logistischen Leistungsrechnung durch die Vielgestaltigkeit der Logistikleistungen und ihren Charakter als Dienstleistungen behindert bzw. begrenzt. Als Dienstleistungen sind sie generell schlechter fassbar als Sachleistungen, die man zählen, messen oder wiegen kann. Zudem lassen sich stets mehrere Varianten (genauer: Begriffsebenen) von Logistikleistungen unterscheiden, die jeweils Bedeutung erlangen können. Es sind dies die

Logistikleistungen lassen
sich nicht einfach definieren...

- *Sicherstellung der Verfügbarkeit von Ressourcen (Wirkung bzw. Outcome)*
  Wenn es die Kernaufgabe, der »Sinn« der Logistik ist, die richtigen Ressourcen zur richtigen Zeit am richtigen Ort in der richtigen Menge bereitzustellen, so liegt es auf der Hand, Logistikleistungen als Erfüllungsgrad dieses Anspruchs zu definieren.
- *Vollzogene Orts- und/oder Zeitveränderung von Gütern (Ergebnis bzw. Output)*
  Diese Leistungsmessebene stellt auf das Ergebnis der Aktivitäten einzelner logistischer Teilbereiche ab (Ortsveränderung: Transport, Zeitveränderung: Lagerung).
- *Vollzogene Transport-, Umschlags- oder Lagerungsvorgänge (Prozess)*
  Hiermit liegt das Augenmerk auf den Tätigkeiten, die zur Orts- und/oder Zeitveränderung von Gütern erforderlich sind (z.B. die einzelne Fahrt von A nach B).
- *Bereitstellung von logistischer Prozesskapazität (Potenzial bzw. Input)*
  Im Blickfeld steht hier – abstrakt formuliert – die Einräumung von Prozessmöglichkeiten. Eine derartige Leistungs»schicht« trifft man z.B. im Luftfrachtbereich an, wenn dort Frachtkapazitäten von Spediteuren vorbelegt werden.

Alle vier aufeinander aufbauenden Begriffsschichten sind – wie auch die *Abbildung 3-4* veranschaulicht – jeweils für spezielle Fragestellungen relevant:

...vier Begriffsebenen sind zu
unterscheiden und für die
Leistungsrechnung wichtig

- Logistikleistung als *Wirkung eines Tätigkeitsergebnisses* (insbesondere in Form des Verfügbarkeitsgrades von Material und Produkten) benötigt man für viele marktbezogene Logistikentscheidungen (z.B. Festlegung des Servicegrades im Vertrieb).
- Logistikleistungen als *Tätigkeitsergebnis* zu definieren und zu messen, ist

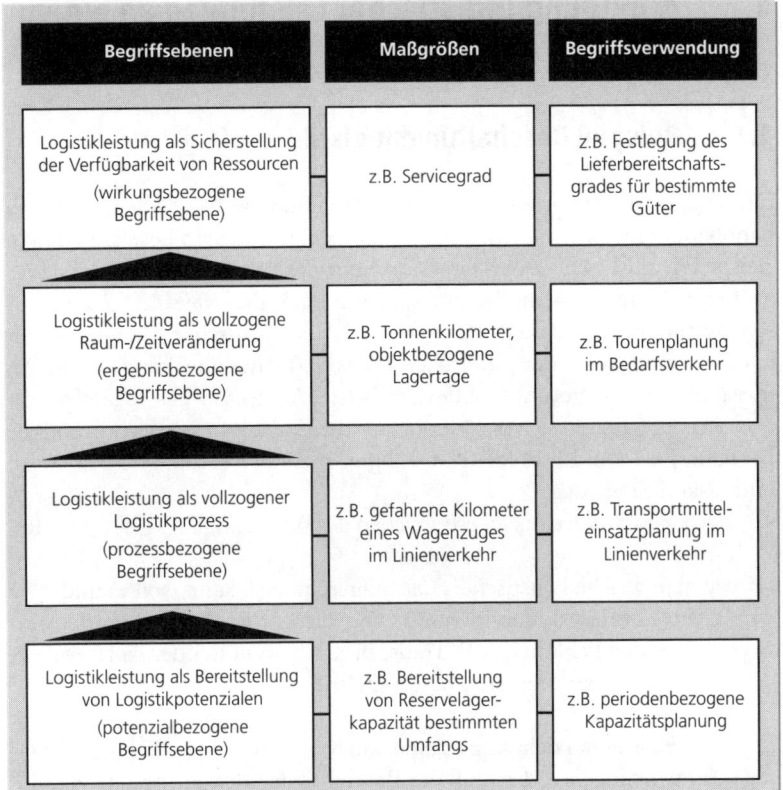

Abb. 3-4: Unterscheidung mehrerer »Schichten« von Logistikleistungen

u.a. zur produktbezogenen Kalkulation der Logistikkosten der erforderliche Ansatz.

- Logistikleistungen als *Tätigkeiten* definiert benötigt man z.B. für viele Verfahrenswahlprobleme (z.B. Einsatz von Kettenförderern oder Gabelstaplern?).
- *Faktorbezogene Logistikleistungen* schließlich sind für Kapazitätsplanungen maßgebend (z.B. Abschluss von Rahmenverträgen mit Großkunden).

Dieses Nebeneinander unterschiedlicher »Leistungsebenen« stellt hohe Anforderungen an Aufbau und Betrieb der logistischen Leistungsrechnung. Eine zusätzliche Erschwerung besteht schließlich darin, dass die Logistik neben operativen eine Vielzahl von dispositiven (Steuerungs-)Leistungen erbringt. Verwaltungsleistungen zu beschreiben und zu messen, fällt jedoch – nicht nur im Logistikbereich – schwer. Unumstößliche, stets anwendbare und von jedem akzeptierte Messgrößen gibt es nicht. Man kommt nicht umhin, den Weg zu gehen, einzelne wichtige und zudem objektiv erfassbare Leistungskomponenten (Indikatoren) ausfindig zu machen und die Leistungsmessung darauf zu beschränken. Beispiele hierzu werden im folgenden Abschnitt aufgezeigt.

Bei der Messung von dispositiven Leistungen tut sich auch eine Logistikleistungsrechnung schwer

4. Abbildung logistischer Leistungen an einem Beispiel

4.1. Beispiel Beschaffungslogistik

Die Vielgestaltigkeit logistischer Leistungen und die Wege, diese dennoch handhabbar messen und abbilden zu können, werden am besten an einem Beispiel deutlich. Hierzu sei ein Ausschnitt der Beschaffungslogistik eines größeren Unternehmens betrachtet. Wie auch die *Abbildung 3-5* veranschaulicht, umfasst diese ein breites Spektrum logistischer Aktivitäten. Alle Grundfunktionen der physischen Logistik (Handling, Transport, Kommissionierung, Lagerung) sind vorhanden. Als logistische »Administrations«leistung finden sich darüber hinaus die Eingangsregistrierung und die Bestelldisposition. Im Folgenden soll nun sukzessiv beschrieben, erläutert und diskutiert werden,

- was genau in den einzelnen Bereichen des Wareneingangs geschieht (Realprozess),
- wie man welche logistischen Leistungen messen kann (sollte) und
- welche Leistungskomponente(n) von diesen die Auslastung der entsprechenden Personen (z.B. Transportarbeiter) und/oder Anlagen (z.B. Gabelstapler) am stärksten bestimmt(en).

Die folgenden Ausführungen basieren auf einem praktischen Beispiel

Letztere Frage ebnet den Weg zu einer analytischen Kostenplanung: Mit ihrer Beantwortung liegt das Maß der Beschäftigung des entsprechenden logistischen Leistungsbereichs vor, das zur Spaltung der Kosten in variable und fixe Logistikkosten benötigt wird (Bezugsgröße). Auch in dieser Beziehung ist die Logistik kostenrechnerisch im Prinzip wie jeder andere Unternehmensbereich zu behandeln. Man sollte nicht – wie in der Praxis häufig zu beobachten – Logistikkosten a priori fix setzen. Viele Logistikpersonalkosten etwa lassen sich mit der gleichen Berechtigung als leistungsabhängig, eben als variabel, bezeichnen wie die Kosten von Fertigungspersonal. Hierauf werden wir im vierten Kapitel dieses Buches noch detailliert zurückkommen.

Die Leistungsgrößen werden auch für Zwecke der Kostenspaltung benötigt

4.2. Eingangsregistrierung

Beschreibung des Bereichs

Betrachtet wird ein Registrierungsbüro an einem Werkstor, in dem die Lieferpapiere einfahrender LKW und Bahn-Waggons von mehreren Mitarbeitern (überwiegend Halbtagskräfte, um dem Spitzenlastproblem am Vormittag Rechnung zu tragen) in ein DV-System eingegeben werden. Diese Eingabe umfasst neben der reinen Erfassung auch eine Prüfung der Richtigkeit der Sendungen hinsichtlich Art, Menge und Termin. Aufgabe der Eingangsregistrierung ist es zum einen, planmäßig ankommendes Material als im Materialwirtschaftssystem verfügbar zu melden. Zum anderen gilt es, unplanmäßiges Ankommen von Material zu erkennen und diese Abwei-

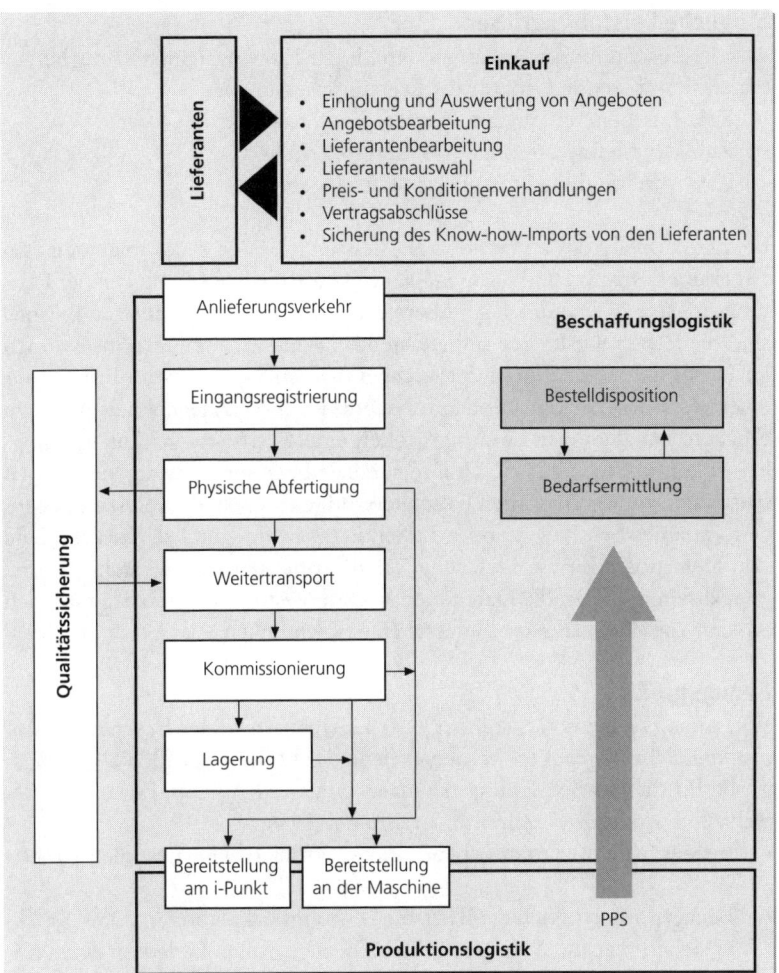

Abb. 3-5: Abgrenzung und
Elemente der Beschaffungslogistik

chungsinformation den entsprechenden Disponenten weiterzuvermitteln.

Der Umfang der Eingabetätigkeit in das DV-System bemisst sich nach der Zahl einzugebender Sendungen und nach dem Volumen der pro Sendung zu erfassenden Daten. Zu Letzteren zählt der einmal pro Sendung einzugebende Datenstamm (z.B. Lieferanten-Nr., Lieferungs-Nr.) ebenso wie ein von Sendung zu Sendung häufig unterschiedlicher Datenumfang, der insbesondere von der Zahl der Lieferpositionen abhängt. Letztlich wird auch der Umfang von Meldeprozessen (Telefonate mit den Disponenten) bei Falschlieferungen von diesen beiden Faktoren (Zahl der Lieferungen, Zahl der Lieferpositionen pro Lieferung) bestimmt, allerdings nicht »automatisch«, Lieferung für Lieferung, sondern nur über eine Wahrscheinlichkeitsfunktion. Bleibt das Falschlieferungsrisiko pro Sendung gleich, besteht allerdings kaum ein Unterschied.

Mögliche Leistungsgrößen

Aus der Beschreibung des Aufgabenfelds der Eingangsregistrierung heraus bieten sich folgende Größen zur Leistungsmessung an:

- Zahl bearbeiteter Eingangspapiere (Lieferscheine),
- Zahl der Lieferpositionen pro Lieferschein und
- Zahl von Meldungen bei Falschlieferungen.

Bei der Auswahl der zu erfassenden Leistungsgrößen muss man stets den Erfassungsaufwand und die Genauigkeit sowie die Vollständigkeit der Leistungserfassung einander gegenüberstellen. Im aktuell betrachteten Beispiel sind die Erfassungskosten unbedeutend: Da alle Erfassungstransaktionen im DV-System (ohnehin) aufgezeichnet werden, bedarf es im Prinzip nur einer Systemabfrage am Monatsende, um die oben angegebenen Werte zu erhalten. Da allen drei Leistungsgrößen eine eigenständige Aussagefähigkeit zukommt, man z.B. durch ihre parallele Erfassung Aussagen über den Falschlieferungsgrad (Anteil Falschlieferungen an den gesamten entgegengenommenen Sendungen) oder die Sendungsdichte (durchschnittliche Zahl von Lieferpositionen je Lieferung) erhält, spricht nichts dagegen, alle drei zu realisieren. Lägen die Daten nicht rechnergestützt vor, müsste man sich z.B. auf die Zahl erfasster Lieferscheine beschränken.

Bezugsgröße

Wie anfangs angemerkt, soll bei jeder Leistungsstelle des Beschaffungslogistikbereichs angegeben werden, welche der Leistungsgrößen als Bezugsgröße für die Kostenplanung herangezogen werden kann. Für diese Auswahl sind wiederum bestimmte Kriterien relevant:

- Bezugsgrößen werden geplant und kontrolliert. Hierfür fallen Kosten an.
- Bezugsgrößen bilden die Basis für Leistungskalkulationen. Drei Aspekte stehen hier im Widerstreit: Mehr Bezugsgrößen bedeuten einen höheren Aufwand in der Kostenrechnung. Gleichzeitig steigt die Komplexität der Kostenrechnung. Beidem steht eine detailliertere genauere Basis für die Leistungskalkulation gegenüber.
- Geplante Kosten werden im Ist kontrolliert. Der Kostenverantwortliche muss Plan-Ist-Abweichungen vertreten. Je weniger die Bezugsgröße(n) ein repräsentatives Maß der Leistung ist (sind), desto schwerer fällt die Beurteilung von Plan-Ist-Abweichungen.

Im betrachteten Beispiel wird es zumeist sinnvoll sein, die Abwägung der gegenläufigen Argumente mit der Auswahl der Zahl der erfassten Lieferscheine als einziger Bezugsgröße zu beenden, nur darauf die Kostenplanung, Kostenverrechnung und Kostenkontrolle aufzubauen. Zur Beurteilung von Plan-Ist-Abweichungen sollten aber die beiden anderen Leistungsgrößen hinzugezogen werden.

4.3. Abfertigung

Beschreibung des Bereichs

Im nächsten Schritt des beispielhaft betrachteten Materialflusses werden die LKW und Waggons mit Gabelstaplern entladen. Jeweils stehen entsprechende Rampen zur Verfügung. Die entladenen Güter werden an einem zentralen Umpackplatz abgestellt, von dem aus andere Fördermittel eine Weiterleitung der Waren vornehmen.

Aufgabe der Abfertigungsstelle ist eine möglichst rasche Entladung der LKW und Waggons, um Abfertigungsstaus zu vermeiden. Der Umfang dieser Aufgabe wird insbesondere durch die abzufertigende Warenmenge bestimmt. Einfluss nehmen darüber hinaus das zahlenmäßige Sendungsaufkommen (je mehr LKW abgefertigt werden müssen, desto größere ablauftechnische Probleme entstehen), die Zusammensetzung der Sendungen (Sendungen mit ausschließlich palettierter Ware sind schneller abzufertigen als Mischsendungen) und – um eine weitere Einflussgröße zu nennen – die Zahl von beschädigten Sendungen.

Mögliche Leistungsgrößen

Das sich im Bereich der Abfertigung stellende Leistungserfassungsproblem ist – anders als der Fall der Eingangsregistrierung – für viele Logistikfunktionen typisch:

- Es werden *sehr vielfältige Leistungen* erbracht, von der per Hand erfolgenden Entgegennahme eines kleinen Päckchens bis hin zum Abnehmen eines ganzen Palettenstapels vom LKW.
- Die Logistikleistungen werden *in hoher Zahl erbracht* (man denke an die vielfältigen Staplerbewegungen zur Abfertigung eines LKW).
- Es erfolgt normalerweise *keine Erfassung des einzelnen Abfertigungsprozesses.* Allenfalls hält man die tägliche Betriebsstundenzahl der Stapler oder die Einsatzzeit der Staplerfahrer gesondert fest.

Alle drei Aspekte rufen unterschiedliche Probleme für die Erfassung logistischer Leistungen hervor, die gesonderter (Hilfs-)Lösungen bedürfen.

Vielfältigkeit der erbrachten Logistikleistungen: Während es für den Mitarbeiter in der Eingangsregistrierung grundsätzlich unerheblich ist, was sich hinter den einzelnen Sachnummern im Lieferschein an konkreten Waren verbirgt, wird der Staplerfahrer von der Struktur des Warenstroms stark betroffen. Zwanzig Chips sind wie zwanzig Sitze jeweils eine Zeile in einem Lieferschein; zum Abnehmen der Sitze vom LKW wird aber ungleich mehr Zeit benötigt als zum Entgegennehmen der Chips.

Zwar bestehen nicht zwischen allen Güterarten derartige Unterschiede im logistischen Handling; einige sind bezogen auf die Abfertigungsfunktionen identisch (z.B. jeweils in einer Gitterbox gelieferte Teilearten). Dennoch gibt es eine Unzahl verschiedener Transporthilfsmittel (Paletten unterschiedlicher Abmessungen, Boxen unterschiedlicher Größe und Stapelfähigkeit, Kartons unterschiedlicher Dimension, Säcke, Kisten, Gebinde, Tonnen usw.), in denen die abzufertigenden Güter angeliefert werden und die alle potenziell einen unterschiedlichen Abfertigungsbedarf auslösen.

Grundsätzlich muss damit eine sehr große Zahl von Abfertigungs-Leistungsarten differenziert werden.

Eine derartige Differenzierungstiefe wird sich wirtschaftlich nur dann darstellen lassen, wenn die transporthilfsmittelbezogenen Informationen standardmäßig bereits abgespeichert sind, das Unternehmen über eine »Behälterdatenbank« verfügt. Ist dies nicht der Fall, wird man sich in aller Regel darauf beschränken müssen, Vereinfachungen vorzunehmen, lediglich eine bestimmte (kleine) Anzahl von »Ladeeinheitentypen« zu unterscheiden. Wie groß diese Anzahl ist, hängt u.a. von der Heterogenität des abzufertigenden Warenstroms und den Möglichkeiten der Leistungserfassung ab. Im einen Fall mag man sich auf die einheitliche Messgröße »Behälter« bzw. »Ladeeinheit« beschränken, im anderen Fall einen leicht abzufertigenden und einen schwer abzufertigenden Behältertyp, im dritten Fall fünf oder mehr derartiger Typen differenzieren.

Hohes Volumen erbrachter Abfertigungsleistungen / Keine Einzelerfassung der Leistungen: Ein einzelner Stapler erbringt an einem einzigen Tag eine Vielzahl einzelner logistischer Leistungen. Diese können in den meisten Fällen nicht Leistung für Leistung direkt, gesondert erfasst werden. Auf eine Einzelleistungserfassung wird auch in der Produktion häufig verzichtet. Dort greift man dann auf Standardwerte zurück (Arbeitsgangpläne), die – mit den Produktionsmengen verknüpft – Leistungstransparenz schaffen. Mit den Arbeitsgangplänen vergleichbare Informationen liegen in der Logistik selten vor. Nur vereinzelt trifft man auf detaillierte Materialflusspläne, die für jede einzelne Teileart entsprechende Daten enthalten, den Weg jeder Teileart vom Anlieferungsort bis zum Verbauort mit den dafür erforderlichen Tätigkeiten (z.B. Abnehmen aus 1,5 m Höhe, 5 m Fahrt zu einer Umladefläche und dortiges Abstapeln) und die dafür erforderlichen Zeiten vorbestimmen. Bestehen derartige Plandaten in hinreichender Aktualität, können sie unmittelbar herangezogen werden.

Viele Unternehmen scheuen allerdings den erheblichen hierfür anfallenden Planungsaufwand, der nicht nur aus der einmaligen Erfassung, sondern – aufgrund der häufigen Änderungen des Materialflusses – auch aus den oftmaligen Anpassungen resultiert. Liegen zumindest Standarddaten darüber vor, mit welchen Transporthilfsmitteln versehen die unterschiedlichen Teilearten im Wareneingang angeliefert werden (»Behälterdatenbank«), besteht wenigstens die Möglichkeit, aus den Anlieferungsmengen Mengen abgefertigter Ladeeinheitstypen zu errechnen. Fehlen auch diese Standarddaten, muss man überprüfen, ob eine direkte Erfassung der Leistungsmengen erzielbar ist (z.B. durch Ausstattung der Gabelstapler mit Eingabeterminals). Wenn überhaupt möglich, wird dies stets eine Beschränkung auf wenige unterschiedliche Leistungsarten (z.B. drei Behältertypen) bedeuten. Scheitert diese direkte Erfassung, kann man nur auf indirekte Meßmethoden zurückgreifen, etwa die Betriebsstundenzahl der Stapler oder die Personalstunden der Staplerfahrer abbilden. Der eingeschränkte Wert derartiger Leistungsdaten ist offensichtlich.

Welche Leistungsgrößen im Bereich der Abfertigung der LKW und Waggons zu unterscheiden und laufend zu erfassen sind, kann also ohne genaue Kenntnis der Struktur der Güterströme und der konkret vorliegenden

Die Probleme der Leistungserfassung reduzieren sich deutlich, wenn ein Unternehmen über eine Behälterdatenbank verfügt

Leistungsmessgrößen i.e.S.	Kapazitätsbezogene Kenngrößen
• Zahl abgefertigter LKW • Zahl abgefertigter Waggons • Zahl abgefertigter Ladeeinheiten (je nach Differenzierungsbedarf unterteilt in unterschiedliche Klassen bzw. Typen von Ladeeinheiten) • Abgefertigte Tonnage • Anzahl beschädigter Ladeeinheiten • Schadenswert insgesamt • Anzahl Retouren	• Geleistete Personalstunden • Überstundenquote • Anwesenheitsquote • Anteil Basis- und Springerpersonal • Verhältnis Max-Stunden zu Min-Stunden einer Schicht • Betriebsstundenzahl der Umschlagsanlagen • Verfügbarkeit der Umschlagsanlagen • Umschlagsflächen

Abb. 3-6: Mögliche
Leistungsmessgrößen für die
Abfertigung

Hilfsmittel zur Leistungsmessung nicht entschieden werden. Die in der *Abbildung 3-6* ausgewiesenen Indikatoren der Abfertigungsleistung sind deshalb – ebenso wie die noch folgenden Auflistungen von Leistungskennziffern – lediglich als ein Beispiel, nicht als ein bindender Vorschlag zu verstehen. Der kleinen Tabelle ist allerdings neben der konkreten Ausprägung der einzelnen Messgrößen ein zentraler Grundsatz der Abbildung von Logistikleistungen zu entnehmen: Um ein umfassendes Leistungsbild zu erhalten, sind mehrere Leistungsgrößen auszuweisen, die unterschiedliche Aspekte der Leistungsgesamtheit abbilden. Allerdings sei zugleich auf die anfangs angesprochenen Probleme der Verwendung vielfältiger Informationen durch Menschen verwiesen. Sie können dazu führen, auf ein umfassendes Leistungsbild zugunsten »vernünftiger« Ausschnitte zu verzichten.

Bezugsgröße

Die Wahl der Bezugsgröße fällt nicht schwer: Die Inanspruchnahme des Leistungsvermögens der Abfertigungsstelle wird wesentlich durch die Zahl abzufertigender Ladeeinheiten bestimmt. Sind hier mehrere Typen von Ladeeinheiten in der Leistungsrechnung unterschieden, kann man zur Kostenplanung, -kontrolle und -verrechnung diesen Differenzierungsgrad übernehmen. Will man die Komplexität der Kostenrechnung geringer halten, kann man zur Vereinfachung auch auf Ladeeinheiten generell abstellen, indem man – nach den Vorgehensprinzipien der Äquivalenzzahlenrechnung – Austauschrelationen zwischen den einzelnen Behältertypen formuliert (z.B. das Entladen einer Palette ist (nur) halb so aufwendig wie das Entladen eines Großkartons).

Zur Bezugsgrößenbildung
lassen sich Gedanken der
Äquivalenzzahlenkalkulation
verwenden

4.4. Weitertransport

Beschreibung des Bereichs

Vom Umpackplatz werden die Waren mit unterschiedlichen Fördermitteln (Stapler, Zugmaschinen mit Hängern) zu unterschiedlichen Bedarfsorten (Produktion, verschiedene Versorgungsläger, Kommissionierplatz) befördert. Zu kommissionierende Ware wird zweimal »angefasst« (Transport zum Kommissionierplatz, Transport zu verschiedenen Versorgungslägern). Die Aufgabe der für den Weitertransport zuständigen Logistikstelle stimmt von Art und Bestimmungsgrößen des Umfangs weitgehend mit der der Abfertigung überein.

Mögliche Leistungsgrößen

Hohe Ähnlichkeit mit dem Abfertigungsbereich besteht auch hinsichtlich der abzubildenden Leistungen und der bei der Leistungserfassung auftretenden Probleme. Die Erfassungsprobleme sind allerdings der Tendenz nach noch größer, da das Leistungsspektrum des Weitertransports noch breiter und heterogener ist als das der Abfertigung:

- Aus Einzelsendungen bzw. Sendungsbestandteilen werden oftmals Sammeltransporte zusammengestellt, z.B. Behälter mit unterschiedlichen Materialarten auf einen Hängerzug gesetzt und mittels Zugmaschine gemeinsam zu einem Lagerort transportiert. Diese Sammeltransporte hängen in Häufigkeit, Art und Umfang vom konkreten Wareneingangsstrom ab, können von Schicht zu Schicht sehr unterschiedlich sein.

- Es sind mehrere Bedarfsorte mit unterschiedlicher Entfernung vom Umpackplatz zu versorgen.
- Teilweise fahren die Fördermittel nicht »mit leeren Händen« zum Umpackplatz zurück, sondern nehmen zwischenzeitlich noch Rückfracht auf.
- Auch ohne das Rückfrachtproblem schwankt die Auslastung der Beförderungskapazität: Die Stapler fahren mit einem Behälter beladen zu einem Bedarfsort genauso wie zu einem anderen mit zwei oder drei Behältern gestapelt.

Diese im Vergleich zur Abfertigung zusätzlich auftretenden Erfassungsprobleme können in der Logistikleistungsrechnung sehr unterschiedlich berücksichtigt werden. Im Grenzfall automatischer Transportsysteme (FTS) erfordert die Rechnersteuerung eine vollständige Erfassung sämtlicher materialflussbezogenen Detaildaten. Es besteht eine vollkommene Leistungstransparenz. Die im Steuerungsrechner enthaltenen Daten lassen sich unmittelbar oder verdichtet in die Logistikleistungsrechnung übernehmen. Im

anderen Grenzfall einer weitgehend ungesteuerten, sich ganz am aktuellen Transportbedarf am Umpackplatz ausrichtenden Transportabwicklung fehlt in aller Regel jegliche Aufzeichnung einzelner Transportvorgänge. Man kann – wie die *Abbildung 3-7* zeigt – die oben angesprochenen Aspekte dann nur pauschal berücksichtigen, indem man periodenbezogen (z.B. monatlich) die geleistete Betriebsstundenzahl und/oder die km-Leistung der Motorfahrzeuge erfasst und auf das gesamte in diesem Zeitabschnitt abgewickelte Transportvolumen bezieht. Veränderungen der Verhältniszahl »km/Behälter« weisen dann auf Änderungen des Auslastungsgrades der Stapler und Wagenzüge hin. Sie können aber auch auf Veränderungen in der Zusammensetzung der Materialströme zurückzuführen sein. Dieser nicht von der Transportstelle zu verantwortende Einfluss lässt sich bei fest-

Leistungsmessgrößen i.e.S.	Kapazitätsbezogene Kenngrößen
• Zahl transportierter Ladeeinheiten (je nach Differenzierungsbedarf unterteilt in unterschiedliche Klassen bzw. Typen von Lade- einheiten) • Geleistete Ladeeinheitenkilometer (ggf. wiederum ladeeinheitentyp- bezogen) • Geleistete Tonnenkilometer • Geleistete Betriebsstundenzahl der Motorfahrzeuge (nach Fahrzeug- arten differenziert) • Abgefertigte Tonnage • Anzahl beschädigter Ladeeinheiten • Schadenswert insgesamt • Anteil Gefahrguttransporte • Zahl Fehltransporte • Anteil der Leerfahrten	• Geleistete Personalstunden • Anwesenheitsquote • Zahl eingesetzter Motorfahrzeuge (nach Fahrzeugarten differenziert) • Durchschnittlicher Verfügbarkeitsgrad der Motorfahrzeuge • Zahl eingesetzter Transporthilfsmittel (z.B. Hänger)

Abb. 3-7: Mögliche
Leistungsmessgrößen für
den Weitertransport

en Bedarfsorten pro Teileart nachträglich korrigieren, da man von der Eingangsregistrierung her die Gesamtmengen der zu transportierenden Teile
kennt. Andere Aspekte lassen sich allerdings durch rückschauende Analysen nicht nachträglich transparent machen: Ob die Veränderung des Auslastungsgrades auf allen Transportstrecken gleichmäßig erfolgte oder von
Transportstrecke zu Transportstrecke unterschiedlich war, ob sie Stapler-
und Hängertransport in gleicher Weise oder beide divergent betroffen hat,
welche Transportmittel sie schwerpunktmäßig betraf – all dieses bleibt bei
einer Leistungsmessung wie in der *Abb. 3-7* dargestellt im Dunkeln.

Zweierlei wird an diesem Beispiel deutlich. Zum einen haben wir soeben
ansatzweise Analyseschritte vollzogen, die dem Controller aus anderem Zusammenhang her geläufig sind: Wir haben eine Abweichungsanalyse im Bereich der Leistungen vollzogen, so wie wir sie von der Plankostenrechnung
auf Kosten bezogen her kennen. In Dienstleistungsbereichen wie der Logistik ist es unabdingbar, Leistungen in ähnlicher Differenzierung wie Kosten zu planen, angesichts der anfangs angesprochenen Schwierigkeiten,
Dienstleistungen umfassend zu definieren, also in mehreren Leistungsfa-
cetten (Leistungskennzahlen). Abweichungen im Ist müssen dann daraufhin überprüft werden, ob sie vom Leistungsverantwortlichen zu vertreten
sind oder aber auf außerhalb seines Kompetenzbereichs liegende Ursachen
zurückgeführt werden können. Zum anderen macht das oben diskutierte
Beispiel deutlich, dass in Grenzen eine Substitutionsbeziehung zwischen
laufendem Erfassungsaufwand und periodisch (z.B. monatlich oder jährlich) erforderlichem Interpretationsaufwand besteht. Zwischen beiden ist
für jede logistische Leistungsstelle ein optimaler Ausgleich zu finden.

Leistungen müssen in ähn-
licher Differenzierung wie
Kosten geplant werden

Bezugsgröße

Auch was die Bezugsgröße betrifft, können wir uns an den Abfertigungsbereich anlehnen: Im Beispielfall bietet es sich an, die Zahl der transpor-

tierten Ladeeinheiten – gegebenenfalls weiter differenziert in Typen unterschiedlichen transportwirtschaftlichen Aufwands – zur Kostenplanung und Kostenkontrolle heranzuziehen.

4.5. Kommissionierung

Beschreibung des Bereichs

In der vor einem Lager angeordneten Kommissionierung wird ein (geringer) Teil der angelieferten Waren umgepackt (wenn die Transportverpackung – wie etwa großvolumige Kartons – nicht zur Regallagerung geeignet ist), ein anderer, ebenfalls geringer Teil mit anderen Materialarten zu Teilesätzen zusammengefasst. Der Umfang dieser Kommissionierungsaufgabe wird durch die Kommissioniermenge und deren Zusammensetzung bestimmt.

Mögliche Leistungsgrößen

Bei der Messung der Kommissionierungsleistung ist zunächst ein Spezifikum zu beachten: Im Falle der Abfertigung und des Weitertransports besteht ein Wesensmerkmal der Logistikaufgabe darin, die bearbeiteten Objekte (Ladeeinheiten) jeweils unverändert zu lassen. Verletzungen dieses Prinzips führen zu Beschädigungen der Güter, somit zu Fehlleistungen. Die Kommissionierungsstelle dagegen nimmt – als ihre spezifische Leistung – eine Veränderung der Güter insofern vor, als sie ihre Handhabungseigenschaften und/oder Sortierung verändert. Input und Output sind unterschiedlich. Beide bilden grundsätzliche Ansatzpunkte für die Messung der Kommissionierungsleistung. Weiterhin wird die Leistungsmessung durch die hohe Vielgestaltigkeit der Kommissionierungsaufgabe erschwert. Aus einem Großkarton z.B. mehrere kleine Kartons auf Paletten zu stapeln, unterscheidet sich in Zeitdauer und Art der Tätigkeit deutlich von der Zusammenstellung von Teilesätzen, die in Gitterboxen zum Versand an externe Fertigungsstätten bestimmt sind.

Zur Auswahl der Leistungsmessgrößen gilt es wiederum, den Erfassungsaufwand und den potenziellen Nutzen der Leistungsinformationen gegeneinander abzuwägen. Auf den Nutzen nimmt insbesondere der Umfang der Kommissionierungstätigkeit Einfluss: Ist das Aufgabenvolumen so groß, dass eine Vielzahl von Mitarbeitern in der Kommissionierungsstelle beschäftigt ist, versprechen die Leistungsmessung, -planung und -kontrolle ein größeres Rationalisierungspotenzial zu eröffnen als dann, wenn der Kommissionierungsumfang nur vergleichsweise gering ist. Im letzteren Fall wird man die Leistungserfassung auf die Größen

- Zahl der Kommissionierungsaufträge,
- Zahl der zur Kommissionierung angelieferten Ladeeinheiten,
- Zahl der kommissionierten Lager- bzw. Transporteinheiten,
- Umfang der Kommissionierungsschäden und
- geleistete Personalstunden

beschränken, wobei sich die Zahl der angelieferten sowie der kommissionierten Behälter, Paletten und Kartons den Kommissionierungsaufträgen

Kommissionierung hat eine
bewusste Veränderung der
Handhabungseigenschaften
und/oder der Sortierung zur
Aufgabe

Mögliche Messgrößen

entnehmen lässt. Bei größerem Umfang der Kommissionierungstätigkeit kann man beispielsweise weitergehend Typen von Kommissionierungsaufträgen unterscheiden, wobei diese Typen wiederum auf die verschiedene »Schwere« der Kommissionierarbeit bezogen sind.

Bezugsgröße

Als leicht erfassbare und hinlänglich repräsentative Größe zur Messung der Beschäftigung der Kommissionierungsstelle bietet sich die Zahl der bearbeiteten Kommissionierungsaufträge an. Bei starker Unterschiedlichkeit sollte auch hier eine Differenzierung nach Auftragstypen erfolgen.

4.6.   Einlagerung/Lagerung

Beschreibung des Bereichs

Teils direkt von der Umpackstation, teils aus der Kommissionierung heraus versorgt, schließt sich im beispielhaft betrachteten Materialfluss die Einlagerung und Lagerung in einem Versorgungslager der Produktion an. Unmittelbare Aufgabe eines Lagers ist die *Zeitüberbrückung*. Für diese sind mehrere Gründe teils alternativ, teils simultan bestimmend.

Zu einer Lagerung kann es in einem Grenzfall zwangsläufig kommen, und zwar dann, wenn Materialströme nicht direkt aufeinander angepasst werden können (Ausgleichsfunktion von Lägern). Weiterhin gibt es Fälle, in denen sich eine Anpassung der Materialströme zwar grundsätzlich erreichen ließe (z.B. im Falle des betrachteten Eingangslagers durch eine Just-in-time-Anlieferung), allerdings mit zu hohen Gesamtkosten (Lagerkosten versus Beschaffungskosten) verbunden wäre. Zusätzlich zur zwangsläufigen ist somit auch eine ökonomisch begründete Ausgleichsfunktion festzustellen. Darüber hinaus ist zuweilen eine Sortierfunktion von Lagerbeständen zu beobachten, wie etwa dann, wenn man einen Sortierspeicher für Rohkarossen vor einer Lackierstraße anlegt, um die Karossen möglichst in einer in der Farbhelligkeit absteigenden Farbreihenfolge fertigen zu können. Von einer Substitutionsfunktion spricht man, wenn Lagerbestände auf einem hohen Bearbeitungsniveau durch Lagerbestände in geringem Anarbeitungsstand ersetzt werden können. Weiterhin spielt in einigen Unternehmen eine Lieferzeitverkürzungsfunktion eine Rolle, wenn für spezielle Produkte benötigte Spezialteile lange Lieferfristen besitzen, die durch eine entsprechende Vorratslagerung vermieden werden können. Schließlich werden Lagerbestände insbesondere auch durch risikopolitische Überlegungen bestimmt: Weder der Materialzugang (Lieferrisiken) noch der Materialverbrauch lassen sich 100%ig exakt vorausbestimmen, sondern sind erheblicher Unsicherheit ausgesetzt. Die Sicherungsfunktion der Lagerbestände will Fehlmengenkosten vermindern oder ganz vermeiden.

Lagerungen können aus den unterschiedlichsten Gründen heraus wirtschaftlich sein

Mögliche Leistungsgrößen

Ziel diverser Reorganisationsprojekte in der Logistik war und ist das Ideal einer »bestandslosen Fertigung«. Konsequent übertragen hieße das für eine Lagerkostenstelle, dass die von ihr erbrachten Lagerungen weniger als

Leistungen denn als Fehlleistungen einzuschätzen wären. Die soeben skizzierten Lagerfunktionen zeigen allerdings auf, dass diese Einschätzung unzutreffend wäre. Umgekehrt erhöht eine zusätzliche Lagermenge zwar das zu bewältigende Arbeitsvolumen der Lagerstelle, wirft aber nicht unbedingt immer ein gutes Licht auf die Dispositionsgüte des Logistikbereichs. Hieraus sind für die Leistungsmessung zwei Erkenntnisse abzuleiten:

- Die Leistungsrechnung muss alle Zeitüberbrückungen in ihrem Umfang und ihrem Objektbezug (Art der gelagerten Güter) ebenso erfassen wie die lagervor- und -nachbereitenden Aktivitäten (Ein-, Aus- und Umlagerung, Lagerpflege). Für diese Vorgänge bzw. Prozesse werden Kapazitäten im Lager bereitgestellt und eingesetzt; wie viel Lagerfläche, Förderzeuge und Lagerarbeiter benötigt werden, hängt vom Umfang der Lagerungen und der Intensität des Lagerdurchsatzes ab.

- Die Leistungsrechnung sollte einen Eindruck von der Angemessenheit der Lagerbestände vermitteln. Wenngleich die Lagerbestandshöhe in den seltensten Fällen vom Lagerleiter bestimmt werden kann, ist das Lager dennoch der geeignete Ort, Ist- mit Sollbeständen zu vergleichen, da hier die Istbestände gemessen werden. Die damit gewonnenen Erkenntnisse müssen allerdings auch den für den Materialzu- und -abgang verantwortlichen Stellen weitervermittelt werden.

Beide Erkenntnisse sind in dem Katalog von Leistungsmessgrößen, den die *Abbildung 3-8* zeigt, berücksichtigt. Die dort aufgelisteten sehr umfangreichen Detailinformationen lassen sich allerdings nur dann in der Praxis gewinnen, wenn das Lager DV-mäßig bestandsgeführt ist. Für kleinere Zwischen- bzw. Pufferläger in der Produktion weiß man häufig nur die insgesamt bestehende Lagerflächenbelegung, und auch dies häufig nur aufgrund von Schätzungen. Hier helfen allenfalls Ableitungen aus anderen Datenbeständen (z.B. dem PPS-System) weiter.

Bezugsgröße

Die Wahl der Bezugsgröße(n) hängt stark von der Art der im Lager realisierten Lagertechnik ab. Handelt es sich um ein automatisches Hochregallager, so werden die im Lager anfallenden Kosten wesentlich von der (durchschnittlichen) Lagerbelegung bestimmt. Hiervon sind sowohl die Kosten für benötigte Lagermittel als auch die Kosten für das in den Lagerobjekten gebundene Kapital betroffen. Nur einige Kosten hängen vom Lagerdurchsatz, also der Zahl von Ein-, Um- und Auslagerungen, ab, wie dies etwa auf die Energiekosten zum Betreiben des Regalförderzeugs oder die Kosten für nutzungsabhängige Instandhaltung desselben zutrifft. In einem konventionellen Lager mit einem im Vergleich zum Hochregallager hohen Anteil manueller Tätigkeit (z.B. Staplerbetrieb) kommt dem Lagerdurchsatz dagegen eine ungleich höhere Bedeutung als Kostenbezugsgröße zu.

Parallel oder alternativ bieten sich damit zur Spaltung der Lagerkosten in variable und fixe Elemente folgende Bezugsgrößen an:

- Zahl der Ein-, Um- und Auslagerungsvorgänge,
- durchschnittliche Belegung des Lagers und
- durchschnittliche Kapitalbindung im Lager.

Leistungsmessgrößen i.e.S.	Kapazitätsbezogene Kenngrößen
• Zahl gelagerter Artikel • Zahl eingelagerter Lagereinheiten • Zahl ausgelagerter Lagereinheiten • Zahl wiedereingelagerter Lager-einheiten • Zahl umgelagerter Lagereinheiten (davon optimierungsbedingt) • Ein-, Um- und Auslagerungsdauer (Minimum-, Durchschnitts- und Maximumwert, ggf. getrennt nach Teilegruppen) • (Flächen-, volumen- oder standplatz-bezogene) Belegung des Lagers (Minimum-, Durchschnitts- und Maximumwert) • Kapitalbindung der Lagergüter (Durchschnittswert) • Teilereichweiten (Minimum-, Durchschnitts- und Maximumwert, ggf. getrennt nach Teilegruppen) • Reichweitenabweichungen (Soll-Ist-Differenzen) (Minimum-, Durchschnitts- und Maximumwert, ggf. getrennt nach Teilegruppen) • Anzahl und Dauer von Fehlmengen-situationen (ggf. getrennt nach Teilegruppen) • Lagerschadenswert	• Geleistete Personalstunden • Anwesenheitsquote • Lagerbereitschaftsgrad falls relevant: • Zahl eingesetzter Stapler • Geleistete Betriebsstundenzahl der Fahrzeuge • Zahl der Lagerspiele

Abb. 3-8: Mögliche
Leistungsmessgrößen für die
Lagerung

Sollten sich die Lagermittelkosten der einzelnen Lagergüterarten sehr von-einander unterscheiden – was oftmals im Falle von Spezialbehältern zu be-obachten ist –, bietet es sich an, diese Unterschiede durch die Bildung von mehreren Bezugsgrößenvarianten innerhalb einer Bezugsgröße zu berück-sichtigen. Dies führte dann z.B. zu für unterschiedliche Warenarten unter-schiedlichen Kostensätzen pro belegter Box eines Regallagers.

4.7. Bestelldisposition

Bis auf die Eingangsregistrierung handelte es sich bei den bisher diskutier-ten Aktivitäten durchweg um operative, physische logistische Leistungen. Für administrative und dispositive Leistungen bestehen im Controlling ge-nerell, nicht nur auf die Logistik bezogen, Berührungsängste. Die Behand-lung administrativer bzw. dispositiver Leistungen beschränkt sich in der Kostenrechnung in aller Regel auf eine undifferenzierte kostenstellenbe-zogene Erfassung und eine Umlage mittels pauschaler Zuschlagssätze (z.B. der Verwaltungskosten als Aufschlag auf die Herstellkosten der Produkte – wir werden darauf im Kapitel 6 noch ausführlich eingehen). Eine laufen-de Leistungserfassung findet kaum statt; nur im Rahmen von Prozesskos-tenstudien widmet man den administrativen und dispositiven Leistungen ei-ne genauere Aufmerksamkeit. Dennoch sind viele derartige Leistungen (fast) genauso gut bzw. (fast) genauso schlecht messbar wie physische Leis-

Auch administrative Leistun-gen lassen sich unproblema-tisch messen!

tungen. Dem Beleg dieser These soll die nähere Betrachtung der Bestelldisposition dienen.

Beschreibung des Bereichs

Die Bestelldisposition hat die Aufgabe, innerhalb vorgeplanter Lieferkontingente einzelner Lieferanten Teilebedarfe abzurufen, die ihr von der Produktion (z.B. in Form von Wochenplänen) gemeldet werden. Bei diesen Abrufen muss sie vorhandene Lagerbestände ebenso beachten wie Lieferzeiten und Liefer(un)sicherheiten der Lieferanten. Die Aufgabe der Bestelldisposition ist dann optimal erfüllt, wenn zum einen keine Fehlmengen auftreten und zum anderen möglichst niedrige Lagerbestände im Eingangsbereich erreicht werden.

Die Lieferabrufe erfolgen zumeist telefonisch oder auf Basis von Rechnerkopplungen zwischen Kunde und Lieferant. Über Telefon wird auch die größte Zahl der Aktivitäten zur Lieferterminüberwachung und zum »trouble shooting« im Falle von Fehlmengensituationen abgewickelt.

Der Umfang der Dispositionsaufgabe wird wesentlich von der Zahl zu disponierender Teile, ihrer Unterschiedlichkeit (Möglichkeit von Lerneffekten), der Häufigkeit ihrer Disposition und der Zahl zu betreuender Lieferanten bestimmt. Darüber hinaus nimmt auch der Grad der »Reibungslosigkeit« der Lieferabrufe (Liefersicherheit der Lieferanten, Bedarfsprognosesicherheit der Material anfordernden Stellen) Einfluss auf die Beschäftigung der Dispositionsstelle.

Mögliche Leistungsgrößen

Die letzten Ausführungen bilden den direkten Anknüpfungspunkt zur Frage, welche Leistungsgrößen standardmäßig für die Bestelldispositionsstelle erfasst und ausgewiesen werden könnten. Die *Abbildung 3-9* listet einen Katalog von derartigen Größen auf, Messgrößen, die – DV-Führung der Dispositionsaufgabe vorausgesetzt – leicht zu erfassen sind und ein hinreichend differenziertes und repräsentatives Abbild der Dispositionsleistung liefern.

Die Abbildung macht darüber hinaus deutlich, dass Verbindungen zwischen den einzelnen aus den Datenerfassungen resultierenden Leistungsberichten bestehen (können). Die Bestelldisponenten sollten neben dem Umfang ihrer Arbeit auch dessen Ergebnis, d.h. die Zahl von Fehlmengensituationen und die Reichweiten bzw. Soll-Reichweiten-Abweichungen ausgewiesen bekommen. Diese Werte kann man – wie bereits an entsprechender Stelle vermerkt – dem(n) Leistungsbericht(en) des(r) Eingangslagers(läger) entnehmen.

Für die Messung der Leistung der Bestelldisposition steht eine Vielzahl von Leistungsgrößen zur Verfügung

Bezugsgröße

Auch die Wahl der Bezugsgröße bereitet keine großen Schwierigkeiten. Hierfür bietet sich die Zahl der zu betreuenden Sachnummern an. Angesichts der sehr unterschiedlichen Dispositionshäufigkeit von A-, B- und C-Teilen (in der *Abb. 3-9* ist beispielhaft für A-Teile eine wöchentliche, für B-Teile eine vierwöchige, für C-Teile eine noch längere Dispositionsfrist angenommen) muss diese Differenzierung auch durch die Bildung entsprechender Bezugsgrößenvarianten berücksichtigt werden. Ein A-Teil erhält

Leistungsmessgrößen i.e.S.	Kapazitätsbezogene Kenngrößen
• Zahl wöchentlich zu disponierender Teile (A-Teile) • Zahl monatlich zu disponierender Teile (B-Teile) • Zahl in größeren zeitlichen Abständen zu disponierender Teile (C-Teile) • Lieferantenzahl • Splittungsgrad von Anlieferungen • Anzahl in falscher Verpackung gelieferter Sendungen • Fehlmengenzahl (ggf. gewichtet mit der Anzahl der Fehlmengen-situationen, dem Wert der fehl-mengenbedingt nicht gefertigten Zwischenprodukte und Dauer der Fehlmenge) • Anteil von Sonderteilebedarfen • Zahl der Problemteile	• Geleistete Personalstunden • Anwesenheitsquote • Überstundenquote

Abb. 3-9: Mögliche Leistungsmessgrößen für die Bestelldisposition

damit mehr Kosten zugerechnet als ein B-Teil und dieses wiederum mehr als ein zu disponierendes C-Teil.

Gegen eine solche Bezugsgrößenbildung mag man nun einwenden, dass sich der Arbeitsaufwand pro Sachnummer auch innerhalb der einzelnen Teilegruppen von Teil zu Teil sehr unterscheiden kann, man es mit dem einen Lieferanten leichter hat als mit einem anderen, dass die Arbeit wesentlich nicht durch die routinemäßigen Lieferabrufe, sondern durch die Aktivitäten bei sich abzeichnenden Fehlmengensituationen bestimmt wird. Eine solche Argumentation verkennt allerdings den Hauptzweck der Bildung von Bezugsgrößen: Mit Hilfe der Bezugsgrößen soll eine Aussage darüber getroffen werden, wovon die Beschäftigung einer Kostenstelle maßgeblich abhängt. Betrachtet wird dabei explizit nicht der Einzelfall, sondern das Arbeitsvolumen insgesamt. Es mag zwar zutreffen, dass ein A-Teil leichter oder schwerer zu disponieren ist als ein anderes; über alle A-Teile hinweg wird man jedoch von einem stabilen Mittelwert ausgehen können, und genau dieser Mittelwert wird für die Beschäftigungsmessung und die daran anknüpfenden Analysen und Instrumente benötigt. Dies ist kein Spezifikum der Logistik. Auch in einer Fertigungsstelle kommt es nicht auf die Bearbeitung eines einzelnen Werkstücks an, sondern darauf, wie lange die Bearbeitung normalerweise, d.h. über viele Werkstücke hinweg, dauert.

Es zeigt sich also, dass solche Logistikbereiche, die weitgehend standardisierte, routinemäßig zu erfüllende Verwaltungsleistungen erbringen, leistungs- und kostenmäßig wie operative Stellen behandelt werden können, man für sie ein Leistungsvolumen planen und vorgeben kann, man für sie variable und fixe Kosten differenzieren kann. Die »Scheu« des Controllers vor Verwaltungsstellen sollte sich somit allenfalls auf solche beziehen, deren Hauptfunktion in kreativer Gedankenarbeit besteht. Aber auch für diese gibt es bereits tragfähige Ansätze für Planungs- und Kontrollvorgehen.

Es besteht kein Grund für Controller, um administrative Bereiche einen großen Bogen zu machen

4.8. Beschaffungslogistik insgesamt

Mit der Beschreibung der Bestelldisposition haben wir – mit Ausnahme der Bedarfsermittlung – den gesamten Bereich der Beschaffungslogistik vollständig abgebildet. Eine Vielzahl von Leistungsgrößen wurde unterschieden, die jeweils bereichsbezogen ein aussagefähiges Bild der logistischen Aktivitäten zulassen.

Damit sind wir aber noch nicht am Ende. Ein Grundsatz des Controlling besteht darin, Informationen benutzeradäquat bereitzustellen. Betrachtet man die Leitungsstruktur der Beschaffungslogistik, so richten sich die bisher dargestellten Leistungsgrößen auf die Meister der jeweiligen Leistungsbereiche. Die von ihnen vorzunehmende Feinsteuerung sollte durch die Leistungsgrößen unterstützt werden; ihrer Kontrolle galten sie. Sicher sind diese Detaildaten auch für den Leiter der Beschaffungslogistik von (nicht geringem) Interesse. Zusätzlich muss er aber seinen Bereich gesamthaft im Auge haben. Auch hierfür muss das Logistik-Controlling Informationen bereitstellen. Eine Liste möglicher hierfür relevanter Leistungsgrößen zeigt die *Abbildung 3-10*.

Leistungsmessgrößen i.e.S.	Kapazitätsbezogene Kenngrößen
• Zahl eingegangener Teilearten • Durchschnittliche Zugangshäufigkeit der Teile • Durchschnittliche Durchlaufzeit von der Eingangsregistrierung bis zur Bereitstellung am Schnittpunkt zur Produktionslogistik • Durchschnittliche Wartezeit eines LKW/Waggons auf Abfertigung	• Geleistete Personalstunden Lohnempfänger • Anwesenheitsquote • Überstundenquote • Zahl Gehaltsempfänger • Ausgewiesene Verkehrsflächen • Ausgewiesene Lager- und Umschlagsflächen • Ausgewiesene Verwaltungsflächen

Abb. 3-10: Mögliche Leistungsmessgrößen für die Beschaffungslogistik insgesamt

4.9. Fazit

Überschaut man das ausführliche Beispiel, so geht es hier – wie für die Logistik generell – darum, bei der Leistungserfassung einen Ausgleich zwischen Erfassungskosten und den Nutzen der Verwendung der erfassten Leistungsinformationen zu erreichen. Folgende Aussagen können zusammenfassend festgehalten werden:

• Auf die Erfassungskosten nimmt im Wesentlichen die vorhandene DV-Infrastruktur erheblichen Einfluss. Ist die Betriebsdatenerfassung weit vorangeschritten, liegen viele Daten quasi kostenlos vor. Fehlt eine solche Unterstützung, kann eine manuelle Erfassung der richtige Weg sein. Außerdem muss man nicht unbedingt dem Ideal einer permanenten Erfassung folgen. Für viele Zwecke reichen auch fallweise, von Zeit zu Zeit aktualisierte Erhebungen aus.

- Der Nutzen einer Verwendung der Leistungsdaten kann sehr unterschiedlich ausfallen. Das Spektrum möglicher Zwecke ist ebenso breit, wie die Anforderungen im praktischen Einzelfall unterschiedlich. Die Festlegung des Zweckkatalogs ist eine ureigene, sehr wichtige Managementaufgabe. Auf jeden Fall gilt: Bei der Gestaltung einer Logistikleistungsrechnung darf man nicht dem Ideal einer neutralen, quasi naturwissenschaftlichen Messung folgen. Es geht um die Beeinflussung des Verhaltens von Menschen.

- Bei der Bestimmung des Nutzens ist nicht nur an die Möglichkeit zu denken, konkrete Fragestellungen mit den Informationen zu beantworten. Eine konzeptionelle Nutzung ist ebenso wichtig, ja wichtiger. Die richtige Art, über ein Problem nachzudenken und es überhaupt in seiner Tragweite zu erkennen, ist der größte Schritt auf dem Weg, es zu lösen. Durch die Systematisierung und laufende Erfassung von Leistungsgrößen gewinnen diese eine herausgehobene Bedeutung. Sie helfen, die Logistik von ihrer Ausrichtung als Quelle von Kosteneinsparungen hin zum Befähiger von höherer Leistungsfähigkeit im Markt zu entwickeln.

5. Definition der zu erfassenden logistischen Leistungen

Logistische Leistungen sind – wie gezeigt – vielgestaltig und heterogen. Zudem liegt für sie – anders als für Rechnungswesendaten – keine rechtliche oder verkehrsmäßige Definition vor. Die Unternehmen kommen deshalb nicht umhin, die von ihnen zu erfassenden und auszuweisenden Leistungen präzise zu definieren. Dies steht zwar grundsätzlich nie außer Frage; allerdings zeigen eigene Erfahrungen (vgl. *Weber* 1995d; *Luczak/Wiendahl/Weber* 2000), dass der Umfang der hier zu investierenden Zeit in der Praxis systematisch unterschätzt wird.

Wer sich dem Definitionsprozedere hinreichend intensiv unterzieht, wird mit zwei Phänomenen konfrontiert:

- Für als wichtig ausgewählte Leistungsarten finden sich an verschiedenen Stellen des Unternehmens bereits vorhandene Definitionen (z.B. Durchlaufzeiten, Fehlmengen usw.), die allerdings im Detail voneinander abweichen. Eine gleiche Bezeichnung ist kein Garant für übereinstimmende Inhalte. Hinter den Unterschieden stehen zum einen unterschiedliche Ausgangsbedingungen (z.B. mag man eine Mengenabweichung von 1% in einer auf Lager produzierenden Produktionsstelle durchaus tolerieren, während man in einer Versandstelle eine solche Abweichung als Fehlmengensituation einstufen würde). Zum anderen wurden die Festlegungen nicht abgestimmt miteinander vorgenommen, so dass ein Koordinationsbedarf besteht.

- Die Definition von Leistungsgrößen bzw. Kennzahlen führt zu einer sehr grundsätzlichen Auseinandersetzung mit dem Wertschöpfungssystem und seiner Steuerung. Ob z.B. eine Durchlaufzeitgröße in einem be-

(B1.11) Mittlere Durchlaufzeit Wareneingang

$$= \frac{\sum_{n=1}^{\text{Anzahl Wareneingangspositionen}}(\text{Durchlaufzeit pro Wareneingangsposition}_n)}{\text{Anzahl Wareneingangspositionen}}[\text{BKT}]$$

Ziel

Die Leistungsfähigkeit des Wareneinganges kann u.a. daran gemessen werden, wie lange es dauert, die angelieferten Artikel der Fertigung bereitzustellen. Insbesondere durch Liegezeiten und aufwendige Qualitätskontrollen kann die Freigabe des Materials an die Produktion verzögert werden.

Beschreibung

Durchlaufzeit pro Wareneingangsposition ist die Zeitdifferenz zwischen der Wareneingangsbuchung und der letzten Lagereinbuchung (d.h. der kompletten Wareneingangsposition) ins Materiallager bzw. in das Work-in-Progress-Lager (falls die Produkte direkt in die Produktion geliefert werden).

Anzahl Wareneingangspositionen ist die Gesamtzahl der gelieferten Wareneingangspositionen im Erfassungszeitraum

Messpunkte und zu erfassende Daten

Wareneingangsbuchung
(Bestellnummer, Bestellposition, Artikelnummer, Wareneingangsnummer, Buchungsdatum BKT)

Lagereinbuchung Materiallager
(Bestellnummer, Bestellposition, Artikelnummer, Wareneingangsnummer, Buchungsdatum BKT)

Materialübergabe an Fertigung
(Bestellnummer, Bestellposition, Artikelnummer, Wareneingangsnummer, Buchungsdatum BKT)

Berechnungsvorschrift

Die Durchlaufzeit Wareneingang ist die Differenz in BKT zwischen der letzten

- Lagereinbuchung Materiallager (Buchungsdatum BKT), falls Lieferung an Materiallager, oder Materialübergabe an Fertigung (Buchungsdatum BKT), falls Lieferung an Produktion

und

- Wareneingangsbuchung (Buchungsdatum BKT)

Abb. 3-11: Beispiel eines Definitionsblattes einer logistischen Leistungskennzahl (entnommen aus *Weber/Wertz* 1999, S. 27)

stimmten Fertigungsabschnitt wirklich festgelegt und erfasst werden soll, wird um so intensiver hinterfragt, je höher der Definitionsaufwand ausfällt. Umfangreiche Prozesse zur Definition der Leistungsarten sind der beste Garant für den Erfolg der Logistik-Leistungsrechnung. Sie ermöglichen – als konzeptioneller Nutzen – einen gemeinsamen Wissensaufbau und schaffen die Basis für eine hinreichende Akzeptanz der erfassten Werte. Nachträgliche Unstimmigkeiten werden so vermieden.

Um die Definitionsarbeit zu erleichtern, sollte ein festes Vorgehen für jede festzulegende Leistungsgröße bzw. Kennzahl gewählt werden. Ein Beispiel hierfür zeigt die *Abbildung 3-11*. Es entstammt aus der gemeinsamen Arbeit an einer VDI-Richtlinie (VDI 4400). Ein derart sorgfältig gestaltetes Vorgehen bildet auch die Basis für DV-technische Implementierungen.

6. Abgrenzung und Strukturierung der Erlöswirkungen der Logistik

Im 1. Kapitel haben wir gezeigt, wie stark die Logistik auf die Wettbewerbsposition eines Unternehmens einwirkt – und wie sehr diese Wirkung über die Leistungen, nicht über die Kosten erfolgt. Hohe logistische Leistungsfähigkeit ist aktuell ein zentraler Hebel zur Verbesserung der Wettbewerbsposition. Basierend auf einer zweiten empirischen Studie (vgl. *Weber/ Blum* 2001) konnten wir weiterhin zeigen, dass sich weder Controller noch Logistiker bislang intensiv mit der Wirkung dieser Leistungsfähigkeit auseinandergesetzt haben. Speziell die Frage, ob mit professioneller Logistikleistung höhere Erlöse erzielbar sind, kann in der Praxis derzeit nur in seltenen Ausnahmefällen hinreichend beantwortet werden.

Ein Grund für diese unbefriedigende Situation liegt in der Unterschiedlichkeit der Marktsituationen, in denen sich die Unternehmen befinden. Zwei Differenzierungskriterien seien im Folgenden unterschieden:

Hohe logistische Leistungsfähigkeit ist derzeit ein zentraler Hebel für Wettbewerbsfähigkeit von Unternehmen

- Zum einen ist es von erheblicher Bedeutung, ob das logistische Leistungsniveau quasi unveränderbar vom Markt vorgegeben wird oder ob ein Differenzierungspotenzial besteht, z.B. ein Unternehmen mit einer Verbesserung des Lieferservice einen vom Kunden honorierten Vorsprung vor der Konkurrenz gewinnen kann.
- Zum anderen spielt es eine wichtige Rolle, ob zwischen Lieferant und Kunde eher eine *Spotbeziehung* oder eine *relationale Beziehung* besteht. In ersterem Fall kennt der Lieferant seine (vielen) Kunden nicht einzeln, sondern liefert in einen quasi anonymen Markt. Bei einer relationalen Beziehung arbeiten Kunde und Lieferant dagegen über längere Zeit hinweg eng und vertrauensvoll zusammen und richten sich (partiell) aufeinander aus.

Aus der Kombination dieser beiden Aspekte ergeben sich – wie auch die *Abbildung 3-12* zeigt – insgesamt vier Fälle, die die weitere Diskussion bestimmen (modifiziert entnommen aus *Weber* 2002, S. 161-165). Sie wird weitergehend nach folgenden Kriterien strukturiert:

Für die Erlöswirkungen der Logistik lassen sich vier Fälle unterscheiden

- Spezifizierung der Ergebniswirkung,
- Erfassbarkeit der Ergebniswirkung und
- Empfehlung, wo (z.B. in der Kostenrechnung oder der Erlösrechnung) und wie häufig (fallweise oder laufend) die Wirkungen erfasst und ausgewiesen werden sollen.

Fall 1: Festliegendes Leistungsniveau / Vorliegen von Spotbeziehungen

Eine derartige Ausgangssituation herrscht in vielen B2C-Märkten (Business to Consumer) vor, wenn etwa im Konsumgüterbereich Kunden eine bestimmte, marktübliche Lieferfähigkeit erwarten. Sie ist aber auch B2B (Business to Business) häufig anzutreffen. So müssen etwa Lieferanten in bestimmten Bereichen des Großhandels eine wochenweise Anlieferung der Bestellungen zu einem festen Wochentag gewährleisten, um eine Optimie-

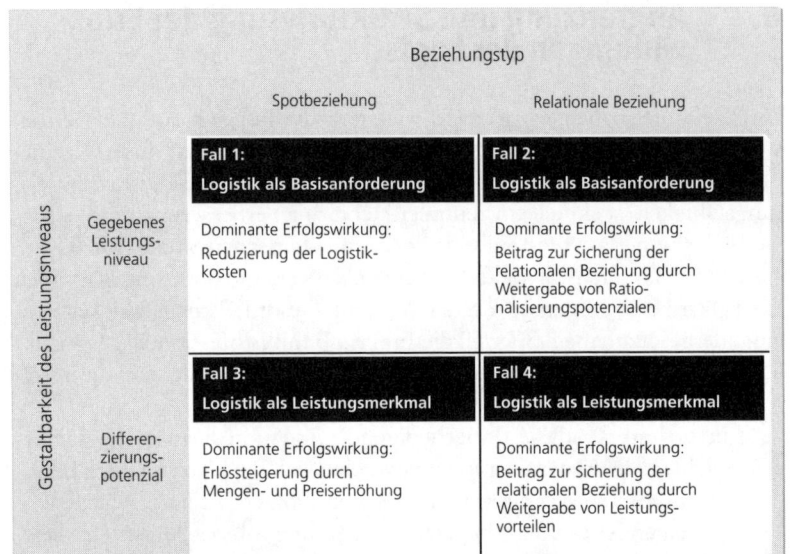

Abb. 3-12: Strukturierung
der Erfolgswirkungen der
Logistik (entnommen aus
Weber 2002, S. 161)

rung der Warenannahme zu ermöglichen. Greift man eine im Marketing übliche Unterteilung in Anforderungsklassen auf (vgl. *Kano et al.* 1984), so kommt der logistischen Leistungsfähigkeit im Fall 1 der Charakter einer *Basisanforderung* zu. Für den Kunden bedeutet dieses Leistungsmerkmal des Produkts einen unverzichtbaren Bestandteil seiner Nutzenerwartungen; eine Übererfüllung dieser Erwartungen schafft keine Kundenzufriedenheit, eine Unterschreitung dagegen hohe Unzufriedenheit. Die logistische Leistungsfähigkeit kann folglich nicht zur aktiven Kundengewinnung eingesetzt werden. Gleiches gilt für die Phasen der Deckung des Kundenbedarfs und der Kundenbindung.

Logistische Leistungen können eine Basisanforderung der Kunden sein

Damit geht von der logistischen Leistungsfähigkeit keine gesonderte Erlöswirkung im Sinne zusätzlicher Erlöse aus. Eine Erfolgswirkung besteht lediglich auf der Kostenseite: Ziel muss es hier sein, die logistischen Fähigkeiten in eine Reduzierung der Logistikkosten umzusetzen. Wird das vom Markt geforderte Leistungsniveau unterschritten, resultieren jedoch in Gestalt von Fehlmengenkosten erhebliche Wirkungen auf die Erlöse.

Fall 2: Festliegendes logistisches Leistungsniveau / Vorliegen von relationalen Beziehungen

Relationale Beziehungen nehmen als spezielle Form der Unternehmenskooperation in ihrer Bedeutung erheblich zu. Das bekannteste Beispiel liefert die Automobilindustrie. Eine Komponente der engen Bindung der Systemlieferanten an die Automobilproduzenten sind Just-in-Time- oder ähnlich aufwendige Lieferkonzepte. Ihre Beherrschung wird von den Lieferanten als Basisanforderung der Lieferbeziehung vorausgesetzt. Nur sporadisch ist der Versuch zu beobachten, logistische Zusatzleistungen anzubieten. So sieht z.B. ein großer Systemlieferant eine Differenzierungsmöglichkeit darin, bei Einführung eines neuen Produkts in der Angebotsphase auch ein komplettes kundenspezifisches Logistikkonzept vorzulegen. In dieser Möglichkeit liegt letztlich der zentrale Unterschied zur logistischen Situation in Spotbeziehungen.

Die Wirkung auf den Unternehmenserfolg ist bei relationalen Beziehungen grundsätzlich ähnlich einzuschätzen wie bei Spotbeziehungen. Allerdings bestehen zum einen (deutlich) bessere Voraussetzungen für eine Messung. So sind etwa für Lieferverzögerungen oder -ausfälle zumeist genaue Folgen fixiert (Vertragsstrafen). Zum anderen kann von der Umsetzung logistischer Leistungsfähigkeit in Kostenreduzierungen ein negativer Einfluss auf den Erlös ausgehen. Dies ist dann der Fall, wenn in den langfristigen (z.B. für die Produktionszeit einer Baureihe abgeschlossenen) Lieferverträgen eine Verpflichtung zur Weitergabe von Kostenreduzierungen formuliert wird. Da vom Automobilhersteller generell Erfahrungseffekte beim Lieferanten in der Vertragslaufzeit erwartet werden, kann die Logistik in einer solchen Situation allerdings ein wesentlicher Garant des Gesamterfolgs der Lieferbeziehung sein.

Spot- und relationale Beziehungen führen hier zu einem ähnlichen Ergebnis

Fall 3: Vom Unternehmen gestaltbares logistisches Leistungsniveau / Vorliegen von Spotbeziehungen

In vielen Märkten sind anbietende Unternehmen nicht an feste, marktübliche Leistungsniveaus der Logistik gebunden, sondern besitzen – zumindest in Grenzen – Gestaltungsspielräume. Ein Beispiel hierfür ist der Versandhandel, in dem Kunden häufig zwischen unterschiedlichen Leistungsniveaus auswählen können (z.B. 24- versus 48-Stunden-Zustellung). Logistische Leistungsmerkmale erlangen dann den Charakter von *Leistungsanforderungen*: Höhere Leistungsfähigkeit führt zu einer höheren Bedarfsdeckung des Kunden und diese zu höherer Zahlungsbereitschaft und/oder Kundenzufriedenheit. Hiervon wiederum gehen positive Effekte auf die Kundengewinnung (z.B. Herausstellen von Lieferservice in der Werbung) und Kundenbindung aus (Imagewirkung, positive Erfahrungen). In Grenzfällen kann logistischen Leistungsmerkmalen schließlich auch der Charakter von *Begeisterungsanforderung* zukommen. Wenn ein Kunde z.B. auf eine hohe Lieferzuverlässigkeit großen Wert legt und der Anbieter neben dem Versprechen, diese zu gewährleisten, auch die Möglichkeit von Tracking and Tracing eingeräumt bekommt, mag dieses nicht erwartete Leistungsmerkmal durchaus Begeisterung auslösen, mit entsprechenden Folgerungen für Kundenzufriedenheit und Kundenbindung.

An logistischen Leistungen können aus Kundensicht auch Leistungs- und Begeisterungsanforderungen gestellt werden

Ergebniswirkungen ergeben sich im Fall des gestaltbaren logistischen Leistungsniveaus zum einen in direkter Form, und zwar dann, wenn eine Fakturierbarkeit der höheren Leistung bei den Spot-Kunden besteht. Zum anderen kann das Leistungsniveau Auswirkungen auf andere Größen nehmen, die den Unternehmenserfolg nachhaltig beeinflussen. In der bereits im ersten Kapitel angesprochenen empirischen Studie von *Dehler* (vgl. *Dehler* 2001) wurden hierzu die Anpassungsfähigkeit und der Markterfolg des Unternehmens modelliert. Beide wurden vom logistischen Leistungsniveau signifikant und in ganz erheblichem Maße beeinflusst. Bei näherer Analyse zeigte sich über den globalen Zusammenhang hinaus ein erheblicher Einfluss der Dynamik des Wettbewerbs auf den Unternehmenserfolg:

(1) Bei hoher Dynamik des Absatzmarktes verhilft eine hohe Logistikleistung dem Unternehmen dazu, Nachfrageschwankungen und Änderungen der Kundenwünsche erfolgreich zu bewältigen. Das Angebot einer im Vergleich zum Wettbewerb überlegenen Serviceleistung trägt zur Zufriedenheit und Loyalität der bestehenden Kunden bei und hilft, neue Kunden zu gewinnen, für die möglicherweise Alternativprodukte nicht oder nur mit geringeren Serviceleistungen (z.B. längeren Wartezeiten) erhältlich sind. Eine überlegene Logistikleistung kann in derartigen Situationen daher einen besonders hohen Erfolgsbeitrag leisten. Die Wirkung geht dabei ausschließlich über Anpassungsfähigkeit der Unternehmen und Markterfolg, d.h. die Unternehmen können ein höheres logistisches Leistungsniveau nicht in höhere Erlöse umsetzen.

(2) In einem relativ stabilen Marktumfeld ist es dagegen für Unternehmen sehr wohl möglich, sich die über das Wettbewerbsniveau hinausgehenden Logistikleistungen vom Abnehmer monetär vergüten zu lassen. Wahrscheinlich ist eine relativ stabile Marktkonstellation erforderlich, damit die Abnehmer in der Lage sind, die unterschiedlichen Logistikleistungen der einzelnen Anbieter überhaupt wahrzunehmen. Der direkte Einfluss der Logistikleistung auf den wirtschaftlichen Erfolg ist bei einer niedrigen Dynamik so stark, dass die Logistikleistung insgesamt eine deutlich höhere Bedeutung für den wirtschaftlichen Erfolg besitzt als bei hoher absatzmarktbezogener Dynamik.

Aus diesen Überlegungen ergeben sich für die Erfassung der Erfolgswirkungen zwei Konsequenzen: Zum einen lassen sich im betrachteten Fall in der Tat separat erfassbare Erlöse feststellen. Allerdings treten sie nur in bestimmten Marktsituationen in nennenswertem Umfang auf. Zum anderen richtet sich der wesentliche Teil der Wirkung des logistischen Leistungsniveaus in indirekter Form auf den Unternehmenserfolg, d.h. über die Beeinflussung der Anpassungsfähigkeit und des Markterfolgs. Eine separate Erfassbarkeit in laufender Erlösrechnung liegt nicht vor. Erlöswirkungen abzuschätzen, bleibt fallweisen Analysen überlassen

Fall 4: Vom Unternehmen gestaltbares logistisches Leistungsniveau / Vorliegen relationaler Beziehungen

Aussagen zu diesem 4. Unterscheidungsfall ergeben sich im Wesentlichen aus der Verbindung der Ausführungen zu den Fällen 2 und 3:

Das logistische Leistungsvermögen kann hier die kritische Fähigkeit sein, um die relationale Beziehung aufzubauen (Ergänzung des Grundnutzens des Produkts um logistische Leistungsfähigkeit), diese Beziehung zu pflegen (Liefersicherheit als Merkmal der Zuverlässigkeit des Lieferanten) und weiterzuentwickeln (durch logistische Systemfähigkeit, z.B. durch den Ausbau der Beziehung in Richtung Supply Chain Management, d.h. einer gegenseitigen Anpassung der Prozesse). In einem solchen Fall ist keine Separierbarkeit der von der Logistik ausgelösten Erfolgswirkungen zu erwarten. Es besteht die Notwendigkeit zur Betrachtung der relationalen Beziehung als Ganzes.

Insgesamt weist die nähere Analyse der Erfolgswirkungen der Logistik zum einen ein – für Logistikverantwortliche sehr erfreuliches – Ergebnis aus: Logistik bedeutet in den heutigen Märkten ein sehr wirkungsvolles Instrument, den Unternehmenserfolg zu steigern. Ihre Wirkung ist signifikant und bedeutsam. Zum anderen erweist sich aber eine Messung dieses Einflusses im laufenden Rechnungswesen als sehr schwierig. Im Regelfall lassen sich keine gesonderten Erlöse laufend ausweisen. Selbst wenn eine Erfassbarkeit besteht, machen diese Erlöse nur einen (geringen) Teil der Erfolgswirkung aus. Die dominante Wirkung logistischer Leistungsfähigkeit erstreckt sich auf den Markterfolg und die Anpassungsfähigkeit des Unternehmens.

Damit sind Anstrengungen, eine eigenständige »logistische Erlösrechnung« zu gestalten, zum Scheitern verurteilt. Erfolgswirkungen der Logistik abzubilden, muss fallweisen Analysen vorbehalten sein. Eine Betonung der im Spezialfall separat erfassbaren, von der Logistik beeinflussten Erlöse wäre instrumentell sinnvoll, würde aber konzeptionell die Gefahr bergen, die gesamte Erlöswirkung der Logistik mit diesen gesonderten ausgewiesenen Beträgen gleichzusetzen. Deshalb sollten die angesprochenen fallweisen Analysen auch dafür genutzt werden, kritische logistische Leistungskomponenten zu separieren, um diesen dann einen exponierten Platz in der laufenden logistischen Leistungsrechnung einzuräumen. Durch ein solches Vorgehen kann vermieden werden, dass Probleme einer separaten Erfassbarkeit der Erlöswirkungen der Logistik zu ihrer Vernachlässigung im täglichen Managementhandeln führen – die in der Vergangenheit dominante Sicht der Logistik als Instrument zur Kosteneinsparung macht die Gefahr unmittelbar deutlich.

Anstrengungen, eine eigene logistische Erlösrechnung zu gestalten, sind zum Scheitern verurteilt

7. Fazit

An dieser Stelle ist deutlich geworden, wie sehr eine Gleichsetzung von Logistik-Controlling und Kosten-Controlling an den Bedarfen des Logistik-Managements vorbeigeht, auch wenn derzeit in der Praxis die Gleichsetzung Gang und Gäbe ist. Ein Controller kann für die Logistik (und damit auch für den Unternehmenserfolg) derzeit nichts Besseres tun, als die Leistungs- und die Erlösseite der Logistik ins Visier zu nehmen. Während seine Arbeit bezogen auf die Erlöswirkungen weitgehend fallweisen Charakter haben wird, mündet die Analyse der Leistungen in einer laufenden logistischen Leistungsrechnung. Diese erfüllt sowohl eigene Zwecke instrumenteller und konzeptioneller Natur, als sie auch eine wesentliche Grundlage für eine Logistikkostenrechnung darstellt. Auf welchen Basisdaten letztere über logistische Leistungen hinaus aufbaut, wird das nächste Kapitel dieses Buches zeigen.

8. Zitierte und weiterführende Literatur

- Homburg, Chr./Weber, J./Aust, R./Karlshaus, R. (1998): Interne Kundenorientierung der Kostenrechnung. Ergebnisse der Koblenzer Studie, Schriftenreihe Advanced Controlling, Bd. 7, Vallendar.
- Kaminski, A. (2001): Logistik-Controlling. Entwicklungsstand und Weiterentwicklung für marktorientierte Logistikbereiche, Diss. Vallendar.
- Kano, N. et al. (1984): Attractive Quality and Must Be Quality, in: Hinshitsu, 14. Jg., S. 39-48.
- Karlshaus, J.-T. (2000): Die Nutzung von Kostenrechnungsinformationen im Marketing. Bestandsaufnahme, Determinanten und Erfolgsauswirkungen, Wiesbaden.
- Kummer, S. (1999): Stand, Aufgaben und Gestaltung der Leistungsrechnung für die Logistik, in: Weber, J./Baumgarten, H. (Hrsg.) (1999): Handbuch Logistik. Management von Material- und Warenflussprozessen, Stuttgart, S. 538-546.
- Luczak, H./Wiendahl, H.-P./Weber, J. (Hrsg.) (2001): Logistik-Benchmarking. Praxisleitfaden mit LogiBEST, Berlin u.a.
- Menon, A./Varadarajan, P.R. (1992): A Model of Marketing Knowledge Use within Firms, Journal of Marketing, 56. Jg., S. 53-71.
- Weber, J. (Hrsg.) (1993): Praxis des Logistik-Controlling, Stuttgart.
- Weber, J. (2002): Logistikkostenrechnung. Kosten-, Leistungs- und Erlösinformationen zur erfolgsorientierten Steuerung der Logistik, 2. Aufl., Berlin u.a.
- Weber, J./Sandt, J. (2001): Erfolg durch Kennzahlen. Neue empirische Erkenntnisse, Schriftenreihe Advanced Controlling, Bd. 21, Vallendar.
- Weber, J./Blum, H. (2001): Logistik-Controlling. Konzept und empirischer Stand, Schriftenreihe Advanced Controlling, Bd. 20, Vallendar.

Erfassung und Ausweis logistischer Kosten

Kapitel 4

Management Summary

Wie im 1. Kapitel gezeigt, ist Logistik-Controlling in der Praxis unlösbar mit Logistikkosten verbunden. Wenn im vorangegangenen Kapitel die hohe Bedeutung von Logistikleistungen und -erlösen deutlich wurde, folgt daraus keine Abwertung des Stellenwerts der Logistikkosten. Ohne Kenntnis der Logistikkosten lässt sich die Logistik nicht rational steuern!

Die Kenntnis der Logistikkosten setzt bereits bei den begrifflichen Grundlagen an. Hier bestehen Abgrenzungsprobleme in einem ebenso hohen Umfang, wie wir sie bei den Leistungen kennen gelernt haben. Die Frage des »wie« der Abgrenzung hängt unmittelbar mit dem »warum« zusammen. Somit ist es erforderlich, sich ganz zu Anfang über die Zwecke klar zu werden, die mit einer Definition und Erfassung von Logistikkosten verbunden sind.

Besteht diese Klarheit, gilt es im nächsten Schritt zu entscheiden, wo und wie Logistikkosten in die vorhandene Kostenrechnung »eingebaut« werden sollen. Diese Frage umfasst diverse Aspekte. Betrachtet man die einzelnen Teilgebiete typischer Kostenrechnungssysteme, so lässt sich nach Kostenarten-, Kostenstellen- und Kostenträgerrechnung differenzieren. Für alle drei Teilgebiete sind Detaillierung und Form der Einbindung von Logistikkosten festzulegen. In der Kostenstellenrechnung stellt sich speziell die Frage, ob auch Logistikkosten – wie z.B. Produktionskosten – in fixe und variable Bestandteile aufgespalten werden sollen, so dass eine kostenstellenbezogene Kostenplanung und -kontrolle möglich wird. Weiterhin sind Fragen der Aktualität und Genauigkeit von Kostenerfassung und Kostenausweis zu klären. Schließlich muss man entscheiden, ob die benötigten Logistikkosten wirklich laufend, standardmäßig bereitgestellt werden oder aber eine fallweise Ermittlung reicht. Unterschiedliche Vor- und Nachteile beider Vorgehensweisen sind sorgfältig gegeneinander abzuwägen.

Intensive konzeptionelle Vorüberlegungen helfen Schnellschüsse zu vermeiden, die zu Datenfriedhöfen und komplexen Rechenwerken führen. Sie bauen weiterhin wichtiges Wissen auf, das beispielsweise auch davor schützt, jedem Kostenbenchmark auf den Leim zu gehen. Logistikkostenanteile sind dann, wenn man nicht ihre Ermittlung im Detail kennt, nicht das Papier wert, auf dem sie stehen.

1. Nutzen einer logistischen Kostenrechnung

Im 3. Kapitel des Buches haben wir ein Plädoyer für eine Verbesserung der logistischen Leistungstransparenz, für den Aufbau einer logistischen Leistungsrechnung gehalten. Allerdings fehlten auch kritische Aussagen nicht: Transparenz kann auch schaden. Diese Grundausrichtung der Argumentation wird auch dieses 4. Kapitel bestimmen. Deshalb stehen am Anfang kurze Ausführungen zur grundsätzlichen Rolle einer Kostenrechnung sowie zu Fragen ihrer Gestaltung. Sie greifen einige der Gedanken auf, die ausführlich für die Leistungsrechnung ausgebreitet wurden.

1.1. Gestaltung und Wirkung der Kostenrechnung

Unzählige Bücher wurden in den letzten Jahrzehnten darüber geschrieben, warum Unternehmen (unbedingt) eine Kostenrechnung brauchen. Zu finden sind entsprechende Diskussionen unter dem Stichwort »Kostenrechnungszwecke«. Man ist sich dabei in der Theorie einig, das eine Kostenrechnung auf der einen Seite eine möglichst exakte Aufzeichnung von realem Geschehen leisten soll (»Dokumentationsfunktion«). Daneben durchzieht die meisten Beiträge die Forderung nach einer Entscheidungsorientierung der Kostenrechnung: Sie solle der Fundierung und Kontrolle unternehmerischer Entscheidungen dienen. Beiden Sichtweisen ist etwas gemeinsam, was dem Naturwissenschaftler und dem Ingenieur »ganz normal« erscheinen wird: Beide Sichtweisen blenden den Menschen aus, der in Unternehmen handelt. Bei der Sicht der Kostenrechnung als »unbestechliches« *Messinstrument* ist er gar nicht vorhanden. Die entscheidungsorientierte Kostenrechnung setzt das Unternehmen und den handelnden Manager quasi gleich; welcher Manager konkret entscheidet, ist nicht wichtig. Beide Ansätze sind aus unterschiedlichen Aspekten desselben Grundes heraus problematisch:

Kostenrechnung wird häufig in einer quasi naturwissenschaftlichen Perspektive als Messinstrument gesehen

- Die Sicht der Kostenrechnung als Messinstrument verkennt, dass Naturwissenschaft mit Wirtschafts- und Sozialwissenschaft nur begrenzt etwas miteinander gemein hat. Das, was Realität ist, hängt im Unternehmen zu einem nicht unbeträchtlichen Teil davon ab, was Menschen als Realität wollen.
- Menschen entscheiden nicht unbeeinflusst vom Kontext, in dem sie handeln. Zu diesen zählt auch die Kostenrechnung. Informationssysteme wie die Kostenrechnung sind deshalb – auch oder primär – vor dem Hintergrund zu beurteilen, ob und wie sie das Verhalten spezifischer Menschen beeinflussen. Ein opportunistisch denkender Manager wird anders von der Kostenrechnung beeinflusst als ein nur die Unternehmensinteressen wahrnehmender Kollege, eine mit allen Wassern der Ökonomie gewaschene Führungskraft anders als ein Manager, der bislang seine Meriten in der Entwicklungsabteilung verdient hat.

Kostenrechnung beeinflusst das Verhalten von Menschen

Erfassung und Ausweis logistischer Kosten

Die »klassischen« Sichten der Kostenrechnung als Messinstrument oder Entscheidungshilfe und die »moderne« verhaltensorientierte Perspektive haben für die Gestaltung einer Logistikkostenrechnung ganz unterschiedliche Auswirkungen. Als Messinstrument geht die Kernanforderung in Richtung Genauigkeit. Begrenzend wirken nur die Kosten der Informationserfassung. Entscheidungsorientierung verlangt stark differenzierte Kosten, um für die unterschiedlichsten Entscheidungen Informationen bereitzustellen. Wiederum bilden die Kosten der Kostenrechnung die Grenze der Gestaltung. Verhaltensorientiert ausgerichtet, muss die Kostenrechnung schließlich Aspekte wie beschränkte Fähigkeiten der Manager (kognitive Begrenzungen) und Schutz vor Manipulation (potenzieller Opportunismus) berücksichtigen. Wenig komplexe, transparente Lösungen sind hier besser als hochgenaue und komplexe.

Was zeigt aktuelle empirische Forschung?

Ein Schlaglicht auf die Nutzung von Kostenrechnung in der Praxis geben aktuelle empirische Studien (auf die wir im 3. Kapitel zum Teil schon verwiesen haben). Sie zeigen Folgendes:

- Manager nutzen die Kostenrechnung keinesfalls überwiegend im Sinne der eben genannten Entscheidungsorientierung. Wir haben im 3. Kapitel dieses Buches die Unterscheidung von instrumenteller, konzeptioneller und symbolischer Nutzung von Informationen vorgestellt. Es zeigt sich nun, dass in der Praxis alle drei Nutzungsarten parallel für die Kostenrechnung vorliegen, von den drei darüber hinaus die konzeptionelle Nutzung dominiert (vgl. *Homburg/Weber/Aust/Karlshaus* 1998, S. 37).
- Eine intensive instrumentelle Nutzung der Kostenrechnung – die am ehesten der entscheidungsorientierten Sicht entspricht – beeinflusst der Tendenz nach den Unternehmenserfolg negativ, eine konzeptionelle Nutzung dagegen deutlich positiv (*Karlshaus* 2000, S. 178).
- Die Komplexität der Kostenrechnung hat einen signifikant negativen Einfluss auf die ihr von den Managern attestierte Qualität (vgl. *Frank* 2000, S. 153). Je geringer die Kostenrechnungsqualität eingeschätzt wird, desto geringer fällt auch die Nutzung der Kostenrechnungsinformationen aus (vgl. *Frank* 2000, S. 177).
- Die Nutzung der Kostenrechnung durch die Manager wird wesentlich durch deren Einstellung zu diesem Instrument und durch die »Kontaktdichte« zu den Controllern beeinflusst (vgl. *Aust* 1999, S. 181).

Es gibt eine kritische Komplexitätsschwelle der Kostenrechnung, die nicht überschritten werden darf

Als Konsequenz dieser ganz aktuellen Erkenntnisse muss der Logistik-Controller umdenken: Aussagefähige Logistikkosten bereitzustellen, wird nicht nur durch Erfassungs- und Systemkosten begrenzt. Es gibt auch so etwas wie eine kritische Komplexitätsschwelle der Kostenrechnung, die nicht überschritten werden darf. Sie liegt allerdings nicht unverrückbar fest, sondern kann vom Controller beeinflusst werden: Je mehr er dem Logistik-Management die Bedeutung der neu zu generierenden Informationen klar macht und sie – im Sinne eines Coaching – ständig wieder ins Bewusstsein ruft, desto mehr Komplexität vertragen die Manager. Wenn wir im Folgenden näher auf den Nutzen einer Logistikkostenrechnung eingehen, hat dies also nicht nur Bedeutung für konzeptionelle Vorüberlegungen, sondern

kann auch der Kommunikation während der laufenden Nutzung dieses In-
formationsinstruments dienen.

1.2. Wichtige potenzielle Zwecke einer Logistikkosten-
rechnung

Jedes Unternehmen muss individuell die für den eigenen Kontext relevanten Rechnungszwecke bestimmen. Die folgenden Ausführungen haben
deshalb im Wesentlichen einen Beispielcharakter (vgl. im Überblick die *Abbildung 4-1*); sie ersetzen wiederum keine nähere Analyse »vor Ort«.

Die Liste potenzieller Nut-
zenwirkungen ist lang...

Kostenstellenbezogener Kostenausweis

Eine Gruppe von Nutzeffekten setzt unmittelbar an einer kostenstellenbezogenen Erfassung der Logistikkosten an. Der Art nach sind diese Nutz-
effekte einem Kostenrechner längst geläufig:

- Durch den kostenstellenbezogenen Ausweis der Logistikkosten ist eine
  Kostenzuordnung zu einem Verantwortungsträger (Kostenstellenleiter)
  möglich. Kostenverantwortung ist der erste Schritt, um die Kosten »im
  Griff zu halten«.
- Vergangenheitswerte (z.B. die Kosten des Vormonats bzw. des Vorjah-
  res) oder Kosten vergleichbarer Kostenstellen sind erste Messlatten, um
  die einzelne Logistikkostenstelle zu beurteilen.
- Ein kostenstellenbezogener Kostenausweis bietet die Voraussetzung zu
  einer aussagefähigen Kostenauflösung. Ist diese erfolgt, lassen sich bei

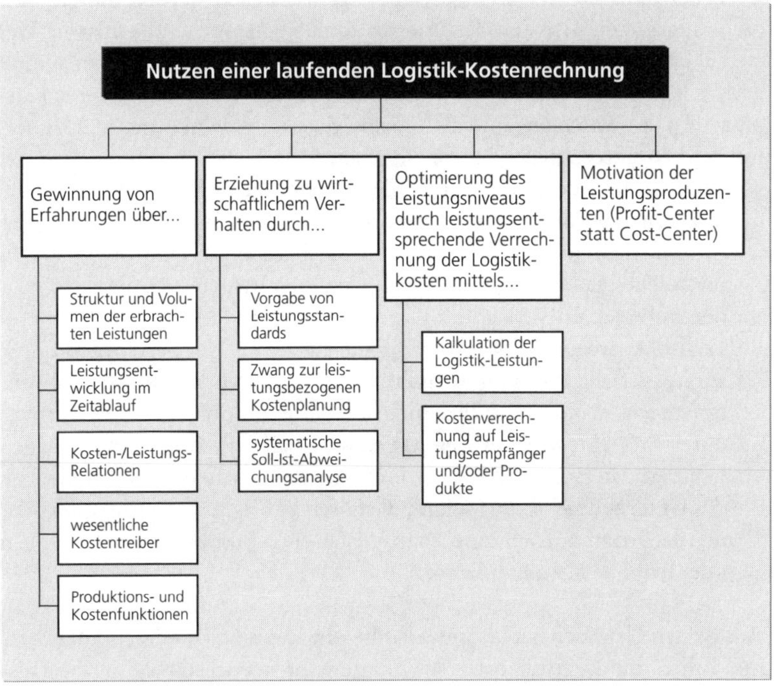

Nutzen einer laufenden Logistik-Kostenrechnung

Gewinnung von Erfahrungen über...	Erziehung zu wirt-schaftlichem Ver-halten durch...	Optimierung des Leistungsniveaus durch leistungsent-sprechende Verrech-nung der Logistik-kosten mittels...	Motivation der Leistungsproduzen-ten (Profit-Center statt Cost-Center)
Struktur und Volu-men der erbrach-ten Leistungen	Vorgabe von Leistungsstan-dards	Kalkulation der Logistik-Leistun-gen	
Leistungsent-wicklung im Zeitablauf	Zwang zur leis-tungsbezogenen Kostenplanung	Kostenverrech-nung auf Leis-tungsempfänger und/oder Pro-dukte	
Kosten-/Leistungs-Relationen	systematische Soll-Ist-Abwei-chungsanalyse		
wesentliche Kostentreiber			
Produktions- und Kostenfunktionen			

Abb. 4-1: Überblick über
ausgewählte Nutzenwirkun-
gen einer logistischen
Kostenrechnung

bekannten Leistungsanforderungen (z.B. 1.500 Behälter pro Tag) valide Planungen der Logistikkosten vornehmen.

- Mit den analytisch geplanten Werten liegen zugleich aussagefähige Ausgangsdaten für die Budgetierung der Logistikkosten vor.
- Die Möglichkeit zur Gegenüberstellung von Plankosten und Istkosten ermöglicht eine Beurteilung des Kostenstellenleiters, ob er seine logistische Aufgabe effizient erfüllt hat (Wirtschaftlichkeitskontrolle).
- In Abweichungsanalysen lassen sich die Ursachen der Abweichungen ermitteln. Damit liegen Anregungsinformationen vor, um die Wirtschaftlichkeit der Leistungserstellung (wieder) zu erhöhen. Eine (negative) Abweichung sollte stets primär Grund sein, danach zu fragen, welche Verbesserungen möglich sind (feed-forward), nicht danach, warum es zu Unwirtschaftlichkeiten gekommen ist (»Rückspiegelfragen«).

Kostentransparenz und Kostenverantwortung sollen somit dazu führen, dass die Wirtschaftlichkeit der logistischen Leistungserstellung steigt. Derartige Aufgaben stehen im Zweckkatalog der Kostenrechnung schon seit langer Zeit ganz oben an. Die Plankostenrechnung wurde explizit auf Kostenplanung und Kostenkontrolle hin ausgerichtet konzipiert. Planungs- und Kontrollzwecke stehen auch im Bereich der Logistik hoch im Kurs.

Leistungsentsprechende Verrechnung der Logistikkosten

Hat man Logistikkosten auf entsprechenden Kostenstellen erfasst und sie in variable und fixe Bestandteile differenziert, so ist ein Teil der Voraussetzungen dafür geschaffen, diese Kosten »verursachungsgemäß« weiterzuverrechnen. Auf diesem Feld besteht in vielen Unternehmen noch ein erheblicher Mangel. Nur wenige Logistikkostenstellen werden mittels Verrechnungssätzen, also dem Leistungsvolumen entsprechend, entlastet. Der weit überwiegende Teil wälzt seine Kosten per undifferenzierter Umlage auf andere Kostenstellen und/oder Produkte weiter, so beispielsweise die Kostenstellen des Wareneingangs als Teil des Materialgemeinkostensatzes. Hiermit sind zwei wesentliche Nachteile verbunden:

Freie Güter werden leicht verschwendet

- Logistische Leistungen sind für viele Leistungsempfänger »freie« Güter; ihre Inanspruchnahme ist (scheinbar) kostenlos; ein Mehr an Nachfrage führt nicht zu einem Mehr an Kostenbelastung. Die Problematik einer solchen Situation ist evident: Freie Güter bergen stets die Gefahr einer ineffizienten Verwendung, einer Verschwendung.
- Logistikkosten werden sehr ungenau, häufig mit der berühmten Gießkanne, auf die Produkte verteilt. Es findet damit eine interne Subventionierung statt: Logistikleistungsintensive Produkte werden oftmals durch Produkte mitfinanziert, die wenig Logistikleistungen in Anspruch nehmen. Hieraus resultiert die Gefahr einer falschen Programmpolitik des Unternehmens, die Gefahr, die falschen Produkte zu forcieren oder neu ins Programm aufzunehmen, die falschen Produkte einzuschränken oder nicht weiter anzubieten.

Aus beiden Gründen heraus muss (sollte) die Logistikkostenrechnung es ermöglichen, die Logistikkosten leistungsentsprechend sowohl an die Leistungen anfordernden Kostenstellen zu verrechnen, als auch den Produkten zuzuordnen. Insbesondere letzterem Rechnungszweck kommt eine große Bedeutung zu.

Lieferung von Entscheidungsgrundlagen

Logistikkostendaten werden schließlich für eine Vielzahl von Entscheidungen benötigt. Deren Vielfältigkeit haben wir in der *Abb. 1-5* bereits an früherer Stelle kennengelernt. Sie reichen von unternehmensübergreifend zu treffenden Grundsatzentscheidungen (z.B. Standortfragen) über Produktentscheidungen bis hin zu logistikinternen Entscheidungsproblemen.

Es reicht dafür nicht aus, die Kostenrechnung allein an den Erfordernissen der Produktkalkulation auszurichten, so wie es die traditionelle Kostenrechnung vorsieht. Die Spaltung in Einzel- und Gemeinkosten, die Zuordnung der Gemeinkosten zu Kostenstellen, die vielstufige Verrechnung der Gemeinkosten innerhalb der Kostenstellenrechnung und die Überwälzung dieser Kosten von den Endkostenstellen auf die Produkte, all diese Schritte dienen allein dazu, die anfallenden Kosten möglichst verursachungsgerecht den Produkten zuzuordnen. Durch diese Verdichtung der Daten geht die Aussagefähigkeit für andere Auswertungsrichtungen verloren bzw. wird stark vermindert. So ist es etwa ohne aufwendige Sonderuntersuchungen zumeist nicht möglich, die spezifischen Kosten eines Kunden, eines Marktes oder eines Vertriebswegs anzugeben.

Die traditionelle Kostenrechnung ist am Zweck der Produktkalkulation ausgerichtet – für die Logistik reicht dies nicht aus

Viele dieser spezifischen Kosten sind Logistikkosten. Will man die Kostenrechnung somit für die Logistik öffnen, kann dies auch bedeuten, den üblichen Verrechnungsgang zu erweitern bzw. für Logistikkosten zusätzliche Auswertungsmöglichkeiten außerhalb des normalen Verrechnungsgangs zu ermöglichen. Hiermit sind allerdings auch nicht unerhebliche zusätzliche Erfassungskosten sowie eine deutlich gestiegene Komplexität der Kostenträgerrechnung verbunden. Wir werden auf diese Fragestellung im 6. Kapitel dieses Buches nochmals zurückkommen.

2.   Abgrenzung der Logistikkosten

2.1.   Zur Bedeutung der Abgrenzung

Eine typische Frage von Unternehmen, die sich intensiv mit der Entwicklung ihres Logistik-Bereichs beschäftigen, ist die nach der Höhe der Logistikkosten:

- Wie hoch ist der Betrag absolut?
- Wie hoch ist der Anteil der Logistikkosten an den Gesamtkosten?
- In welchem Verhältnis steht dieser Wert zu dem von Konkurrenten oder Vergleichsunternehmen in Benchmarking-Projekten?

Laufend wird in empirischen Erhebungen versucht, repräsentative Erkenntnisse hierüber zu gewinnen. Logistikkostenanteile zwischen 2% und über 40% machen die Runde. Sie sind in der Praxis oftmals geradezu von magischer Bedeutung und werden bevorzugt von den obersten Führungskräften als Beurteilungsmaßstab verlangt.

Für den Logistik-Controller werfen derartige Informationswünsche allerdings nicht selten erhebliche Probleme auf. Die anscheinend so einfache Frage nach der Höhe der Logistikkosten wird schnell zum (fast) unlösbaren Problem: Es besteht keinesfalls gesichertes Wissen darüber, was man denn nun alles genau zu den Logistikkosten zählen soll. Den Begriff »Logistikkosten« wird man in den meisten Kostenrechnungs-Lehrbüchern vergeblich suchen. Dieses erweist sich um so misslicher, als Logistikkosten »von Hause aus« kein in sich geschlossener, präziser Begriff sondern ein Terminus mit sehr hohem Abgrenzungsbedarf sind.

Logistikkosten müssen – wie auch die *Abbildung 4-2* im Überblick zeigt – in vielfältiger Hinsicht präzisiert und spezifiziert werden. Man kann etwas überzeichnet formulieren, dass Unterschiede in der Höhe der Logistikkosten zweier vergleichbarer Unternehmen häufig primär auf die unterschiedlich vorgenommene Abgrenzung der Logistikkosten, erst sekundär auf unterschiedliche Kostenintensität in den jeweiligen Logistik-Bereichen zurückzuführen sind. Werte von anderen Unternehmen – vor allem dann, wenn sie empirischen Erhebungen entnommen sind – als unmittelbaren Bezugspunkt für Veränderungsmaßnahmen heranzuziehen, ist nicht nur wenig sinnvoll, sondern nicht selten geradezu gefährlich.

Unterschiede in der Höhe
der Logistikkosten sind nicht
selten wesentlich auf unterschiedlich vorgenommene
Abgrenzungen zurück-
zuführen

2.2. Grundsätzliche Kennzeichnung des Abgrenzungproblems

Neue Begriffe zu bilden, darf nie Selbstzweck sein. Eine zusätzliche Differenzierung muss stets zusätzliches Wissen schaffen. Bezogen auf die Logistik macht das Herauslösen eines bestimmten Teils der Gesamtkosten des Unternehmens unter der Überschrift »Logistikkosten« dann wenig Sinn, wenn es nur darum geht, die Gesamthöhe derartiger Kosten zu kennen. Abgesehen von einer grundsätzlichen Indikatorfunktion für die Bedeutung der Logistik im Unternehmen sagt dieser Wert wenig aus.

Eine exakte Abgrenzung ist jedoch dann erforderlich, wenn dadurch Kostenstrukturen sichtbar gemacht werden sollen, die demselben »Kostentreiber« unterliegen, die also ähnlichen Abhängigkeiten gehorchen, die gemeinsam gesteuert werden können und müssen. In einem solchen Fall verliert die Abgrenzung ihren akademischen Charakter und wird praktisch unmittelbar bedeutsam. Erfahrungen für derartige neue Kostenstrukturierungen liegen bereits mehrfach vor. Kosten der Typen- und Teilevielfalt, Qualitätskosten und Komplexitätskosten sind als bekannteste Beispiele zu nennen. Sie untergliedern sich grundsätzlich jeweils in zwei unterschiedliche Bestandteile:

Kostenabgrenzungen dürfen
in der Paxis nie »akademischen Charakter« tragen

- Kosten für unmittelbar zuordenbare, originäre Aktivitäten: Im Beispiel der Qualitätskosten wären dies z.B. die Kosten einer Materialprüfungsstelle oder die Herstellkosten für die für Qualitätsüberprüfungen verbrauchten Fertigprodukte;
- Kosten für Aktivitäten, die nur in einem mittelbaren Zusammenhang

Organisatorische Abgrenzung der Logistik	Erfassungsgrad der Logistik-leistungen	Integrationsgrad der Logistik-leistungen	Einbeziehung von Fehl-mengenkosten
Kosten der Pro-duktionsplanung und -steuerung?	Kosten nicht bestandsgeführter Läger?	Kosten inner-apparativer Trans-portvorgänge?	Kosten fehlmen-genbedingter Produktions-umstellungen?

Logistikkosten

Kosten der Bindung von Eigenkapital?	Anlieferungs-kosten bei Liefe-rung frei Haus?	Auslieferungs-kosten bei Liefe-rung ab Werk?	fehlmengen-bedingt entge-hende Deckungs-beiträge?
Bewertungs-prinzipien	lieferanten-bezogene Träger-schaft von Logistikleistungen?	kundenbezogene Trägerschaft von Logistikleistungen?	Einbeziehung von Fehl-mengenkosten

Abb. 4-2: Überblick über Probleme der Abgrenzung von Logistikkosten

stehen: Wieder für die Qualitätskosten argumentiert, zählten hierzu die Kosten für Qualitätsschulungen der Fertigungsarbeiter, Mehrkosten einer besonders qualitätssicheren Produktionsanlage oder Nacharbeitskosten im Falle von Qualitätsmängeln.

Beide Kostengruppen haben für die laufende Kostenrechnung ganz unterschiedliche Konsequenzen. Originäre Aktivitäten abzubilden, führt »lediglich« zu einer erhöhten Differenzierung der Kostenerfassung und -verrechnung. Mittelbare Aktivitäten dagegen müssen durch Umsortierung, durch eine Veränderung der Zuordnung von Kosten berücksichtigt werden. Da ihre ursprüngliche Erfassungslogik (z.B. der Abschreibungen der vorab genannten Maschine als Anlagenkosten in der entsprechenden Fertigungskostenstelle) für andere Rechnungszwecke weiterhin benötigt wird (z.B. zur kostenstellenbezogenen Wirtschaftlichkeitskontrolle oder für die Produktkalkulation), wird man die Umsortierung zumeist als fallweise Sonderrechnung realisieren, die laufende Kostenrechnung nicht verändern. Allerdings ist in datenbankorientierten DV-Lösungen der Kostenrechnung auch eine laufende Mehrfachzuordnung von Kosten ohne größere Probleme möglich.

Wie wir im Folgenden sehen werden, bedeutet die Einführung einer Logistikkostenrechnung im Wesentlichen, Kosten des ersten Typs zu berücksichtigen. Wie die *Abbildung 4-3* deutlich macht, lässt sich dieser Typus noch weiter in drei Untergruppen strukturieren. Deren Abfolge kennzeichnet zugleich Schritte, die bei der Einführung einer Logistikkostenrechnung aufeinander aufbauend zu gehen sind.

Kosten des zweiten Typs finden zumeist keinen Eingang in die laufende Logistikkostenrechnung. Unternehmensintern (Kostenschicht 4) werden uns derartige Kosten nur in Form der Fehlmengenkosten beschäftigen. Auf in unternehmensübergreifenden Entscheidungen zu berücksichtigende Lo-

Zur Abgrenzung lassen sich unterschiedliche »Schichten« von Logistikkosten unterscheiden

Erfassung und Ausweis logistischer Kosten

Kostenschichten	Zusätzlich gewinnbare Erkenntnisse	Erfassung
Kosten derzeit schon getrennt ausgewiesener physischer (z.B. interner Transport) und administrativ/dispositiver Bereiche (z.B. Transportsteuerung), die unmittelbare Material- und Warenflussleistungen erbringen	Durch zusammengefasste Darstellung bessere Information über die Bedeutung der Logistik insgesamt und über Schwerpunkte innerhalb dieser	Ermittlung der Informationen durch andere Zuordnung bislang bereits vorhandener Kostenstellen; laufende Erfassung
Kosten physischer oder administrativer Bereiche, die unmittelbare Material- und Warenflussleistungen erbringen, aber bislang nicht separiert waren	Weitere Verbesserung für Informationen über die Bedeutung der Logistik insgesamt, über Schwerpunkte innerhalb dieser und über Verbindungen zwischen diesen	Ermittlung der Informationen durch Trennung bisheriger Kostenstellen und Einrichtung zusätzlicher Kostenplätze; laufende Erfassung
Kosten solcher Bereiche, die durch eine entsprechend umfassende Sicht der Logistik neu als Logistikbereiche erkannt werden (z.B. Fertigungssteuerung)	Sicht der gesamten auftragsflussbezogenen Kosten; Basis zum Erkennen der Wechselwirkungen zwischen physischen, administrativen und dispositiven Kosten	Ermittlung der Informationen durch andere Zusammenfassungen bislang bereits vorhandener Kostenstellen; laufende Erfassung
Kosten anderer Bereiche, die bei grundsätzlichen Änderungen des Logistikkonzepts mit betroffen sind (z.B. Kosten automatisierter Fertigung zum Zwecke einer höheren Lieferflexibilität)	Wesentliche Bedeutung im Rahmen langfristiger Strukturentscheidungen (z.B. Komplexitätskosten für grundlegende Produkt- und Prozessentscheidungen)	Ermittlung der Informationen durch spezielle Zusammenfassung bzw. Zentrierung von Kosten (potentiell) aller Unternehmensbereiche; fallweise Erfassung
Kosten von Logistikfunktionen, die nicht im Unternehmen, sondern bei den vor und/oder nachgelagerten Gliedern der Logistikkette (Lieferanten, Kunden) anfallen (z.B. für Just-in-Time-bedingte Läger beim Kunden)	Informationsbasis für unternehmensgrenzenüberschreitende Logistikoptimierungen, Preis- und Konditionenverhandlungen mit Kunden und Lieferanten	Ermittlung der Informationen in enger Kooperation mit dem(n) Marktpartner(n) und/oder auf Basis eigener Erfahrung; fallweise Erfassung

Abb.4-3: »Schichten« von Logistikkosten, ihre Bedeutung und Häufigkeit ihrer Erfassung

gistikkosten (Kostenschicht 5) wird nicht explizit eingegangen. Allerdings werden uns diese Kosten im Kapitel 7 (Supply Chain Controlling) näher beschäftigen.

2.3. Aus dem Erfassungsaufwand resultierende Erfassungsprobleme

Wie wir im 3. Kapitel dieses Buches gesehen haben, erstrecken sich die logistischen Leistungen quer über das gesamte Unternehmen. Neben Stellen, in denen logistische Leistungen in erheblichem Umfang erbracht werden (z.B. im Wareneingang) trifft man auf vielfältige, verstreute logistische Aktivitäten jeweils nur geringen Umfangs. Es sei nur an die Vielzahl kurzer Ruhe- und Bewegungsvorgänge zwischen Fertigungsvorgängen erinnert. Fehlt eine umfassende, detaillierte DV-gestützte Erfassung des Materialflusses, wäre es unwirtschaftlich, für jeden auch noch so kleinen Transport oder für jede auch noch so kurze Lagerung Kosten ermitteln zu wollen. Damit verbleibt ein kleiner, allerdings von Unternehmen zu Unternehmen unterschiedlich großer Teil der Logistikkosten in den Kosten anderer Unternehmensbereiche; dieser wird nicht gesondert sichtbar.

Es lohnt sich nicht, alle Logistikkosten getrennt zu erfassen

2.4. Aus Problemen der Leistungsabgrenzung resultierende Abgrenzungsprobleme

Logistik ist – unabhängig davon, wie man sie genau definiert – eine die gesamte Wertschöpfungskette betreffende Funktion. Dies führt zwangsläufig zu Problemen der Abgrenzung zu anderen Unternehmensbereichen. Diese bestehen schon im operativen Bereich:

*   Erbringt ein Kurzgreifer in einer verketteten Pressenstraße Logistikleistungen – und verursacht damit Logistikkosten –, oder ist er integraler, nicht trennbarer Teil der Produktionsanlage?
*   Ist ein Beschickungsmagazin einer Werkzeugmaschine, das eine größere Zahl von Bearbeitungsobjekten aufnimmt, Teil der Maschine oder eine besondere Form von Lagereinrichtung und damit Verursacher von Logistikkosten?

Diese und ähnliche Fragen sind prinzipiell nicht eindeutig zu beantworten. Allerdings spricht einiges dafür, entsprechende Kostenbeträge *nicht* in eine laufende Logistikkostenrechnung aufzunehmen. Nach dem Treffen der Investitionsentscheidung werden keine separierbaren, von den Fertigungsleistungen trennbaren Logistikleistungen erbracht, die Prozesse sind von der Logistik nicht autonom steuerbar und damit nicht von ihr zu beeinflussen. Zudem wäre es zumeist sehr willkürlich, die gesamte Investitionssumme in einen Fertigungs- und einen Logistikanteil aufzuspalten. Ohnehin sollte sich die Logistikkostenrechnung nicht primär um die kostenrechnerisch »richtige« Lösung von Aufteilungsproblemen kümmern, sondern Informationen liefern, die zu höherer Effizienz und Effektivität der Logistik führen!

Die Schwierigkeit, Logistikleistungen abzugrenzen, strahlt auf die Abgrenzung der Logistikkosten aus

Verstärkt bestehen Abgrenzungsprobleme im dispositiven Bereich. Wir haben anfangs kennen gelernt, wie unterschiedlich weitgehend man das Aufgabenspektrum der Logistik im Hinblick auf ihre Steuerungskompetenz festlegen kann – und in den Unternehmen festlegt. Da die Kosten der Ablaufsteuerung (z.B. der Bestelldisposition oder von PPS) in den meisten

Unternehmen eine bedeutsame Höhe erreicht haben, wird die Höhe der Logistikkosten erheblich von deren Einrechnung bzw. Nichteinrechnung beeinflusst. Isolierter Handlungsspielraum in der Kostenrechnung besteht allerdings nicht. Entscheidend ist die organisatorische Zuordnung der entsprechenden Schnittstellenbereiche.

2.5. Kostenrechnerische Abgrenzungsprobleme

Weitere Schwierigkeiten, Logistikkosten »sauber« zu definieren, haben ihre Ursache in kostenrechnerischen Zurechnungsproblemen. Ein sehr häufig auftretender Fall ist der von Fertigungsarbeitern, die neben der Maschinenbedienung auch Lager-, Transport- und Umschlagsarbeiten übernehmen. Oftmals teilt man in der Praxis – z.B. durch Kontierungen mit unterschiedlichen Lohnarten – die Personalentgelte anteilig auf. Hierbei handelt es sich allerdings um eine Schlüsselung von Gemeinkosten. Der exakten Erfassbarkeit der jeweiligen Zeitanteile entspricht nicht automatisch eine analoge Teilbarkeit der Personalkosten. Ein Wegfall der Handlingszeiten hätte häufig nur eine schlechtere Beschäftigung der Fertigungsarbeiter zur Folge, Fertigungsarbeiter, die unverändert für die Maschinenbedienung benötigt werden. Nur selten ließe sich – z.B. durch eine Erhöhung der Zahl zu betreuender Anlagen – die Zahl des benötigten Personals genau in dem Maße reduzieren, in dem die Logistikarbeiten wegfielen. Derartige Personalkostensenkungen sind zudem oft nur im Rahmen umfangreicher Umstrukturierungen des Fertigungsprozesses möglich. »Anteilige« Logistikkosten sind deshalb immer mit Ermessensspielräumen behaftet, haben einen anderen Informationsgehalt als ungeschlüsselte Logistikkosten.

Mit welcher Höhe sollen die Zinsen für in Lagerbeständen gebundenes Kapital angesetzt werden?

Weiter in diese Kategorie von Abgrenzungsproblemen fallen die Kosten des in den Lägern (bzw. in der Produktions-Pipeline) in den Waren gebundenen Kapitals. Mit Ausnahme von Konsignationslägern besteht Einigkeit, dass solche Kosten anfallen. Jedoch lässt sich deren exakte Höhe nicht eindeutig bestimmen. In der Literatur werden die unterschiedlichsten Zinssätze genannt, vom Wert Null (für ausschließlich mit Eigenkapital finanzierte Lagerbestände) bis hin zu Ansätzen, die sich aus der potenziellen anderweitigen Verwendung des gebundenen Kapitals ergeben (Opportunitätskosten). Entsprechend breit ist auch das Spektrum der Zinssätze, auf die man in der Praxis stößt.

Mit der Frage, welcher von allen möglichen Werten der richtige sei, hat man sich in der Theorie sehr häufig und sehr ausführlich auseinandergesetzt. Eine eindeutige Lösung ist dabei nicht herausgekommen. Entscheidungstheoretisch lässt sich zeigen, dass eine solche auch in Zukunft nicht erwartet werden kann. Alle einzelnen Finanzierungsalternativen sind miteinander verbunden. Zudem wird mit der Höhe des Zinssatzes oftmals bewusst eine Steuerungswirkung angestrebt. Reichen etwa die durch Bestandsreduzierungen erzielbaren Kosteneinsparungen bei einem Zinssatz von 8% nicht aus, die in anderen Bereichen entstehenden Mehrkosten (z.B. für Eilfrachten) zu decken, könnte ein Gleichstand jedoch bei 30% erreicht sein. Die Kostenrechnung wird dann symbolisch genutzt.

In der Praxis setzen sich in immer mehr Unternehmen sog. *wertorientierte Steuerungskonzepte* durch. Sie »importieren« die Einschätzungen des Kapitalmarkts bezüglich der Rendite-/Risikoposition des Unternehmens in die interne Steuerung. Die bislang vorherrschende interne Sicht wird durch eine externe ergänzt. Ein Baustein dieser Konzepte ist ein kapitalmarktbezogen ermittelter Zinssatz, der zumeist als Durchschnittssatz für das Gesamtkapital ermittelt wird (Weighted Average Cost of Capital – WACC). Er setzt sich aus dem durchschnittlichen Fremdkapitalzins (dessen Höhe man aus der Finanzbuchhaltung ableiten kann) und den Eigenkapitalzinsen ab. Für Letztere erfolgt eine komplizierte Ermittlung, die die Risikoeinschätzung des Kapitalmarkts abbildet (vgl. ausführlicher z.B. *Knorren* 1998, S. 171-175).

Verfolgt ein Unternehmen ein wertorientiertes Steuerungskonzept, liegt damit auch zugleich fest, mit welchem Zinssatz Bestände und Anlagen bewertet werden. Wahlmöglichkeiten bestehen dann nicht mehr. Für Logistikkostenvergleiche über Unternehmen hinweg liegt hier allerdings eine zusätzliche Quelle von Abgrenzungsunterschieden – unterschiedliche Risikopositionen und unterschiedliche Finanzierungsstrukturen führen zu unterschiedlichen Kapitalkosten.

Auch unter die Rubrik »kostenrechnerische Abgrenzungsprobleme« zu subsumieren sind schließlich Ansätze für solche Logistikleistungen, die von Dritten für das Unternehmen scheinbar unentgeltlich erbracht werden. Hierzu gehören etwa Frei-Haus-Lieferungen, DV-Codierungen zur Materialerkennung oder Preisauszeichnungen im Handel. Insbesondere vor dem Hintergrund von Betriebsvergleichen wird zuweilen gefordert, entsprechende Kostenanteile standardmäßig als Logistikkosten gesondert auszuweisen, so bei den Frei-Haus-Lieferungen einen Frachtkostenanteil aus den Materialkosten herauszurechnen. Wenngleich von der Intention her nachzuvollziehen, bereitet ein derartiges Aufteilen von Kosten massive Probleme. Man eröffnet letztlich der Bewertungswillkür Tür und Tor. Für eine laufende Kostenerfassung sollte folglich davon Abstand genommen werden, zumal die Daten ohnehin nur für sporadisch auftretende Entscheidungssituationen benötigt werden (z.B. für den Zeitpunkt der Preis- und Konditionenverhandlung mit den Lieferanten). Schließlich kommt auch im Fertigungsbereich niemand auf die Idee, aus den Kosten eines fremdbezogenen Zwischenprodukts, das parallel auch selbst hergestellt wird, standardmäßig einen bestimmten Kostenbestandteil herauszurechnen, um eine (fiktive) Summe an insgesamt angefallenen (Eigen- und Fremd-)Herstellkosten zu ermitteln.

2.6. Sonderproblem Fehlmengenkosten

Schließlich muss man bei der Abgrenzung der Logistikkosten die Frage beantworten, ob neben den Kosten für die Erstellung logistischer Leistungen standardmäßig auch die Kosten logistischer Fehlleistungen, d.h. ob auch Fehlmengenkosten ausgewiesen werden sollen. Unter Fehlmengenkosten werden alle wirtschaftlich nachteiligen Konsequenzen zusammengefasst,

Erfassung und Ausweis logistischer Kosten

die entstehen, weil ein Unternehmen vertraglich vereinbarte Lieferbedingungen nicht eingehalten hat, sei es, dass die Lieferung zu spät, zum falschen Ort oder in zu geringer Menge erfolgte. Betrachtet man nicht nur den Absatz, sondern auch die vorgelagerte Produktion, so kann man auch die sogenannten Ausfallkosten unter Fehlmengenkosten fassen.

Wie auch die *Abbildung 4-4* zeigt, setzen sich Fehlmengenkosten aus sehr unterschiedlichen Bestandteilen zusammen. Das Spektrum reicht von Mehrkosten im Logistikbereich selbst (wie z.B. Mehrkosten einer Luftfracht zum Ausgleich von Terminverzögerungen) bis zu entgehenden Deckungsbeiträgen, wenn sich nicht oder zu spät ausgelieferte Aufträge einschränkend auf das Folgegeschäft auswirken. Darüber hinaus fallen die wirtschaftlich nachteiligen Konsequenzen von Fehlmengen in unterschiedlichen Unternehmensbereichen an. Dies wird unmittelbar am Beispiel entgehender Deckungsbeiträge deutlich, die sich aus wegfallenden Kosten in der Beschaffung, der Logistik, der Produktion und im Absatzbereich einerseits und entgehenden (Absatz-)Erlösen andererseits zusammensetzen.

Fehlmengenkosten setzen sich aus einem breiten Spektrum unterschiedlicher Bestandteile zusammen

Weiterhin werden Fehlmengen von unterschiedlichen »Verursachern« ausgelöst. Streiks, Maschinenausfälle, Fehlplanungen, verspätete Lieferungen von Lieferanten, Brände und ähnliche Großunfälle, nachhaltige witterungsbedingte Verkehrsstörungen geben einen Eindruck über die Bandbreite möglicher Ursachen von Fehlmengen. Nur zu einem Teil lässt sich die Verantwortung allein oder maßgeblich der Logistik zuweisen. Gegen alle Eventualitäten gewappnet zu sein, bedeutete untragbare Lagerbestände.

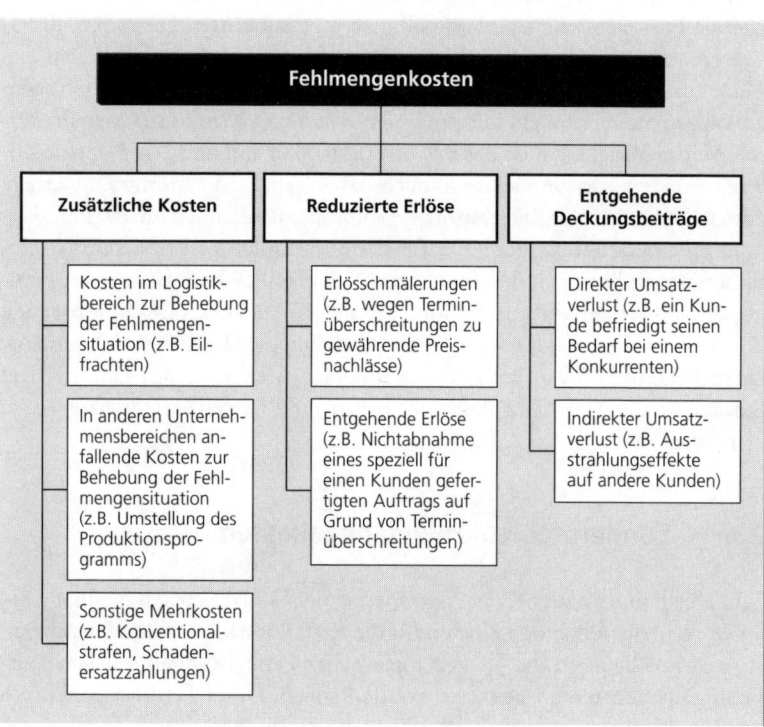

Abb. 4-4: Überblick über die Zusammensetzung von Fehlmengenkosten

Schließlich kann dieselbe Fehlmenge eines Materials oder einer Ware Fehlmengenkosten in sehr unterschiedlicher Höhe auslösen. Umstellungen des Produktionsprogramms als Reaktion auf sich anbahnende Liefertermünüberschreitungen haben etwa zu Zeiten von Vollbeschäftigung mit Überstundenlöhnen, Kosten von Zusatzschichten usw. andere kostenmäßige Folgen als im Falle von Unterbeschäftigung, wenn die freien Kapazitäten im Fertigungsbereich zur Abwicklung des umgestellten Programms ausreichen.

Fehlmengenkosten in der Logistikkostenrechnung laufend und standardmäßig als gesonderte Kostenart zu erfassen und auszuweisen, hätte zusammenfassend vier Konsequenzen:

- In der Kostenrechnung würden auch Erlöse ausgewiesen, quasi nur »mit umgekehrtem Vorzeichen«.
- Eine Logistikkostenrechnung enthielte auch Kosten anderer Unternehmensbereiche, die entsprechend zu Logistikkosten umdefiniert würden.
- Durch den Ausweis der erfolgswirtschaftlichen Konsequenzen nicht eingehaltener Liefertermine in der Logistikkostenrechnung würde die Logistik mit Kosten belastet, für deren Anfall sie häufig nicht primär verantwortlich ist.
- Fehlmengenkosten können nur fallweise, auf den Einzelfall bezogen, exakt bestimmt werden. Ein laufender Ausweis von Fehlmengenkosten könnte deshalb nur auf Durchschnittswerte zurückgreifen – Werte, die für einzelne Entscheidungen jedoch zumeist unbrauchbar sind.

Alle vier Argumente sprechen dafür, auf einen laufenden Ansatz von Fehlmengenkosten in einer Logistikkostenrechnung zu verzichten. Allenfalls kann man den Weg beschreiten, bestimmte Standardsätze quasi als Strafen für Fehlmengensituationen vorzusehen, für die explizit nicht versucht wird, sie theoretisch exakt herzuleiten, sondern denen – jedem bewusst – eine Anreiz- bzw. Steuerungsfunktion zukommt. Unabhängig davon sollte man zum einen für Einzelentscheidungen die Methodik bereithalten, von Fehlmengen zu Fehlmengenkosten zu kommen, und zum anderen die Fehlmengensituationen laufend festhalten, so wie wir dies im vorangegangenen Kapitel jeweils gesehen haben.

Fehlmengenkosten zu ermitteln, sollte standardmäßig fallweisen Analysen vorbehalten bleiben

2.7. Fazit

Wie anfangs angekündigt, erweisen sich Logistikkosten als ein per se unpräziser, unscharfer Begriff, den es in jedem Unternehmen individuell abzugrenzen gilt. Theoretisch »richtige«, d.h. für jeden Anwendungsfall übereinstimmende Lösungen gibt es für das Abgrenzungsproblem nicht. Aus übergeordneter Sicht lassen sich lediglich folgende Aspekte anmerken:

- Die genaue Abgrenzung baut in erheblichem Maße Wissen über die Logistik bei allen an der Abgrenzung Beteiligten auf. Diese konzeptionelle Wirkung der Definitionsarbeit sollte nicht unterschätzt werden.
- Einmal vorgenommene Abgrenzungen sollten über eine Zeit hinweg beibehalten werden, um Zeitvergleiche zu ermöglichen.

- Die vorgenommenen Abgrenzungen sollten von Zeit zu Zeit neu kommuniziert werden. Es ist von einem Logistikleiter nicht zu verlangen, Spezialist der Kostenrechnung zu sein. Wenn er die Informationen der Kostenrechnung aber richtig nutzen will, muss er sie hinreichend verstehen. Hier muss der Controller Hilfestellung leisten.

3. Bildung und Differenzierung logistischer Kostenarten

Hat ein Unternehmen das Abgrenzungsproblem gelöst, also die Frage nach dem zu erfassenden »Was« beantwortet, so stellt sich als nächste Frage die nach dem Grad der bei der Erfassung zu gewährleistenden Differenzierung, oder – in kostenrechnerisch übliche Worte gekleidet – die Frage nach der Art und Zahl der zu unterscheidenden Kostenarten. Innerhalb der üblichen Gliederung der Kostenrechnung befinden wir uns hiermit im Bereich der Kostenartenrechnung. Wie auch die *Abbildung 4-5* deutlich macht, wollen wir uns im Folgenden auch weiterhin am traditionellen Aufbau der Kostenrechnung ausrichten. Hiermit werden die Ausführungen zum einen leichter nachvollziehbar. Zum anderen wird damit zugleich gezeigt, dass eine Logistikkostenrechnung keinesfalls ein neues Kostenrechnungssystem darstellt oder benötigt, sondern als eine Verfeinerung der bekannten Systeme zu verstehen und zu realisieren ist.

Die folgenden Ausführungen folgen dem traditionellen Aufbau der Kostenrechnung

3.1. Logistische Einzel- und Gemeinkosten

Alle Logistikkosten werden in der Kostenartenrechnung erfasst. Wie auch der *Abb. 4-5* zu entnehmen, muss man dabei zwei unterschiedliche Gruppen von Logistikkosten unterscheiden:

- Zum einen fallen *Kosten für logistische Fremdleistungen* an. Diese Fremdleistungen werden typischerweise außerhalb der Unternehmensgrenzen, zur Beschaffung von Material und zur Distribution von Waren, erbracht. Sie sind damit prinzipiell direkt einzelnen Kostenträgern zurechenbar, oder – mit anderen Worten – bei ihnen handelt es sich dem Charakter nach um Einzelkosten.
- Zum anderen fallen *Kosten für logistische Produktionsfaktoren* an, d.h. für die Eigenproduktion logistischer Leistungen. Diese Kosten sind auf Kostenstellen zu erfassen. Bei ihnen handelt es sich um Gemeinkosten.

Auch Logistikkosten können in Einzelkosten und Gemeinkosten aufgespalten werden

Letztere Kostenarten liegen in der Gliederungsstruktur zumeist unternehmenseinheitlich fest, d.h. es besteht eine vorgegebene Systematisierung der Personalkosten (z.B. in Löhne, Gehälter, Grundentgelte, Zuschläge, Urlaubsentgelte usw.), Anlagenkosten und anderen Kostenarten, die man für Zwecke der Logistik kaum ändern wird (und kann), jedoch auch kaum ändern muss, da die Logistik von der Abbildung des Faktoreinsatzes her kaum nennenswerte Unterschiede zu anderen Unternehmensbereichen (z.B. der

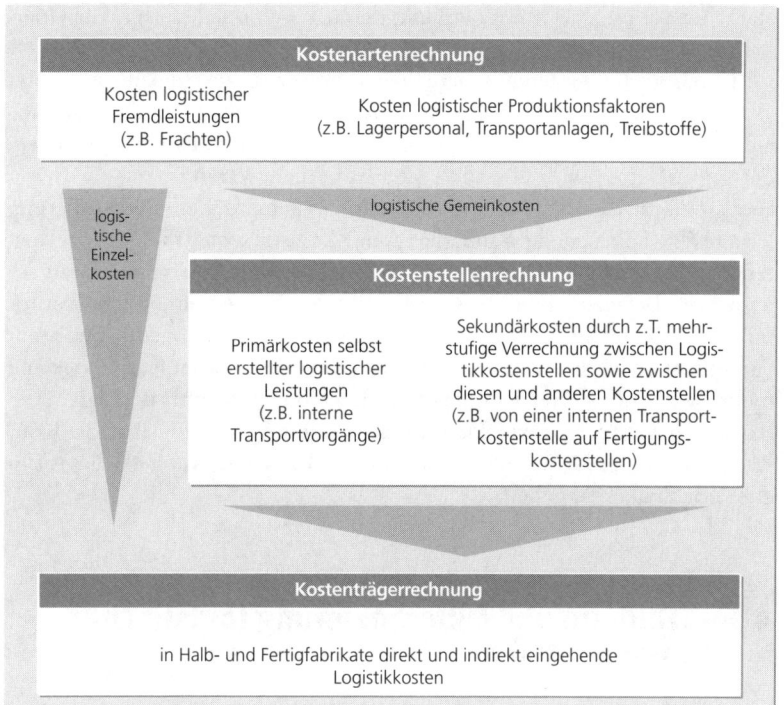

Produktion) aufweist. Bei den logistischen Einzelkosten muss man beachten, dass eine systematische Differenzierung die artmäßige Struktur der zugrunde liegenden (Fremd-)Leistungen deutlich macht. Sowohl die absolute Entwicklung einzelner Leistungsarten als auch ihre relative Bedeutung zu
substitutiven Leistungsarten im Zeitablauf (z.B. Ersatz von Schienen- durch
Straßenverkehr) werden sichtbar. Entsprechende Untergliederungen der
Frachtkosten als Beispiel lassen so etwa den Anteil von Eilfrachten an dem
gesamten Frachtaufkommen erkennen und schaffen die Basis, über gezielte Änderungen dieser Struktur zu entscheiden.

3.2. Systematisierung der Logistikkostenarten

Dieser Strukturierungsansatz trennt im ersten Schritt die Kosten von
Fremdtransporten von denen von Fremdlagerungen. Daran schließt sich eine Differenzierung der Fremdtransportkosten nach Verkehrsträgern an.
Die weitergehende Strukturierung wird dann maßgeblich von den jeweiligen Tarifsystemen bestimmt. Jeweils sind versandartbedingte Verpackungs-
und Abwicklungskosten gesondert ausgewiesen, die bei einigen Verkehrs-
arten (z.B. im Schiffsverkehr) eine sehr bedeutsame Rolle spielen.

Die Strukturierung der Logistikkostenarten folgt im Wesentlichen der Strukturierung von Leistungsarten

Die nähere Strukturierung der Fremdlagerkosten bestimmt sich durch
die oftmals anzutreffende getrennte Preisstellung für neben der »reinen« Lagerhaltung zusätzlich erbrachte »Service«leistungen. Diese haben in den
letzten Jahren stark zugenommen. An die Stelle reiner Lagereien sind ver-

stärkt Distributionszentren getreten, deren Funktionen bis hin zur Übernahme von Werbeaufgaben reichen.

Eine derartige systematischere Gliederung der Logistikkostenarten lässt sich ohne nennenswerte zusätzliche Kosten realisieren. Allenfalls ergibt sich ein unwesentlich höherer Kontierungsaufwand. Ein – wichtiges – Problem bei der Erfassung von Logistikkosten kann diese Veränderung der Erfassungsstruktur allerdings nicht lösen: Eine systematischere Strukturierung leistet keine Hilfestellung dafür, die Fremd-Logistikkosten ihrem Einzelkostencharakter entsprechend besser bzw. direkter Materialien und Waren zuzuordnen. Bei vielen Frachtkosten als Beispiel scheitert eine solche Zuordnung an der fehlenden Leistungsdifferenzierung, indem vom Spediteur Sammelrechnungen erstellt werden oder zumindest aus der Rechnung nicht mehr die Spezifizierung der transportierten Güter erkennbar ist. Zudem treten häufig Verbundeffekte wie etwa Sammeltransporte auf. Auf die Konsequenzen dieser Zuordnungsprobleme werden wir im Kapitel 6 dieses Buches noch näher eingehen.

4. Bildung und Differenzierung logistischer Kostenstellen

4.1. Zur Bedeutung einer logistischen Kostenstellenrechnung

Eigene Kostenstellen für logistische Leistungsbereiche finden sich schon seit langem in den Kostenstellenplänen der Unternehmen. Bei diesen handelt es sich aber zumeist um kunden- und lieferantennahe Bereiche, wie etwa große Versandläger, die Bestelldisposition und den Zwischenwerksverkehr. Innerhalb des Unternehmens und speziell innerhalb der Produktion trifft man in vielen Fällen allein auf eine Kostenstelle »Interner Transport«, in der – und dies zumeist nicht vollständig – die innerwerklichen Transportvorgänge zusammengefasst sind. Die innerbetriebliche Logistik ist häufig in der Kostenstellenrechnung vernachlässigt.

Die Logistik wird in der Kostenstellenrechnung traditionell zu wenig berücksichtigt

Nicht nur für eine aussagefähige Kostenplanung und -kontrolle, sondern auch für die Verrechnung der Logistikkosten resultieren aus dieser Erfassungspraxis Schwächen: Die im Bereich der Fertigung entstehenden Logistikkosten können so lediglich als undifferenzierter Bestandteil der Fertigungsgemeinkosten nach Verrechnungsgesichtspunkten der Fertigungskosten (z.B. als Zuschlag auf die Fertigungseinzelkosten) den Produkten angelastet werden. Hiermit nimmt man nicht nur eine Zuordnung nach dem Prinzip »Gießkanne« vor; vielmehr gießt diese – um im Bild zu bleiben – auch noch systematisch ungleichmäßig.

Die mit einer stärkeren bzw. bedeutungsgemäßen Berücksichtigung der Logistik in der Kostenstellenrechnung verbundenen Vorteile lassen sich unmittelbar aus dem Nutzen logistischer Kostendaten ableiten, die wir anfangs (in der *Abb. 4-1*) aufgelistet haben:

· Logistikkostenstellen machen als »Messstellen« transparent, wo im

Unternehmen logistische Aufgaben erfüllt werden und an welcher Stelle im Material- und Warenfluss damit Logistikkosten anfallen. Die Kenntnis der dadurch gelieferten Informationen ist eine notwendige Voraussetzung, um Rationalisierungsmöglichkeiten im Material- und Warenfluss überhaupt erkennen zu können.

- Eine Erfassung der Logistikkosten auf Kostenstellen bietet die Möglichkeit zur Erhöhung der Wirtschaftlichkeit der Leistungserstellung. Sie schafft zum einen die Voraussetzung für Kostenbewusstsein beim jeweiligen Kostenstellenleiter. Eine spezielle Kostenplanung und darauf aufbauende Kostenkontrollen lassen – wie gleich noch zu zeigen sein wird (vgl. den Abschnitt 6.) – nicht unbeträchtliche Einsparungen erwarten. Zum anderen schafft die kostenstellenbezogene Kostenerfassung die Möglichkeit, Verrechnungssätze für die erbrachten Leistungen zu bilden. Diese sind ihrerseits die notwendige Voraussetzung dafür, fundierte Entscheidungen über den richtigen Bereitstellungsweg der Leistungen, also z.B. für die Wahl zwischen Eigen- und Fremdtransport, treffen zu können.

Eine stärkere Berücksichtigung der Logistik in der Kostenstellenrechnung verspricht eine Reihe von Vorteilen...

- Eine leistungsentsprechende Verrechnung der Logistikkosten mittels Verrechnungssätzen kann dazu führen, dass das Kostenbewusstsein bei den Leistungsempfängern steigt, Logistikleistungen somit sparsamer nachgefragt werden als bislang.
- Schließlich bilden Logistikkostenstellen die notwendige Voraussetzung dafür, die Logistikkosten adäquat in der Produktkalkulation zu berücksichtigen.

In Summe fällt es somit nicht schwer, die Forderung nach einer hinreichenden Zahl von Logistikkostenstellen valide zu begründen.

4.2. Umfang der Bildung zusätzlicher Logistikkostenstellen

Anfangs dieses Kapitels wurde darauf hingewiesen, dass hohe Komplexität einer Kostenrechnung eher schadet als nützt. Wenn ein Logistik-Controller zusätzliche Logistikkostenstellen einrichten will, handelt er komplexitätssteigernd. Deshalb muss sehr viel Aufmerksamkeit darauf gelenkt werden, die Zahl zusätzlicher Kostenstellen für die Logistik auf ein Mindestmaß zu beschränken.

...dennoch sollte die Zahl zusätzlicher Logistikkostenstellen auf ein Mindestmaß begrenzt werden

Zusätzliche Logistikkostenstellen sollten nur dann gebildet werden, wenn folgende drei Bedingungen *gleichzeitig* erfüllt sind:

- Die betrachteten Transport-, Umschlags- und Lagerkosten wurden bislang zu pauschal erfasst, kontrolliert und verrechnet.
- Eine gesonderte Erfassung lohnt sich von der absoluten Kostenhöhe her. 1.000 Euro genauer zu erfassen, macht wenig Sinn.
- Die betrachteten Logistikkosten lassen sich gesondert disponieren.

Diese – restriktiven – Bedingungen werden dazu führen, einen Teil von in »Mischkostenstellen« erbrachten logistischen Leistungen nicht gesondert kostenmäßig abzubilden. Dieses ist jedoch nicht problematisch: Nicht eine möglichst vollständige Abbildung der Logistikkosten sollte die Messlatte sein, sondern eine Erhöhung von Effektivität und Effizienz der Logistik!

5. Bildung und Differenzierung logistischer Kostenkategorien

5.1. Zur Bedeutung einer Spaltung der Logistikkosten

Für die Kostenrechnung allgemein steht die Notwendigkeit einer Kostenspaltung, d.h. einer Trennung der auf den Kostenstellen gesammelten Gemeinkosten in variable und fixe Kosten, außer Diskussion. Die meisten Unternehmen führen eine solche standardmäßig durch. Allerdings trifft man in den Logistikkostenstellen nicht selten auf eine pauschale Fix-Setzung der gesamten dort anfallenden Kosten. Dies ist eine unbefriedigende Situation. Nur mit Hilfe einer planmäßigen Kostenauflösung können Fragen wie die folgenden beantwortet werden:

Wozu braucht man eine
Spaltung der Kosten in
variable und fixe
Bestandteile?

* Lohnt sich bei erwarteten Preiserhöhungen am Beschaffungsmarkt die Vorverlegung des geplanten Bereitstellungszeitpunkts?
* Welcher Nutzen resultiert aus einem »Leerfahren der Produktions-Pipeline« vor anstehenden Phasen von Kurzarbeit?
* Wie verändern sich die Kosten des internen Gabelstaplertransports, wenn das Transportvolumen über das ganze Jahr hinweg um 20% zurückgeht?
* Welchen Beitrag können Vorratssenkungen langfristig für eine Steigerung des Unternehmenserfolgs leisten?
* Welche kostenmäßigen Konsequenzen bringt eine bestimmte Reduzierung der Zahl der Auslieferungsläger mit sich?

Jeweils werden stets nur und genau die relevanten, durch die jeweilige Entscheidung beeinflussbaren bzw. beeinflussten, Kosten benötigt. Diese sind von Fragestellung zu Fragestellung sehr unterschiedlich. Während man z.B. für kurzfristige Einsatzentscheidungen eines LKW als fahrzeugbezogene Kosten im Wesentlichen nur Treibstoffkosten ansetzen darf (daneben noch sehr geringe Standardbeträge für Reifenabnutzung und Schmierstoffverbrauch), werden Fragen der Kapazitätsdimensionierung wesentlich auch durch die Anschaffungskosten der Fahrzeuge bestimmt.

Um derart »zugeschnittene« Informationen zu erlangen, stehen grundsätzlich zwei Wege offen. Zum einen kann man die relevanten Kosten stets für die zu beantwortende Fragestellung neu ermitteln. Dies erfordert allerdings einen erheblichen Erfassungsaufwand und bedingt zudem lange »Antwortzeiten«. Zum anderen besteht die Möglichkeit, ex ante die Logistikkosten auf bedeutsame, für möglichst viele unterschiedliche Fragestellungen wichtige Abhängigkeitsbeziehungen zu durchforsten. Den zweiten Weg zu gehen bedeutet, standardmäßig Logistikkostenkategorien zu bilden. Diese sind jeweils Gruppen von Logistikkosten, die sich bezüglich bestimmter

Einflussgrößen (z.B. der Dauer von Transportvorgängen) gleichartig verhalten. Kostenkategorien versprechen im Vergleich zu einzelfallbezogenen Kostenanalysen eine größere Wirtschaftlichkeit der Datenerfassung. Die zu ihrer Ermittlung zu gehenden Schritte seien im Folgenden kurz skizziert.

5.2. Spaltung der Logistikkosten in variable und fixe Bestandteile

Kostenkategorien wollen grundsätzlich stets einen Zusammenhang zwischen den von einer Kostenstelle erbrachten Leistungen und den dafür anfallenden Kosten herstellen. Nicht nur wegen der Vielgestaltigkeit der Leistungen verengt man die Analyse allerdings zumeist auf die Beziehung zwischen den zur Leistungserstellung erbrachten Prozessen (»Beschäftigung«) und den Kosten. Bezogen auf die einzelnen Transport-, Umschlags- und Lagerungsvorgänge sind deshalb deren wesentliche Merkmale einerseits und die Auswirkungen unterschiedlicher Ausprägungen dieser Merkmale auf den Anfall von Logistikkosten andererseits herauszuarbeiten. Die *Abbildung 4-6* zeigt diese Analyseaufgabe in ihrer Grundstruktur beispielhaft für die Bildung von Lagerkostenkategorien.

Ansatzpunkte zur Kostenspaltung gibt es viele...

Von dem damit erhaltenen breiten Spektrum unterschiedlichen Kostenverhaltens muss man anschließend die wichtigsten Abhängigkeitsbeziehungen herausfiltern, wobei die Frage nach der Wichtigkeit wesentlich durch den Informationsbedarf für die häufig zu lösenden und bedeutsamen Planungs- und Kontrollfragestellungen bestimmt wird. Wollte man eine große Zahl von Kostenkategorien ständig vorhalten, hätte dies einen beträchtlichen Datenerfassungs- und -pflegeaufwand ebenso zur Folge wie eine hohe Komplexität der Kostenstellenrechnung. Eine Beschränkung auf wesentliche Abhängigkeitsbeziehungen tut deshalb not.

In der Praxis hat man sich durchweg für einen bestimmten Detaillierungsgrad der Kostenspaltung entschieden: Man stellt – entsprechend den Anforderungen einer Plankostenrechnung – auf den Informationsbedarf einer periodischen Kostenplanung und -kontrolle ab. Variabel sind damit solche Kosten, die sich im Planungszeitraum einer kostenstellenbezogenen Kostenplanung (z.B. innerhalb eines Jahres) mit Änderungen der Beschäftigung der Kostenstelle ebenfalls verändern bzw. verändern lassen. Alle anderen Kosten sind Fixkosten. Für diese Sicht der Kostenspaltung hatten wir im dritten Kapitel dieses Buches diverse Messgrößen (»Bezugsgrößen«) angegeben, um jeweils die Beschäftigung der einzelnen Logistikkostenstellen abzubilden. Auch wenn die speziellen Bedingungen einer Dienstleistungsproduktion eine weitergehende Differenzierung durchaus rechtfertigen (vgl. im Detail *Weber* 2002, S. 203-218), ist es kaum vorstellbar, dass die Logistik in der Kostenspaltung zum für das Unternehmen insgesamt geltenden Standard abweicht. Die Beschränkung auf variable und fixe Logistikkosten liegt auch den Beispielen im nächsten Kapitel (»Berichtswesen«) zu Grunde.

...um die Komplexität der Rechnung zu begrenzen, muss man sich aber auf wenige beschränken

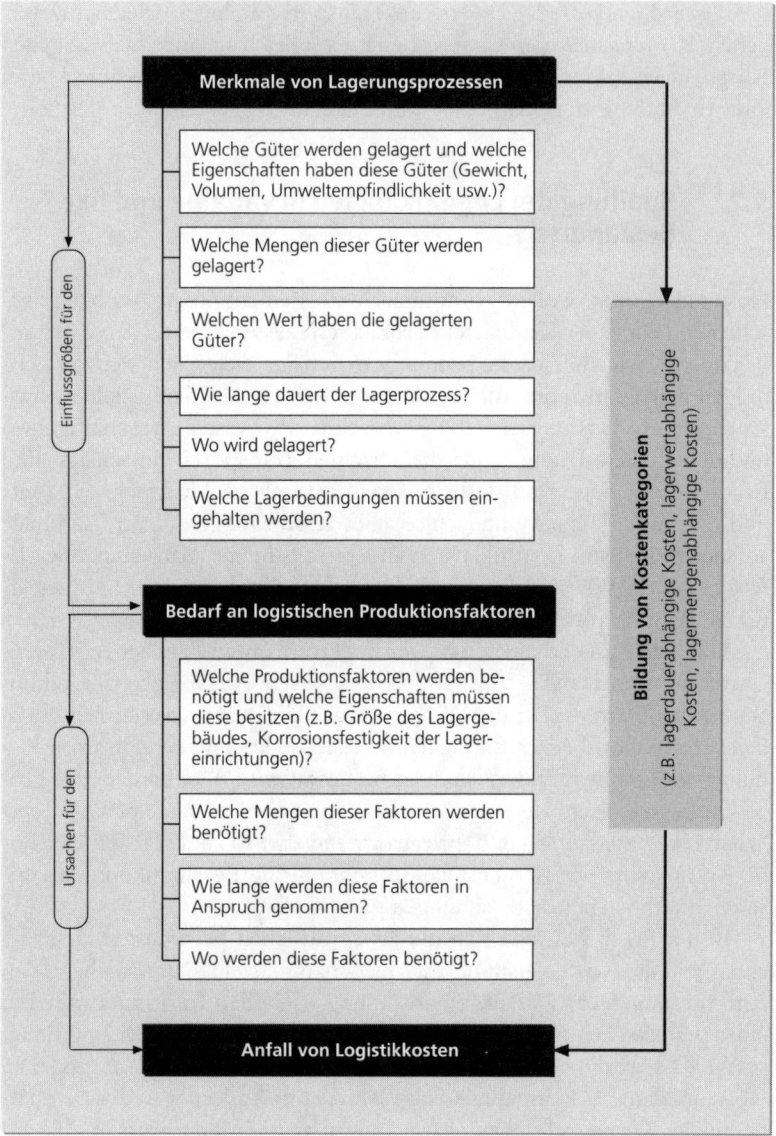

Abb. 4-6: Zur Bildung von
Kostenkategorien zu beach-
tende Zusammenhänge

6. Logistikkostenstellenbezogene Kosten-planung und -kontrolle

An dieser Stelle geht es im Wesentlichen nur darum, die bislang schon in anderem Zusammenhang getroffenen Aussagen zur kostenstellenbezogenen Kostenplanung und -kontrolle zusammenzufassen:

- Kostenstellenbezogene Kostenplanung und -kontrolle ist in der Praxis ein absolut übliches Aufgabenfeld des Controllers. Es sollte in gleicher Weise auch für Logistikkostenstellen realisiert werden.

- Kostenplanung schafft für den jeweiligen Kostenstellenleiter einen erheblichen Anreiz zur Steigerung der Wirtschaftlichkeit, dies zum einen durch die Notwendigkeit einer frühzeitigen, systematischen Planung seines Bereichs, zum anderen durch das Bewusstsein, am Periodenende über eventuelle Plan-Ist-Abweichungen Rechenschaft ablegen zu müssen. Die im 1. Kapitel angesprochene empirische Studie macht dies eindrucksvoll deutlich: Eine Kontrolle von Logistikleistungen und -kosten hat einen überaus starken positiven Einfluss auf die Erreichung im Vergleich zum Wettbewerb niedrigerer Logistikkosten. Etwas schwächer, aber immer noch sehr stark ausgeprägt, ist die positive Wirkung auf ein hohes logistisches Leistungsniveau (vgl. *Dehler* 2001, S. 221). Wer auf Kosten- und Leistungskontrolle verzichtet, nutzt einen zentralen Einflussfaktor auf den Erfolg der Logistik nicht!

- Kostenplanung bindet die Logistik gleichberechtigt zu anderen Unternehmensbereichen in die Gesamtplanung des Unternehmens ein. Zugleich bildet sie die Grundlage für die Budgetierung.
- Kostenplanung erlaubt schließlich die Ermittlung von Verrechnungssätzen, die nicht auf Vergangenheitswerten basieren, sondern auf die erwarteten Kosten abstellen. Insbesondere bei dynamischer Kostenentwicklung sind diese Werte Ist-Verrechnungssätzen vorzuziehen.

Um diese Vorteile für die Logistik realisieren zu können, bedarf es keiner besonderen Techniken oder Methoden. Von der analytischen Kostenauflösung bis hin zur Abweichungsanalyse kann das bekannte Instrumentarium der Plankostenrechnung verwendet werden. Ein Beispiel für eine kostenstellenbezogene Kostenplanung und -kontrolle werden wir im nächsten Kapitel noch kennen lernen. Allein die bereits ausführlich diskutierte Problematik der Leistungserfassung verbleibt als Spezifikum zu beachten.

7. Bildung von Verrechnungssätzen für Logistikleistungen

Auch für das Problem »Verrechnungssätze für Logistikleistungen« sind die meisten Vorarbeiten an dieser Stelle bereits geleistet. Wie schon angemerkt, werden Logistikkosten in den Unternehmen häufig undifferenziert und pauschal als – kaum analysierbare – Bestandteile von Gemeinkostenzuschlägen verrechnet. Will man zu einer »normalen kostenrechnerischen Ansprüchen« genügenden Verrechnung kommen, sind Verrechnungspreise zu bilden. Diese Verrechnungspreise werden sich im ersten Schritt zunächst auf die Einheiten beziehen, in denen die Beschäftigung der jeweiligen Logistikkostenstelle gemessen wird, so etwa Kosten pro Behälter oder Kosten pro Lagerbox. Auf dieser Kalkulationsebene liegt ein zwar breites, aber noch gut überschaubares Leistungsspektrum vor. Dieses wird um Größenordnungen mächtiger, wenn man im zweiten Schritt eine Zuordnung von den Messgrößen der Beschäftigung zu den einzelnen betrieblichen Erzeugnissen vorzunehmen versucht: In ein und demselben Behälter können

Erfassung und Ausweis logistischer Kosten

unter Umständen mehrere tausend unterschiedliche Teilearten bewegt und gelagert werden. Die hiermit verbundenen Kalkulationsprobleme sind evident. Wir werden auf sie im sechsten Kapitel dieses Buches noch zurückkommen.

Unabhängig von dieser Differenzierung gilt es im Folgenden noch kurz darauf einzugehen, welcher Wertansatz zur Lösung des Kalkulationsproblems herangezogen werden sollte. Hierzu geben – wie die *Abbildung 4-7* an einem konkreten Beispiel veranschaulicht – unterschiedliche Kostenrech-

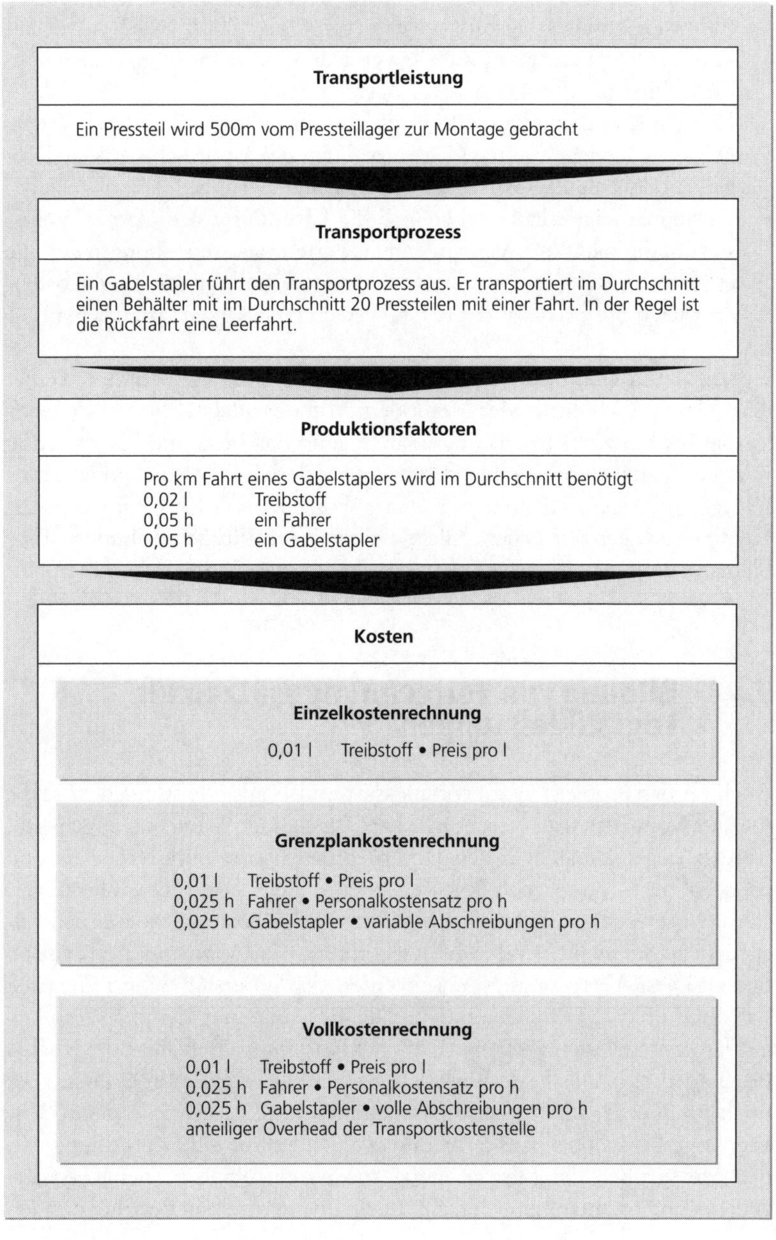

Transportleistung

Ein Pressteil wird 500m vom Pressteillager zur Montage gebracht

Transportprozess

Ein Gabelstapler führt den Transportprozess aus. Er transportiert im Durchschnitt einen Behälter mit im Durchschnitt 20 Pressteilen mit einer Fahrt. In der Regel ist die Rückfahrt eine Leerfahrt.

Produktionsfaktoren

Pro km Fahrt eines Gabelstaplers wird im Durchschnitt benötigt
0,02 l   Treibstoff
0,05 h   ein Fahrer
0,05 h   ein Gabelstapler

Kosten

Einzelkostenrechnung

0,01 l   Treibstoff • Preis pro l

Grenzplankostenrechnung

0,01 l   Treibstoff • Preis pro l
0,025 h   Fahrer • Personalkostensatz pro h
0,025 h   Gabelstapler • variable Abschreibungen pro h

Vollkostenrechnung

0,01 l   Treibstoff • Preis pro l
0,025 h   Fahrer • Personalkostensatz pro h
0,025 h   Gabelstapler • volle Abschreibungen pro h
anteiliger Overhead der Transportkostenstelle

Abb. 4-7: Unterschiedliche Verrechnungssätze gemäß unterschiedlicher Kostenrechnungssysteme

nungssysteme sehr unterschiedliche Antworten. Auf der einen Seite des Spektrums steht die Vollkostenrechnung. Sie legt sämtliche in der Transportkostenstelle anfallenden Kosten anteilig auf jede einzelne Fahrt um. Auf der anderen Seite des Spektrums setzt die in der theoretischen Diskussion viel beachtete Einzelkostenrechnung allenfalls die Spritkosten des Gabelstaplers als zurechenbare und damit mittels Verrechnungspreis anlastbare Kosten an. Die (Grenz-)Plankostenrechnung nimmt eine Mittelstellung ein.

Darüber, welcher Wertansatz denn nun der richtige sei, findet seit langem eine sehr angeregte Diskussion statt. Welcher Wertansatz der richtige ist, kann man allerdings nicht allgemeingültig, sondern nur bezogen auf die jeweils vorliegende Fragestellung beantworten. Ein Vollkostensatz führt bei kurzfristigen, marginalanalytischen Fragestellungen (also all denen, die nach etwas Zusätzlichem (etwa einer zusätzlichen Fahrt) fragen) ebenso sicher zu Fehlentscheidungen wie umgekehrt die bei Logistikprozessen sehr geringen Leistungskosten für mittelfristige Fragestellungen kaum eine Aussagefähigkeit besitzen.

Unterschiedliche Fragestellungen erfordern unterschiedliche Verrechnungssätze – hier hilft am besten eine Parallelkalkulation

Eine Lösung dieses Problems besteht darin, standardmäßig mehrere Verrechnungssätze auszuweisen. Eine solche »Parallelkalkulation« wird in vielen Unternehmen seit langem praktiziert und liegt auch den Beispielen im nächsten Kapitel des Buches zu Grunde. Basis der Differenzierung sind die gebildeten Kostenkategorien.

Der parallele Ausweis mehrerer Verrechnungssätze birgt allerdings stets die Gefahr einer falschen Verwendung dieser differenzierten Informationen. Es muss damit sichergestellt werden, dass die einzelnen Verrechnungssatzvarianten nur für solche Fragestellungen herangezogen werden, für die sie auch tatsächlich aussagefähig sind. Hiermit ist eine zentrale Aufgabe des Logistik-Controllers angesprochen. Er muss durch Schulung und ein ständiges Anbieten von Unterstützung Interpretationsfehler verhindern.

8. Fazit

Die umfassende Abbildung logistischer Leistungen bedarf – wie im Kapitel 3 diskutiert – einer komplexen und zum Teil innovativen Gestaltungsarbeit. Deshalb erscheint der Begriff »logistische Leistungsrechnung« hierfür angemessen. »Logistikkostenrechnung« mag dagegen eher verwirren als in Kurzform das beschreiben, was zu einer adäquaten kostenmäßigen Berücksichtigung der Logistik erforderlich ist. Der Begriff suggeriert einen nicht integrierten, sondern gesonderten Rechenkreis, eine »neue«, zusätzliche Kostenrechnung. Dieser Eindruck aber ist – wie gezeigt – falsch. Die Bereitstellung von Kostendaten für die Logistik fügt sich nahtlos in die bestehende Kostenrechnung ein, erfordert von dieser lediglich Erweiterungen und Differenzierungen. Diese verursachen zwar zusätzlichen Aufwand, bereiten aber weder konzeptionell noch operativ Schwierigkeiten.

Wie weit die stärkere Differenzierung der bestehenden Kostenrechnung getrieben werden soll, hängt zum einen vom Nutzen der damit gewonnenen zusätzlichen Informationen ab. Wichtige Nutzenfelder wurden herausgearbeitet. Ein Zentrales von diesen, die Produktkalkulation, wird erst an späterer Stelle behandelt (im Kapitel 6). Zum anderen gilt es, die Gefahr zu großer Komplexität der Kostenrechnung im Auge zu behalten. Komplexe Rechensysteme werden von den Managern nicht ausreichend verstanden und in Folge nicht oder falsch genutzt. Hier kommt dem Logistik-Controller eine erhebliche Aufgabe und Verantwortung zu. Wie diese konkret ausgefüllt werden kann, sei im folgenden Kapitel für die Gestaltung eines logistischen Berichtswesens deutlich gemacht.

9.   Zitierte und weiterführende Literatur

- Aust, R. (1999): Kostenrechnung als unternehmensinterne Dienstleistung, Wiesbaden.
- Dehler, M. (2001): Entwicklungsstand der Logistik. Messung – Determinanten – Erfolgswirkungen, Wiesbaden.
- Frank, S. (2000): Erfolgreiche Gestaltung der Kostenrechnung. Determinanten und Wirkungen am Beispiel mittelständischer Unternehmen, Wiesbaden.
- Homburg, Chr./Weber, J./Aust, R./Karlshaus, R. (1998): Interne Kundenorientierung der Kostenrechnung. Ergebnisse der Koblenzer Studie, Schriftenreihe Advanced Controlling, Bd. 7, Vallendar.
- Horváth, P./Brokemper, A. (1999): Prozesskostenrechnung als Logistikkostenrechnung, in: Weber, J./Baumgarten, H. (Hrsg.) (1999): Handbuch Logistik. Management von Material- und Warenflussprozessen, Stuttgart, S. 523-537.
- Karlshaus, J.-T. (2000): Die Nutzung von Kostenrechnungsinformationen im Marketing. Bestandsaufnahme, Determinanten und Erfolgsauswirkungen, Wiesbaden.
- Knorren, N. (1998): Wertorientierte Gestaltung der Unternehmensführung, Wiesbaden.
- Pfohl, H.-Chr. (2000): Logistiksysteme. Betriebswirtschaftliche Grundlagen, 6. Aufl., Berlin u.a.
- Reichmann, Th. (1997): Controlling mit Kennzahlen und Managementberichten, 5. Aufl., München.
- Weber, J. (2002): Logistikkostenrechnung. Kosten-, Leistungs- und Erlösinformationen zur erfolgsorientierten Steuerung der Logistik, 2. Aufl., Berlin u.a.

Berichtswesen für die Logistik

Kapitel 5

Management Summary

Das Berichtswesen ist ein zentraler Bestandteil des Logistik-Controlling – bzw. sollte dies sein! Hierfür sind mehrere Gründe maßgebend:

- Das Berichtswesen ist ein unmittelbar »fassbares« Produkt des Logistik-Controlling: Es wendet sich direkt an Logistik-Verantwortliche in den unterschiedlichen Leitungsebenen und kann von diesen jeden Monat auf die Aussagefähigkeit für ihre Führungsprobleme überprüft werden. Hier geschaffene Akzeptanz hilft dem Logistik-Controller in allen anderen Arbeitsfeldern, auch solchen, deren Nutzen zunächst der einzelnen Logistik-Führungskraft nicht in toto offensichtlich ist.

- Das Berichtswesen baut für die Logistik ein bislang nicht vorhandenes Erfahrungswissen auf: Die Logistik ist – wie bereits mehrfach in diesem Buch angemerkt – planerisch in den meisten Unternehmen noch nicht so stark durchdrungen wie etwa die Fertigung. Arbeitsgangpläne oder Vorgabezeiten fehlen zumeist. Die laufende detaillierte Aufzeichnung und Sammlung von (insbesondere) Leistungsdaten kann den Informationsstand der Logistik entscheidend verbessern.

- Das Berichtswesen kann das Standing der Logistik im Unternehmen stärken: In vielen Unternehmen ist die Logistik bei ihrer Einführung mit weit gehender Kompetenz ausgestattet worden; sie erhielt bislang anderen Unternehmensbereichen zugeordnete Funktionen (z.B. PPS, Bestelldisposition) übertragen. In einer solchen Situation befindet sich die Logistik in einem Rechtfertigungsdruck; sie muss ihren Nutzen nachweisen. Hierfür sind Leistungsdaten und Kosten-Leistungs-Relationen erforderlich, die laufend über den Leistungsstand Auskunft geben.

An zwei Beispielen wird demonstriert, wie ein solches Berichtswesen gestaltet werden kann. Ohne Zweifel sind – wie bereits am nicht unerheblichen Umfang der beiden Berichte deutlich wird – mit der Zusammenstellung und Aufbereitung der Zahlen Kosten verbunden. Im Vergleich zu den Kosten der Datenerfassung sind diese allerdings gering. Bei vorhandener Datenbasis lässt sich selbst außerhalb zentraler DV-Systeme auf PC ein solches Berichtswesen in kurzer Zeit erstellen.

Mit der kostenstellenbezogenen Leistungs- und Kostenerfassung sind die wesentlichen Vorarbeiten geleistet, ein Logistik-Berichtswesen zu erstellen. Hierbei darf es jedoch sich nicht um eine lieblos gestaltete Aufreihung von Zahlen handeln. Leistungs- und Kostendaten werden erst dann zu Informationen, wenn sie bei Menschen neues Wissen schaffen. Hierzu müssen sich die Daten sowohl inhaltlich als auch von ihrer Präsentationsform an den Bedürfnissen und Fähigkeiten dieser Adressaten ausrichten.

Wie dies geschehen kann, sei im Folgenden sowohl grundsätzlich als auch an Beispielen demonstriert dargestellt. Angesichts der erheblichen Bedeutung des Berichtswesens für die Wirkung und Akzeptanz des Logistik-Controlling soll dabei den Beispielen erheblicher Raum gewidmet werden. Wir werden – quasi als Muster – zwei Berichte kennen lernen, die – für unterschiedliche Zwecke gestaltet – in der vorliegenden Form unverändert in der Praxis realisiert werden könnten.

1. Ziele und Adressaten des Berichtswesens

Im Berichtswesen wird der Logistik quasi ein Zahlenspiegel ihrer Aktivitäten in einem bestimmten Abrechnungszeitraum vorgehalten. Entsprechende Daten sind in den meisten Unternehmen vorhanden. Wie die mehrfach in diesem Buch zitierte empirische Erhebung von *Weber/Blum* zeigt, steht das logistische Berichtswesen in den Aufgaben des Logistik-Controlling weit vorne (an fünfter Stelle einer Liste von 16 Aufgaben). Dennoch besteht ein erheblicher Handlungsbedarf: Mehr als 1/3 der befragten Logistikverantwortlichen rechneten das Berichtswesen überhaupt nicht dem Aufgabenkanon des Logistik-Controlling zu! Für die Controller war dieses Ergebnis noch in einer weiteren Hinsicht (sehr) unbefriedigend: Ihr »Marktanteil« an der Erstellung des Berichtswesens betrug weniger als 25%, d.h. in mehr als dreiviertel der Fälle gehen die monatlichen Berichte für die Logistik nicht durch die Hände von Controllern!

Beim Berichtswesen haben Logistik-Controller noch in vielen Unternehmen ihre Hausaufgaben nicht gemacht!

Ein vom Berichtswesen geliefertes Zahlenbild kann in der Logistik – wie in allen anderen Unternehmensbereichen auch – unterschiedlichen Zwecken dienen. Diese seien hier grob in Unterstützung der Selbststeuerung in den einzelnen Logistikstellen und Schaffung von Transparenz für Dritte unterteilt.

1.1. Berichtswesen zur dezentralen Steuerung der Logistikbereiche

Das Berichtswesen sollte dem Logistik-Management laufend (z.B. monatlich) Leistungs- und Kostendaten bereitstellen, die auf die operativen Führungsprobleme in den einzelnen Logistikbereichen zugeschnitten sind. Sie müssen dazu geeignet sein, Unterstützung beim Einsatz der Ressourcen und bei der Planung der Kapazitäten zu leisten, sollten Schwachstellen und aktuelle Handlungsbedarfe erkennbar machen und objektivierte Aussagen

Berichtswesen für die Logistik

über die Wirtschaftlichkeit der Leistungserstellung liefern, um gegebenenfalls erforderliche Gegensteuerungsmaßnahmen auszulösen.

Um diese Aufgaben erfüllen zu können, müssen die Informationen des Berichtswesens in Detaillierung, Formulierung und Aufbereitung auf die logistischen Führungskräfte ausgerichtet werden. Dies bedeutet konkret u.a.

- *eine hohe Bedeutung von Leistungsdaten innerhalb der Kostenstellenberichte*: Die operative Feinsteuerung basiert weniger auf Kosten- denn auf Leistungsinformationen. Damit darf sich das Berichtswesen – wie derzeit noch häufig vorfindbar – keinesfalls auf Kostenberichte beschränken, sondern muss zumindest gleichrangig auch Leistungsberichte umfassen.

- *eine hohe Bedeutung von komprimierten Informationen*: Um zu kontrollieren, ob sich die Leistungserstellung noch innerhalb der vorausgeplanten Bahnen bewegt, werden weniger Detaildaten als vielmehr verdichtete Daten benötigt. Gleiches gilt für das Erkennen von Veränderungen und Trends. Das Berichtswesen muss deshalb neben Detailinformationen auch Kennzahlen enthalten. Die derzeitige Kennzahlenpraxis ist aber – gelinde gesagt – noch verbesserungsfähig; wir werden darauf in einem folgenden Abschnitt noch näher eingehen. Um eine Form komprimierter Informationen handelt es sich schließlich auch bei Graphiken und Diagrammen, die dem Leser »mit einem Blick« quantitative Tatbestände vermitteln, veran»schau«lichen können.

Welche grundsätzlichen Aspekte gilt es, bei der Gestaltung des Berichtswesens zu beachten?

- *die Notwendigkeit dafür, dass jede logistische Führungskraft (bis hinunter zu den Meistern) Umfang und Grenzen der Aussagefähigkeit der einzelnen gelieferten Werte kennt*: Daten zu liefern, die falsch verwendet werden, ist schlimmer, als überhaupt keine Daten bereitzustellen. Wir haben im Kapitel 3 betont, dass sich die Logistik leistungsmäßig stets nur in Ausschnitten abbilden lässt. Hieraus folgt eine hohe Bedeutung (und Notwendigkeit!) eines expliziten Schulens und Coachens der Adressaten des logistischen Berichtswesens.

Insbesondere aus den beiden letzten Aspekten heraus sollte das Berichtswesen mit denen zusammen gestaltet werden, denen es als Planungs- und Steuerungshilfsmittel dient. Der Logistik-Controller als Informationsanbieter und die einzelnen Logistikbereichs-Verantwortlichen als Nachfrager sollten letztlich gemeinsam das Informationsprodukt festlegen. Wie bei »richtigen« Marktprozessen sind dabei auch hier unterschiedliche Situationen möglich:

- Der Anbieter, also idealtypisch der Logistik-Controller, weist zunächst ein höheres Produkt-Know-how auf, weiß also – z.B. durch entsprechende Seminarbesuche oder Erfahrungen aus anderen Unternehmen – früher, welche Daten zur Steuerung der operativen Logistik »eigentlich« wichtig sind. In diesem Fall bedarf es erheblicher Umwerbung der Kunden (der Logistik-Verantwortlichen), um das neue Produkt bekannt und »schmackhaft« zu machen. Dem Bild des Controllers als »Zahlenverkäufer« entsprechend sollte dies den Controllern aber nicht unüberwindbar schwer fallen.

Betrachten wir die Gestaltung des Berichtswesens aus einer Marketing-Perspektive heraus

- Der Kunde spürt Bedarf nach dem Produkt. Da dieses (noch) nicht am Markt erhältlich ist, wendet er sich an Anbieter, die verwandte Produkte in ihrem Programm haben. Die Produktidee kann dort auf fruchtbaren Boden fallen oder bedarf noch vorzulegender Modelle oder Vorstudien, bevor die Entwicklungsarbeit begonnen wird und das Produkt schließlich in Serie geht. Übertragen auf das Logistik-Berichtswesen bedeutet dies, dass in der Praxis häufig zuerst das Bedürfnis nach Zahlen bei den Logistik-Verantwortlichen auftritt, diese den Controller anstoßen müssen oder – schlimmer – ein logistisches Berichtswesen gegen den erklärten Willen der Controller entwickeln müssen, bevor diese Informationsbereitstellung als Controllingaufgabe erkannt wird – auf den niedrigen »Marktanteil« der Controller beim logistischen Berichtswesen sei hier nochmals explizit hingewiesen!

Auf Dauer hat jedes Produkt nur dann Erfolg, wenn der Kundennutzen die Kosten seiner Herstellung übersteigt, wenn also einerseits die gelieferten Leistungs- und Kostendaten tatsächlich die Steuerung der logistischen Bereiche maßgeblich unterstützen und andererseits die Kosten der Datenerfassung und -aufbereitung überschaubar bleiben.

Aus der Analogie des Marktmodells kann man schließlich noch einen weiteren Aspekt ableiten: Das Berichtswesen sollte nie als ein auf Dauer festliegendes Standardprodukt gesehen werden: Zu Beginn, in seiner Geburtsphase, wird man am besten in Pilotbereichen nach der richtigen Gestaltung suchen; in seiner Jugendphase steht die immer perfektere Ausgestaltung im Vordergrund; in seiner Reifephase ermöglicht es eine immer weitergehendere Optimierung der logistischen Abläufe, bevor es in einer möglichen Sterbephase angesichts des hohen erreichten Leistungsstandes der logistischen Funktionen immer weniger wichtig wird.

Das Berichtswesen sollte sich auch dem Kenntnisstand des Managements anpassen

1.2. Berichtswesen zur Schaffung von Transparenz für Dritte

Die bisher herausgestellte Hauptfunktion des Berichtswesens war die der Selbststeuerung der logistischen Einheiten, der Hauptadressat damit die einzelne logistische Führungskraft. Diese ist jedoch in einen größeren betrieblichen Kontext eingeordnet; sie hat nur eine abgeleitete, innerhalb eines Gesamtrahmens bestehende Kompetenz; sie kann sich keine beliebigen Ziele setzen, sondern bekommt diese Ziele – sei es in einem eher partizipativen Prozess, sei es eher in der Rolle eines »Befehlsempfängers« – von übergeordneten Instanzen gesetzt.

Damit diese übergeordneten Instanzen – etwa die Leitung der Logistik oder auch die Unternehmensleitung insgesamt – ihre Zielsetzungs- und Leitungsfunktionen richtig ausüben können, benötigen sie Kosten- und Leistungsinformationen. Auch für diese Adressaten hat das Logistik-Controlling somit laufend zu berichten. Da die Informationen anderen Zwecken dienen, werden sich die hierzu erstellten Berichte in Aufbau und Detaillierung von den an die Logistik-Verantwortlichen »vor Ort« gerichteten Berichten unterscheiden. Für die laufende, »aus der Vogelperspektive« erfolgende Überwachung reichen wenige, vergleichsweise stark aggregierte Kos-

Das Berichtswesen sollte ebenenspezifisch sein

ten- und Leistungsziffern aus, und auch für die periodische Budgetierung müssen – wie im Abschnitt 2.3. des dritten Kapitels dieses Buches ausgeführt – die zentralen Lenkungsinstanzen nicht jede einzelne Leistungsgröße kennen. Für die übergeordnete Steuerung der Logistik ist es vielmehr bedeutsam, über Einzeldaten hinaus ein transparentes und objektives Gesamtbild der Logistik zu erhalten.

Der Unterschied beider Berichtswesen in Detaillierung und Inhalt darf allerdings nicht dazu führen, dass beide ein voneinander abweichendes Bild der Realität liefern. Die ausgewiesenen Leistungs- und Kostendaten üben vielmehr auch die Funktion aus, eine objektive Kommunikationsbasis zwischen den zentralen Leitungsstellen und den Logistik-Verantwortlichen in den Kostenstellen zu sein. Diese Funktion kann nur erfüllt werden, wenn ein gemeinsames Sprachverständnis und ein gemeinsames zugrunde liegendes Zahlenwerk vorliegen. Unterschiedliche Berichtswesen sind somit nur als unterschiedliche Auswertungen derselben Datenbasis zu verstehen. Dies bedeutet auch, dass top-down bei Bedarf in Einzeldaten Einsicht genommen werden kann, etwa dann, wenn sich die Kostensituation im Wareneingang eines Werks deutlich anders entwickelt als die im vergleichbaren Bereich eines anderen Werks.

Die Berichte auf unterschiedlichen Berichtsebenen müssen zueinander konsistent sein

2. Mehrstufiger Aufbau des Berichtswesens

Die soeben angesprochene Mehrstufigkeit des Berichtswesens beginnt bereits in den an die logistischen Führungskräfte »vor Ort« gerichteten Berichten. Eine controllinggerechte Gestaltung kann z.B. zu dem folgenden hierarchischen Aufbau führen, der auch die konkreten Berichtswesen-Beispiele im 4. Abschnitt bestimmen wird.

Graphische und zahlenmäßige Wiedergabe von Hauptkennzahlen
Das periodisch – etwa monatlich – zu erstellende Berichtswesen hat zunächst die einzelne Führungskraft schnell über die Entwicklung seines Bereichs in der Berichtsperiode zu informieren. Zur kurzen, überblicksartigen Information eignen sich Kennzahlen besonders gut. Die wichtigsten hiervon sollten nicht nur zahlenmäßig, sondern auch graphisch dargestellt werden. Insbesondere dann, wenn die Berichtserstellung im Logistik-Controlling durch dezentrale Zusammenführung von teils in vorhandenen DV-Systemen enthaltenen, teils manuell zusätzlich erfassten Daten im PC erfolgt, bereitet diese Aufbereitung keine Probleme. Zunehmend sehen aber auch Zentralsysteme Graphik-Optionen vor.

Welche Elemente sollte ein Logistik-Bericht enthalten?

Auflistung zusätzlicher, die Hauptkennzahlen erläuternder Kennzahlen
Kennzahlen bilden stets nur einzelne Ausschnitte der zu messenden Realität ab. Die sich hieraus ergebende Gefahr selektiver Wahrnehmung kann dadurch eingeschränkt werden, dass man – ohne das Berichtswesen unüberschaubar zu machen – mehrere Kennzahlen gleichzeitig ausweist. Die

in der hier angesprochenen zweiten Rubrik des Berichtswesens aufzuführenden Kennzahlen sollen die Hauptkennzahlen erläutern helfen. Hat sich z.B. die Produktivität im Wareneingangsbereich (Behälter pro Mitarbeiter) deutlich verschlechtert, so kann der Blick auf die Sendungsdichte (Behälter pro Sendung), die Sendungshomogenität (Sachnummern pro Sendung) und die Anlieferungsdichte (Fahrzeug/Arbeitstag) mögliche Erklärungen dieser Entwicklung liefern.

Leistungsbericht

Der Bereich der Detaildaten sollte mit der Wiedergabe der erbrachten Leistungen beginnen. Dies hilft, das Selbstverständnis der Logistikstellen als produktive, für das Unternehmen wesentliche Stellen zu stärken, Stellen, die nicht nur Kosten verursachen, sondern primär dazu da sind, Leistungen zu erstellen. Der Leistungsbericht ist ein fester Bestandteil des Berichtswesens für eine Logistikkostenstelle. Wie im Bereich der Kosten sollten Planwerte, Istwerte und Abweichungen zwischen beiden erkennbar sein.

Leistungen transparent zu machen, hat einen erheblichen Einfluss auf die Motivation

Kostenbericht

Im Bereich der Kostendarstellung ergeben sich keine Abweichungen zum gewohnten Procedere eines kostenstellenbezogenen Kostenberichts.

Erläuterungen

Schließlich sollten in den periodisch erstellten Berichten vom Controller Erläuterungen zu den Zahlen dann gegeben werden, wenn sich besondere Auffälligkeiten zeigen, sich etwa stark gestiegene Instandhaltungskosten in einer Stelle durch eine besondere Instandhaltungsmaßnahme erklären lassen.

3. Logistische Kennzahlen als Teil des logistischen Berichtswesens

Kennzahlen spielen für die Steuerung von Unternehmen eine sehr wichtige Rolle. Dies betrifft zum einen die Häufigkeit ihrer Verwendung: Uns ist noch kein Unternehmen begegnet, in dem die Manager nicht über eine Vielzahl von Kennzahlen verfügen. Zum anderen – und dies ist sicher der wichtigere Aspekt – scheinen Kennzahlen – richtig verwendet – einen positiven Einfluss auf das Unternehmensergebnis zu nehmen. In einer US-amerikanischen empirischen Studie aus dem Jahr 1996 (vgl. *Lingle/Schieman* 1996) wurde ein signifikanter und deutlicher Zusammenhang zwischen der systematischen Verwendung von Kennzahlen und drei unterschiedlichen, wichtigen Erfolgsmaßen festgestellt (Näheres ist der *Abbildung 5-1* zu entnehmen). Insofern ist es wichtig, empirische Erfahrung in die Gestaltung des logistischen Berichtswesens einfließen zu lassen. Dies wollen wir zunächst auf Kennzahlen allgemein bezogen, dann spezifisch für Logistikkennzahlen tun.

Kennzahlen systematisch bereitgestellt und verwendet, haben einen positiven Einfluss auf den Unternehmenserfolg

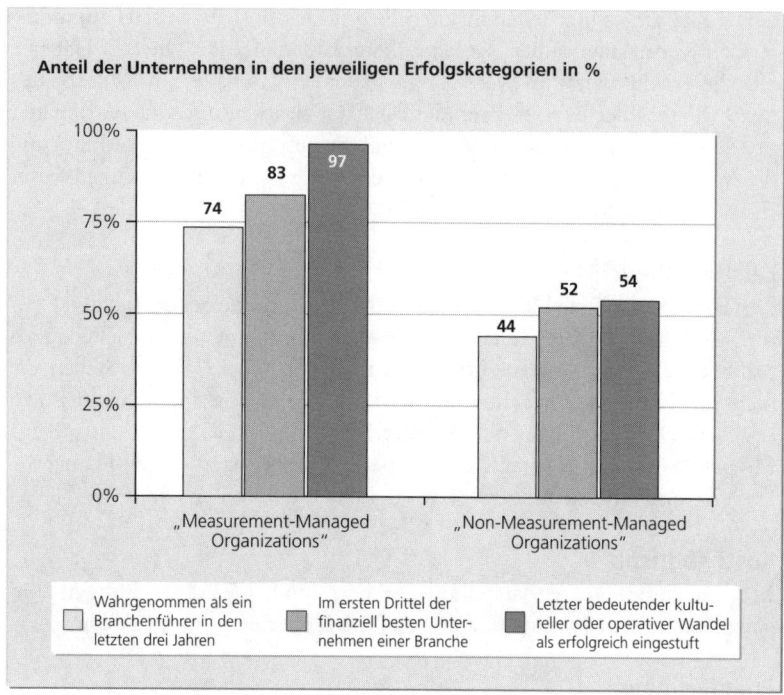

Abb. 5-1: Zusammenhang
zwischen der Verwendung
von Kennzahlen zur Unter-
nehmensführung und dem
Unternehmenserfolg
(entnommen aus *Lingle/
Schieman* 1996, S. 60)

3.1. Ausgewählte empirische Erkenntnisse zu Kennzahlen allgemein

Die im Folgenden wiedergegebenen Erkenntnisse beziehen sich auf eine
an der WHU durchgeführte Studie zu Ausprägung, Bedeutung und Nutzung von Kennzahlen durch das Management (vgl. ausführlich *Weber/Sandt*
2001). Als fragebogengestützte Erhebung gestaltet, befragten wir jeweils die
Top-Manager mit Ergebnisverantwortung. Von den vielfältigen Ergebnissen sind für unsere Fragestellung insbesondere die folgenden von Interesse:

- Manager bekommen regelmäßig eine große Zahl von Kennzahlen »auf
  ihren Schreibtisch«. Unter diesen finden sich nicht nur Finanzkennzahlen.

Was kann man aus der
Empirie lernen?

- Ordnet man die unterschiedlichen Kennzahlen nach ihrer Bedeutung,
  so liegen für die Manager finanzielle Kennzahlen mit einigem Abstand
  vor Markt- bzw. Kundenkennzahlen an der Spitze; Prozesskennzahlen,
  Mitarbeiterkennzahlen und Innovationskennzahlen folgen. Angesichts
  der Verantwortung für das Gesamtergebnis ist eine solche Einschätzung
  gut nachvollziehbar. In Summe entfallen ca. 2/3 der Bedeutung jedoch
  auf nicht-finanzielle Kennzahlen.
- Generell beklagen sich die Manager darüber, dass es eine Lücke zwischen Bedeutung und ausreichender Verfügbarkeit der Kennzahlen gibt.
  Diese ist bei Prozess- (!) und Innovationskennzahlen am größten.
- Ein Gros der Kennzahlen liegt heute nur quartalsweise vor (selbst Pro-

zesskennzahlen). Ausnahme sind nur die monatlich berichteten Finanzkennzahlen. Für eine zeitnahe Steuerung reicht das nicht aus.

- Die Kennzahlen gelangen in einer sehr unkoordinierten Weise auf den Tisch der Manager. Nur in Ausnahmefällen werden sie aus einer Hand und in einem Bericht vorgelegt. Hierin ist ein erhebliches Defizit zu sehen: Nach der Zufriedenheit mit ihren Kennzahlen befragt, äußerten sich die wenigen Manager, die derart »bevorzugt« bedient werden (eigentlich sollte dies der Standard sein!), um Größenordnungen zufriedener als ihre Kollegen (vgl. auch die *Abbildung 5-2*).

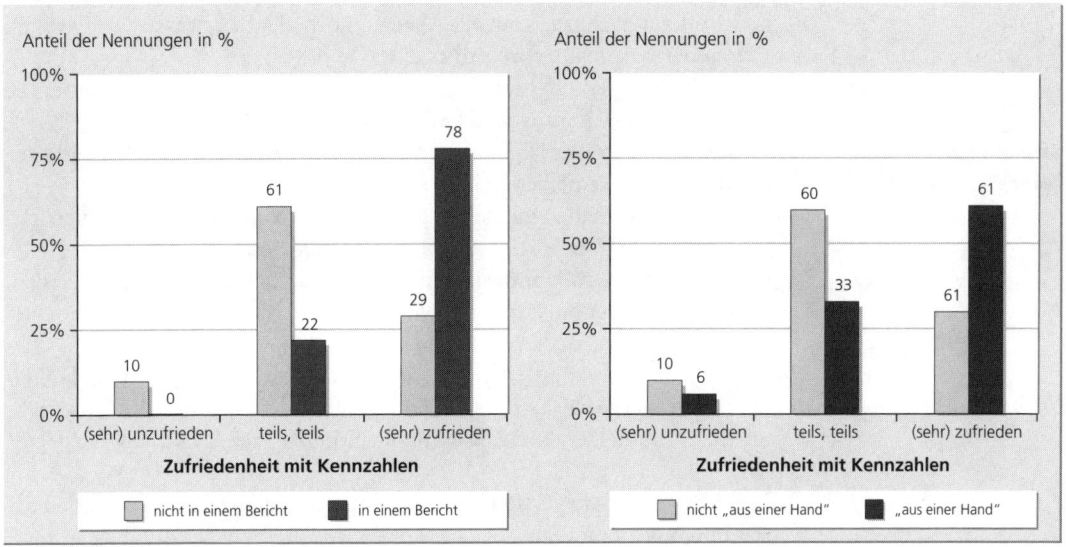

- Kennzahlen werden von den Managern – wie bereits im 3. Kapitel dieses Buches angesprochen – sehr vielfältig genutzt. Die direkte Verwendung von Kennzahlen für konkrete Entscheidungsprobleme (instrumentelle Nutzung) ist dabei keinesfalls dominant. Außerdem lässt sich zwischen einer solchen Nutzung und der erreichten Entscheidungsqualität kein Zusammenhang feststellen. Ein solcher liegt allerdings für die konzeptionelle Nutzung vor. Auch bei Kennzahlen sollte man deshalb zuerst und in erster Linie an ihre Wirkung denken, mit ihnen »in einer gleichen Sprache« kommunizieren zu können.

Abb. 5-2: Abhängigkeit der Managerzufriedenheit von Aufbereitung und Übergabe der Kennzahlen (entnommen aus *Weber/Sandt* 2001, S. 26)

Ein letztes Ergebnis der Studie sei noch berichtet. Es betrifft die Art und Weise, wie man Kennzahlen auswählt und miteinander verbindet. Hierzu lassen sich zwei unterschiedliche Aspekte aufführen:

- *Verbundenheit*: Kennzahlen können untereinander idealtypisch mathematisch eng verknüpft sein (wie z.B. in der »klassischen« Kennzahlenpyramide von DuPont) oder weitgehend unverbunden nebeneinander stehen (im schlimmsten Fall handelt es sich dabei um »Kennzahlenfriedhöfe«).
- *Ausgewogenheit*: Kennzahlen können auf eine bestimmte Fragestellung

fokussiert sein (z.B. starke Dominanz finanzieller Kennzahlen), oder aber versuchen, das Unternehmen in seinen steuerungsrelevanten Aspekten möglichst ausgewogen abzubilden. Für Letzteres ist beispielsweise das im 2. Kapitel vorgestellte (und im 7. Kapitel noch ausführlich zu behandelnde) Konzept der Balanced Scorecard typisch.

Wir haben beide Merkmale von Kennzahlensystemen hinsichtlich ihres Einflusses auf die Zufriedenheit der Manager mit ihren Kennzahlen überprüft. Das Ergebnis ist eindeutig: Zum einen geht von beiden Aspekten ein positiver Einfluss aus (je verbundener und je ausgewogener desto zufriedener). Zum anderen besitzt der Aspekt der Ausgewogenheit einen deutlich größeren Einfluss auf die Managerzufriedenheit, was u.a. den großen Erfolg der Balanced Scorecard erklären könnte.

Fasst man all diese Einzelerkenntnisse zusammen, so ergibt sich für die Gestaltung eines logistischen Berichtswesens ein klares Bild:

Die empirische Studie zeichnet ein klares Bild

- Es sollte aus einer Hand stammen und andere Listen, Tabellen und Aufstellungen vermeiden helfen.
- Es muss zeitnah genug sein und die Wünsche der Manager erfüllen (dafür müssen diese zuvor erst einmal gefragt werden!).
- Finanzielle Größen müssen mit nicht-finanziellen kombiniert werden. Gerade in der Ausgewogenheit liegt der zentrale Hebel, die Berichtsempfänger zufrieden zu stellen.
- Es sollte primär als eine Art von Sprache verstanden werden, die Managern und Mitarbeitern auf unterschiedlichen Ebenen des Unternehmens die zielgerichtete Kommunikation über die Logistik erleichtert.

Die Aussagen in den ersten beiden Abschnitten dieses Kapitels werden damit durchweg bestätigt.

3.2. Ausgewählte empirische Erkenntnisse zu Logistik-Kennzahlen

Auch zum Stand der Verbreitung von Logistikkennzahlen liegen empirische Ergebnisse vor. Im Folgenden seien zwei Studien kurz angesprochen, eine aus Deutschland (1991), eine aus den USA (2000).

Für Logistikkennzahlen liegen u.a. eine deutsche und eine US-amerikanische Studie vor

Um den Realisierungsstand von Logistikkennzahlen in den Unternehmen zu erfassen, wurde im Jahr 1991 an der WHU eine empirische Befragung durchgeführt, an der sich insgesamt 92 Unternehmen beteiligten. Sie lieferte u.a. folgende Ergebnisse:

- Der Wunsch nach einem Logistik-Kennzahlensystem wurde von fast jedem Unternehmen geäußert.
- Etwa ein Fünftel der befragten Unternehmen gab an, ein geschlossenes Logistik-Kennzahlensystem zu besitzen. Allerdings äußerten fast alle von diesen einen erheblichen Weiterentwicklungs- und Veränderungsbedarf dieser Systeme.
- Die Zahl laufend erfasster Kennzahlen betrug ca. 25 in Unternehmen, die ein Kennzahlensystem besitzen, und 12 in solchen ohne Kennzah-

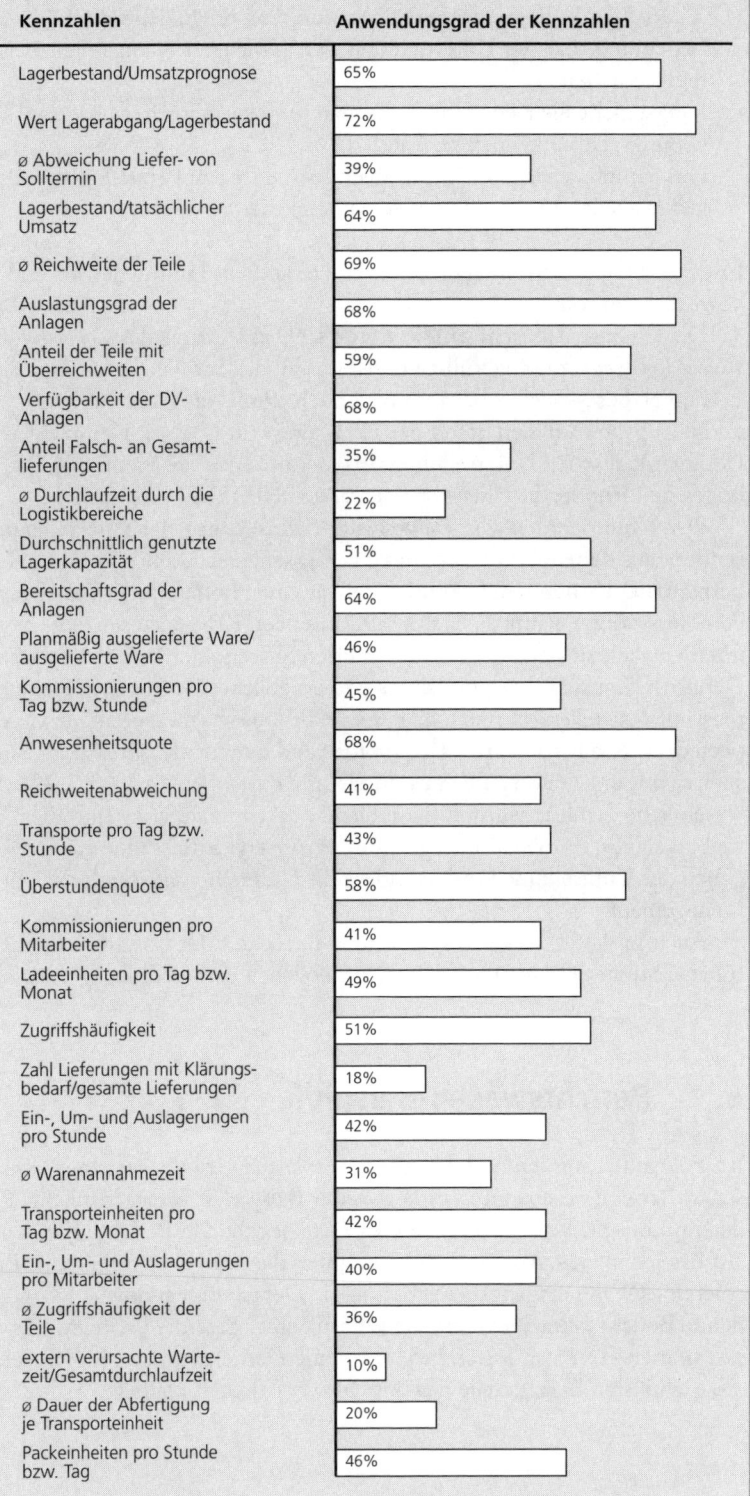

Kennzahlen	Anwendungsgrad der Kennzahlen
Lagerbestand/Umsatzprognose	65%
Wert Lagerabgang/Lagerbestand	72%
ø Abweichung Liefer- von Solltermin	39%
Lagerbestand/tatsächlicher Umsatz	64%
ø Reichweite der Teile	69%
Auslastungsgrad der Anlagen	68%
Anteil der Teile mit Überreichweiten	59%
Verfügbarkeit der DV-Anlagen	68%
Anteil Falsch- an Gesamt-lieferungen	35%
ø Durchlaufzeit durch die Logistikbereiche	22%
Durchschnittlich genutzte Lagerkapazität	51%
Bereitschaftsgrad der Anlagen	64%
Planmäßig ausgelieferte Ware/ausgelieferte Ware	46%
Kommissionierungen pro Tag bzw. Stunde	45%
Anwesenheitsquote	68%
Reichweitenabweichung	41%
Transporte pro Tag bzw. Stunde	43%
Überstundenquote	58%
Kommissionierungen pro Mitarbeiter	41%
Ladeeinheiten pro Tag bzw. Monat	49%
Zugriffshäufigkeit	51%
Zahl Lieferungen mit Klärungs-bedarf/gesamte Lieferungen	18%
Ein-, Um- und Auslagerungen pro Stunde	42%
ø Warenannahmezeit	31%
Transporteinheiten pro Tag bzw. Monat	42%
Ein-, Um- und Auslagerungen pro Mitarbeiter	40%
ø Zugriffshäufigkeit der Teile	36%
extern verursachte Warte-zeit/Gesamtdurchlaufzeit	10%
ø Dauer der Abfertigung je Transporteinheit	20%
Packeinheiten pro Stunde bzw. Tag	46%

Abb. 5-3: Bedeutung und Realisierung von Logistikkennzahlen in Deutschland (entnommen aus *Göpfert/Kummer/Weber* 1993, S.242f.)

lensystem. Um welche Kennzahlen es sich dabei handelt, zeigt die *Abbildung 5-3*. Die Reihenfolge der Nennung entspricht dabei der Höhe der Bedeutung, die die Unternehmen den jeweiligen Kennzahlen beigemessen haben.

- Längst nicht alle Kennzahlen, die man für relevant hielt, wurden am Erhebungszeitpunkt auch realisiert.
- Das Sample realisierter Kennzahlen folgt eher den Erfassungsmöglichkeiten als den Bereitstellungsnotwendigkeiten.

Insgesamt ergab sich ein Stand, der als alles andere als zufriedenstellend zu kennzeichnen war.

Die US-amerikanische Studie wurde 1999 im Auftrag des *Council of Logistics Management* durchgeführt und ist uns an dieser Stelle bereits aus dem 1. Kapitel dieses Buches bekannt (vgl. noch einmal die Abb. 1-7, S. 19). Sie und bezog sich auf den Stand der Erfassung von Logistik-Kennzahlen in US-amerikanischen Unternehmen. Insgesamt liegen der Studie 355 Fragebogen zu Grunde, die einen repräsentativen Überblick versprechen.

Der Stand in den USA ist auch nicht besser als der in Deutschland

Den Unternehmen wurde eine Liste von insgesamt 70 Kennzahlen präsentiert, aus denen sie die von ihnen gemessenen auswählen konnten. Die befragten Unternehmen bekundeten zwar einen hohen Bedarf an derartigen Messgrößen, nämlich (1) um ihre laufenden Kosten zu senken, (2) um ihren Umsatz zu steigern und (3) um ihren Shareholder Value zu erhöhen. Dennoch lässt sich ein signifikantes und erhebliches Defizit der Leistungsmessung feststellen. »A much higher level of logistics measurement was expected, especially for some of the »bread and butter« measures in logistics, such as on-time delivery, fill rates, and freight costs« (*Keebler* 2000, S. 2f.). Als wesentliche Gründe wurden die fehlende IT-Unterstützung und die Verfügbarkeit von Informationen genannt. Positiven Einfluss nimmt nach Angaben der Unternehmen insbesondere die Unterstützung durch das obere Management.

Auch in dieser 10 Jahre später im »Mutterland der Logistik« durchgeführten Studie zeigt sich folglich ein erhebliches Verbesserungspotenzial.

4. Berichtswesen-Beispiele

Im Folgenden werden nun die zuvor skizzierten Grundsätze eines logistischen Berichtswesens an zwei konkreten Beispielen veranschaulicht. Für den an Logistik-Verantwortliche »vor Ort« gerichteten Bericht greifen wir auf das schon im 4. Abschnitt des 3. Kapitels dieses Buches vorgestellte Beispiel eines Wareneingangsbereichs zurück. Der einer »top-down«-Sicht dienende Bericht betrachtet dann die Logistik eines gesamten Zweigwerks eines an mehreren Standorten produzierenden Unternehmens. Jeweils seien die wichtigsten Bestandteile des Berichtswesens kurz erläutert.

4.1. Beispiel eines der dezentralen Steuerung dienenden Logistik-Berichts

4.1.1. Überblick

Als Hauptkennzahlen für den gesamten Wareneingang sind vier Größen unterschieden (vgl. hierzu und im Folgenden jeweils die 11-seitige *Abbildung 5-4*). Diese werden zunächst graphisch in einem Fünf-Jahres-Vergleich dargestellt, bevor sie anschließend mit den jeweiligen Planwerten verglichen werden:

- *Abgefertigte Behälter pro Arbeitstag.* Wie wir im 4. Abschnitt im 3. Kapitel dieses Buches gesehen haben, lässt sich ein erheblicher Teil der Leistung des Wareneingangs in bearbeiteten Behältern messen. Deren Zahl wird für die Abfertigung und den Weitertransport durch den Sendungseingang bestimmt. Nur ein Teil der Behälter geht durch das Lager. Da man davon ausgehen kann, dass dieser Teil ceteris paribus über die Monate weitgehend gleich bleibt, kann man als einheitliche Messgröße die Zahl abgefertigter Behälter heranziehen. Dabei werden für die Hauptkennzahl die Behälter unterschiedlicher Typen zusammengefasst.

Auf den folgenden Seiten wird ein komplettes Berichtsbeispiel vorgestellt

- *Abgefertigte Behälter pro Mitarbeiter.* In diese Produktivitätskennzahl gehen alle Mitarbeiter des Wareneingangs ein; Halbtagskräfte werden entsprechend anteilig berücksichtigt.
- *Kosten pro Behälter:* Hierbei handelt es sich um Vollkosten. Entsprechend der Teilung des Materialstroms wird ein auf den Wareneingang insgesamt bezogener und ein das Lager ausschließender Kostensatz aufgeführt.

Der Erläuterung der Behälterkosten dient schließlich noch die Angabe, wie sich die Behälterstruktur im Zeitablauf verändert hat. Diese Information ist wegen der unterschiedlichen Kostenverursachung der einzelnen Behältertypen erforderlich bzw. sinnvoll. Im Beispiel ist der kontinuierliche Kostenrückgang zumindest zum Teil auf eine Verschiebung der Ladehilfsmitteltypen hin zu Paletten und weg vom teuren Behältertyp 2 zu erklären.

4.1.2. Erläuternde Kennzahlen

Hier sind – wie bereits angemerkt – Kennzahlen aufgelistet, die die Hauptkennzahlen erläutern können bzw. zu ihrem Verständnis wichtig sind. Wie bei den Hauptkennzahlen auch, werden standardmäßig Planwerte, Istwerte und Abweichungen ausgewiesen. Zusätzlich sind zwei graphische Darstellungen ergänzt, die überblicksartig Auskunft über die Kostenstruktur im Wareneingang geben.

4.1.3. Kostenstellenberichte

Den Hauptteil des Berichtswesens machen die Kostenstellenberichte für jeden einzelnen Leistungsbereich innerhalb des Wareneingangs aus. Diese enthalten jeweils

- einen *Leistungsbericht:* Hierin finden sich die Leistungsgrößen wieder, die wir bereits im 4. Abschnitt des Kapitels 3 aufgeführt haben; wie beim folgenden Kostenbericht sind Istwerte, Planwerte und Abweichungen unterschieden.

- *einen Vergleich der Plan- und der Ist-Kosten*: Diese sind entsprechend den »normalen« Prinzipien der Plankostenrechnung gestaltet. Besonderheiten treten nicht auf. Lediglich auf zwei Aspekte sei näher hingewiesen: Zum einen werden in den Kostenstellen Abfertigung und Weitertransport Prinzipien einer Äquivalenzziffernrechnung angewendet. Dabei ist die Ausprägung der Äquivalenzziffern in beiden Kostenstellen unterschiedlich, da das Verhältnis der jeweiligen Inanspruchnahme der Leistungskapazität in beiden Stellen voneinander abweicht. Zum anderen erhalten alle »produktiven« Logistikstellen eine Umlage der Leitung des Wareneingangsbereichs, die als Zuschlag auf die jeweilige Kostensumme berechnet wird.
- *zwei Verrechnungssätze*: Entsprechend einer Parallelkalkulation werden Grenz- und Vollkostensätze nebeneinander ausgewiesen. Zur Ermittlung der Vollkostensätze müssen zum Teil zusätzliche Verdichtungen vorgenommen werden (vgl. z.B. die Berechnungsangaben auf der Seite 9 des Berichts).
- *Bemerkungen:* Jeweils wird auf Besonderheiten im Abrechnungszeitraum hingewiesen.

Weber GmbH & Co. KG

Bericht des Unternehmensbereichs

Berichtszeitraum: **November 2002**

Verantwortlich: J. Weber

Abb. 5-4: Kostenstellenbezogenes Berichtswesen (Deckblatt)

Berichtswesen Logistik Weber GmbH & Co. KG

Wareneingang Werk Vallendar

Berichtszeitraum 11/2002   Seite 1

Entwicklung des Sendungsaufkommens (Lieferscheine)

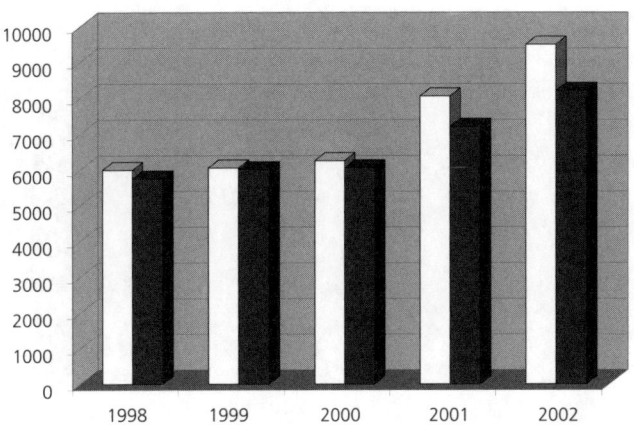

Entwicklung des Behälteraufkommens (Ladeeinheiten)

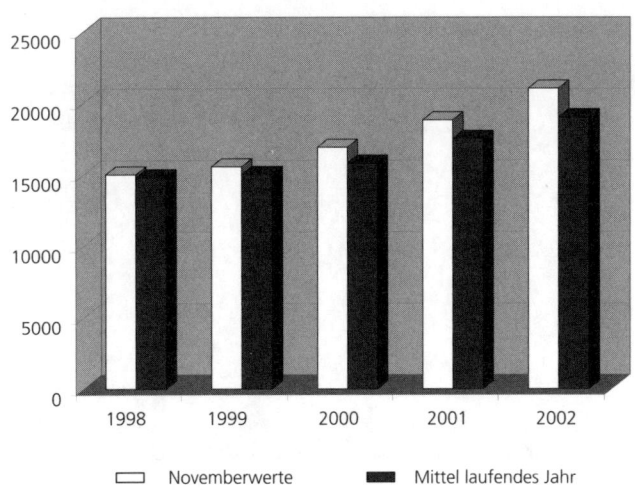

☐ Novemberwerte   ■ Mittel laufendes Jahr

Abb. 5-4: Kostenstellenbezogenes Berichtswesen (Folgeseite)

Berichtswesen für die Logistik

Berichtswesen Logistik Weber GmbH & Co. KG

Wareneingang Werk Vallendar

Berichtszeitraum 11/2002   Seite 2

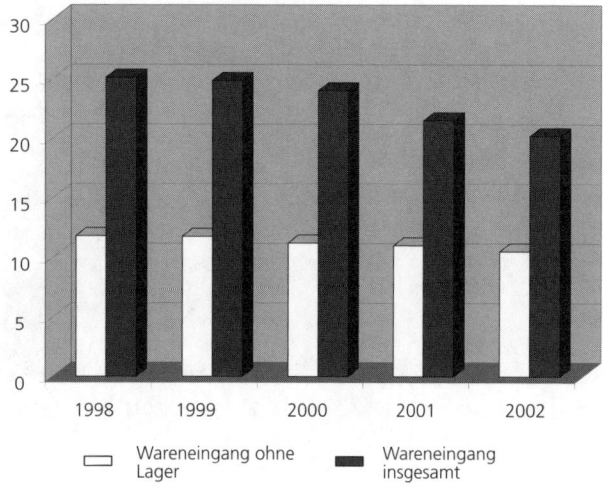

Entwicklung der Kosten (in Euro) pro Durchschnittsbehälter

□ Wareneingang ohne Lager   ■ Wareneingang insgesamt

Entwicklung der Behälterstruktur

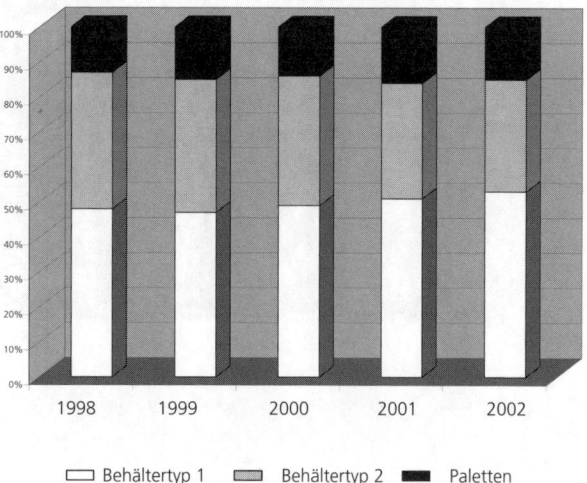

□ Behältertyp 1   ▨ Behältertyp 2   ■ Paletten

Abb. 5-4: Kostenstellenbezogenes Berichtswesen (Folgeseite)

Berichtswesen Logistik Weber GmbH & Co. KG	
Wareneingang Werk Vallendar	
Berichtszeitraum 11/2002	Seite 3

Kennzahlen Wareneingang insgesamt

(1) Hauptkennzahlen

Kennzahl	Ist aktueller Monat	Ist Vormonat	Ist Monat Vorjahr	Plan aktueller Monat	Plan-/Ist Abwei-chung
Behälter pro Arbeitstag	854	832	864	848	6
Behälter pro Mitarbeiter	561	547	532	557	4
Kosten pro Behälter					
• gesamter Wareneingang	20,18	20,21	21,15	20,46	0,28
• Wareneingang ohne Lager	10,92	11,01	11,14	10,93	0,01

BEMERKUNG: Die Kosten pro Behälter gesamter Wareneingang wurden als Summe
der auf den Lagerdurchsatz bezogenen Lagerkosten und der Kosten
pro Behälter in den anderen Kostenstellen des Wareneingangs berechnet.

(2) Weitere erläuternde Kennzahlen

Kennzahl	Ist aktueller Monat	Ist Vormonat	Ist Monat Vorjahr	Abwei-chung zu Vorjahr
Umschlagsintensität (Behälter /qm)	24,72	23,02	25,85	-4,37%
Ladungsdichte				
• Behälter/LKW	34,55	33,13	34,12	1,26%
• Behälter/Waggon	47,50	44,88	48,18	-1,41%
Sendungsdichte (Behälter/Sendung)	2,07	2,01	2,18	-5,05%
Sendungshomogenität (Sachnummern pro Sendung)	5,24	5,29	4,99	5,01%
Ladungshomogenität (Sachnummern pro Behälter)	2,53	2,63	2,29	10,48%
Anlieferungsdichte				
• LKW pro Arbeitstag	17,26	17,52	17,67	-2,22%
• Waggons pro Arbeitstag	5,43	5,52	5,42	0,18%

BEMERKUNG: Bei der Umschlagsintensität wurden die vom Wareneingang belegten
Flächen außer den Flächen des Lagers zugrunde gelegt (laufendes
Jahr 795 qm; Vorjahr 735 qm).

Kostenanteile Kostenstelle Wareneingang (prozentualer Anteil an den Gesamtkosten)

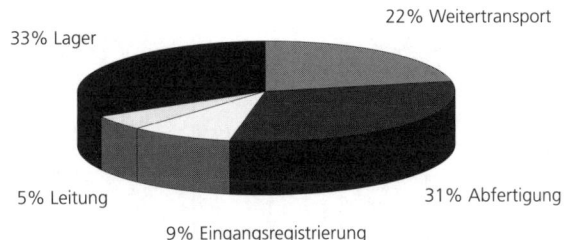

33% Lager   22% Weitertransport

5% Leitung   31% Abfertigung

9% Eingangsregistrierung

Abb. 5-4: Kostenstellenbezogenes Berichtswesen
(Folgeseite)

Berichtswesen für die Logistik

Berichtswesen Logistik Weber GmbH & Co. KG	
Wareneingang Werk Vallendar	
Berichtszeitraum 11/2002	Seite 4

Kostenarten Kostenstelle Wareneingang (prozentualer Anteil an den Gesamtkosten)

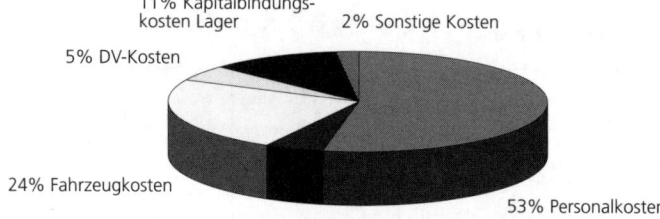

11% Kapitalbindungskosten Lager

2% Sonstige Kosten

5% DV-Kosten

24% Fahrzeugkosten

53% Personalkosten

5% Raumkosten

Kostenstellenbericht Eingangsregistrierung

(1) Leistungsbericht

Leistungsarten	Ist-wert	Plan-wert	Abwei-chung
Zahl bearbeiteter Lieferscheine	9.476	9.500	-24
Durchschnittliche Zahl von Positionen je Lieferschein	5,2	5,1	0,1
Zahl der Meldungen bei Falschlieferungen	34	30	4

(2) Vergleich von Plan- und Istkosten

Bezugsgröße:	Zahl der Lieferscheine	Ist:	9.476	Plan:	9.500

Kostenkategorien Kostenarten	Variable Kosten			Fixe Kosten		
	Ist-Kosten	Plan-Kosten	Abwei-chung	Ist-Kosten	Plan-Kosten	Abwei-chung
Gehälter	13.667	13.750	83	1.667	1.700	33
Gehaltsnebenkosten	3.417	3.450	33	417	425	8
Gehaltskosten	17.084	17.200	116	2.084	2.125	41
PERSONALKOSTEN	17.084	17.200	116	2.084	2.125	41
CPU-Zeiten	2.655	2.500	-155	0	0	0
Software-Wartung	0	0	0	500	500	0
Hardware-Wartung	0	0	0	1.750	1.750	0
Software-Miete	0	0	0	2.455	2.455	0
Hardware-Miete	0	0	0	2.115	1.750	-365
DV-Schulung	0	0	0	850	0	-850
DV-Material	128	150	22	0	0	0
DV-KOSTEN	2.783	2.650	-133	7.670	6.455	-1.215
Raumkosten	0	0	0	725	725	0
Telefon	125	150	25	0	0	0
Büromaterial	0	0	0	74	50	-24
Sonstige Kosten	0	0	0	55	100	45
SONSTIGE KOSTEN	125	150	25	854	875	21
GESAMTKOSTEN	19.992	20.000	8	10.608	9.455	-1.153

UMLAGE LEITUNG				1.514	1.534	20

Abb. 5-4: Kostenstellenbezogenes Berichtswesen (Folgeseite)

Berichtswesen Logistik Weber GmbH & Co. KG	
Wareneingang Werk Vallendar	
Berichtszeitraum 11/2002	Seite 5

(3) Verrechnungssätze

Grenzkostensatz	2,11	2,11	0,00			
Vollkostensatz				3,39	3,26	-0,13

(4) Bemerkungen

(1) Die Hardware-Miete ist außerplanmäßig durch die Inbetriebnahme eines neuen Etiketten-
   druckers gestiegen.
(2) Die DV-Schulung war auf Grund eines ungeplanten Personalwechsels erforderlich.

Kostenstellenbericht Abfertigung

(1) Leistungsbericht

Leistungsarten	Ist-wert	Plan-wert	Abwei-chung
Zahl abgefertigter LKWs	397	385	12
Zahl abgefertigter Waggons	125	120	5
Zahl abgefertigter Behälter			
• Behältertyp 1	3.825	4.000	-175
• Behältertyp 2	6.255	6.000	255
• Paletten	9.550	9.500	50
Abgefertigte Tonnage	1.488	1.500	-12
Anzahl von Schadensfällen	2	2	0
Anzahl Retouren	12	15	-3

(2) Vergleich von Plan- und Istkosten

Bezugsgröße	Ladeeinheiten, differenziert in drei Typen				
	Behältertyp 1	Äquivalenzziffer: 0,75			
	Behältertyp 2	Äquivalenzziffer: 1,50			
	Paletten	Äquivalenzziffer: 1,00			
	Bezugsgrößenmengen				
	Behältertyp 1	Ist:	3.825	Plan:	4.000
	Behältertyp 2	Ist:	6.255	Plan:	6.000
	Paletten	Ist:	9.550	Plan:	9.500

Abb. 5-4: Kostenstellenbezogenes Berichtswesen
(Folgeseite)

Berichtswesen für die Logistik

Berichtswesen Logistik Weber GmbH & Co. KG

Wareneingang Werk Vallendar

Berichtszeitraum 11/2002   Seite 6

Kostenkategorien	Variable Kosten			Fixe Kosten		
Kostenarten	Ist-Kosten	Plan-Kosten	Abwei-chung	Ist-Kosten	Plan-Kosten	Abwei-chung
Löhne	30.250	30.500	250	0	0	0
Lohnnebenkosten	24.455	25.000	545	0	0	0
Lohnkosten	54.705	55.500	795	0	0	0
Gehälter	0	0	0	4.662	4.660	-2
Gehaltsnebenkosten	0	0	0	1.195	1.200	5
Gehaltskosten	0	0	0	5.857	5.860	3
PERSONALKOSTEN	54.705	55.500	795	5.857	5.860	3
Treibstoffkosten	4.255	4.100	-155	0	0	0
Abschreibungen	0	0	0	17.500	17.500	0
Kapitalbindungskosten	0	0	0	2.800	2.800	0
Wartungskosten	4.255	3.000	-1.255	0	0	0
Instandsetzungskosten	2.496	5.000	2.504	0	0	0
Sonstige Kosten	0	0	0	1.123	850	-273
STAPLER-KOSTEN	11.006	12.100	1.094	21.423	21.150	-273
Raumkosten	0	0	0	2.550	2.550	0
Handlingsschäden	4.599	1.000	-3.599	0	0	0
Sonstige Kosten	0	0	0	512	500	-12
SONSTIGE KOSTEN	4.599	1.000	-3.599	3.062	3.050	-12
GESAMTKOSTEN	70.310	68.600	-1.710	30.342	30.060	-282

UMLAGE LEITUNG				4.979	5.139	160

(3) Verrechnungssätze

Grenzkostensatz						
Behältertyp 1	2,42	2,39	-0,03			
Behältertyp 2	4,84	4,79	-0,05			
Paletten	3,23	3,19	-0,03			
Vollkostensatz						
Behältertyp 1				3,63	3,62	-0,01
Behältertyp 2				7,27	7,24	-0,03
Paletten				4,85	4,83	-0,02

(4) Bemerkungen

(1) Es haben sich erste Erfolge der Umstellung der Instandhaltungsstrategie für die Gabelstapler eingestellt. Zwar sind die Wartungskosten höher als veranschlagt, dafür sind aber die Instandsetzungskosten überproportional gesunken.

(2) Die hohen Handlingsschäden sind auf den Bruch einer Palette mit Instrumententrägern zurückzuführen.

Abb. 5-4: Kostenstellenbezogenes Berichtswesen (Folgeseite)

Berichtswesen Logistik Weber GmbH & Co. KG		
Wareneingang Werk Vallendar		
Berichtszeitraum 11/2002	Seite 7	

Kostenstelle Weitertransport

(1) Leistungsbericht

Leistungsarten	Ist-wert	Plan-wert	Abwei-chung
Zahl transportierter Behälter			
• Behältertyp 1	3.825	4.000	-175
• Behältertyp 2	6.255	6.000	255
• Paletten	9.550	9.500	50
Transportierte Tonnage	1.488	1.500	-12
Zahl eingesetzter Fahrzeuge			
• Stapler	7	7	0
• Zugmaschinen	5	5	0
• Hänger	19	20	-1
Km-Leistung der Fahrzeuge			
• Stapler	8.523	9.000	-477
• Zugmaschinen	13.399	14.000	-601
Anzahl von Transportunfällen	1	2	-1

(2) Vergleich von Plan- und Ist-Kosten

Bezugsgröße	Ladeeinheiten, differenziert in drei Typen		
	Behältertyp 1	Äquivalenzziffer: 0,90	
	Behältertyp 2	Äquivalenzziffer: 1,25	
	Paletten	Äquivalenzziffer: 1,00	
	Bezugsgrößenmengen		
	Behältertyp 1	Ist: 3.825	Plan: 4.000
	Behältertyp 2	Ist: 6.255	Plan: 6.000
	Paletten	Ist: 9.550	Plan: 9.500

Kostenkategorien	Variable Kosten			Fixe Kosten		
Kostenarten	Ist-Kosten	Plan-Kosten	Abwei-chung	Ist-Kosten	Plan-Kosten	Abwei-chung
Löhne	20.167	20.000	-167	0	0	0
Lohnnebenkosten	16.455	16.000	-455	0	0	0
Lohnkosten	36.622	36.000	-622	0	0	0
Gehälter	0	0	0	4.873	4.875	2
Gehaltsnebenkosten	0	0	0	1.252	1.250	-2
Gehaltskosten	0	0	0	6.125	6.125	0
PERSONALKOSTEN	36.622	36.000	-622	6.125	6.125	0
Treibstoffkosten	3.523	3.500	-23	0	0	0
Abschreibungen	0	0	0	8.500	8.500	0
Kapitalbindungskosten	0	0	0	1.200	1.200	0
Wartungskosten	2.055	1.500	-555	0	0	0
Instandsetzungskosten	1.005	1.750	745	0	0	0
Sonstige Kosten	0	0	0	455	500	45
STAPLER-KOSTEN	6.583	6.750	167	10.155	10.200	45
Treibstoffkosten	2.587	2.700	113	0	0	0
Abschreibungen Zugm.	0	0	0	6.400	6.400	0
Abschreibungen Hänger	0	0	0	1.150	1.150	0
Kapitalbindungskosten	0	0	0	900	900	0
Wartungskosten	595	500	-95	0	0	0
Instandsetzungskosten	0	1.000	1.000	0	0	0
Sonstige Kosten	0	0	0	376	300	-76
ZUGMASCHINEN-KST.	3.182	4.200	1.018	8.826	8.750	-76
Raumkosten	0	0	0	455	455	0
Transportschäden	235	1.000	765	0	0	0
Sonstige Kosten	0	0	0	788	1.000	212
SONSTIGE KOSTEN	235	1.000	765	1.243	1.455	212
GESAMTKOSTEN	46.622	47.950	1.328	26.349	26.530	181

UMLAGE LEITUNG				3.609	3.880	271

Abb. 5-4: Kostenstellenbezo-genes Berichtswesen
(Folgeseite)

Berichtswesen Logistik Weber GmbH & Co. KG

Wareneingang Werk Vallendar

Berichtszeitraum 11/2002   Seite 8

(3) Verrechnungssätze

Grenzkostensatz			
• Behältertyp 1	2,02	2,09	0,07
• Behältertyp 2	2,80	2,91	0,11
• Paletten	2,24	2,33	0,09

Vollkostensatz			
• Behältertyp 1	3,32	3,42	0,11
• Behältertyp 2	4,61	4,75	0,15
• Paletten	3,68	3,80	0,12

(4) Bemerkungen

(1) Die Zahl der Unfälle hat sich durch besondere Schulung noch weiter reduzieren lassen.
(2) Es haben sich erste Erfolge der Umstellung der Instandhaltungsstrategie für die Gabelstapler und Zugmaschinen eingestellt. Zwar sind die Wartungskosten höher als veranschlagt, dagegen aber die Instandsetzungskosten sehr stark gesunken.
(3) Insgesamt liegen die Verrechnungssätze damit ca. 3% unter Plan.

Kostenstellenbericht Lager

(1) Leistungsbericht

Leistungsarten	Ist-wert	Plan-wert	Abwei-chung
Lagerdurchsatz	12.455	11.500	-955
Lagerbelegung (Regalplätze)			
• Durchschnitt	1.534	1.400	-134
• Minimum	932		
• Maximum	1.877		
Durchschnittliche Kapitalbindung (€)	5.392.775	4.975.000	-417.775
Teilereichweite (Tage)			
• Durchschnitt	24,55	25,00	0,45
• Minimum	0,00		
• Maximum	725,00		
Abweichung von der Sollreichweite			
• Durchschnitt	12,56%	15,00%	2,44%
• Maximum	2945,88%		
• Anzahl der Teile mit mehr als 10% Fehlmengensituationen	125	150	25
• Zahl der Fehlmengensituationen	7	10	3
• durchschnittlich betroffene Teilezahl	26		
• Zahl noch offener Anforderungen	2		
Lagerungsschäden			
• Anzahl von Schadensfällen	2	2	0
• davon selbst verursacht	2		
Lagerbereitschaftsgrad	99,95%	99,90%	0,05%

Abb. 5-4: Kostenstellenbezogenes Berichtswesen (Folgeseite)

| **Berichtswesen Logistik Weber GmbH & Co. KG** |
| **Wareneingang Werk Vallendar** |

Berichtszeitraum 11/2002   Seite 9

(2) Vergleich von Plan- und Ist-Kosten

Bezugsgröße	Lagerdurchsatz (Behälter pro Monat)
	Ist: 12.455 Plan: 11.500
	Lagerbelegung (Regalplätze im Monatsdurchschnitt)
	Ist: 1.534 Plan: 1.400
	Lagerbestand (Kapitalbindung im Monatsdurchschnitt)
	Ist: 5.392.775 Plan: 4.975.000

Kostenkategorien	Variable Kosten			Fixe Kosten		
Kostenarten	Ist-Kosten	Plan-Kosten	Abwei-chung	Ist-Kosten	Plan-Kosten	Abwei-chung
Löhne	18.499	18.500	1	0	0	0
Lohnnebenkosten	15.472	15.250	-222	0	0	0
Lohnkosten	33.971	33.750	-221	0	0	0
Gehälter	0	0	0	4.895	4.875	-20
Gehaltsnebenkosten	0	0	0	1.266	1.250	-16
Gehaltskosten	0	0	0	6.161	6.125	-36
PERSONALKOSTEN	33.971	33.750	-221	6.161	6.125	-36
Treibstoffkosten	1.645	1.750	105	0	0	0
Abschreibungen	0	0	0	8.500	8.500	0
Kapitalbindungskosten	0	0	0	1.200	1.200	0
Wartungskosten	2.055	1.500	-555	0	0	0
Instandsetzungskosten	3.512	1.750	-1.762	0	0	0
Sonstige Kosten	0	0	0	512	500	-12
STAPLER-KOSTEN	7.212	5.000	-2.212	10.212	10.200	-12
Software-Wartung	0	0	0	750	750	0
Hardware-Wartung	0	0	0	1.550	1.550	0
Software-Abschreibung	0	0	0	325	325	0
Hardware-Abschreibung	0	0	0	1.150	1.150	0
Sonstige DV-Kosten	0	0	0	239	250	11
DV-KOSTEN	0	0	0	4.014	4.025	11
Abschreibungen	0	0	0	5.098	5.098	0
Kapitalbindungskosten	0	0	0	4.079	4.079	0
Instandhaltung Gebäude	0	0	0	2.345	1.000	-1.345
Instandhaltung Regale	422	500	78	0	0	0
GEBÄUDEKOSTEN	422	500	78	11.522	10.177	-1.345
KAPITALBINDUNGSKOSTEN	35.952	33.167	-2.785	0	0	0
Lagerschäden	12	500	488	0	0	0
Sonstige Kosten	0	0	0	552	750	198
SONSTIGE KOSTEN	12	500	488	552	750	198
GESAMTKOSTEN	77.569	72.917	-4.652	32.461	31.277	-1.184

UMLAGE LEITUNG				5.442	5.427	-15

(3) Verrechnungssätze

Grenzkostensatz						
Bewegter Behälter	3,31	3,37	0,06			
€ Lagerbestand	0,01	0,01	0,00			
Vollkostensatz						
Bewegter Behälter				5,02	5,25	0,23
Belegter Regalplatz				34,49	35,14	0,65

(4) Berechnungsangaben

(1) In die Grenzkosten pro bewegtem Behälter fließen die variablen Personalkosten und die variablen Staplerkosten ein.
(2) Die Grenzkosten pro Euro Lagerbestand sind ausschließlich die Kapitalbindungskosten.
(3) Die Vollkosten pro bewegtem Behälter bilden sich durch die Personalkosten, die Staplerkosten sowie die Hälfte der DV-Kosten, der sonstigen Kosten und der Umlage.
(4) Die Vollkosten pro belegtem Regalplatz ermitteln sich als Summe aus den Gebäudekosten, den Kapitalbindungskosten sowie der Hälfte der DV-Kosten, der sonstigen Kosten und der Umlage.

Abb. 5-4: Kostenstellenbezogenes Berichtswesen (Folgeseite)

Berichtswesen für die Logistik

(5) Bemerkungen

(1) Der Lagerbestand ist im Vergleich zum Plan stark angestiegen. Gleiches gilt für den Lagerdurchsatz. Dadurch sind die Vollkosten pro Behälter bzw. pro Regalplatz gesunken.

(2) Die hohen Instandsetzungskosten bei den Staplern sind auf einen Unfall zurückzuführen.

(3) Bei den gegenüber dem Plan stark erhöhten Regalinstandhaltungskosten handelt es sich um eine seit längerem geplante Regalreparatur.

Kostenstellenbericht Leitung Wareneingang

(1) Leistungsbericht

Leistungsarten	Ist-wert	Plan-wert	Abwei-chung
(a) Kommissionierung			
Zahl angelieferter Ladeeinheiten	895	800	95
Zahl abgelieferter Lagereinheiten	1.422	1.150	272
Zahl der Kommissionierungsaufträge	455	450	5
(b) Wareneingangsleitung			
Betreute Mitarbeiter	35		
Betreutes Anlagevermögen (Tsd. €)	3.655		

(2) Vergleich von Plan- und Ist-Kosten

Kostenarten / Kostenplätze	Kommissionierung			Leitung		
	Ist-Kosten	Plan-Kosten	Abwei-chung	Ist-Kosten	Plan-Kosten	Abwei-chung
Löhne	1.188	1.200	13	0	0	0
Lohnnebenkosten	896	900	4	0	0	0
Lohnkosten	2.083	2.100	17	0	0	0
Gehälter	0	0	0	8.750	8.800	50
Gehaltsnebenkosten	0	0	0	2.917	3.000	83
Gehaltskosten	0	0	0	11.667	11.800	133
PERSONALKOSTEN	2.083	2.100	17	11.667	11.800	133
CPU-Zeiten	345	500	155	126	200	74
Software-Wartung	50	50	0	25	25	0
Hardware-Wartung	0	0	0	129	100	-29
Software-Miete	55	55	0	0	0	0
Hardware-Miete	0	0	0	0	0	0
Sonstige DV-Kosten	59	50	-9	41	60	19
DV-KOSTEN	509	655	146	321	385	64
Raumkosten	95	95	0	145	145	0
Telefon	0	0	0	539	500	-39
Büromaterial	12	50	38	39	50	11
Sonstige Kosten	55	100	45	79	100	21
SONSTIGE KOSTEN	162	245	83	802	795	-7
GESAMTKOSTEN	2.754	3.000	246	12.790	12.980	190

(3) Kostenverrechnung

Die Gesamtkosten dieser Kostenstelle werden auf die anderen Kostenstellen des Wareneingangs als Zuschlag auf deren Gesamtkosten verrechnet.

(4) Bemerkungen

Die Hardware-Miete ist außerplanmäßig durch die Inbetriebnahme eines neuen Servers gestiegen.

Abb. 5-4: Kostenstellenbezogenes Berichtswesen (Folgeseite)

4.2. Beispiel eines primär Transparenz für übergeordnete Hierarchieebenen der Logistik schaffenden Berichtswesens

Das Beispiel eines primär einer übergeordneten Transparenz über dezentrale Stellen dienenden Berichtswesens bezieht sich ebenfalls auf das soeben betrachtete Unternehmen, bezieht jetzt aber alle Logistikbereiche mit ein. Gerichtet an das Zentralcontrolling und die zentrale Logistikabteilung wird – wie der 6-seitigen *Abbildung 5-5* im Detail zu entnehmen – zunächst ein Gesamtüberblick gegeben, bevor detailliertere Daten über die Beschaffungs-, die Produktions- und die Distributionslogistik folgen.

Das zweite Berichtsbeispiel betrachtet die Gesamtlogistik

V-L
J. Weber
30.01.2003

Weber GmbH & Co. KG
Werk Vallendar

Kosten- und Leistungsbericht Jahr 2002

    (1) Gesamtentwicklung
    (2) Kosten und Leistungen Beschaffungslogistik
    (3) Kosten und Leistungen Produktionslogistik
    (4) Kosten und Leistungen Distributionslogistik

Verteiler:

Dr. B. Hirsch
Dr. B.E. Weißenberger

Abb. 5-5: Werksbezogenes Berichtswesen (Deckblatt)

4.2.1. Gesamtentwicklung

Hier erscheinen – stark aggregiert – die wichtigsten Leistungs- und Kostenkenngrößen des betrachteten Werks. Sie sind zunächst tabellarisch angegeben. Um eine bessere Beurteilungsbasis zu geben, erfolgt die Darstellung als 5-Jahres-Übersicht. Unter den Bemerkungen folgen wenige kommentierende Angaben, die der Logistikleitung des Werks als besonders charakteristisch für das Jahr 2002 erscheinen. Anschließend werden die Zahlen graphisch veranschaulicht. Sie sind jeweils auf das Jahr 1998 als Basisjahr bezogen und prozentual dargestellt. Hierdurch wird die Entwicklung der einzelnen Größen besonders deutlich.

4.2.2. Kosten und Leistungen der einzelnen Logistikbereiche

Anschließend erfolgt die Darstellung der drei Logistikbereiche Beschaffungs-, Produktions- und Distributionslogistik. Auf den Informationsstand und damit auf das Informationsbedürfnis der Zentralstellen ausgerichtet werden im ersten Schritt die jeweils betroffenen Kostenstellen genannt. Es schließen sich die wichtigsten Kosten- und Leistungsgrößen an, die wiederum im 5-Jahres-Vergleich dargestellt sind. Die Zahlen der Beschaffungslogistik sind uns dabei in der Struktur schon aus dem ersten Berichtswesenbeispiel geläufig. Abschließend wird wiederum versucht, die Situation des jeweiligen Bereichs im Berichtsjahr kurz mit wenigen Aussagen zu beschreiben.

5. Fazit

Das Berichtswesen bildet eine wesentliche Schnittstelle zwischen den Controllern und den Managern. Zahlen müssen nicht nur produziert, sondern auch empfängergerecht gestaltet und präsentiert werden. Hier besteht in der Unternehmenspraxis derzeit immer noch ein Mangel (»Zahlenfriedhöfe«). Controller sollten diesen Mangel schnellstens abstellen. Zum einen verfügen sie über das dafür notwendige Know how (zumindest sollten sie); zum anderen zeigen empirische Erhebungen, dass in der Verbesserung des Berichtswesens ein wesentlicher Hebel liegt, die Zufriedenheit der Manager zu erhöhen – und diese sollte den Controllern angesichts des zunehmenden internen Wettbewerbs nicht gleichgültig sein!

	1998	1999	2000	2001	2002

Berichtswesen Logistik Weber GmbH & Co. KG

Jahresbericht Werk Vallendar

Berichtsjahr: 2002   Seite 1

(1) Gesamtentwicklung

Zahlen

	1998	1999	2000	2001	2002
Logistikkosten insgesamt	10.521	10.554	10.819	11.530	12.622
Anteil der Logistikkosten an den Gesamtkosten	13,27%	13,16%	13,20%	13,11%	13,09%
Lagerbestandswert					
• absolut	15.950	16.550	15.912	15.410	12.415
• bezogen auf Umsatz	19,72%	19,90%	18,69%	16,82%	12,33%
Logistikpersonal	120	114	112	110	102
Warenaufkommen Beschaffung	187.164	206.784	217.344	228.060	235.572
Zahl der Fertigungsaufträge	10.670	11.876	14.887	23.509	34.990
Warenaufkommen Distribution	123.833	136.882	143.756	166.723	211.417
Zahl der Kundenaufträge	18.766	23.088	25.453	34.819	52.132

Bemerkungen

(1) Entsprechend der erfreulichen Geschäftsentwicklung in den letzten Geschäftsjahren ist das Leistungsvolumen der Logistik deutlich gestiegen.
(2) Die Anstrengungen zur Lagerbestandsreduzierung haben einen nachhaltigen Erfolg gezeigt. Im
Vergleich zum Vorjahr konnte eine nochmalige deutliche Bestandsreduzierung erreicht werden.
(3) Immer kleinere Aufträge haben zu einer deutlich gestiegenen Arbeitsbelastung im Versand geführt.
(4) Trotzdem hat sich der Personalbestand in der Logistik in den letzten Jahren leicht verringern lassen.
Die Reduktion von 2001 auf 2002 ist durch die Investition im Vertriebsbereich erreicht worden.

Im Folgenden werden die in der Tabelle aufgeführten Zahlen grafisch veranschaulicht. Zur besseren
Übersichtlichkeit erfolgt die Angabe in Prozent bezogen auf das Basisjahr 1998.

Physische Leistungsentwicklung (Basisjahr: 1998)

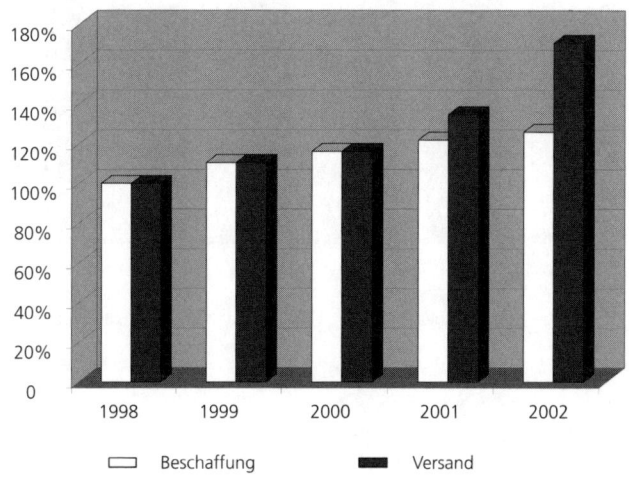

Abb. 5-5: Werksbezogenes
Berichtswesen (Folgeseite)

146

Berichtswesen für die Logistik

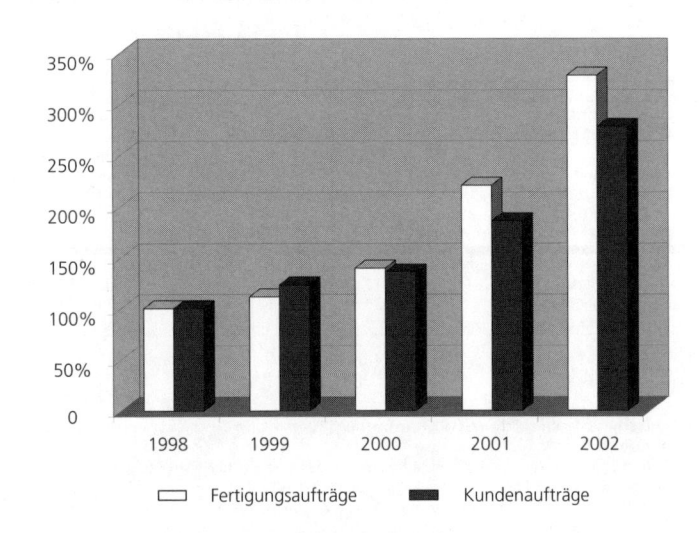

Berichtswesen Logistik Weber GmbH & Co. KG

Jahresbericht Werk Vallendar

Berichtsjahr: 2002   Seite 2

Physische Leistungsentwicklung (Basisjahr: 1998)

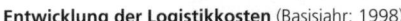

□ Fertigungsaufträge   ■ Kundenaufträge

Entwicklung der Logistikkosten (Basisjahr: 1998)

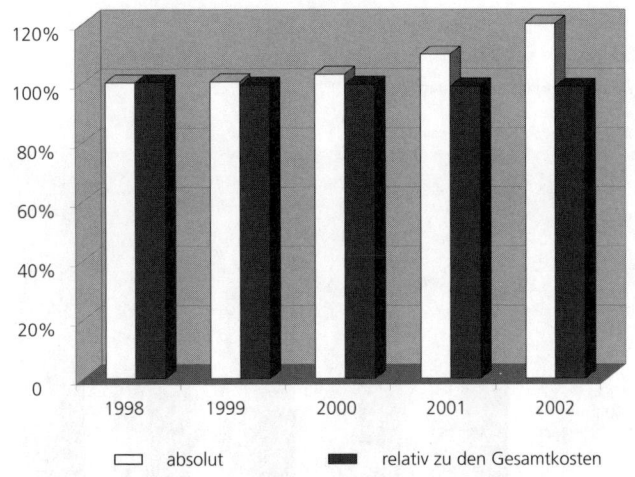

□ absolut   ■ relativ zu den Gesamtkosten

Abb. 5-5: Werksbezogenes Berichtswesen (Folgeseite)

Berichtswesen Logistik Weber GmbH & Co. KG	
Jahresbericht Werk Vallendar	
Berichtsjahr: 2002	Seite 3

Entwicklung der Lagerbestände (Basisjahr: 1998)

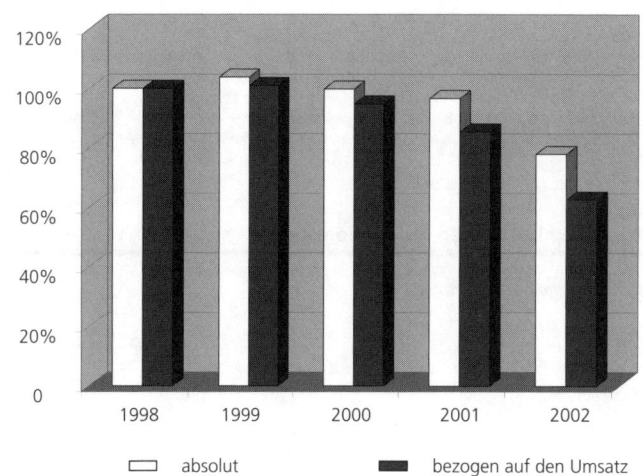

☐ absolut   ■ bezogen auf den Umsatz

(2) Kosten und Leistungen Beschaffungslogistik

Kostenstellen der Beschaffungslogistik

Physischer Bereich

• Warenannahme
• Abfertigung
• Weitertransport
• Eingangslager

Administrativ-dispositiver Bereich

• Eingangsregistrierung
• Bestelldisposition
• Leitung Wareneingang

Jeweils Verrechnung mittels Verrechnungssätzen auf die Materialarten; die Kostenstelle Leitung wird als Vorkostenstelle behandelt und auf die anderen Kostenstellen der Beschaffungslogistik umgelegt.

Zahlen

	1998	1999	2000	2001	2002
Physische Gesamtleistung					
• Behältertyp 1	27.336	37.284	40.620	45.420	45.900
• Behältertyp 2	72.180	80.556	80.844	80.544	75.060
• Paletten	87.648	88.944	95.880	102.096	114.612
Administrative Gesamtleistung					
• Zahl Bestellungen	58.956	75.684	65.484	89.640	98.136
• Teilevielfalt (Zahl lebender Teile)	9.645	9.866	10.905	13.955	16.001
Lagerbestandswert					
• absolut	7.985	8.004	7.644	7.414	5.689
• bezogen auf Materialkosten	30,83%	32,41%	30,03%	26,54%	18,77%
Gesamtkosten Beschaffungslogistik	4.107	4.008	3.962	4.195	4.321
Anteil an den Werks-Gesamtkosten	5,18%	5,00%	4,84%	4,77%	4,48%
Logistikpersonal	50	46	46	44	46

Abb. 5-5: Werksbezogenes Berichtswesen (Folgeseite)

Berichtswesen Logistik Weber GmbH & Co. KG

Jahresbericht Werk Vallendar

| Berichtsjahr: 2002 | Seite 4 |

Bemerkungen

(1) Bedingt durch die stärkere Produktdifferenzierung ist auch in der Beschaffung eine deutlich gestiegene Vielzahl von Materialien zu beobachten. Die Zahl unterschiedlicher Materialarten hat sich in den letzten fünf Jahren fast verdoppelt.

(2) Das Eingangslager konnte im Bestand deutlich verringert werden. Die Umschlagshäufigkeit hat den Wert 5 bereits überschritten. Dafür hat die Bestellhäufigkeit weiter zugenommen. Dies führte zur Neueinstellung von zwei Mitarbeitern in der Bestelldisposition.

(3) In summa hat sich der Anteil der Beschaffungslogistikkosten an den Gesamtkosten auch in diesem Jahr – wie in den davor liegenden vier Jahren auch – weiter verringern lassen.

(3) Kosten und Leistungen Produktionslogistik

Kostenstellen der Produktionslogistik

Physischer Bereich	Administrativ-dispositiver Bereich
• Interner Transport	• Arbeitsvorbereitung
• Zwischenlager Beize	• Leitung Produktionslogistik

Bislang noch Verrechnung sämtlicher Produktionslogistik-Kosten als Teil der Fertigungsgemeinkosten. Für 2003 ist die Einrichtung eines Teams geplant, das sich mit einer möglichen Verbesserung dieser Verrechnung beschäftigen wird.

Zahlen

	1998	1999	2000	2001	2002
Physische Gesamtleistung					
• transportierte Behälter	192.775	211.665	219.723	235.887	260.623
• transportierte Rollen	1.340	1.301	1.450	744	720
Administrative Gesamtleistung					
• Zahl Fertigungsaufträge	10.670	11.876	14.887	23.509	34.990
• Produktvielfalt (Zahl lebender eigenerstellter Produktarten)	1.105	1.244	1.599	1.899	2.540
Lagerbestandswert					
• absolut	455	510	785	921	1.022
• bezogen auf Materialkosten	1,76%	2,07%	3,08%	3,30%	3,37%
Gesamtkosten Produktionslogistik	2.013	2.116	2.392	2.592	2.745
Anteil an den Werks-Gesamtkosten	2,54%	2,65%	2,91%	2,95%	2,81%
Logistikpersonal	22	16	8	16	18

Bemerkungen

(1) Nach dem im Jahr 2000 misslungenen Experiment der Fremdvergabe des internen Transports wurde der Personalbestand in dieser Abteilung 2002 dem erhöhten Transportaufkommen angepasst.

(2) Die erhöhten Lagerbestände in der Produktion sind die Konsequenz der gestiegenen Zahl der Produkte. Das Gegensteuern durch kleine Lose hat nur bedingt Erfolg gehabt.

(3) Der Anteil der Produktionslogistikkosten an den Gesamtkosten konnte im letzten Jahr durch ein aufgelegtes Rationalisierungsprojekt nicht unerheblich reduziert werden.

Abb. 5-5: Werksbezogenes Berichtswesen (Folgeseite)

Berichtswesen Logistik Weber GmbH & Co. KG		
Jahresbericht Werk Vallendar		
Berichtsjahr: 2002	Seite 5	

(4) Kosten und Leistungen Distributionslogistik

Kostenstellen der Distributionslogistik

Physischer Bereich	Administrativ-dispositiver Bereich
• Versandverpackung	• Versanddisposition
• Fertigwarenlager	• Leitung Distributionslogistk
• Außenlager Fasanenweg	
• Versand	

Verrechnung aller Kosten der Distributionslogistik derzeit noch als Teil der Vertriebsgemeinkosten. 2003 wird pilotmäßig für einzelne Produkte eine Verrechnung auf Basis von Verrechnungssätzen vorgenommen.

Zahlen

	1998	1999	2000	2001	2002
Physische Gesamtleistung					
versandte Packstücke	122.578	135.677	142.446	165.725	210.667
versandte Rollen	1.255	1.205	1.310	998	750
Administrative Gesamtleistung					
Zahl Versandaufträge	18.766	23.088	25.453	34.819	52.132
Produktvielfalt (Zahl lebender Produkte)	1.455	1.590	1.811	2.269	3.057
Lagerbestandswert					
absolut	3.975	6.896	7.483	8.215	9.239
bezogen auf Herstellkosten	5,01%	8,60%	9,14%	9,34%	9,64%
Gesamtkosten Distributionslogistik	4.401	4.420	4.465	4.743	5.556
Anteil an den Werks-Gesamtkosten	5,55%	5,51%	5,45%	5,39%	5,80%
Logistikpersonal	48	52	58	50	38

Bemerkungen

(1) Entsprechend der Umsatzentwicklung ist die Leistung der Distributionslogistik stark gestiegen.

(2) Das Bestreben der Kunden, ihre Eingangsläger möglichst gering zu halten, hat sich sehr ungünstig auf die Distributionslogistik ausgewirkt. Zum einen ist die Zahl der Versandaufträge dramatisch angestiegen. Zum anderen hat sich der Lagerbestand um fast 1 Mio. € erhöht. Bezogen auf den Umsatz fällt letztere Steigerung allerdings deutlich geringer aus.

(3) Trotz dieser erheblichen Mehrleistungen ist der Anteil der Distributionslogistikkosten an den Gesamtkosten kaum gestiegen.

(4) Die stark erhöhten Anlagenkosten (Automatisierung des Versandlagers) sind durch Reduzierungen des Personalbestands somit praktisch aufgefangen worden.

Abb. 5-5: Werksbezogenes Berichtswesen (Folgeseite)

6.   Zitierte und weiterführende Literatur

• Göpfert, I./Kummer, S./Weber, J. (1993): Logistik-Kennzahlen in der Praxis, in: Weber, J. (Hrsg.): Praxis des Logistik-Controlling, Stuttgart, S. 233-251.

• Keebler, J.S. (2000): The State of Logistics Measurement. In: Supply Chain & Logistics Journal, 3. Jg, Spring, S. 1-7.

• Lingle, J.H./Schieman, W.A. (1996): From Balanced Scorecard to Strategic Gauges – Is Measurement Worth It? In: Management Review,

Berichtswesen für die Logistik

March, S. 56-61.
- Weber, J. (Hrsg.) (1995): Kennzahlen für die Logistik, Stuttgart.
- Weber, J./Blum, H. (2001): Logistik-Controlling. Konzept und empirischer Stand, Schriftenreihe Advanced Controlling, Bd. 20, Vallendar.
- Weber, J./Sandt, J. (2001): Erfolg durch Kennzahlen. Neue empirische Erkenntnisse, Schriftenreihe Advanced Controlling, Bd. 21, Vallendar.

Kalkulation der Logistikkosten Kapitel 6

Management Summary

Die Kalkulation lässt sich gewissermaßen als die »Krone der Kostenrechnung« bezeichnen. Um sie tragen zu können, muss eine Vielzahl von Vorarbeiten erfüllt sein. Sie erfordert eine Maximalaufspannung von Basisdaten. Analog gilt dies auch für die Kalkulation der Logistikkosten. Sie werden in den Unternehmen produktbezogen immer noch durchweg falsch, die »eigentliche« Kostenverursachung sehr verzerrt widerspiegelnd, zugerechnet. Angesichts der Höhe des Verrechnungsfehlers sind die kalkulationsbedingten Kostenunterschiede erheblich und damit brisant: Sie können dazu führen, dass das Produktions- und Absatzprogramm deutlicher Bereinigungen und Umstrukturierungen unterzogen werden muss.

Selbst dann, wenn die Logistik – wie in den vorangegangenen Kapiteln dargestellt – in der Kostenarten- und der Kostenstellenrechnung adäquat berücksichtigt ist, wird eine exakte Kalkulation oftmals an einem zu hohen Erfassungsaufwand scheitern. Deshalb sind pragmatische Hilfswege zu beschreiten. Für die laufende Überprüfung der Kosten- und Erfolgsentwicklung der Produkte wird die damit gelieferte Zurechnungsgenauigkeit zumeist ausreichen; im Falle sich abzeichnender Handlungsbedarfe (z.B. deutlicher Verluste einzelner Produkte) sind ohnehin detailliertere, fallweise Analysen erforderlich.

Eine prozessbezogene Kalkulation der Logistikkosten liefert schließlich nicht nur für Produkte genauere Werte: Logistikkosten von Versandaufträgen als Beispiel können häufig leichter einzelnen Kunden als einzelnen Produkten zugeordnet werden. Damit werden u.a. auch Kundenerfolgsrechnungen unterstützt bzw. deutlich aussagefähiger.

1. Einführung

An dieser Stelle des Vorgehens sind alle wichtigen Vorarbeiten geleistet, um den letzten Schritt zu gehen, die Logistik adäquat im internen Rechnungswesen zu berücksichtigen: Um die Logistikkosten zu kalkulieren, d.h. sie Produkten und anderen Kostenträgern zuzurechnen. Wenige Unternehmen können mit Fug und Recht von sich behaupten, für jedes (maßgebliche) Erzeugnis exakt die Höhe der in dieses eingehenden Logistikkosten angeben zu können. Welche Gründe hierfür ausschlaggebend sind und welche Wege bestehen, diesem wenig befriedigenden Zustand abzuhelfen, sei im Folgenden näher betrachtet.

Zunächst sei allerdings noch auf ein eher terminologisches Problem hingewiesen. Auf die Diskussion, die wir im Folgenden unter dem Stichwort »Logistikkostenkalkulation« führen wollen, trifft man mit ähnlichem Inhalt typischerweise unter dem Label »Prozesskostenkalkulation« an – wir werden den Begriff selbst im 7. Kapitel verwenden (»unternehmensübergreifende Prozesskostenrechnung«). Die Prozesskostenrechnung ist als Antwort auf die starke Zentrierung der traditionellen Kostenrechnung auf direkte Produktionstätigkeiten entstanden. Sie gewinnt ihre Berechtigung und Bedeutung durch einen Mangel der Anpassung der Kostenrechnung an geänderte Rahmenbedingungen: Der Schwerpunkt der Kostenbeeinflussbarkeit hat sich in den indirekten Bereich und in den Bereich struktureller Festlegungen verlagert. Dem ist keine Kostenrechnung in den Unternehmen gefolgt.

Die Prozesskostenrechnung ist konzeptionell nichts Neues – aber dennoch praktisch sehr bedeutsam

Das Hauptanliegen der Prozesskostenrechnung besteht darin, diese indirekten Bereiche besser als bislang Produkten zuzurechnen. Sie folgt dabei dem Zurechnungsprinzip der Vollkostenrechnung (Verursachungsprinzip), verwendet ein bekanntes Vorgehensprinzip (Bildung von Kostenstellen als Bereiche homogener Aktivitäten) und will ihre Ergebnisse auch nach bekannten Regeln verstanden wissen (Hinweise für Produktgestaltung, Vermeidung von interner Subventionierung usw.). Neu sind insbesondere die verwendeten Begriffe (»Kostentreiber« statt Bezugsgröße) und der Verweis auf die strategische Bedeutung der Rechnung – wenn Sie sich an das Zitat von Eugen *Schmalenbach* im ersten Kapitel dieses Buches (S. 15) erinnern, ist allerdings auch hierzu 1899 schon (fast) alles gesagt!

Betrachtet man die vorliegenden Beispiele zur Prozesskostenrechnung, so fällt auf, dass viele der angeführten Prozesse der Logistik entnommen sind (z.B. Produktionssteuerung, Bestelldisposition, Wareneingang, Versandsteuerung). Wer sich mit Prozesskostenrechnung befassen will, sollte und muss deshalb in erster Linie logistische Prozesse besser als bislang erfassen, strukturieren und kalkulieren - oder mit anderen Worten: Die Logistikkostenrechnung und die Prozesskostenrechnung gehen Hand in Hand!

Die meisten in der Prozesskostenrechnung genauer abgebildeten Kosten sind Logistikkosten

2. Überblick über mögliche Kalkulationsobjekte

2.1. Produkte

Die Wurzeln für das, was wir heute Kostenrechnungssysteme nennen, liegen im ersten Drittel des letzten Jahrhunderts, einer Zeit, in der – aus bekannten Gründen – die Unternehmen zunehmend öffentliche Aufträge abzuwickeln hatten. Für diese ein möglichst gerechtes Entgelt zu bestimmen, war neben der Schaffung von Transparenz die ursprüngliche Aufgabe der Kostenrechnung. Man kann den Aufbau der Vollkostenrechnung nur verstehen, wenn man die überragende Bedeutung des Rechnungszwecks Produktkalkulation kennt. Diese Zentrierung geht soweit, dass »Kalkulation« und »Produktkalkulation« häufig als Synonyme verwendet werden.

Die Vollkostenrechnung will
möglichst verursachungsgerecht die Kosten der Produkte ermitteln...

Produkte sind sicherlich auch ein zentrales Kalkulationsobjekt bei dem Bemühen, anfallende Logistikkosten möglichst verursachungsgerecht zu kalkulieren. Der Grad der erreichbaren Verbesserung ist in den meisten Unternehmen kaum abschätzbar groß:

- *Zurechnungsfehler durch Materialgemeinkostenzuschläge*
  Die Kosten der Beschaffungslogistik werden in aller Regel als Zuschlag bezogen auf den Materialwert (Materialgemeinkostenzuschlag) umgelegt. Nur ein geringer Teil (z.B. spezifische Frachten) werden (als Beschaffungsnebenkosten) direkt materialbezogen zugeordnet. Kaum ein Kostenbetrag im Wareneingang und in der Bestelldisposition hängt aber tatsächlich vom Wert der beschafften Teile ab. Der Zusammenhang ist allenfalls für einige Transportversicherungen zutreffend. Selbst die Kapitalbindungskosten werden nur zu einem Teil vom Wert eines Teils festgelegt: Es wäre heroisch anzunehmen, dass die Lagermengen aller Teile übereinstimmten! Für den derzeitigen Verrechnungsmodus spricht nur seine Einfachheit. Der Grad der Verzerrung tatsächlichen Kostenanfalls ist dagegen immens.

...und macht dabei bei den
Logistikkosten diverse
Fehler!

- *Zurechnungsfehler durch Fertigungsgemeinkostenzuschläge*
  Die Kosten der Produktionslogistik gehen in den Fertigungsgemeinkosten der Endkostenstellen unter, erreichen diese darüber hinaus zumeist noch nicht einmal direkt (als Ergebnis einer leistungsbezogenen Verrechnung), sondern lediglich mittels pauschaler Umlagen. Wiederum verzerrt dieser Anlastungsmodus die tatsächliche Struktur des Kostenanfalls erheblich: Es ist allenfalls in Ausnahmefällen so, dass ein Produkt mit höheren Fertigungs(einzel)kosten in gleichem Maße auch höhere Logistikkosten verursacht. Das jetzige Prozedere ist zwar einfach, aber verfälschend.

- *Zurechnungsfehler durch Vertriebsgemeinkostenzuschläge*
  Für die Kosten der Distributionslogistik gilt Analoges wie für die Kosten im Bereich der Beschaffungslogistik: Es erfolgt eine pauschale Verrechnung als Zuschlagsatz (Vertriebsgemeinkosten), hier bezogen auf die Herstellkosten der Produkte. Wiederum sind einige separierbare Beträge (als Sondereinzelkosten des Vertriebs) von diesem pauschalen Vorgehen ausgenommen. Es muss an dieser Stelle nicht weiter ausge-

führt werden, dass auch dieser Anlastungsmodus alles andere als verursachungsgerecht ist.

Die Kostenträgerrechnung – so wie man sie immer noch in den meisten Betrieben vorfindet – verteilt die Logistikkosten mit der Pauschalität einer Gießkanne, wobei einige Löcher – völlig ungerechtfertigt – noch dazu größer sind als andere. Ein Kleinauftrag wird genauso behandelt wie ein Großauftrag, ein Just-in-Time-Teil genauso wie eine Teileart, die einmal im Jahr angefasst wird, eine nur selten gefertigte Spezialvariante eines Produkts genauso wie das Basisprodukt, von dem permanent große Mengen hergestellt und abgesetzt werden. Angesichts einer Umsatzrendite der Unternehmen, die zumeist in der Größenordnung eines oder allenfalls einiger weniger Prozentpunkte liegt, ist die Problematik des Status Quo offensichtlich.

2.2. Andere Kalkulationsobjekte

Spätestens seit dem letzten Drittel des letzten Jahrhunderts verlieren die Produkte ihr Monopol als Kalkulationsobjekte. Gegenstände von Entscheidungen sind nicht nur Produkte. Absatzorientiert kommen zumindest Kunden, Märkte und Vertriebswege hinzu, beschaffungsbezogen spiegelverkehrt Lieferanten sowie Beschaffungsmärkte und -wege, produktionsseitig Verfahren und Anlagen.

Wie sich die Kostenrechnung im Bereich der Kostenträgerrechnung auf diese Entwicklung einstellen soll, ist in der einschlägigen Literatur hinlänglich beschrieben. Im Idealfall wird jeder anfallende Kostenbetrag mit allen möglicherweise interessierenden Merkmalen versehen. Neben die Kostenart, die Kostenstelle, die Kosteneigenschaft (fix, variabel) und die Produktzuordnung als teils alternativ, teils parallel zutreffendes Merkmal treten somit auch die zuvor skizzierten Arten von Kalkulationsobjekten wie Kunde, Absatzmarkt, Lieferant, Auftrag usw. Geht man diesen Weg konsequent, muss man die Kostenrechnung auf der Datengrundlage einer (relationalen) Datenbank betreiben, auf die Auswertungsprogramme für die verschiedensten Zwecke zugreifen können.

Diesem Ideal ist die Praxis auf Grund entsprechend leistungsfähiger Standard-Softwarelösungen in den letzten Jahren ein gehöriges Stück nähergekommen (vgl. z.B. *Weber* 2002, S. 268-283). Dennoch: Aufgrund des Massendatencharakters der Kostenrechnung sind beliebige Kombinationen der Kosten von Geschäftsvorfällen »auf Knopfdruck« auch heute noch nicht möglich; Derartiges funktioniert nur in der vom Datenvolumen her stark eingeschränkten Welt von Data Warehouses. Daten für jede möglicherweise interessierende Auswertung laufend zu erfassen, ist darüber hinaus unwirtschaftlicher, als den laufend erfassten Datenbestand nur auf die wesentlichen Auswertungszwecke auszurichten und selten auftretende Fragen an die Kostenrechnung durch fallweise Datenbereitstellungen zu befriedigen.

Was bedeutet dies nun für die Kalkulation von Logistikkosten? Es wird in der Regel ausreichen, die anfallenden Logistikkosten in der bestehenden produktorientierten Systematik möglichst differenziert zu erfassen und auszuweisen. Die hierzu nötigen Schritte sind konzeptionell an dieser Stelle schon vorbereitet: Wir haben für den Wareneingangsbereich für alle dort gebildeten Kostenstellen eine prozessorientierte Kalkulation vorgenommen, Bestellungen, Aufträge und Sendungen ebenso kalkuliert wie einzelne Behälterströme. Aus diesen Daten kann man nicht nur Produktkalkulationen generieren, sondern z.B. auch die Kostendifferenz unterschiedlicher Bestellhäufigkeiten ermitteln. Die Prozesskalkulation, die sich für die Logistik fast zwangsläufig ergibt, schafft einen erheblichen Teil der Datenbasis, die für andere Kalkulationsobjekte als Produkte notwendig ist. Ob sich die Kalkulation selbst innerhalb oder außerhalb der normalen Kostenträgerrechnung bewegen wird, ist an dieser Stelle noch offen – wir gehen später noch genauer darauf ein.

3. Zwecke einer genauen Kalkulation der Logistikkosten

Exakte Logistikkostenkalkulationen sind in mehrfacher Hinsicht von hohem Nutzen. Die wichtigsten Nutzenfelder seien im Folgenden skizziert.

3.1. Produktbezogene Rechnungszwecke

3.1.1 Preiskalkulation

Hat das Unternehmen Preise aus den Kosten abzuleiten (Kostenpreise), so wird durch eine exakte Zuordnung der Logistikkosten vermieden, dass anfallende Kosten nicht vom Abnehmer der Produkte entgolten werden. Kostenpreise sind keinesfalls nur auf bestimmte öffentliche Aufträge beschränkt. Man findet sie vielmehr z.B. auch bei speziellen, nur für ganz bestimmte Kunden gefertigten Produkten. In der Automobilindustrie z.B. werden zwischen Produzent und Lieferant schon frühzeitig Preise für speziell zu fertigende Bauteile vereinbart, denen Herstellkosten der Produzenten zugrunde liegen. Dass in diese Werte Logistikkosten nur sehr pauschal eingeflossen sind, macht sich aktuell für Zulieferer unangenehm bemerkbar: Die logistischen Anforderungen der Automobilproduzenten sind immer stärker gestiegen, die mit dieser Steigerung verbundenen zusätzlichen Kosten aber aus der Nachkalkulation nicht unmittelbar ablesbar. Somit ist die Verhandlungsposition zur »Nachbesserung« der Preise denkbar schlecht. Differenzierte produktbezogene Logistikkosten können hier Abhilfe schaffen.

Preiskalkulationsaufgaben der Kostenrechnung gewinnen in enger Zusammenarbeit zwischen Kunden und Lieferanten (»Wertschöpfungspartnerschaften«) immer mehr an Bedeutung

3.1.2 Erfolgsbeurteilung

Bilden sich die Preise ausschließlich am Markt durch das Zusammenspiel von Angebot und Nachfrage, kommen Produktkosten andere Aufgaben zu: Die jedem Produkt direkt zurechenbaren Kosten ermöglichen zum einen die Aussage, ob es von der Kostensituation her angeraten erscheint, auf ein bestimmtes Produkt zu verzichten (insbesondere im Falle eines negativen Deckungsbeitrags). Die Kostenrechnung liefert hier somit Preisuntergrenzeninformationen. Zum anderen lassen sich aus der Relation der Deckungsbeiträge untereinander Hinweise für die Förderungswürdigkeit der einzelnen Produkte ableiten. Zu dieser Beurteilung kann man – entsprechend vorsichtig verwendet – zusätzlich auch die Nettoerfolge (Erlöse abzüglich Vollkosten) heranziehen. Angesichts der erheblichen Breite des Produktions- und Absatzprogramms, über das Unternehmen in der Praxis verfügen – fünfstellige Zahlen sind keinesfalls die Ausnahme –, wird deutlich, wie wenig eine falsche Zuordnung der Logistikkosten derzeit erkannt werden kann.

Deckungsbeiträge sind ein
aussagefähiges Maß zur Er-
folgsbeurteilung

3.2. Weitere Rechnungszwecke

Das Spektrum hier zu nennender Rechnungszwecke ist sehr breit. Eine Reihe von diesen verlangt die Betrachtung der gesamten Logistikkette, wie etwa die Beurteilung der Vorteilhaftigkeit einzelner Kunden (ermittelt als Summe der Deckungsbeiträge der jeweils bezogenen Produkte abzüglich kundenspezifischer Kosten); eine Reihe beschränkt sich auf Ausschnitte dieser Kette, wie etwa dann, wenn es um den Nachweis der Vorteilhaftigkeit von Just-in-Time-Konzepten geht. An die Stelle von Produkten treten hier sämtliche andere im Abschnitt 2.2 skizzierten Kalkulationsobjekte.

4. Grundsätzliches Vorgehen zur Kalkulation von Logistikkosten

Die kurzen Ausführungen haben bislang zweierlei deutlich gemacht:
- Es verspricht einen hohen Nutzen, Logistikkosten exakt zu kalkulieren.
- Standardmäßig wird sich diese exakte Kalkulation innerhalb des traditionellen Kalkulationsvorgehens der Kostenrechnung vollziehen. Nicht-produktbezogene Fragestellungen sind zumeist Sonderrechnungen überlassen, für die allerdings ein Großteil der Informationen den bereits erfassten Kosten entnommen werden kann.

Im nächsten Schritt gilt es deshalb zu klären, wie sich die Logistikkosten exakt in die traditionelle Kalkulation einbinden lassen.

4.1. Einbindung der Logistikkosten in das traditionelle Kalkulationsvorgehen

In die Terminologie der Zuschlagskalkulation übertragen, sind Logistikkosten wie folgt zu bezeichnen:

- Kosten von Fremdtransporten sind – sofern außer Haus erbracht – prinzipiell *Einzelkosten*: als Eingangsfrachten Materialeinzelkostenbestandteile (Beschaffungsnebenkosten), als Ausgangsfrachten Sondereinzelkosten des Vertriebs. Gleiches gilt analog für Kosten von Fremdlagerungen.

Auch bei den Logistikkosten gibt es die Unterscheidung von Einzel- und Gemeinkosten

- Kosten für logistische Fremdleistungen, die im Unternehmen erbracht werden, sind kostenstellenbezogen zu erfassen und damit *Gemeinkosten*.
- Eine Erfassung als Gemeinkosten trifft auch auf die Kosten aller selbst erstellten Logistikleistungen zu.

Für die als Gemeinkosten erfassten Logistikkosten ist es weiterhin noch kalkulationsbedeutsam, auf welcher Art von Kostenstellen sie ausgewiesen werden:

- Physische Logistikleistungen werden unmittelbar an den Produkten bzw. deren Vorstufen erbracht. Damit sind die entsprechenden Kostenstellen *Endkostenstellen*.
- Administrative Logistikleistungen beziehen sich zumeist unmittelbar auf den physischen Material- und Warenfluss. Deshalb sind auch die sie erbringenden Logistikkostenstellen in der Regel *Endkostenstellen* (z.B. Bestelldisposition, Eingangsregistrierung, Versanddisposition).
- Für dispositive Logistikleistungen (z.B. Materialflussplanung, Leitung logistischer Bereiche) gilt schließlich dieser enge Bezug zum konkreten Material- und Warenfluss nicht. Die entsprechenden Kostenstellen sind deshalb *Vorkostenstellen*.

Hiermit ergibt sich folgendes kurze Zwischenfazit:

- Das bestehende Kalkulationsschema muss in Aufbau und Ausgestaltung nicht verändert werden.
- Die verrechnungstechnischen Vorarbeiten zur Kalkulation (Verrechnung innerbetrieblicher Leistungen) werden sich nur unwesentlich ausweiten.
- Wesentliche Erweiterungen werden sich lediglich bei der Zahl der zu verrechnenden Endkostenstellen ergeben. Die Länge der Kalkulation wird nicht unbeträchtlich zunehmen.

4.2. Informationsbedarf einer logistikgerechten Kalkulation

Grundsätzlich stellt sich damit dem Controller keine neue, unbekannte Aufgabe, will er die Logistikkosten verursachungsgerecht den Produkten zurechnen. Warum dennoch die Praxis diesen Weg noch nicht gegangen ist, wird deutlich, wenn man den dafür erforderlichen Informationsbedarf betrachtet: Wie auch die *Abbildung 6-1* veranschaulicht, benötigte man für jeden einzelnen logistischen Prozess entweder eine Einzelerfassung (z.B. in Form einer Frachtrechnung für den Transport eines Produkts zu einem Kunden), oder es müssten – Arbeitsgangplänen vergleichbar – logistische Leistungspläne vorliegen. Was man darunter zu verstehen hat, macht die *Abbildung 6-2* an einem kleinen Beispiel deutlich.

	Vorgehen in der „traditionellen" Kostenrechnung	Übertragung des Vorgehens auf die produktbezogene Kalkulation der Logistikkosten
Informationen über die Zuordnung der Einzelkosten zu den jeweiligen Kostenträgern	z.B. wieviel vom Material X (mit welchem Preis) wird für das Produkt Z gebraucht? → Vorliegen von Stücklisten, Arbeitsgangplänen oder einzelleistungsbezogene Erfassung (z.B. Lohnscheine)	z.B. welche Versandleistungen (mit welchem Preis) sind für das Produkt Z erforderlich? → Vorliegen von logistischen Arbeitsgangplänen oder einzelleistungsbezogene Zuordnung (z.B. Frachtrechnung)
Informationen über die Inanspruchnahme aller berührten Endkostenstellen	z.B. welche Fertigungskostenstelle hat das Produkt Z in welchem Maße beansprucht? → Vorliegen von Standardinformationen aus Arbeitsgangplänen oder umfassende Betriebsdatenerfassung	z.B. in welchen Logistikkostenstellen sind in welchem Maße logistische Leistungen für das Produkt Z erbracht worden? → Vorliegen von Standardinformationen aus logistischen Arbeitsgangplänen oder umfassende Betriebsdatenerfassung

Abb. 6-1: Für eine exakte
Kalkulation der Logistikkosten bestehender
Informationsbedarf

Betrachtet wird ein einfach aufgebautes Produkt A, das man sukzessiv in insgesamt vier unterschiedlichen Fertigungskostenstellen herstellt. In das Erzeugnis gehen vier Materialarten, ein Bauteil und eine Baugruppe ein, die jeweils fremd bezogen werden. Alle sechs »Produktbestandteile« werden an einem gemeinsamen Eingangslager angeliefert und dort eingelagert. Lagerungsvorgänge finden darüber hinaus noch in drei Zwischenlagern, die jeweils am Ende der Fertigungskostenstellen eingerichtet sind, sowie im Absatzlager statt. Güterbewegungen sind im Rahmen des außerbetrieblichen Transports von den Lieferanten zum Eingangslager und vom Ausgangslager zu den Kunden, im innerbetrieblichen Transport zwischen den Fertigungskostenstellen und den verschiedenen Lagerorten zu vollziehen. Vereinfachend sei unterstellt, dass kostenstellenintern keine weiteren Logistikleistungen erbracht werden bzw. diese kostenmäßig nicht separierbar sind.

Aufgrund dieses Material- und Warenflusses ergibt sich der im rechten Teil der *Abb. 6-2* dargestellte logistische Leistungsplan. Er weist schon bei einer derart einfachen Produktstruktur einen nicht unbeträchtlichen Umfang auf. Die in ihm festgehaltene Leistungsstruktur muss in einem anschließenden Schritt noch um Mengen- und Zeitdaten ergänzt werden, die die entsprechende (Standard-)Inanspruchnahme der einzelnen Leistungs-

Kalkulation der Logistikkosten

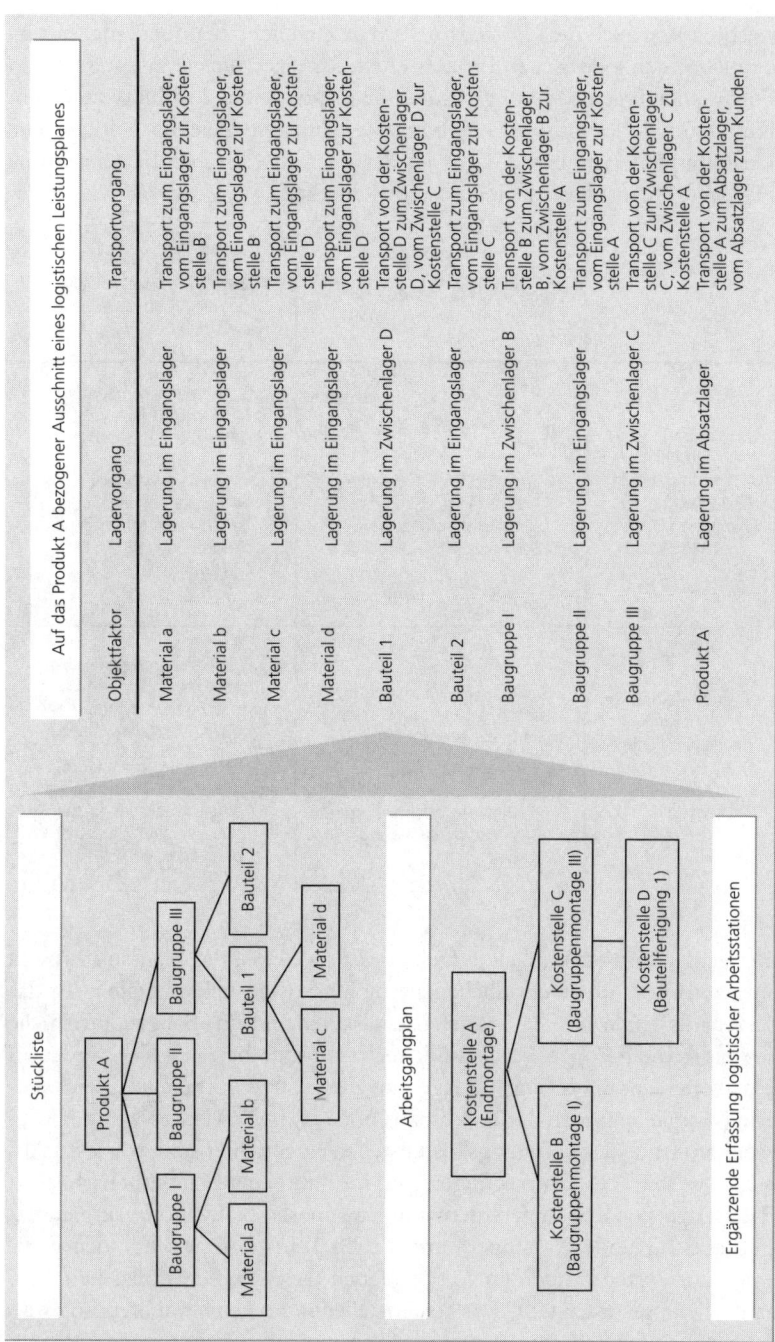

Abb. 6-2: Beispiel der Erstellung eines logistischen Arbeitsgangplans

stellen festhalten. In vielen Unternehmen zählen bereits die »normalen« Arbeitsgangplandateien zu den mächtigsten Datenbeständen, so dass man es angesichts der häufigen Produktänderungen nur mit hohem Aufwand schafft, Arbeitsgangpläne und Stücklisten hinlänglich aktuell zu halten. Vor diesem Hintergrund wird deutlich, dass durchgängige logistische Leistungspläne in den meisten Unternehmen auf absehbare Zeit Zukunftsmusik bleiben werden, dass eine dem grundsätzlichen Charakter der Logistikkosten entsprechende Kalkulation nicht realisiert werden kann. Somit stellt sich die Frage nach möglichen Wegen zwischen dem aus Aufwandsgründen nicht erreichbaren Ideal und dem sehr unbefriedigenden Status quo. Diese Wege wollen wir im Folgenden – zunächst getrennt nach den einzelnen Logistikbereichen, später in der Zusammenschau – diskutieren.

5. Kalkulation der Beschaffungs- und Distributionslogistikkosten

5.1. Darstellung des Abbildungsfehlers derzeitiger Kalkulation an einem Beispiel

Wie anfangs bereits ausgeführt, rechnet die derzeitige Kalkulation den Produkten Beschaffungs- und Distributionslogistikkosten sehr unpräzise, sehr pauschal zu. Der Vorteil leichter Praktizierbarkeit wird durch erhebliche Abbildungsfehler erkauft. Wie verzerrt die Abbildung im Detail sein kann, sei an einem kleinen Zahlenbeispiel demonstriert. Da in beiden Logistikbereichen analog kalkuliert wird (Zuschlag auf die Materialkosten, Zuschlag auf die Herstellkosten), können wir die Demonstration auf den Beschaffungsbereich beschränken. Betrachtet werden dabei nur die Logistikgemeinkosten. Dabei wollen wir hier und im Folgenden den Vergleich stets mit Vollkostenkalkulationen vornehmen. Für Grenzkostenkalkulationen wäre analog zu argumentieren (die Ausgangsdaten hierzu sind in den Zahlenbeispielen jeweils vorhanden).

Betrachtungsgegenstand ist die Beschaffungslogistik der uns aus dem vorangegangenen Abschnitt dieses Buches bekannten Weber GmbH & Co. KG, Werk Vallendar. Aufbauend auf den Informationen der *Abb. 5-4* und *5-4* ergeben sich die in der *Abbildung 6-3* dargestellten Ausgangsdaten (jahresbezogenen Kosten- und Leistungsdaten). Aus diesen Zahlen ermittelt sich unmittelbar die Höhe der für die traditionelle Kalkulation maßgeblichen Materialgemeinkosten mit 14,26% (Gesamtkosten der Beschaffungslogistik dividiert durch den Wert des Materialverbrauchs). Auch die Verrechnungssätze lassen sich unmittelbar ableiten. Allenfalls die 0,74 Euro pro Bestellposition bedürfen noch einer näheren Erläuterung. Die Zahl der Bestellpositionen ermittelt sich aus der Zahl der Bestellungen unter der Berücksichtigung der Tatsache, dass mehrere Bestellpositionen je Bestellung die Regel sind (im Durchschnitt 5,2 – vgl. die Seite 4 der *Abb. 5-4*). Die hohe Zahl der Bestellpositionen angesichts der 16.001 lebenden Teilearten (vgl. Seite 3 der *Abb. 5-5*) ergibt sich schließlich aus einer gestaffelten Bestellhäufigkeit: A-Teile (3.480) werden zweimal wöchentlich, B-Teile (4.160) zweimal monatlich und C-Teile (8.361) zweimal jährlich disponiert. Um die beiden Kalkulationsmodi miteinander vergleichen zu können, greifen wir uns aus den 16.000 Produkten im Folgenden 32 möglichst repräsentative heraus. Darunter befinden sich – wie die ersten sieben Spalten der

Für das Beispiel greifen wir
auf die Daten des Berichtswesens im 5. Kapitel dieses
Buches zurück

Kalkulation der Logistikkosten

Ausgangsdaten Kalkulation der Beschaffungslogistikkosten

	Eingangs-registrie-rung	Abferti-gung	Weiter-trans-port	Lager	Bestelldis-position	Leitung	Summe Be-schaffungs-logistik
Summe variable Kosten	239.892	843.720	559.464	930.828	308.990		2.882.894
Summe fixe Kosten	127.284	364.104	316.188	389.532	54.527	186.528	1.438.163
GESAMTKOSTEN	367.176	1.207.824	875.652	1.320.360	363.517	186.528	4.321.057
Umlage Leitung	16.565	54.491	39.505	59.568	16.400		
Summe variable Kosten	239.892	843.720	559.464	930.828	308.990		2.882.894
Summe fixe Kosten	143.849	418.595	355.693	449.100	70.927		1.438.163
Gesamtkosten nach Umlage	383.741	1.262.315	915.157	1.379.928	379.917		4.321.057
Wert des Materialverbrauchs							30.309.056
Zahl Lieferscheine bzw. Bestellungen	98.136				98.136		
Zahl abgefertigter Behälter							
• Behältertyp 1		45.900	45.900				
• Behältertyp 2		75.060	75.060				
• Paletten		114.612	114.612				
• Summe		235.572	235.572	149.460			
Durchschnittlich belegte Lagerplätze				1.512			

Traditionelle Verrechnung

Materialgemeinkostensatz	3,91						14,26%

Verrechnungssatzkalkulation

	Eingangsregistrierung	Abfertigung	Weitertransport	Lager	Bestelldisposition	Leitung	Summe
Kosten pro Lieferschein					0,79		
Kosten pro Bestellposition							
Kosten pro Behälter				5,02			
• Behältertyp 1		3,62	3,30				
• Behältertyp 2		7,24	4,58				
• Paletten		4,82	3,66				
Kosten pro € gebundenen Kapitals				0,08			
Vollkosten pro Regalplatz				34,49			

Abb. 6-3: Ausgangsdaten eines Beispiels zur Beurteilung der Abbildungsgenauigkeit traditioneller Kalkulation der Beschaffungslogistikkosten

Abbildung 6-4 zeigen –

- A-, B- und C-Teilearten, wobei von dieser Klassifizierung sowohl die Bestellhäufigkeit als auch der durchschnittliche mengenmäßige Lagerbestand abhängt,
- Teilearten, die direkt von der Abfertigung zur Produktion gebracht werden, und Teilearten, die »normal« das Lager durchlaufen,
- Teilearten mit sehr unterschiedlichem Wert pro Einheit und

- Teilearten unterschiedlicher Verpackung und sehr divergenter Packdichte.

Materialart	Klassifizierung	Wert pro Einheit	Einkaufsvolumen (Einheiten)	Packdichte (Einheiten pro Behälter)	Behälterart	durchschnittlicher Lagerbestandswert	Lagerdurchsatz	Kosten Eingangsregistrierung	Kosten Abfertigung	Kosten Weitertransport	Lagerkosten	Kosten Bestelldisposition	Summe Kosten Beschaffungslogistik	Materialgemeinkosten	Abweichung
089 776 423	A-Teil	9,76	1.945	16	Palette	61		407	583	443	39	83	1.555	2.707	74,03%
089 776 424	A-Teil	11,34	4.976	16	Palette	181		407	1.499	1.138	49	83	3.176	8.047	153,34%
089 776 425	B-Teil	11,34	235	16	Palette	37	15	94	67	51	113	19	344	380	10,32%
089 776 426	B-Teil	11,34	259	16	Palette	41	17	94	77	59	123	19	372	419	12,66%
089 776 427	B-Teil	12,01	199	16	Palette	33	13	94	58	44	102	19	317	341	7,46%
126 666 100	C-Teil	0,56	2.976	48	Behälter 1	69	63	8	228	205	425	2	868	238	-72,62%
126 666 101	C-Teil	0,54	4.863	48	Behälter 1	109	102	8	369	333	693	2	1.406	374	-73,36%
126 666 103	C-Teil	0,59	1.155	48	Behälter 1	28	25	8	91	79	197	2	376	97	-74,19%
126 666 106	C-Teil	0,59	850	48	Behälter 1	21	18	8	65	56	127	2	258	72	-72,26%
126 666 296	C-Teil	1,05	125	44	Behälter 1	5	3	8	11	7	50	2	77	19	-75,83%
240 100 098	B-Teil	4,33	1.598	256	Behälter 1	96	7	94	25	20	77	19	235	987	319,05%
240 100 100	B-Teil	4,35	1.422	256	Behälter 1	86	6	94	22	17	71	19	223	882	296,08%
240 100 102	B-Teil	5,02	1.056	256	Behälter 1	74	5	94	18	13	65	19	210	756	260,35%
240 100 103	B-Teil	5,01	345	256	Behälter 1	24	2	94	7	3	46	19	170	246	44,99%
245 980 007	A-Teil	0,12	10.765	1.500	Behälter 2	4		407	159	96	35	83	780	184	-76,38%
245 980 008	A-Teil	0,12	45.006	1.500	Behälter 2	17		407	659	412	36	83	1.597	770	-51,77%
245 980 009	A-Teil	0,12	23.987	1.500	Behälter 2	9		407	348	215	35	83	1.088	410	-62,28%
245 980 010	A-Teil	0,13	8.764	1.500	Behälter 2	4		407	130	78	35	83	733	162	-77,83%
245 980 011	A-Teil	0,13	99.226	1.500	Behälter 2	41		407	1.803	1.136	38	83	3.467	1.839	-46,94%
245 980 012	A-Teil	0,14	12.098	1.500	Behälter 2	5		407	224	137	35	83	886	242	-72,74%
245 980 013	A-Teil	0,14	9.009	1.500	Behälter 2	4		407	167	101	35	83	793	180	-77,31%
498 400 050	C-Teil	15,99	245	2	Behälter 1	163	11	8	40	33	103	2	186	559	200,35%
498 400 052	C-Teil	16,12	213	2	Behälter 1	143	9	8	33	26	91	2	160	490	206,02%
498 400 053	C-Teil	15,71	299	2	Behälter 1	196	13	8	47	40	115	2	212	670	215,96%
800 700 001	B-Teil	2,77	121	20	Palette	5	25	94	121	88	160	19	482	48	-90,09%
800 700 002	B-Teil	3,09	208	20	Palette	9	42	94	202	150	246	19	711	92	-87,11%
800 700 003	C-Teil	3,12	49	20	Palette	6	10	8	48	33	85	2	176	22	-87,63%
800 700 004	C-Teil	2,91	50	20	Palette	6	11	8	53	27	90	2	180	21	-88,49%
800 700 005	C-Teil	2,55	34	20	Palette	4	7	8	34	22	70	2	136	12	-90,90%
800 700 006	C-Teil	3,01	67	20	Palette	8	14	8	67	48	105	2	230	29	-87,52%
800 700 009	C-Teil	3,86	77	20	Palette	12	16	8	77	55	116	2	258	42	-83,56%
800 700 105	C-Teil	4,07	40	16	Palette	7	11	8	53	37	90	2	190	23	-87,80%
						1.510	445	4.614	7.386	5.201	3.700	946	21.854	21.359	

Abb. 6-4: Beispiel zur Beurteilung der Abbildungsgenauigkeit traditioneller Kalkulation der Beschaffungslogistikkosten

Die Spalten 8 bis 14 der *Abb. 6-4* ermitteln dann sukzessiv die teileartbezogenen, mittels Verrechnungssätzen exakt bestimmten Kosten der Beschaffungslogistik. Spalte 15 stellt diesen die Materialgemeinkostenbeträge gegenüber, bevor die letzte Spalte schließlich den Grad des Verrechnungsfehlers der traditionellen Umlage der Beschaffungslogistikkosten ausweist. Im – zugegebenermaßen konstruierten, aber keinesfalls »schiefen« – Beispiel reichen die Abweichungen von + 319% (die zugeschlüsselten Materialgemeinkosten betragen mehr als das Vierfache der tatsächlich anfallenden Logistikkosten) bis hin zu -90% (nur ca. 1/10 der tatsächlich anfallenden Kosten werden der Materialart belastet). Insgesamt, auf alle hier betrachteten Teilearten bezogen, ist dagegen der Unterschied gering, nur – diese Übereinstimmung reicht bei einer produktbezogenen, also stark differenzierenden Kalkulation nicht aus.

5.2. Hilfswege

Der für eine exakte Kalkulation der Beschaffungslogistikkosten erforderliche Datenkranz ist – wie auch das gerade betrachtete Beispiel zeigt – sehr umfangreich. Allerdings – und auch das macht das Beispiel deutlich – haben durch den Siegeszug komplexer Standardsoftware immer mehr Unternehmen das Datenspektrum im Wesentlichen rechnerverfügbar. Kritisch sind lediglich die Angaben über Behälterart und Packungsdichte. Eine »Behälterdatenbank« trifft man nur selten an. Zudem kann man nicht immer mit jedem Lieferanten eines Teils gleiche Verpackungsbedingungen ausmachen (Auslandslieferanten!).

Selbst bei vollständig vorhandenem Datenbestand erfordert die vielfältig notwendige Datenverknüpfung und die Ausweitung des materialkostenbezogenen Teils der Kalkulation zusätzlichen Aufwand. Will man diesen nicht eingehen, so muss man nach Wegen suchen, die ähnlich einfach wie das bisherige Vorgehen sind, aber zu weniger Verzerrung des Kostenabbildes führen. Gesucht wird wiederum möglichst ein einziger Maßstab für die Kostenverursachung in der Beschaffungslogistik. Nicht nur im Beispiel wurde deutlich, dass hierfür die Zahl der durchgesetzten Behälter am besten geeignet erscheint. Die die *Abb. 6-4* fortführende *Abbildung 6-5* zeigt in den Spalten 6 und 7, zu welchen Ergebnissen diese Verteilungsgröße in der Kalkulation führt: Die Abweichungen von der richtigen Kostenzuordnung sind jeweils deutlich geringer als bei der Anlastung materialwertbezogener Materialgemeinkosten. Verfügt man über eine Behälterdatenbank, so bedeutet ein solches Vorgehen nur eine geringfügige Änderung der Kalkulation und ist ähnlich einfach durchführbar wie das traditionelle Prozedere.

Liegen keine Standard-Packordnungen für die Materialien vor, lässt sich eine behälterzahlbezogene Zurechnung der Beschaffungslogistikkosten allerdings nicht realisieren (analoges gilt wiederum für die Distributionslogistik). In diesem Fall bleibt als Verbesserungsmöglichkeit lediglich übrig, differenzierte wertbezogene Zuschlagssätze (unterschiedliche Material- bzw. Vertriebsgemeinkostenzuschläge) zu bilden. Angesichts der geringen Repräsentanz des Warenwerts für die Logistikkostenverursachung können

Materialart	Einkaufs-volumen in €	Summe Kosten Beschaffungs-logistik	Material-gemein-kosten	Abweichung	Kosten verteilt nach Behälter WE	Abweichung	Prozent-satz Material-gemein-kosten	Summe Kosten Beschaffungs-logistik	Abweichung
089 776 423	18.983	1.555	2.707	74,08%	2.238	43,92%	12,50%	2.373	52,60%
089 776 424	56.428	3.175	8.047	153,44%	5.723	80,25%	12,50%	7.053	122,16%
089 776 425	2.665	344	380	10,47%	275	-20,06%	12,50%	333	-3,16%
089 776 426	2.937	372	419	12,59%	312	-16,13%	12,50%	367	-1,31%
089 776 427	2.390	317	341	7,51%	238	-24,92%	12,50%	299	-5,76%
126 666 100	1.667	867	238	-72,59%	1.156	33,33%	25,00%	417	-51,94%
126 666 101	2.626	1.405	374	-73,35%	1.871	33,17%	25,00%	657	-53,27%
126 666 103	681	376	97	-74,16%	459	22,07%	25,00%	170	-54,69%
126 666 106	502	257	72	-72,17%	330	28,40%	25,00%	125	-51,22%
126 666 296	131	77	19	-75,69%	55	-28,57%	12,50%	16	-78,69%
240 100 098	6.919	235	987	319,87%	128	-45,53%	12,50%	865	268,05%
240 100 100	6.186	223	882	295,55%	110	-50,67%	12,50%	773	246,73%
240 100 102	5.301	210	756	259,97%	92	-56,19%	12,50%	663	215,54%
240 100 103	1.728	170	246	44,99%	37	-78,24%	12,50%	216	27,09%
245 980 007	1.292	779	184	-76,35%	404	-48,14%	25,00%	323	-58,54%
245 980 008	5.401	1.596	770	-51,75%	1.669	4,57%	25,00%	1.350	-15,40%
245 980 009	2.878	1.087	410	-62,24%	880	-19,04%	25,00%	720	-33,80%
245 980 010	1.139	732	162	-77,81%	330	-54,92%	25,00%	285	-61,09%
245 980 011	12.899	3.466	1.839	-46,93%	4.567	31,77%	25,00%	3.225	-6,96%
245 980 012	1.694	886	242	-72,74%	569	-35,78%	25,00%	423	-52,21%
245 980 013	1.261	791	180	-77,26%	422	-46,65%	25,00%	315	-60,14%
498 400 050	3.918	185	559	201,97%	202	9,19%	12,50%	490	164,70%
498 400 052	3.434	160	490	206,02%	165	3,13%	12,50%	429	168,25%
498 400 053	4.697	211	670	217,46%	238	12,80%	12,50%	587	178,28%
800 700 001	335	482	48	-90,08%	459	-4,77%	12,50%	42	-91,31%
800 700 002	643	711	92	-87,11%	770	8,30%	12,50%	80	-88,70%
800 700 003	153	176	22	-87,61%	183	3,98%	12,50%	19	-89,14%
800 700 004	146	189	21	-89,02%	202	6,88%	12,50%	18	-90,38%
800 700 005	87	135	12	-90,84%	128	-5,19%	12,50%	11	-91,97%
800 700 006	202	230	29	-87,50%	257	11,74%	12,50%	25	-89,04%
800 700 009	297	257	42	-83,51%	293	14,01%	12,50%	37	-85,54%
800 700 105	163	189	23	-87,72%	202	6,88%	12,50%	20	-89,23%
	149.782	21.845	21.359	-2,23%	24.964	14,28%		22.728	4,04%

Abb. 6-5: Beispiel zur näherungsweisen Kalkulation der Beschaffungslogistikkosten

diese im einfachsten Fall den Einfluss der Anschaffungs- bzw. der Herstellkosten reduzieren. Dieses Vorgehen zeigt die *Abb. 6-5* in einer wiederum sehr einfachen Form in den Spalten 8-10. Unterschieden sind lediglich zwei Zuschlagssätze: Materialarten mit einem Wert unter 1 Euro/Teil werden mit 25% belastet, die anderen Materialarten mit 12,5%. In Summe ergeben sich angesichts der hier vorliegenden Wertverteilung für die 32 Teilearten wiederum in etwa die pauschal kalkulierten Materialgemeinkosten. Die Abweichungen zu den jeweils richtigen Verrechnungen der Logistikkosten sind immer noch erheblich, aber – bis auf wenige Ausnahmen – deutlich geringer als im Fall des einheitlichen Zuschlagssatzes.

Eine Differenzierung der Materialgemeinkostenzuschläge ist in allen Unternehmen leicht möglich!

Die Zahl unterschiedlicher Teileklassen und die Genauigkeit der Zuschlagssatzermittlung lässt sich beliebig verfeinern. Es gibt Unternehmen, die im Bereich der Beschaffungslogistik bis zu zehn unterschiedliche Zuschlagssätze verwenden. Fallweise, sehr ins Detail gehende Kostenanalysen vermeiden bei einem solchen Vorgehen laufenden Erfassungsaufwand. Insgesamt besteht kaum ein rational nachvollziehbarer Grund, warum man – soll die Zuschlagsverrechnung der Beschaffungs- und der Distributionslogistikkosten beibehalten werden – den Weg zu einer Differenzierung der Zuschlagssätze nicht geht, zumal er von einer geringen zu einer hohen Differenzierung sukzessiv beschritten werden kann.

Abschließend noch ein Wort zu den »Logistikeinzelkosten« im Beschaffungs- und Distributionsbereich. Ein- und Ausgangsfrachten, die hierunter im Wesentlichen fallen, werden – obwohl ihrem Charakter nach Einzelkosten – zumeist nicht als solche behandelt, sondern pauschal verrechnet. Sie haben somit verrechnungstechnisch den Status sogenannter »unechter« Gemeinkosten. Hierfür sind Erfassungsschwierigkeiten maßgebend. Angesichts der großen Zahl von Materialarten und Produkten sowie der für diese über das Jahr hinweg jeweils erfolgenden An- bzw. Auslieferungen ist eine Einzelerfassung nur in Ausnahmefällen wirtschaftlich tragbar. Zudem sind auch – echte Gemeinkosten begründend – Kostenverbunde zu beobachten, wie etwa dann, wenn ein Sammeltransport in toto, pro Fahrt, und nicht als Summe von Einzelfrachten belastet wird.

Mehrere Hilfswege bieten sich zur Lösung dieses Zuordnungsproblems an. Ist die Zahl der zu versendenden Produkte bzw. anzuliefernden Materialarten sowie der Kunden bzw. der Lieferanten noch hinlänglich überschaubar, kann man mit Standardfrachtsätzen arbeiten, die man von Zeit zu Zeit durch fallweise Analysen aktualisiert. So rechnen beispielsweise einige Unternehmen der Kartonindustrie mit Standardwerten »Euro pro kg und km« jeden Versandauftrag gemäß der Entfernung des Kunden und dem Gewicht der Sendung ab. Weiter vereinfachend kann man Entfernungsklassen für Lieferanten bzw. Kunden bilden (z.B. innerhalb 100 km, zwischen 100 und 500 km und über 500 km vom Anlieferungs- bzw. Versandort entfernt) oder Gewichts- bzw. Volumenklassen für die Lieferungen ermitteln, für die man jeweils Standard-Frachtkostensätze bereithält. Ebenso ist es – noch stärker vereinfachend – möglich, beide Klassenbildungen miteinander zu kombinieren. Endpunkt einer solchen Reduzierung der Abbildungsgenauigkeit ist die Unterscheidung nur weniger Sendungstypen, etwa als Kombination der Entfernung (nah, mittlere Entfernung, weit entfernt) und des Umfangs der Sendung (Kleinsendung, Sendung mittlerer Größe und Großsendung). Zieht man sich – im Sinne einer ABC-Analyse – die wenigen Sendungen vorab heraus, die hohe Logistik-Einzelkosten verursachen, und rechnet die dafür anfallenden Kosten exakt zu, verfügt man auch mit einer solchen Typisierung noch über ein einfach anzuwendendes, aber trotzdem hinlänglich genaues Vorgehen.

Auch bei der Zuordnung logistischer Einzelkosten – z.B. spezieller Ausgangsfrachten – sind Hilfslösungen »mit Augenmaß« möglich

6. Kalkulation der Produktionslogistikkosten

Die Kosten der Produktionslogistik den Produkten verursachungsgerecht zuzurechnen, fällt noch schwerer, als dies für die Kosten der beiden bislang betrachteten Logistikbereiche zutrifft. Während ein wesentlicher Anteil der Leistungen in der Beschaffung und im Absatz Logistikleistungen sind, spielen Logistikleistungen im Produktionsbereich gegenüber den Fertigungsleistungen in aller Regel eine nur untergeordnete Rolle. Sie sind – wie bereits mehrfach ausgeführt – weit über die vielstufigen Fertigungsprozesse verstreut und jeweils volumenmäßig gering. Ausnahmen bilden nur einige Materialflusszentren, wie etwa zentrale Versorgungsläger.

Produktionslogistikkosten werden – wie bereits an früherer Stelle ausgeführt – derzeit zumeist als undifferenzierter – und undifferenzierbarer – Teil der Fertigungsgemeinkosten verrechnet. Ganze Hochregallager erscheinen so z.B. als Teile von Fertigungsleitungsstellen und werden pauschal auf die Fertigungsendkostenstellen umgelegt. Von dort werden sie anteilig bezogen auf die fertigungswirtschaftliche Inanspruchnahme der Produktionsstellen (gemessen in Fertigungslöhnen oder Maschinenstunden) den Produkten angelastet. Wie unmittelbar einsichtig, bedeutet dieser Weg eine massive Verzerrung des Kostenanfalls.

Eine erste Verbesserung dieser unbefriedigenden Situation ist dadurch zu erzielen, dass die Produktionslogistikkosten so verrechnet werden, wie es dem jeweiligen Leistungsvolumen zwischen den Kostenstellen entspricht. Wie dies erfolgen kann und welche Voraussetzungen dafür erfüllt sein müssen, haben wir im vierten Kapitel dieses Buches bereits ausführlich diskutiert. Man negiert damit zwar den Einzelkostencharakter der Produktionslogistikkosten; bis zu den Endkostenstellen ist der Verrechnungsweg dafür aber unverzerrt.

Mehrere Wege bieten sich
zur Lösung des Abbildungs-
und Ausweisproblems an

Soll eine noch höhere Abbildungsgenauigkeit erreicht werden, kann man einzelne wenige, zentrale Produktionslogistikkostenstellen direkt produktweise kalkulieren, sie also als Endkostenstellen behandeln. Darüber, wie eine solche direkte Kalkulation erfolgen kann, müssen wir an dieser Stelle ebenfalls keine neuen Überlegungen mehr entwickeln; hierfür bieten sich dieselben Vorgehensweisen und Hilfswege an, die wir im vorangegangenen Abschnitt für die Beschaffungs- und Distributionslogistikkosten kennen gelernt haben. Im Grenzfall schließlich werden alle Kostenstellen der Produktionslogistik als Endkostenstellen behandelt. Die Lösung wird sich nur bei ungewöhnlich guter Datenbasis als realisierbar erweisen.

7. Zusammenfassendes, bereichsübergreifendes Kalkulationsbeispiel

Um den Verbund der drei skizzierten Teilkalkulationen zu veranschaulichen und nochmals auf die Voraussetzungen einer logistikgerechten Kalkulation der Erzeugnisse einzugehen, sei im Folgenden ein umfassendes, gesamtunternehmensbezogenes Kalkulationsbeispiel präsentiert. Wie alle Bei-

**Kalkulation der
Logistikkosten**

spiele in den vorangegangenen Abschnitten ist auch dieses »am grünen Tisch« entstanden, konstruiert. Dennoch besitzt es – nach den vorliegenden Erfahrungen – praktische Relevanz und die Ergebnisse, die Abweichung von traditioneller Kalkulation, sind eher unter- denn übertrieben.

Betrachtet wird ein großes mittelständisches Unternehmen mit einem Kostenvolumen von ca. 500 Mio. Euro und einem Produktspektrum von gut 4.500 Produkten. Aus diesem seien sechs aus unterschiedlichen Produktgruppen stammende Erzeugnisse näher betrachtet. Insgesamt liegen

**Beispiel ist ein großes mittel-
ständisches Unternehmen**

die in der *Abbildung 6-6* aufgeführten Ausgangsdaten vor. Die Abbildung zeigt acht Logistikkostenstellen, für die gesonderte Kosten- und Leistungsinformationen gegeben sind. Diese acht Kostenstellen decken nur einen Teil der im Unternehmen gebildeten Logistikkostenstellen ab; es handelt sich um eine für Kalkulationszwecke vorgenommene Auswahl. Will man bereichsübergreifend die Logistikkosten der Produkte kalkulieren, muss man sich auf vergleichsweise wenige, allerdings jeweils für einen hohen Logistikkostenblock stehende Kostenstellen beschränken (im Beispiel ca. 12,5 % der Gesamtkosten). Ansonsten ist – wie dargestellt – das Kalkulationsproblem zu mächtig.

Geht man die produktbezogenen Ausgangsdaten durch, werden die Anforderungen an die Logistikleistungserfassung deutlich, die hier als erfüllt unterstellt sind. Als Leistungsmessgröße der *Bestelldisposition* muss erzeugnisbezogen die Zahl von eingehenden Teilen spezifiziert nach A-, B- oder C-Teilen bekannt sein. Wie ausgeführt, sind hierzu die meisten Unternehmen DV-technisch in der Lage. Gleiches gilt bezüglich der *Einlagerung* für den durchschnittlichen Eingangslagerbestand. Problematisch dagegen ist – wie diskutiert – die Leistungsmessung für die *Warenannahme*. Die Ausgangsdaten weisen als Messgröße die Zahl an eingegangenen Behältern aus. Um über die Gesamtzahl (511.463) zu verfügen, benötigt man entweder eine unmittelbare Erfassung des Materialstroms (z.B. durch Scanning oder durch Erfassungsgeräte an den Staplern) oder man muss aus den beschafften Materialmengen über festliegende Behälterinformationen (Behälterdatenbank) und Materialflusswege im Wareneingang den Umfang der Abfertigungsaufgabe errechnen. Im Beispiel fehlt jegliche über reine Mengendaten hinausgehende Differenzierung. Die einzelnen behälterbezogenen Abfertigungsvorgänge im Wareneingang werden damit als unmittelbar vergleichbar angesehen – sicher eine nicht unproblematische Unterstellung, die allerdings eine erhebliche Vereinfachung des Erfassungsproblems bedingt.

**Die Ausgangslage bei der
Datenverfügbarkeit dürfte typisch sein**

Ähnliche Probleme bereitet die Leistungserfassung für den *innerbetrieblichen Transport*, die ebenfalls als Bezugsgröße die Behälterzahl wählt. Hier ist die Unterstellung vergleichbaren Transportaufwandes für alle Behälter aller unterschiedlichen Produkte jedoch noch weitgehender bzw. realitätsferner. Die von einer solchen Prämisse ausgehenden Ungenauigkeiten sollten deshalb möglichst in fallweisen, stichprobenartigen Analysen von Zeit zu Zeit überprüft werden.

Wiederum unproblematisch sind die Bezugsgrößen für die *Produktionssteuerung* (Auftragshäufigkeit) und die *Versanddisposition* (Zahl der Lieferungen) zu bestimmen. Im Versandlager wird wie im Wareneingangsbereich nur der durchschnittliche Bestandswert als für die Kalkulation verwandte

Produktbezogene Ausgangsdaten

	A1	A2	B1	B2	C1	C2	Andere Produkte	Summe
Zahl der A-Teile	0	0	24	25	54	54	365	522
Zahl der B-Teile	14	7	55	60	23	23	430	612
Zahl der C-Teile	55	120	155	196	120	120	1.403	2.169
Bestellvolumen								
- Zahl an Behältern	4.450	535	15.750	26.850	22.350	27.890	243.877	341.702
- Materialeinzelkosten	1.550.750	215.875	4.515.487	6.896.381	1.450.750	1.560.545	35.654.334	51.844.122
Durchschnittlicher Eingangslagerbestand	35.125	45.745	145.450	178.600	75.635	98.451	3.489.332	4.068.338
Auflegungshäufigkeit	18	2	36	48	64	64	221	453
int. Transportvolumen (in Behältern)	3.950	600	16.125	28.238	28.750	30.125	543.543	651.331
Durchschnittlicher Versandlagerbestand	145.950	225.750	198.566	205.675	168.700	189.500	15.345.750	16.479.891
Versandvolumen								
- Zahl an versendeten Behältern	5.150	750	18.550	32.900	35.985	40.564	674.334	808.233
- Zahl der Lieferungen	25	2	214	254	304	287	1.976	3.062
Fertigungseinzelkosten	4.487.915	700.500	10.234.790	16.550.534	3.645.566	5.675.344	1`3.027.804	154.322.453

Sonstige Ausgangsdaten

Kostenstellen	Bestelldisposition	Warenannahme	Eingangslager	Einkauf	Summe Materialbereich	Interner Transport	Fertigungssteuerung	andere Fertigungshilfsst.	Summe Fert.-hilfsstellen
Summe der Gemeinkosten	2.223.671	4.114.776	2.550.980	9.440.990	18.330.417	18.955.234	5.345.905	35.789.145	60.090.284
Summe der Einzelkosten					51.844.122				

Kostenstellen	Fertigungshauptstellen	Versandlager	Versanddisposition	Versandtransport	Verkauf	Vertrieb insgesamt	Verwaltung	Summe
Summe der Gemeinkosten	113.432.540	10.125.900	11.555.895	32.567.856	6.998.112	61.247.763	44.235.670	297.336.674
Summe der Einzelkosten	154.322.453							206.166.575

Abb. 6-6: Beispiel zur logistikgerechten Kalkulation – Ausgangsdaten

Messziffer der Leistungen gewählt. Die Leistungen der noch verbleibenden Logistikkostenstellen des *Versandtransports* (Eigentransporte) abzubilden, fällt schließlich wiederum schwerer. Im Beispiel ist die sehr ungenaue, damit aber vergleichsweise leicht erfassbare Messgröße »Zahl der versendeten Behälter« zugrunde gelegt. Im Idealfall wären die Daten einer einzelobjektbezogenen Leistungserfassung heranzuziehen.

**Kalkulation der
Logistikkosten**

Als sonstige Ausgangsdaten sind schließlich nur die Zahlen ausgewiesen, die zum angestrebten Kalkulationsvergleich unabdingbar sind. Insbesondere fehlt eine Differenzierung der nicht-logistischen Fertigungshilfsstellen und der Endkostenstellen in der Fertigung. Der gesamte Fertigungsbereich muss damit »in einem Zug« kalkuliert werden. Für das Aussagenziel des Beispiels ist diese Vereinfachung jedoch unproblematisch. Das traditionelle Kalkulationsvorgehen zeigt die *Abbildung 6-7*. Im ersten Schritt werden die Zuschlagssätze für die Material-, Fertigungs- und Vertriebsgemeinkosten bestimmt. Im zweiten Schritt erfolgt die Verknüpfung dieser Kalkulationswerte mittels Zuschlagskalkulation. Ob ein Unternehmen im Bereich der Fertigung tatsächlich – wie hier unterstellt – die althergebrachte Lohnzuschlagskalkulation anwendet oder aber die Maschinenstundensatzrechnung gewählt hat, ist aber für die Art der Zurechnung von Fertigungslogistikkosten unerheblich. Beide Kalkulationsverfahren sind nicht auf logistische Fragestellungen ausgerichtet.

Von der Vorbereitung...

Will man logistikgerecht kalkulieren, müssen die unterschiedlichen Logistikkostenstellen direkt via Bezugsgrößenkalkulation auf die Produkte verrechnet werden. Die Vorbereitung hierzu zeigt die *Abbildung 6-8* (siehe S. 174). Wie im Kapitel 4 ausführlich beschrieben, werden für die einzelnen Logistikkostenstellen Verrechnungssätze ermittelt, wie im ganzen Beispiel hier nur auf Basis von Vollkosten. Da mit diesem Vorgehen die Logistikkostenstellen abrechnungstechnisch zu Endkostenstellen werden, reduziert sich der Fertigungsgemeinkostenzuschlag um gut 10%. Eine noch weit stärkere Reduzierung gilt für den Beschaffungs- und den Vertriebsbereich; hier sind nur noch die jeweiligen Marketingfunktionen per Zuschlag umzulegen.

...zur Durchführung einer
verbesserten Logistikkos-
tenkalkulation

Am Ergebnis zeigt die *Abbildung 6-9* (siehe S. 175) die exakte Zuordnung der Logistikkosten. Unter Inkaufnahme einer Verlängerung der Kalkulation, die DV-technisch allerdings keine Schwierigkeiten verspricht, werden Vollkostenwerte für die Produkte ermittelt, die deutlich von denen der traditionellen Kalkulation abweichen. Die Gesamtsumme der Kosten ist gleichgeblieben, die Kosten sind jedoch anders verteilt. Die zum Schluss ausgewiesenen Differenzwerte lassen sich keinesfalls als übertrieben bzw. praxisfern bezeichnen. Bislang vorliegende Erfahrungen aus fallweisen Analysen zeigen vielmehr, dass man eher mit (deutlich) höheren Differenzen rechnen kann. Der Wert der durch derartige Kalkulationen gewonnenen Informationen für die Steuerung des Produktions- und Absatzprogramms ist evident.

(1) Vorbereitung der Kalkulation

Kostenstellen	Bestelldisposition	Warenannahme	Eingangslager	Einkauf	Summe Materialbereich	Interner Transport	Arbeitsvorbereitung	andere Fertigungshilfsst.	Verwaltung	Summe
Summe der Gemeinkosten	2.223.671	4.114.776	2.550.980	9.440.990	18.330.417	18.955.234	5.345.905	35.789.145	44.235.670	297.336.674
Summe der Einzelkosten					51.844.122					206.166.575
Umlagen bzw. Aggregation					18.330.417				44.235.670	503.503.249
Gemeinkostenzuschlagssatz					35,36%				11,11%	

Kostenstellen	Summe Fertig.-hilfsstellen	Fertigungshauptstellen	Versandlager	Versanddisposition	Versandtransport	Verkauf	Vertrieb insgesamt	Verwaltung	Summe
Summe der Gemeinkosten	60.090.284	113.432.540	10.125.900	11.555.895	32.567.856	6.998.112	61.247.763	44.235.670	
Summe der Einzelkosten		154.322.453							
Umlagen bzw. Aggregation		173.522.824					61.247.763	44.235.670	
Gemeinkostenzuschlagssatz		112,44%					15,39%	11,11%	

(2) Durchführung der Kalkulation

Kostenstellen	A1	A2	B1	B2	C1	C2	and. Produkte	Summe
Materialeinzelkosten	1.550.750	215.875	4.515.487	6.896.381	1.450.750	1.560.545	35.654.334	51.844.122
Materialgemeinkosten	548.295	76.326	1.596.531	2.438.339	512.939	551.759	12.606.228	18.330.417
MATERIALKOSTEN	2.099.045	292.201	6.112.018	9.334.720	1.963.689	2.112.304	48.260.562	70.174.539
Fertigungseinzelkosten	4.487.915	700.500	10.234.790	16.550.534	3.645.566	5.675.344	113.027.804	154.322.453
Fertigungsgemeinkosten	5.046.289	787.654	11.508.174	18.609.705	4.099.137	6.381.455	127.090.409	173.522.824
FERTIGUNGSKOSTEN	9.534.204	1.488.154	21.742.964	35.160.239	7.744.703	12.056.799	240.118.213	327.845.277
HERSTELLKOSTEN	11.633.249	1.780.356	27.854.982	44.494.959	9.708.392	14.169.102	288.378.775	398.019.816
Vertriebsgemeinkosten	1.790.138	273.963	4.286.358	6.846.937	1.493.939	2.180.358	44.376.069	61.247.763
Verwaltungsgemeinkosten	1.292.912	197.868	3.095.785	4.945.142	1.078.985	1.574.745	32.050.234	44.235.670
SELBSTKOSTEN	14.716.300	2.252.187	35.237.125	56.287.038	12.281.315	17.924.205	364.805.079	503.503.249

Abb. 6-7: Traditionelles Kalkulationsvorgehen

(1) Vorbereitung der Kalkulation

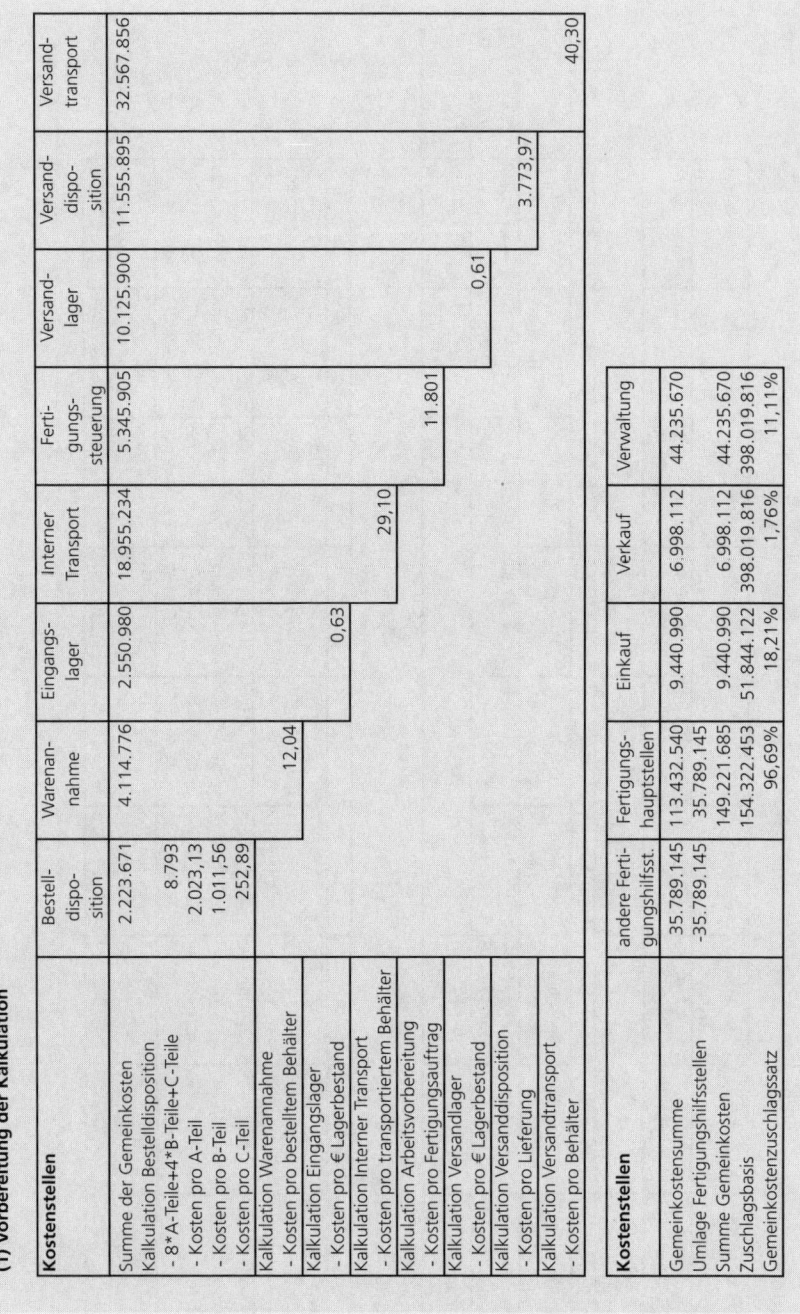

Kostenstellen	Bestell-disposition	Warenan-nahme	Eingangs-lager	Interner Transport	Ferti-gungs-steuerung	Versand-lager	Versand-dispo-sition	Versand-transport
Summe der Gemeinkosten	2.223.671	4.114.776	2.550.980	18.955.234	5.345.905	10.125.900	11.555.895	32.567.856
Kalkulation Bestelldisposition								
- 8*A-Teile+4*B-Teile+C-Teile	8.793							
- Kosten pro A-Teil	2.023,13							
- Kosten pro B-Teil	1.011,56							
- Kosten pro C-Teil	252,89							
Kalkulation Warenannahme								
- Kosten pro bestelltem Behälter		12,04						
Kalkulation Eingangslager								
- Kosten pro € Lagerbestand			0,63					
Kalkulation Interner Transport								
- Kosten pro transportiertem Behälter				29,10				
Kalkulation Arbeitsvorbereitung								
- Kosten pro Fertigungsauftrag					11.801			
Kalkulation Versandlager								
- Kosten pro € Lagerbestand						0,61		
Kalkulation Versanddisposition								
- Kosten pro Lieferung							3.773,97	
Kalkulation Versandtransport								
- Kosten pro Behälter								40,30

Kostenstellen	andere Ferti-gungshilfsst.	Fertigungs-hauptstellen	Einkauf	Verkauf	Verwaltung
Gemeinkostensumme	35.789.145	113.432.540	9.440.990	6.998.112	44.235.670
Umlage Fertigungshilfsstellen	-35.789.145	35.789.145			
Summe Gemeinkosten		149.221.685	9.440.990	6.998.112	44.235.670
Zuschlagsbasis		154.322.453	51.844.122	398.019.816	398.019.816
Gemeinkostenzuschlagssatz		96,69%	18,21%	1,76%	11,11%

Abb. 6-8: Vorbereitung einer logistik-gerechten Kalkulation

(2) Durchführung der Kalkulation

	A1	A2	B1	B2	C1	C2	Andere	Summe
Materialeinzelkosten	1.550.750	215.875	4.515.487	6.896.381	1.450.750	1.560.545	35.654.334	51.844.122
Kosten Bestelldisposition								
• A-Teile	0	0	48.555	50.578	109.249	109.249	738.442	1.056.073
• B-Teile	14.162	7.081	55.636	60.694	23.266	23.266	434.973	619.077
• C-Teile	13.909	30.347	39.198	49.567	30.347	30.347	354.806	548.521
Kosten Warenannahme	53.587	6.442	189.662	323.328	269.139	335.851	2.936.767	4.114.776
Kosten Eingangslager	22.025	28.684	91.202	111.988	47.426	61.732	2.187.924	2.550.980
Verrechnung Einkaufskosten	282.397	39.312	822.285	1.255.854	264.186	284.181	6.492.775	9.440.990
MATERIALKOSTEN	1.936.829	327.741	5.762.025	8.748.390	2.194.363	2.405.171	48.800.021	70.174.539
Fertigungseinzelkosten	4.487.915	700.500	10.234.790	16.550.534	3.645.566	5.675.344	113.027.804	154.322.453
Fertigungsgemeinkosten	4.339.577	677.347	9.896.503	16.003.495	3.525.070	5.487.759	109.291.934	149.221.685
Kosten Interner Transport	114.954	17.461	469.275	821.791	836.691	876.707	15.818.355	18.955.234
Kosten Arbeitsvorbereitung	212.420	23.602	424.840	566.454	755.271	755.271	2.608.046	5.345.905
FERTIGUNGSKOSTEN	9.154.867	1.418.910	21.025.408	33.942.273	8.762.599	12.795.081	240.746.139	327.845.277
HERSTELLKOSTEN	11.091.696	1.746.651	26.787.433	42.690.663	10.956.962	15.200.252	289.546.160	398.019.816
Kosten Versandlager	89.677	138.710	122.007	126.375	103.656	116.436	9.429.039	10.125.900
Kosten Versanddisposition	94.349	7.548	807.630	958.588	1.147.287	1.083.129	7.457.364	11.555.895
Kosten Versandtransport	207.520	30.221	747.475	1.325.710	1.450.020	1.634.532	27.172.378	32.567.856
Verrechnung Verkaufskosten	195.018	30.710	470.985	750.601	192.649	267.256	5.090.893	6.998.112
VERTRIEBSKOSTEN	586.564	207.189	2.148.096	3.161.274	2.893.612	3.101.353	49.149.674	61.247.763
Verwaltungsgemeinkosten	1.232.724	194.122	2.977.138	4.744.613	1.217.750	1.689.346	32.179.977	44.235.670
SELBSTKOSTEN	12.910.984	2.147.962	31.912.667	50.596.550	15.068.323	19.990.951	370.875.811	503.503.249
Differenz zu trad. Kalkulation	-1.805.315	-104.225	-3.324.458	-5.690.488	2.787.008	2.066.746	6.070.732	0
Differenz in Prozent	-12,27%	-4,63%	-9,43%	-10,11%	22,69%	11,53%	1,66%	0,00%

Abb. 6-9: Logistikgerechte
Kalkulation

8. Gestaltungsmöglichkeiten der Logistik-kostenkalkulation

Die Gestaltung einer Logistikkostenkalkulation erfordert – wie ausführlich diskutiert – Vereinfachungen. Diese können grundsätzlich an zwei Aspekten festmachen:
- zum einen an der gewollten Kalkulationsgenauigkeit
- zum anderen an der Häufigkeit, mit der die kalkulationsrelevanten Werte erfasst und/oder ausgewiesen werden.

Beide Gesichtspunkte sollen im Folgenden näher beleuchtet werden.

8.1 Unterschiedliche Kalkulationsgenauigkeit

Die Ausgangssituation für eine exakte Kalkulation der Logistikkosten ist in den Unternehmen potenziell sehr unterschiedlich (vgl. zum Folgenden auch die *Abbildung 6-10*):
- Unternehmen verfügen über sehr unterschiedliche Anteile von Logistikkosten an den Gesamtkosten.

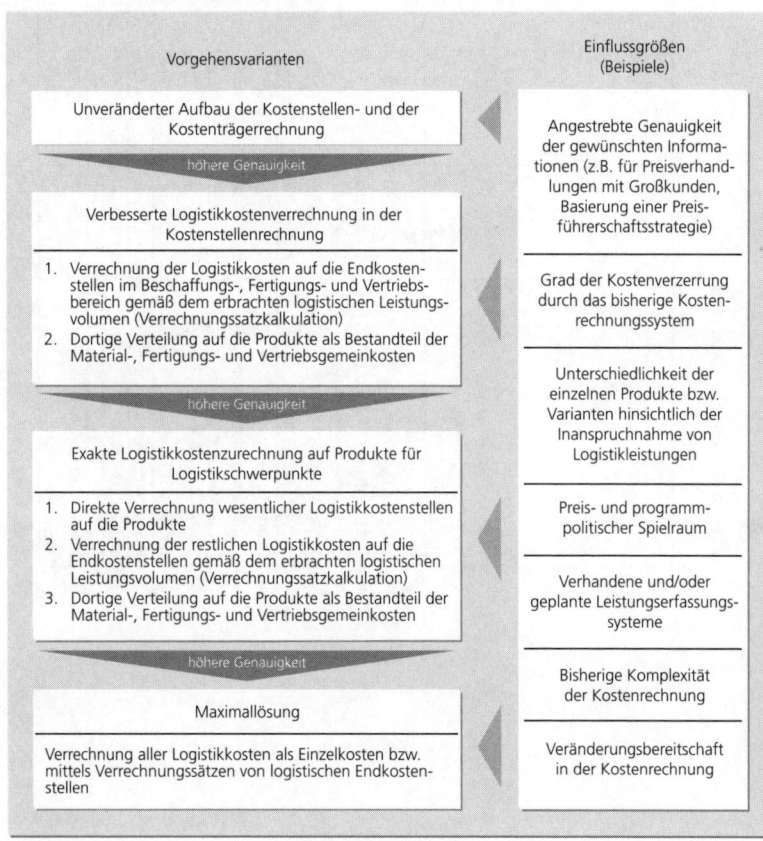

Abb.6-10: Unterschiedliche Vorgehensweisen zur Logistikkostenkalkulation im Hinblick auf unterschiedliche Genauigkeitsgrade

- Für Unternehmen spielt die Logistik sehr unterschiedliche Rollen, von der des »key-success-factors« bis hin zu der einer unbedeutenden Nebenfunktion.
- Unternehmen sind in sehr unterschiedlichem Maße »von außen« (z.B. von Kunden) gefordert, Aussagen über Logistikkostenanteile innerhalb der Herstellkosten oder Selbstkosten zu treffen.
- Unternehmen verfügen über sehr unterschiedliche Ausgangssituationen der Produktkalkulation (z.B. hinsichtlich des verwendeten Verfahrens oder des allgemeinen Genauigkeits- und Detaillierungsniveaus).
- Unternehmen haben unterschiedlich heterogene und unterschiedlich breite Produktprogramme, so dass die Logistikkosten bislang fast zwangsläufig unterschiedlich »falsch« den Produkten zugeordnet werden.
- Unternehmen weisen sehr unterschiedliche Bereitschaft aus, über eine Veränderung der Kalkulation, darüber hinaus des gesamten Kostenrechnungssystems, nachzudenken und diese zu vollziehen.
- Unternehmen besitzen schließlich – und dies ist sicher der letztlich dominierende Faktor – sehr unterschiedliche Ausgangssituationen bezüglich der Logistikleistungserfassung.

Unternehmen unterscheiden
sich in vielen für die Gestaltung der Kalkulation der Logistikkosten wichtigen Merkmalen

Vor diesem Hintergrund muss nachdrücklich davor gewarnt werden, dem Irrglauben eines einheitlichen Normkonzepts einer Logistikkostenkalkulation zu verfallen. Eine solche Kalkulation ist – wie die gesamte Kostenrechnung eines Unternehmens auch – stets kontextabhängig zu sehen. Missachtet man diese grundlegende Erkenntnis, scheitert entweder die Einführung oder das realisierte Konzept ist zu teuer, unpassend oder nicht akzeptiert bzw. jede beliebige Kombination aus diesen drei Attributen.

Vor einem »Normkonzept«
zur Kalkulation der Logistikkosten kann nur gewarnt
werden

Für die angestrebte Kalkulationsgenauigkeit sind damit sehr unterschiedliche konkrete, unternehmensspezifische Lösungen denkbar, die im Folgenden idealtypisch zu insgesamt vier Möglichkeiten verdichtet werden sollen:

- *Variante 1: Der Aufbau der Kostenträgerrechnung bleibt unverändert.*
  Diese »Null-Lösung« ist letztlich nur dann unbefriedigend, wenn sie aus Unwissenheit gepflegt wird, wenn sie sich nicht als Ergebnis einer detaillierten, auf die unternehmensbezogenen Kontextfaktoren bezogenen Analyse ergibt. Es gibt viele Unternehmen, für die die Logistik eine nur sehr untergeordnete Rolle spielt und/oder für die aufgrund ihrer Wettbewerbsposition und -strategie der mögliche Unterschied im Kalkulationsergebnis kaum relevant ist. Diese Unternehmen haben Besseres zu tun, als sich mit Logistikkostenanteilen zu befassen.
- *Variante 2: Die Kalkulation wird unverändert gelassen, die Ausgangsbasis der Kalkulation aber im Bereich der Kostenstellenrechnung verbessert.*
  Variante 2 unterscheidet sich von der Variante 1 in Aufbau und Differenzierung des Kalkulationsschemas nicht. Eine erhöhte Genauigkeit resultiert allein aus der kostenstellenmäßig exakten Erfassung der Logistikkosten und ihrer verursachungsgerechten Weiterverrechnung im Zuge der innerbetrieblichen Leistungsverrechnung. Hierfür ist es erforderlich, kostenstellenbezogene Leistungsmaße (Bezugsgrößen) zu definieren und zu erfassen, in einer Umschlagstelle z.B. abgefertigte Be-

hälter. Ein Produktbezug – im Beispiel: erfassen, was im Behälter exakt enthalten ist – ist nicht erforderlich. Dies schränkt den zusätzlichen Erfassungsaufwand ein. Der für Zwecke der Kalkulation erzielte Genauigkeitsgewinn ist allerdings (stark) beschränkt, da die Logistikkosten von den Endkostenstellen unverändert nach falschen Maßgrößen weiterbelastet werden: Das in der Fertigung logistikintensivste Produkt muss keinesfalls das sein, das auch die höchsten Fertigungsminuten beansprucht!

Die Variante 3 entspricht dem Vorgehen im Beispiel

- *Variante 3: Die Kalkulation wird um wichtige Logistikendkostenstellen verlängert.* Diese Variante liegt dem ausführlich dargestellten Beispiel des letzten Abschnitts zugrunde. Was als »wichtige« Logistikkostenstelle gelten kann, die man als Endkostenstelle in der Kalkulation berücksichtigt, ist jeweils im Einzelfall zu entscheiden. Den zusätzlichen Erfassungskosten steht der Nutzen höherer Genauigkeit der Herstell- bzw. Selbstkostenbestimmung gegenüber, der wiederum wesentlich von den zu Anfang dieses Abschnitts genannten Faktoren beeinflusst wird.

- *Variante 4: Alle Logistikkostenstellen werden als Endkostenstellen aufgefasst.* Diese Maximallösung wird sich nur in solchen Unternehmen realisieren lassen, die – z.B. im Zuge weit ausgebauter DV-Systeme – über die meisten benötigten Daten bereits verfügen. Selbst dann muss man sich allerdings fragen, ob die 100%ige Genauigkeit nicht unnötig Speicherplatz und Rechenzeit kostet, ob man wirklich jeden Logistikvorgang kostenmäßig exakt Produkten zuordnen sollte. In Anknüpfung der Diskussion im 1. Kapitel gilt zudem: Je genauer, desto komplexer; je komplexer, desto weniger nachvollziehbar; je weniger nachvollziehbar, desto anfälliger für Misstrauen in die ermittelten Zahlen. Es macht deutlich mehr Sinn, die Logistik in die Produktgestaltung – etwa in Target Costing Teams – mit einzubeziehen und dort Einfluss auf die Logistikkostenhöhe zu nehmen, als im Nachhinein die anfallenden Logistikkosten bis auf zwei Nachkommastellen genau zu kalkulieren.

Keine der vier skizzierten Varianten hat somit stets alle Vorteile auf ihrer Seite; lediglich im Fall des Status Quo kann man ohne Gefahr die Tendenzaussage wagen, dass sie »im Normalfall« ausgedient haben sollte, dass die Nichtberücksichtigung der Logistik in der Kalkulation zu hohe Ungenauigkeiten bedeutet, die operative und ggf. auch strategische Gefahren hervorrufen. Die anderen drei Varianten stehen zur Disposition, generalisierende Aussagen sind kaum möglich. Allenfalls kann man auf Basis vorliegender Erfahrungen die Vermutung wagen, dass ein schrittweises »Hineinwachsen« in höhere Genauigkeit für die Akzeptanz und das Augenmaß der letztlich gewählten Lösung sich als sehr vorteilhaft erweist.

Wählen Sie die für Ihr Unternehmen passende Lösung aus!

8.2 Unterschiedliche Kalkulationshäufigkeit

Auf einen weiteren Aspekt soll in aller Deutlichkeit hingewiesen werden, der in der Kostenrechnung generell kaum gesehen, vielmehr verdrängt oder zumindest vernachlässigt wird. Seit der »Erfindung« der Kostenrechnung ist ein Kostenrechner daran gewöhnt, seine Rechnung als laufendes, auf der

Finanzbuchhaltung aufbauendes System zu gestalten. »Die« Kostenrechnung ist eben eine laufende Rechnung, ebenso wie Investitionsrechnungen fallweise Rechnungen sind. Sich vorzustellen, Kostenrechnung »sporadisch«, mal hier, mal da, mal für den einen, mal für einen anderen Rechnungszweck durchzuführen, wird den meisten schwer fallen, vielen vermutlich sogar unsinnig vorkommen. Zwei Gründe hierfür liegen mehr oder weniger auf der Hand:

- viele Kosteninformationen werden standardmäßig immer wieder benötigt, so etwa die für die periodische kostenstellenbezogene Kostenplanung und Wirtschaftlichkeitskontrolle;
- viele Kostendaten können aus vorgelagerten ebenfalls laufenden DV-Systemen bezogen werden.

Kostenrechnung muss nicht
stets eine laufende
Rechnung sein

Dennoch: Man kann auf der anderen Seite nicht verleugnen, dass die Kostenrechnung in Zukunft kaum in der Lage sein wird, die vielfältigen Anforderungen, die von emanzipierten Fachabteilungen zunehmend gestellt werden, in toto zu befriedigen. Dies hätte sowohl eine Explosion der Basisdatenhaltung zur Folge, die kaum zu bezahlen wäre, als auch – trotz der Entwicklungen von DV-Hard- und Softwaretechnologie – schnell die Grenzen vertretbarer Laufzeiten erreicht wären.

An dieser Stelle wird – hoffentlich – die Verbindung zum Thema Logistikkostenkalkulation deutlich: Im Vorstehenden wurde immer implizit davon gesprochen, wie man die Logistik adäquat in die laufende Kalkulation einbeziehen sollte. Dieses ist aber keinesfalls der einzige Weg zur Problemlösung. Auch bei einer fallweisen logistikgerechten Kalkulation lassen sich vielfältige managementrelevante Informationen gewinnen, wie z.B.

- Erkennen der »richtigen« Kosten einzelner Produkte bzw. Produktkategorien (z.B. Auftragsgrößenklassen),
- Erkennen des Kostenabweichungsgrades gegenüber der derzeitigen Kalkulation,
- Gewinnung von Basisgrößen für die Änderungen in der laufenden Standardkalkulation (z.B. durch gezielte, produkt- bzw. produktgruppenspezifische Veränderung der Zuschlagssätze).

Im Gegensatz zur laufenden Kalkulation kann man sich darauf beschränken, die »richtigen« Logistikkosten stichprobenhaft mit begrenztem Anspruch auf Genauigkeit zu erfassen. Schon das wird zumeist aufwendig genug sein. An der Tragweite der gewonnenen Erkenntnisse ändert das fallweise Vorgehen dann, wenn es mit hinreichender Sorgfalt durchgeführt wurde, kaum etwas. Lediglich ist man nicht dazu in der Lage, »schleichende« Kostenstrukturveränderungen quasi automatisch zu erkennen. Nur in wenigen Unternehmen werden diese aber so bedeutsam ausfallen und/oder die Preis- und Programmpolitik potenziell so stark beeinflussen, dass eine laufende Erfassung der Kostenstrukturen unabdingbar erscheint.

Ein fallweises Vorgehen hat darüber hinaus den Vorteil, eine besondere Aufmerksamkeit des Managements zu genießen. Hier – am besten mit dem Management zusammen – gewonnene Erkenntnisse haben damit eine größere Chance, konsequent umgesetzt zu werden, als produktbezoge-

Eine maßgeschneiderte
Lösung muss auch hinsichtlich der Häufigkeit der
Kalkulation gefunden
werden

ne Logistikkosten, die im laufenden Kalkulationsgeschäft leicht untergehen können.

Ein fallweises Vorgehen muss deshalb gerade bei der Kalkulation von Logistikkosten – und Gleiches gilt für die Prozesskostenrechnung – nicht als »quick-and-dirty«-Lösung angesehen werden, sondern kann den optimalen Ausgleich zwischen dem Wert dadurch gewonnener Informationen und der Höhe dafür angefallener Erfassungskosten darstellen.

9. Zitierte und weiterführende Literatur

- Horváth, P. (1998): Prozesskostenmanagement – Methodik und Anwendungsfelder, 2. Auflage, Stuttgart.
- Kaplan R.S./Cooper, R. (1999): Prozesskostenrechnung als Managementinstrument, Frankfurt.
- Lambert, D.M./Stock, J.R. (1992): Strategic logistics management, Chapter 15: Financial Control of Logistics Performance.
- Liberatore, J.L./Miller, T. (1998): A framework for integrating activity based costing and the balanced scorecard into the logistics strategy development and monitoring process, in: Journal of Business Logistics, Vol. 19, No. 2.

Management Summary

Immer mehr Supply Chain Management-Konzepte werden in der Praxis verwirklicht. Damit stellt sich zunehmend die Frage, wie Wertschöpfungsketten unternehmensübergreifend gesteuert und kontrolliert werden können. Dieses Kapitel definiert Anforderungen an ein Supply Chain Controlling (SCC) und gibt einen Überblick über mögliche Instrumente, die sich in ein ganzheitliches Konzept integrieren lassen.

Eine Supply Chain kann nur dann funktionieren, wenn sie von allen Partnern gemeinsam vorangebracht wird. Eine zentrale Anforderung an das Supply Chain Controlling besteht deshalb in der Etablierung einer »gemeinsamen Sprache« für alle Partner. Dies beinhaltet ein gemeinsames Prozessverständnis ebenso wie eine einheitliche Definition der verwendeten Daten und Kennzahlen. Zudem sind im Rahmen des Supply Chain Controlling Faktoren zu quantifizieren, die die Art und Weise der Zusammenarbeit zwischen den Partnern darstellen und steuern helfen.

Diese Anforderungen bedingen eine Modifikation und Erweiterung der verwendeten »traditionellen« Controlling-Instrumente. Zum einen sind inhaltliche Änderungen notwendig, beispielsweise durch die Verwendung von unternehmensübergreifenden Kennzahlen. Zum anderen bedarf es auch struktureller Änderungen, beispielsweise durch die Einbeziehung von Kennzahlen, die die Güte der Kooperation beschreiben.

Als Instrumente, die für ein Supply Chain Controlling genutzt werden können, kommen insbesondere die folgenden in Frage:
- Methoden des Beziehungscontrolling,
- Unternehmensübergreifende Prozesskostenrechnung
- Selektive Kennzahlen und
- Balanced Scorecards, die beide jeweils auf die spezifischen Bedingungen einer Supply Chain anzupassen sind.

Wir werden im Folgenden ein integratives Supply Chain Controlling Konzept vorstellen, das durch die Verwendung der genannten Instrumente die anfangs angesprochenen Anforderungen erfüllt.

1. Was macht das Spezifische des Supply Chain Controlling aus?

Verschärfte Wettbewerbsbedingungen und gestiegene Marktanforderungen führen dazu, dass Prozessoptimierungen innerhalb von einzelnen Unternehmen alleine nicht mehr ausreichen. Zunehmend erweist sich eine unternehmensübergreifende Gestaltung und ein Management der gesamten Wertschöpfungskette als notwendig. Das hierauf passende »Modewort« ist »Supply Chain Management«.

Die Aktualität des Themas spiegelt sich in zahlreichen Publikationen wider. Auch die Unternehmen haben die große Bedeutung grundsätzlich erkannt. Die bereits im ersten Kapitel zitierte Studie von *Dehler* zeigt, dass es für 57% der deutschen Unternehmen erklärtes Ziel ist, innerhalb der nächsten fünf Jahre die Stufe des Supply Chain Management zu erreichen. Zur Zeit befinden sich allerdings gerade einmal etwa 7% auf der von so vielen angestrebten Stufe.

Internet und E-Commerce leisten dieser Entwicklung Vorschub und schaffen die für ein Supply-Chain-Management notwendigen technischen Vorraussetzungen. Aber nicht nur die technischen Komponenten sind der Schlüssel zum Erfolg, wie es viele Software-Hersteller und Berater propagieren und auch die meisten Unternehmen glauben (vgl. *Weber et al.* 2002, S. 61 f.). Erste Praxiserfahrungen zeigen, dass eine Vielzahl von ungelösten Problemen bzgl. der Führung und Steuerung von unternehmensübergreifenden Wertschöpfungsketten existiert, die nach einem entsprechenden Controlling verlangt. Zudem kann vermutet werden, dass Controlling die Wirksamkeit und damit die Profitabiltät des Supply Chain Management verbessert (vgl. *Otto* 2002, S. 2) – Grund genug, um sich mit diesem Thema näher auseinander zu setzen.

> IT ist ein wichtiger Enabler von Supply Chains; erst ein adäquates Management führt diese aber zum Erfolg

Dabei stellt sich die Frage, ob traditionelle Controlling-Instrumente – wie z.B. eine Kosten- und Leistungsrechnung oder Kennzahlen – für den Einsatz im Rahmen des Supply Chain Controlling unverändert übernommen werden können, oder aber den speziellen Erfordernissen für das Supply Chain Controlling anzupassen bzw. neu zu gestalten sind. Die Antwort auf diese Frage ist Kerninhalt dieses Kapitels.

1.1. Anforderung an das Controlling von Supply Chains

Wie im ersten Kapitel dieses Buches bereits dargestellt, werden je nach Entwicklungsstand der Logistik im Unternehmen an das Logistik-Controlling (sehr) unterschiedliche Anforderungen gestellt. Auf der Stufe des Supply-Chain-Managements ist der Blick des Controlling auf das logistische Zusammenspiel mehrerer Unternehmen zu richten bzw. auszuweiten. Die spezifische Herausforderung besteht darin, das Zustandekommen einer engen Zusammenarbeit von rechtlich und wirtschaftlich selbständigen Unternehmen zu unterstützen und den erfolgreichen Fortbestand der Koope-

> Enge Zusammenarbeit ist Voraussetzung einer Supply Chain ebenso wie Garant ihres Erfolgs

Supply Chain Controlling

ration zu sichern. Dies bedeutet insbesondere, dass sich die Partner auf eine gemeinsame Strategie und daraus ableitbare Ziele einigen, deren Erreichung durch einen gemeinsamen Planungs- und Steuerungsprozess sicherzustellen ist.

Das Gemeinsame steht auch im Mittelpunkt des Supply Chain Controlling. Betrachten wir zunächst die »klassische« Informationsversorgungsaufgabe (vgl. *Otto* 2002, S. 15). Hier gilt es, gemeinsam und einheitlich Kennzahlen (Kosten-, Erlös- und Leistungskennzahlen) zu definieren, die einen Supply Chain überspannenden Charakter tragen. Erst hiermit können gemeinsame Ziele, wie beispielsweise Durchlaufzeiten bezogen auf die gesamte Supply Chain, quantifiziert werden. Als Voraussetzung hierzu gilt es, ein gemeinsames Prozessverständnis zu etablieren und die kritischen Engpässe der Supply Chain zu identifizieren – wir werden hierauf im Abschnitt 2 ausführlich eingehen. Beides bildet eine wesentliche Grundlage für die Festlegung von Zielen und die Identifikation von Optimierungspotenzialen. Betrachten wir zur Veranschaulichung das Beispiel einer Landkarte: Wenn man mit mehreren Parteien ein Ziel erreichen möchte, ist eine einheitliche und gemeinsame Karte notwendig, um den richtigen Weg auswählen zu können. Weiterhin kann man anhand einer Landkarte sehen, auf welchem Weg man von A nach B kommt und ob dieser Weg das Optimum darstellt.

Basis ist ein gemeinsames Prozessverständnis

Anschließend wird überprüft, ob alle Partner der Wertschöpfungskette ihre unternehmensinternen »Hausaufgaben« gemacht haben: Ein Supply Chain Controlling greift in seiner Transparenzfunktion wesentlich auf Kosten-, Leistungs- und Erlösdaten der innerbetrieblichen Logistiken zurück (vgl. *Weber/Blum* 2001, S. 9-11). Allerdings reicht eine reine Übernahme der Zahlen nicht aus. Nicht vergleichbare Informationen über die einzelnen Teilprozesse in der Wertschöpfungskette sind zu »synchronisieren« (vgl. *Kummer* 2001, S. 82), fehlende zu ergänzen.

Um die Kennzahlen in einer unternehmensübergreifenden Supply Chain ermitteln zu können, ist ein intensiver Informationsaustausch – auch von vertraulichen Daten – unabdingbar. Dies erfordert eine enge Abstimmung der Informationssysteme zur Optimierung der Schnittstellen. Der Grad dieser Abstimmung kann einen deutlichen Hinweis auf die »Ernsthaftigkeit« und Enge der Kooperation geben. Ähnliche Indikatoren sind z.B. die Anzahl gemeinsamer Projekte oder Abstimmungssitzungen. Derartige, die Qualität und die Intensität der Kooperation betreffende Aspekte nehmen einen entscheidenden Einfluss auf die Supply Chain Partnerschaft (vgl. *Wertz* 2000, S. 158). Ein Supply-Chain-Controlling muss deshalb jederzeit über den Status quo dieser Faktoren informieren und erkennen, in welchen Bereichen negative Entwicklungen auftreten und wie diesen zu begegnen ist. Zu den unternehmensübergreifenden Kosten-, Erlös- und Leistungsdaten kommen somit Kennzahlen hinzu, die in der Lage sind, die Intensität und Qualität der Kooperation abzubilden (vgl. *Gericke et al.* 1999, S. 14). Eine Möglichkeit, derartige Kennzahlen zu ermitteln und zu operationalisieren, wird im Abschnitt 3.2 mit den Methoden des Beziehungscontrolling dargestellt, die einen wesentlichen Teil des Supply Chain Controlling bilden.

Wer die unternehmensinternen »Hausaufgaben« des Logistik-Controlling nicht gemacht hat, scheitert am Supply Chain Controlling, noch bevor er damit angefangen hat!

Die hohe Komplexität und Interdependenz der Problemstellungen des Supply Chain Management erfordern weiterhin unterstützende Instrumente, die eine fortlaufende Steuerung der jeweiligen Prozesse auf die zu realisierenden Ziele der gesamten Supply Chain ermöglichen. Um insbesondere die Ziele der Supply Chain in einem sich kontinuierlich ändernden und dynamischen Umfeld erreichen zu können, kann es notwendig sein, Prozesse und somit Organisationsstrukturen anzupassen. In diesem Zusammenhang muss das Supply Chain Controlling das Management bei strukturellen und organisatorischen Fragestellungen beraten und auch eventuell erforderlich werdende Modifikationen der Anreizsysteme vorschlagen.

Das Feld der Anforderungen an das Supply Chain Controlling ist folglich weit und geht deutlich über eine reine Kennzahlenbereitstellung hinaus – auch wenn die Informationsversorgungsaufgabe für das Supply Chain Controlling eine unverzichtbare Basis darstellt.

1.2. Strategisches und operatives Supply Chain Controlling

Die Führungsaufgabe im Unternehmen wird zumeist in einen strategischen und einen operativen Teil getrennt. Dieser Differenzierung folgt auch das Controlling. Das strategische Controlling beschäftigt sich – wie im 2. Kapitel gezeigt – primär mit der Unternehmensstrategie. Aufgabe des operativen Controlling ist es, ausgehend von der Strategie Maßnahmenkataloge zur Umsetzung zu erarbeiten und den Fortschritt zu überwachen; es hat somit einen kürzeren Zeithorizont. Das strategische und das operative Controlling beeinflussen sich gegenseitig und beide Teilgebiete sind unverzichtbar. Das strategische Controlling bleibt »visionär«, wenn nicht das operative Controlling Maßnahmen zur Strategieumsetzung erarbeitet und diese überwacht. Im Rahmen dieser operativen Überwachung können wiederum Erkenntnisse gewonnen werden, die in die neue Strategieentwicklung einfließen können.

Auch für das Supply Chain Controlling ist ein operativer und ein strategischer Teil zu unterscheiden...

Analog zum »traditionellen« Controlling beinhaltet auch das Supply Chain Controlling strategische und operative Aspekte (vgl. auch *Göpfert* 2001, S. 350):

- *Operative* Aspekte umfassen z.B. Fragen der laufenden Funktionsfähigkeit der Kette oder der Zuordnung von erzielten Erfolgen.
- Die im zweiten Kapitel des Buches bereits betonte Einbeziehung der Logistik in die *strategische* Planung erweist sich im Rahmen des Supply Chain Managements als geradezu unverzichtbar: Die in der unternehmensinternen Strategie festgelegten Logistik-Zielsetzungen müssen mit der partnerschaftlich festgelegten Supply Chain Strategie in Einklang stehen!

Folglich müssen die vom Supply Chain Controlling eingesetzten Instrumente sowohl die strategischen Ziele des Managements unterstützen, als auch die kurzfristigen Gewinn- und Kostenaspekte integrieren und eine

...und durch entsprechende Instrumente zu realisieren

Rückkopplung zur Strategieentwicklung ermöglichen. Um auch die operative Umsetzung im täglichen Geschäft kontrollieren zu können, sind über das Supply Chain Controlling auch für diesen Bereich entsprechende Instrumente bereitzustellen. Wir werden im Abschnitt 3.1. hierfür konkrete Beispiele kennen lernen.

1.3. Abgrenzung vom »traditionellen« Logistik-Controlling

Supply Chain Controlling unterscheidet sich vom »normalen« Logistik-Controlling erheblich

Wie im ersten Kapitel bereits dargestellt, hängt die Ausgestaltung des Logistik-Controlling von der jeweiligen Entwicklungsstufe der Logistik ab, auf der sich das Unternehmen befindet (vgl. S. 13f.). Die ersten drei Logistikstufen befassen sich »nur« mit der Logistik und deren Gestaltung *innerhalb* des Unternehmens. Erst die vierte Stufe (Supply Chain Management) weitet den Blick explizit über die Unternehmensgrenzen aus, so dass es zu erheblichen Spezifika kommt. Die wesentlichen Unterschiede zwischen der unternehmensinternen und der unternehmensübergreifenden Sichtweise stellt die *Abbildung 7-1* im Überblick dar. Durch die unterschiedlichen Anforderungen, die sich aus der Koordination der verschiedenen Unternehmen innerhalb einer Supply-Chain ergeben, darf Supply Chain Controlling nicht als das »traditionelle« Logistik-Controlling in einer neuen Verpackun verstanden werden – zu unterschiedlich sind die Fragestellungen (vgl. *Kaufmann/Germer* 2001, S. 178). Allerdings steht das Supply Chain Controlling – wie wir im nächsten Abschnitt sehen werden – sowohl in der betriebswirtschaftlichen Literatur als auch in der unternehmerischen Praxis derzeit erst ganz am Beginn seiner Entwicklung.

Rahmenbedingungen für das Logistik-Controlling	**Rahmenbedingungen für das Supply Chain Controlling**
• Die Logistik-Strategie definiert sich aus der Unternehmensstrategie	• Berücksichtigung unterschiedlicher Unternehmensstrategien in einer Supply Chain-Strategie
• Überprüfen der für das Logistiksystem gesetzten internen Ziele	• Überprüfen der Effektivitätsziele der gesamten Supply Chain an den Kundenbedürfnissen
• Logistik-„Intranet" als effizienzsicherndes Medium	• Supply Chain-„Extranet" als effizienzsicherndes MIS
• Flussorientierte interne Gestaltung des Unternehmens	• Gestaltung von Wertschöpfungspartnerschaften
• Prozessorientiertes Denken und Handeln im Unternehmen	• Prozessorientiertes Denken und Handeln in der gesamten Supply Chain
➤ Fluss- bzw. Prozessorientierung zur Vermeidung unnötiger Schnittstellen und Inkonsistenzen im Unternehmen	➤ Fluss- bzw. Prozessorientierung zur Konzentration auf Kernkompetenzen und Eröffnung von Koordinationspotenzialen

Abb. 7-1: Unterschiede zwischen Logistik- und Supply Chain Controlling

Unabhängig von diesen Unterschieden besteht eine zentrale Überein-stimmung: Auch für das Controlling von Supply Chains steht die Sicher-stellung der Rationalität der Führung im Vordergrund! Je nach Rationali-tätsengpass gilt es, das Management der Supply Chain spezifisch zu unter-stützen. Das Spektrum reicht von der Informationsversorgung (z.B. durch die Ermittlung von unternehmensübergreifenden Kennzahlen) bis hin zur unternehmensübergreifenden Koordination der Führungsteilbereiche.

1.4. Überblick über bisherige Ansätze

Obwohl sich der Begriff »Supply Chain Management« seit Mitte der 80er Jahre in der betriebswirtschaftlichen Literatur zunehmender Beliebtheit er-freut, existiert erst seit Ende der 90er Jahre eine nennenswerte Anzahl von Veröffentlichungen, die sich mit dem Themenfeld Supply Chain Control-ling und der Konzeption von »Performance Measurement Systems« für unternehmensübergreifende Wertschöpfungsketten befassen. Zudem ist kritisch anzumerken, dass die wenigen Konzepte nicht viel Neues an das Tageslicht fördern. In den meisten Fällen werden bekannte Controlling-In-strumente unangepasst übernommen. Nur vereinzelt gehen die Autoren auf die spezifischen Erfordernisse ein, die im Rahmen des Supply Chain Con-trolling zu erfüllen sind. Da in den meisten Fällen die Beantwortung ein-zelner Fragestellungen im Vordergrund steht, wird kein übergreifendes bzw. integratives Controlling Konzept dargestellt. Eine Ausnahme bilden in diesem Zusammenhang die Ausführungen von *Kummer* (vgl. *Kummer* 2001, S. 81f.), der mehrere »traditionelle« Controlling-Instrumente mitein-ander kombiniert, um die Anforderungen des Supply Chain Controlling zu erfüllen.

Um einen Überblick über die sehr heterogenen Ansätze zu geben, sei das Spektrum nicht im Detail vorgestellt, sondern nur tabellarisch aufgelis-tet. In Ergänzung zu den im ersten Kapitel vorgestellten Studien zum Lo-gistik-Controlling gibt die nachfolgende Tabelle einen kurzen chronologi-schen Abriss der wichtigsten Veröffentlichungen und deren Inhalte im Be-reich Supply Chain Controlling (SCC) (vgl. die zweiseitige *Abbildung 7-2* auf den Folgeseiten).

Es gibt wenige empirische Studien, die die Frage eines geeigneten Controlling für Supply Chains beantworten

2. Mapping der Struktur der Supply Chain als Grundlage des Supply Chain Controlling

Eine wesentliche Grundlage für das Supply Chain Controlling ist – wie be-reits angesprochen – ein gemeinsames und einheitliches Verständnis der unternehmensübergreifenden Prozesse aller beteiligten Unternehmen: Oh-ne ein gemeinsames Prozessverständnis können unternehmensübergrei-fende Kennzahlen nicht sinnvoll erhoben werden. Weiterhin bildet das unternehmensübergreifende Prozessverständnis aller Partner die Ausgangs-basis, um Prozessverbesserungen und somit Optimierungen über die ge-

Supply-Chain-Controlling

Autoren	Jahr	Kurzbeschreibung
Zäpfel/Piekarz	1996	SCC hat sich mit der Zielsetzung, Planung, Steuerung und Kontrolle sowie Informationsversorgung der Supply Chain Manager zu befassen und durch Koordination dieser Aktivitäten eine zielgerichtete Regelung der Lieferketten zu gewährleisten. Elemente sind: Das Logistik-Planungs- und Steuerungssystem und das Controlling-Informationssystem.
Bechtel/Jayaram	1997	Zusammenstellung von wichtigen unternehmensübergreifenden Kennzahlen, um die Performance einer Supply Chain messen zu können. Kategorien sind Kosten, Zeit und Asset Utilization. Notwendigkeit der Nutzung von unternehmensübergreifenden Kennzahlen wird dargestellt.
Liberatore/Miller	1998	Einsatz von Activity-based costing (ABC) und der Balanced Scorecard (BSC) im Rahmen der Strategieentwicklung für den Logistikbereich. Der MOS-Ansatz (Mission-Objectives-Strategy) wird dargestellt. ABC wird verwendet, um die Vertriebsstrategie festzulegen und zu überprüfen. Die BSC stellt Leistungs-Kennzahlen zur Verfügung, die der Festlegung und Überprüfung der Mission und Strategie dienen.
Kuhn/Hellingrath/ Kloth	1998	Anforderungen an Steuerungs- und Planungsaufgaben in der Supply Chain können nicht alleine mit IT Werkzeugen gelöst werden. Kooperationsmanagement ist notwendig, um zuerst Vertrauen aufzubauen. SCOR Modell wird als notwendiges Instrument vorgestellt, um ein gemeinsames Prozessverständnis aller Partner zu etablieren.
Gericke et al.	1999	Es wird ein konzeptioneller Rahmen zum Controlling von Supply Chains beschrieben, der zur Verfolgung der technischen und ökonomischen Ziele der Kette dient. In das Supply Chain Controlling sind neben quantitativen auch qualitative Ziele, wie z.B. Zufriedenheit oder Qualität der Kooperationsbeziehung zu integrieren.
Beamon	1999	Konzeption eines Kennzahlensystems, um die Performance einer Supply Chain messen zu können. Optimales System hat drei Arten von Kennzahlen: Ressourcen-Kennzahlen, Output-Kennzahlen und Flexibilitäts-Kennzahlen; gewählte Kennzahlen müssen im Einklang mit der Strategie stehen.
Brewer/Speh	2000	Konzeption einer Balanced Scorecard für das Supply Chain Controlling durch den Einsatz von unternehmensübergreifenden Kennzahlen. Die traditionelle Balanced Scorecard bleibt in ihrer Struktur erhalten.
Werner	2000	Konzeption einer Balanced Scorecard für das Supply Chain Controlling durch den Einsatz von unternehmensübergreifenden Kennzahlen. Die traditionelle Balanced Scorecard bleibt in ihrer Struktur erhalten.
Kaufmann/Germer	2000	Vorstellung des Konzeptes der Supply Chain Map und des Beanspruchungs- und Belastbarkeitsportfolios zur Identifikation von kritischen Engpässen innerhalb der Supply Chain und der Supply Chain Valuation zur Ermittlung des Wertbeitrags von Supply Chain Management-Optimierungsprojekten.
Keebler	2000	Status Quo des Performance Measurement in den USA für das Supply Chain Management. Bewertung von 70 relevanten Logistikkennzahlen im Hinblick auf gemeinsame Definition und Verwendung. Auch hier konnte ein Defizit in der Messung von Leistungsgrößen festgestellt werden.
Dekker/van Goor	2000	Vorstellung eines Konzeptes zur Übertragung des Activity Based Costing auf das Supply Chain Management. Anhand eines einfachen Modells der unternehmensübergreifenden Prozesskostenrechnung wird gezeigt, welchen Nutzen in Form von Kosteneinsparungen ein derartiges System bringen kann.

Abb. 7-2: Bestehende Ansätze im Bereich Supply Chain Controlling (SCC)

Autoren	Jahr	Kurzbeschreibung
Weber/Blum	2001	Status Quo des Logistik-Controlling in Deutschland. Analyse beschäftigt sich mit dem Umfang und der Ausgestaltung des Logistik Controlling. Hauptfokus liegt auf Kostenbetrachtungen. Bisher geringe Ausprägung von Leistungskennzahlen.
Kummer	2001	Kombination von Balanced Scorecard, Target Costing, Supply Chain Costing, Supply Chain Benchmarking, Kennzahlensystemen und Wertschöpfungskettenanalyse zum Einsatz im Rahmen des Supply Chain Controlling. Erster integrativer Ansatz des Supply Chain Controlling.
Stölze/Heusler/ Karrer	2001	Konzeption einer Balanced Scorecard für das Supply Chain Controlling durch geringe Modifikation der traditionellen Balanced Scorecard und den Einsatz von unternehmensübergreifenden Kennzahlen.
Gunasekaran/ Patel/ Tirtiroglu	2001	Finanzielle und nicht-finanzielle Kennzahlen sind unternehmensübergreifend zu etablieren. Fünf Kategorien von Kennzahlen werden vorgestellt: Plan Performance, Source Performance, Production Performance, Delivery Performance, Customer Service and Satisfaction. Diese Kennzahlen müssen drei Ebenen zugeordnet werden: strategisch, taktisch und operativ.
Weber	2002	Konzeption einer Balanced Scorecard für das übergreifende Management der unternehmensinternen Logistik. Verwendung von unterschiedlichen Dimensionen der Balanced Scorecards für die verschiedenen Ebenen im Unternehmen.
Weber/Bacher/ Groll	2002	Konzeption einer Balanced Scorecard für das Supply Chain Controlling durch umfangreiche Modifikation der traditionellen Balanced Scorecard und den Einsatz von unternehmensübergreifenden Kennzahlen; Verwendung von verschiedenen Dimensionen der Balanced Scorecard für die unterschiedlichen Ebenen (unternehmensintern und -übergreifend).

Abb. 7-2: Bestehende Ansätze im Bereich Supply Chain Controlling (SCC)

samte Supply Chain hinweg vornehmen zu können. Nur so gelingt es, die kritischen Pfade und Prozesse im Vorfeld zu identifizieren, um frühzeitig Maßnahmen entwickeln und Prioritäten setzen zu können.

Nachfolgend werden zwei Instrumente vorgestellt, die sich zur einheitlichen, unternehmensübergreifenden Prozessbeschreibung und der Identifikation der Engpassbereiche in der unternehmerischen Praxis bewährt haben:

- Die Supply Chain Map mit dem Beanspruchungs-Belastbarkeitsportfolio zur Priorisierung kritischer Kettenglieder sowie
- das SCOR-Modell, das eine normierte und weltweit verbreitete »Sprache« zur einheitlichen Darstellung von Supply Chain Prozessen darstellt.

Zwei Instrumente werden beispielhaft herausgegriffen

Daneben gibt es noch weitere systematische Strukturierungsansätze zur Darstellung von Prozessen. In diesem Zusammenhang sei beispielsweise auf das Strukturierungsgerüst zur Organisation von Aktivitäten und Prozessen des International Benchmarking Clearing House (vgl. *Kaplan/Cooper* 1999, S. 145f.) oder die erweiterte Wertschöpfungskettenanalyse nach *Porter* verwiesen (vgl. *Kummer* 2001, S. 82 und die dort angegebene Literatur).

2.1. Supply Chain Map und Beanspruchungs-Belastbarkeitsportfolio

Eine wesentliche Aufgabe des Supply Chain Controlling liegt in der Informationsversorgung des Managements der Supply Chain. Aufgrund der eingeschränkten zeitlichen Ressourcen des Managements ist es wesentlich, sich auf Schwerpunkte der Supply Chain zu konzentrieren. Um die Frage zu beantworten, welche Teile beobachtet und aktiv gestaltet werden sollen, können die folgenden Konzepte eine Hilfestellung geben:

- Mit der *Supply Chain Map* gewinnen die Manager zunächst Transparenz über die Einbindung des eigenen Unternehmens in die Supply Chain und die entsprechenden Beziehungen zu Unternehmen vor- und/oder nachgelagerter Wertschöpfungsstufen.
- Mit Hilfe des *Beanspruchungs- und Belastbarkeitsportfolios* können diese Beziehungen dann bewertet und kategorisiert werden (für eine ausführliche Darstellung sei auf *Kaufmann/Germer* 2001 verwiesen).

Die Darstellung der Verfahren erfolgt hier »durch die Brille« eines einzelnen Unternehmens. Um auch bei den Partnern die erforderliche Sensitivität zu wecken, sollten alle (relevanten) Mitglieder der Supply Chain in gleicher Weise vorgehen. Die individuellen Ergebnisse sind dann eine Grundlage, um mit den Partnern in einer gemeinsamen Diskussion einen Abgleich durchführen zu können. Weiterhin ist es möglich, diejenigen Bereiche zu identifizieren, in denen Handlungsbedarf besteht und Optimierungen vorgenommen werden sollten.

Beide Instrumente sollten in allen (wesentlichen) Unternehmen der Supply Chain durchgeführt werden

2.1.1. Supply Chain Maps zur Abbildung der Kettenarchitektur

Die von *Kaufmann/Germer* entwickelte Supply Chain Map soll dem Management einen Überblick über alle wichtigen Partner in der Supply Chain geben. In Analogie zu einer Straßenkarte ist es Ziel einer Supply Chain Map, nur »Autobahnen« und »große Bundesstraßen« und somit die wesentlichen Sachverhalte abzubilden. In diesem Zusammenhang kann eine Clusterung der Partner nach Produkten, Materialien oder Leistungen ebenfalls sinnvoll sein. Basis der nachfolgenden Ausführungen ist ein Unternehmen, das nahe am Ende einer Supply Chain steht. Daher werden mehr vorgelagerte als nachgelagerte Ebenen der Wertschöpfungskette abgebildet.

Das eigene Unternehmen soll als Ebene 0, die nachgelagerten Wertschöpfungsstufen +1,+2 etc. und die vorgelagerten entsprechend -1,-2 etc. bezeichnet werden (vgl. für die nachfolgenden Ausführungen die *Abbildung 7-3*). Zu Beginn der Analyse stehen die Verbindungen zu den direkten Lieferanten der Ebene -1. Dann sind beispielsweise je Materialgruppe die wichtigsten Informationen zusammenzutragen, insbesondere

- die Anzahl der aktuellen Lieferanten,
- die vertraglichen Bindungen je Lieferant und die Vertragsbedingungen (Laufzeiten, Kündigungsfristen, Rahmenabkommen, Preisgleitklauseln etc.),

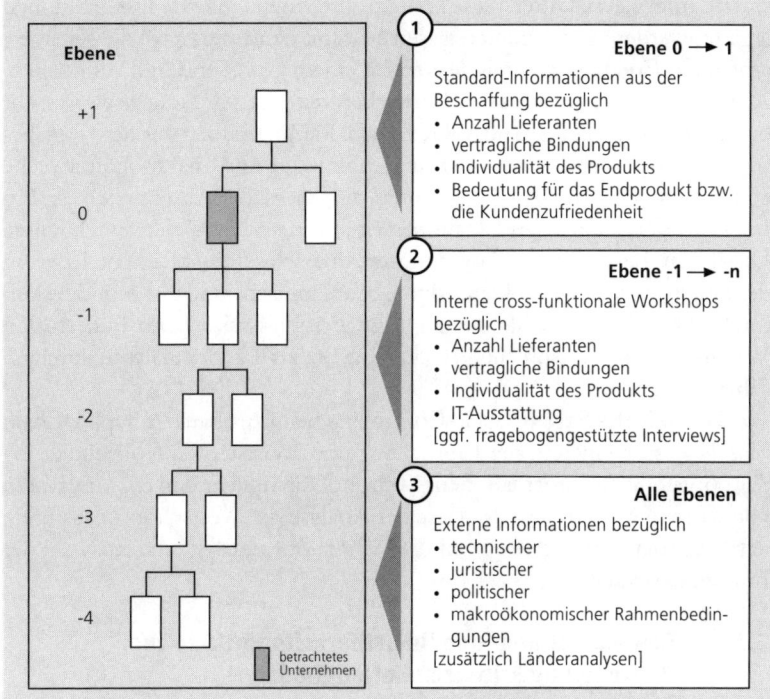

Abb. 7-3: Supply Chain Map (übernommen aus *Kaufmann/Germer* 2001, S. 183)

- die Individualität des Produktes (handelt es sich um ein unternehmensspezifisches oder um ein standardisiertes Produkt bzw. Material) und
- die Bedeutung für das Endprodukt bzw. die Kundenzufriedenheit.

Diese Daten entsprechen im Grunde denen, die auch für das »normale« Beschaffungsmanagement benötigt und verwendet werden. Häufigstes Problem ist dabei, die für viele Lieferanten detailliert vorliegenden Informationen in aussagekräftige Übersichten mit dem »richtigen« Aggregationsniveau zu transformieren. In der Erarbeitung dieser Informationen liegt eine große Herausforderung für das Supply Chain Controlling.

Um die nachgelagerten Wertschöpfungsstufen (-2, -3 etc.) erfassen zu können, haben sich in der Praxis Workshops bewährt, in denen Teams die Fragen für die nachgelagerten Wertschöpfungsstufen klären, die bereits Gegenstand der Betrachtung in Bezug auf das eigene Unternehmen (Ebene 0 im Verhältnis zu Ebene -1) waren. Zusätzlich sollte beispielsweise auch über die grundlegende Unternehmensstrategie oder die IT-Infrastruktur der entsprechenden Unternehmen gesprochen werden. Inwieweit solche Betrachtungen auf weitere nachgelagerte Ebenen (-2 und höher) ausgedehnt werden sollen oder müssen, ist unternehmensindividuell zu entscheiden. Aus praktischen Erfahrungen heraus steht der zusätzliche Aufwand für die Betrachtung der Ebenen -3 und höher häufig in keinem angemessenen Verhältnis zu dem zu erwartenden Nutzen. In bestimmten Einzelfällen empfehlen sich mit ausgewählten Unternehmen zusätzliche fragebogenge-

Wie ist genau vorzugehen?

stützte Interviews. Durch diese können zum einen fehlende Informationen ergänzt werden; zum anderen lassen sich mit den Interviews die selbst erarbeiteten Ergebnisse zumindest bis zu einem gewissen Grad verifizieren. Zu bedenken ist aber, dass die Bereitschaft für derartige Interviews oft sehr beschränkt ist. Flankierend sollten auch Rahmeninformationen – insbesondere über technische, juristische, politische und makroökonomische Entwicklungen – einbezogen werden, um die selbst erarbeiteten und in Interviews erhaltenen Informationen ergänzen und reflektieren zu können. Dies gilt in besonderem Maße für grenzüberschreitende Kettenglieder. In der Praxis werden die Probleme durch geographische und insbesondere kulturelle Distanzen oftmals unterschätzt, beispielsweise beim Führen von Verhandlungen. Entsprechend sollten bei Bedarf Länderanalysen durchgeführt werden.

Die Rolle des Supply Chain Controlling beim Aufbau der Supply Chain Map liegt zum einen in der Erarbeitung und konsistenten Konsolidierung der notwendigen Informationen. Zum anderen obliegt ihm das Erarbeiten von Empfehlungen über die Tiefe der Analyse der Wertschöpfungsstufen, das Moderieren und Auswerten der Workshops und ggf. die Auswahl der Interviewpartner.

2.1.2. Beanspruchung- und Belastbarkeitsportfolio zur Priorisierung kritischer Kettenglieder

Um eine Supply Chain wirksam managen zu können, müssen zum einen Stärken und Schwächen einer Kette bzw. einzelner Kettenabschnitte transparent sein, um daraus die Belastbarkeit der Kette ableiten zu können. Zum anderen muss das Management wissen, ob diese Belastbarkeit der tatsächlichen Beanspruchung gewachsen ist oder nicht. Stimmen für eine Supply Chain Beanspruchung und Belastbarkeit nicht überein, muss das Management eingreifen. Das *Beanspruchungs- und Belastbarkeitsportfolio* (BBP) dient dazu, diese beiden Größen zu erarbeiten. Es basiert auf der gerade beschriebenen Supply Chain Map.

Die *Beanspruchung* einer Supply Chain hängt von den Kontextfaktoren bzw. der Umwelt ab, in der sich die Kette befindet. Diese können insbesondere durch vier Faktoren operationalisiert werden, wobei je nach Bedarf und Ausgangssituation weitere Faktoren integrierbar sind:

- Ein wichtiger Faktor der Belastung ist die *Dynamik*, der sich die Kette ausgesetzt sieht. In diesem Zusammenhang sind insbesondere (unvorhersehbare) Nachfrageschwankungen zu nennen.
- Ein zweiter Belastungsfaktor »*Komplexität*« beinhaltet insbesondere Aspekte der technischen Komplexität eines Produktes.
- Unter dem Faktor »*Macht*« werden die vorzufindenden marktlichen Konstellationen abgebildet. Hier müssen beispielsweise die Verfügbarkeit alternativer Lieferanten und die mit einem potenziellen Lieferantenwechsel verbundenen Wechselkosten berücksichtigt werden.
- Der vierte und besonders für internationale Supply Chains relevante Faktor wird unter dem Begriff »*Distanzen*« zusammengefasst. Supply

Chain Management ist sehr häufig internationales Management. Daher muss das SCM die Belastung durch geographische und kulturelle Distanzen berücksichtigen.

Für die praktische Anwendung, empfiehlt sich die Aufstellung eines Fragenkataloges je Faktor mit einer jeweiligen ordinalen Skala von 1 bis 5 (1 = trifft exakt zu; 5 = trifft überhaupt nicht zu). Durch die Anwendung einer ordinalen Skala lässt sich ein Punktwert für die Belastung ausrechnen, auf dem dann die Einordnung des Astes in das BBP erfolgen kann. Die einzelnen Faktoren müssen dabei nicht gleichgewichtet sein – man kann bei einem solchen Scoring-Modell die jeweilige Bedeutung durch Gewichtungsfaktoren unternehmensindividuell anpassen (vgl. die *Abbildung 7-4*).

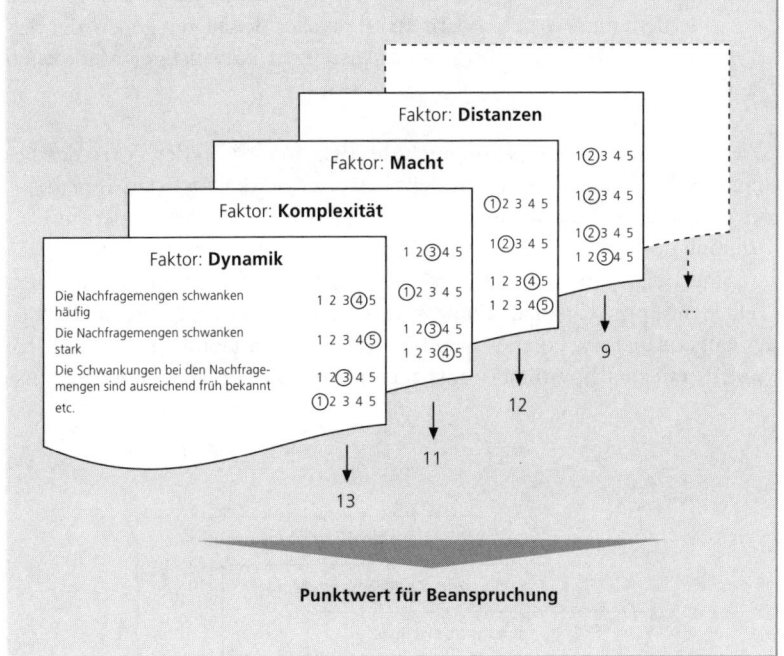

Abb. 7-4: Checklisten zur Ermittlung der Beanspruchung (übernommen aus *Kaufmann/Germer* 2001, S. 187)

Im Gegensatz zur Beanspruchung stellt die *Belastbarkeit* einer Supply Chain die Größe dar, die das Management aktiv als Stellgröße beeinflussen kann. Auch sie wird primär durch vier Faktoren operationalisiert:
- Der erste Faktor ist die *materialflussbezogene Robustheit* einer Supply Chain. Wesentliche Indikatoren für die materialflussbezogene Robustheit sind die kapazitative Flexibilität und damit verbunden die Prozessstabilität, also die Frage, ob eine plötzliche oder dauerhafte Mehrnachfrage quantitativ und qualitativ beherrscht werden kann.
- Zur Steuerung des Materialflusses sind entsprechende Informationen erforderlich, die eine hohe Qualität der Informations- und Kommunikationssysteme (*informationsflussbezogene Robustheit*) als zweiten Faktor der

Auch die Belastbarkeit der Supply Chain wird mit vier Faktoren gemessen

Belastbarkeit einer Supply Chain verlangen. Dabei geht es insbesondere um die unternehmensübergreifende Kompatibilität der verwendeten ERP-Systeme und die vergleichbare Qualität der Informationen.

Neben robusten Informations- und Materialflüssen gibt es weiterhin zwei mittelbar wirkende Faktoren, die einen Einfluss auf die Belastbarkeit einer Supply-Chain besitzen:

- Einer dieser mittelbaren Faktoren ist die *grundsätzliche wirtschaftliche Stabilität der Unternehmen* in der Kette. Unterbleiben z.B. im Extremfall Reinvestitionen in den Maschinenpark wegen drohender Illiquidität, steigt die Gefahr von Ausfällen; die Belastbarkeit der gesamten Kette sinkt.

Vertrauen spielt in Supply Chain-Beziehungen eine herausgehobene Rolle

- Der zweite mittelbare Faktor ist das *Vertrauensniveau* in der Kette. Die Informationen, die zur Steuerung der Kette von den einzelnen Kettenmitgliedern gegeben werden, dürfen nicht bewusst verfälscht sein. Außerdem muss es einen »Ehrenkodex« aller Beteiligten geben, der beispielsweise das opportunistische Ausnutzen kurzfristiger Marktlagen verbietet.

Wie die Beanspruchung kann auch die Belastbarkeit in der Form des bereits beschriebenen Scoring-Modells bewertet werden (vgl. die *Abbildung 7-5*). Man erhält wiederum einen Punktwert für die Belastbarkeit, der zur Einordnung der betrachteten Kettenglieder im BBP verwendet werden kann.

Sind Belastbarkeit und Beanspruchung für die jeweiligen betrachteten Teile der Supply Chain als Punktwerte ermittelt, werden sie in das Portfolio eingeordnet. Es ergeben sich bei der hier gewählten Darstellungsform Normstrategien: Stimmen Beanspruchung und Belastbarkeit überein, muss

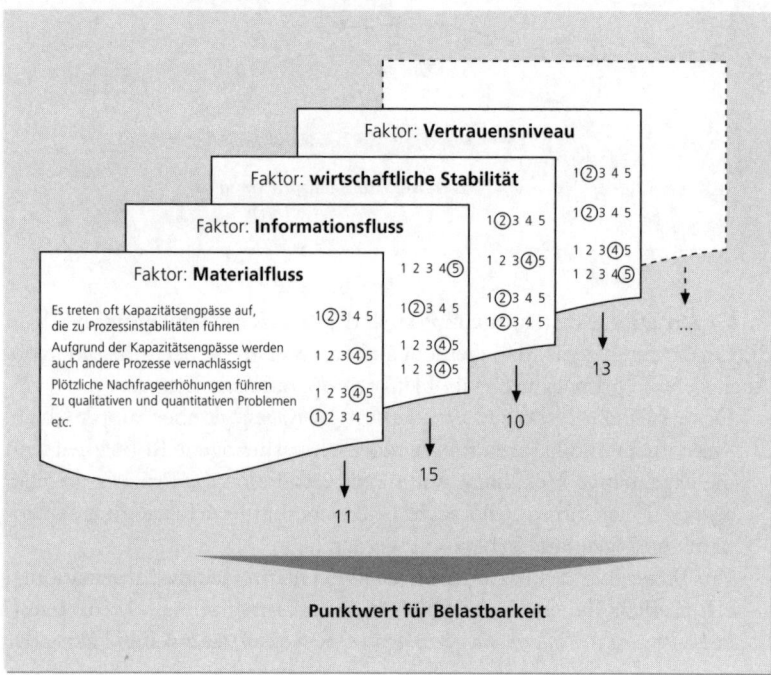

Abb. 7-5: Checklisten zur Ermittlung der Belastbarkeit (übernommen aus *Kaufmann/Germer* 2001, S. 187)

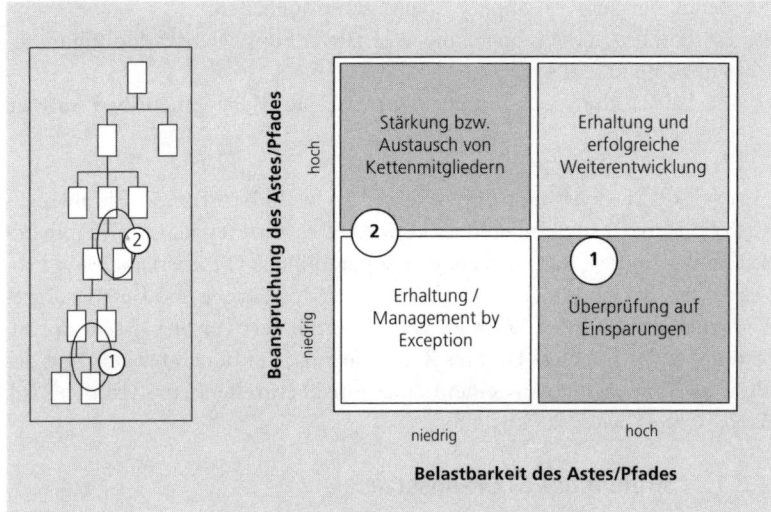

sich das Supply Chain Controlling auf die Überwachung und Erhaltung konzentrieren. Ist die Beanspruchung höher als die Belastbarkeit, muss dieser Ast gestärkt oder Kettenmitglieder ausgetauscht werden, im umgedrehten Fall ist nach Einsparungspotenzialen zu suchen (vgl. die obenstehende *Abbildung 7-6*). Normstrategien sind auch hier nicht unhinterfragt zu befolgen; das BBP dient vor allem dazu, die Transparenz weiter zu erhöhen und damit die Priorisierung einzelner Kettenglieder zu erleichtern.

2.2. SCOR-Modell des *Supply Chain Council*

Ein zweites geeignetes Darstellungsinstrument zur Abbildung unternehmensübergreifender Supply Chains ist das *Supply Chain Operations Reference Model* (SCOR). Dieses Modell wurde vom *Supply Chain Council* (SCC), einer unabhängigen Non-Profit Organisation, mit dem Ziel entwickelt, einen branchenübergreifenden Industriestandard zur Darstellung unternehmensübergreifender Supply Chains zu schaffen.

Aus einer Initiative der Beratung *Pittiglio Rabin Todd & McGrath* (PRTM) und *AMR Research* wurde im Jahre 1996 das SCC mit zunächst 69 Mitgliedsorganisationen, der beispielsweise auch die *Bayer AG*, *Compaq Computer* oder *Procter & Gamble* angehörten, organisiert. Heute umfasst das SCC bereits mehr als 650 Organisationen und Unternehmen aus unterschiedlichen Branchen (vgl. *Supply Chain Council* 2002a).

Vier Kernziele werden vom SCC mit der Entwicklung des SCOR-Modells verfolgt (in Anlehnung an *Hagen/Springer/Stabenau* 2002, S. 47 und *Supply Chain Council* 2002b, S.23):

- Unternehmen und Organisationen eine einheitliche Sprache und somit Kommunikationsbasis für Supply-Chain-Management-Aufgaben bereitzustellen,
- Unternehmen und Organisationen ein Performance Measurement und

Das SCOR-Modell hat sich international durchgesetzt

Benchmarking von Supply Chains zu ermöglichen,
- Unternehmen die Beurteilung alternativer Supply Chain-Konfigurationen zu erlauben, sowie
- die Entwicklung zukünftiger Supply Chain Management-Software zu beeinflussen.

SCOR kombiniert Instrumente des Business Process Reengineering, des Benchmarking und des Process Measurements

Das SCOR-Modell wurde entwickelt, um sowohl Ist-Prozesse abbilden als auch Soll-Prozesse definieren zu können. Des weiteren kann mit Hilfe des Modells auch die Quantifizierung der operationellen Performance von Prozessketten erreicht werden, um damit Prozessvergleiche und Best-Practice-Vorgehen ermitteln zu können. Damit kombiniert der SCOR-Ansatz Instrumente des Business Process Reengineering, des Benchmarking und des Process Measurement in einem funktionsübergreifendem Rahmen (vgl. *Supply Chain Council* 2002b, S. 3).

2.2.1. Struktur des SCOR-Ansatzes

Das SCOR-Modell umfasst in seiner Betrachtung die gesamte Supply Chain sowohl von Seiten der physischen Interaktion, wie beispielsweise Produktions- oder Transportvorgänge, als auch von Seiten der begleitenden administrativen Interaktionen, wie Bestellvorgänge, Auftragseingänge oder die Begleichung von Rechungen. Allgemeine Verwaltungs- und Infrastrukturprozesse im Bereich Marketing und Vertrieb, sowie Entwicklungs- und Designprozesse sind dagegen gegenwärtig ausgeklammert. Die dargestellte Sichtweise geht immer vom Betrachtungsstandpunkt eines einzelnen Unternehmens innerhalb der Supply Chain aus. Ein Lieferprozess (»Deliver«) eines Unternehmens A (Lieferant) korrespondiert somit jeweils mit einem Beschaffungsprozess (»Source«) eines Unternehmens B (Abnehmer).

Der SCOR-Ansatz unterscheidet vier Ebenen

Das SCOR-Modell setzt sich aus vier hierarchisch geordneten Ebenen zusammen, von denen die oberen drei Ebenen inhaltlich ausgestaltet sind und die unterste Ebene für eigene unternehmens- bzw. branchenspezifische Darstellungen freigehalten bleibt. Die folgende *Abbildung 7-7* verdeutlicht die Ebenen: Top-Level-Prozesse, Prozesskategorien, Prozesselemente sowie Detaillierung der Prozesselemente. Zu den oberen drei Kategorien hält das Modell Referenzbausteine bereit, um eigene Prozessketten entsprechend einem Baukastenprinzip modellieren zu können. Auf SCOR-Ebene 1 (Top-Level-Prozesse) sind dies die Prozesse »Plan«, »Source«, »Make«, »Deliver« und »Return«.
- »Plan« fasst die Planungsprozesse zusammen, die die gesamte Supply-Chain, bzw. die Ausführungsprozesse »Source«, »Make«, »Deliver« und »Return« betreffen und die Anforderungen mit vorhandenen Ressourcen und Fähigkeiten in Einklang bringen sollen.
- »Source« umfasst alle Beschaffungsprozesse, wie beispielsweise Materialeinkauf, Lagereingang, Prüfungen oder die Ausgabe des Materials an die Produktion. Zusätzlich definierte Prozesse zum Management der Beschaffungsinfrastruktur sind beispielsweise das Abschließen von Rahmenverträgen oder die Zertifizierung von Lieferanten. Die Prozess-

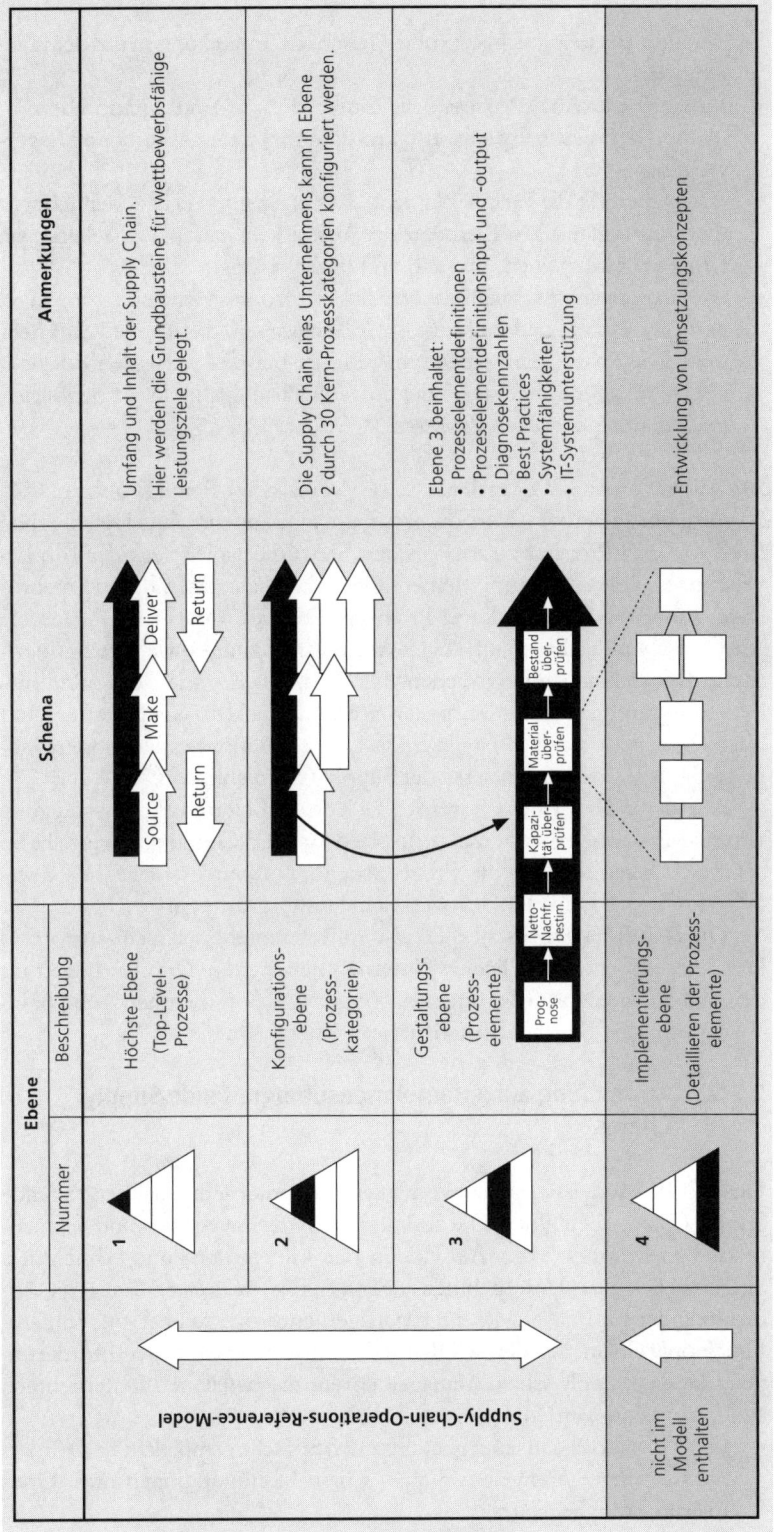

Abb. 7-7: Hierarchische Ebenen des SCOR-Modells (übernommen aus: *Supply Chain Council* 2002b)

elemente beziehen sich zu großen Teilen auf Interaktionen mit dem Lieferanten.

- »Make« bezeichnet Prozesse, die Güter in ihren Endzustand überführen und definiert beispielsweise Produktionsprozesse, Tests und Lagervorgänge.
- »Deliver« stellt die Prozesselemente an der Schnittstelle zu den Abnehmern dar und umfasst Elemente der Auftragsverwaltung, Erstellung von Kostenvoranschlägen, Versand und Fakturierung.
- »Return« umfasst schließlich die Rücklaufprozesse einerseits zum eigenen Lieferanten, andererseits vom Abnehmer an das eigene Unternehmen. Die Prozesselemente enthalten hier beispielsweise den Rücklauf überschüssiger Materialien oder defekter Produkte inklusive der begleitenden administrativen Prozesse.

Auf Ebene 2 hält SCOR in der aktuellen Version 5.0 (Stand Frühjahr 2002) 30 vordefinierte Prozesskategorien vor, um eine zunehmende Detaillierung der Top-Level-Prozesse zu ermöglichen. So wird beispielsweise der Top-Level-Prozess »Plan« auf fünf elementare Prozesskategorien heruntergebrochen. Innerhalb der Top-Level-Prozesse »Source«, »Make« und »Deliver« wird zwischen Fertigung auf Lager, Auftragsfertigung sowie auftragsspezifische Entwicklung unterschieden. Die Prozesskategorien des »Return«-Prozesses unterscheiden beispielsweise den Rücklauf fehlerhafter oder überschüssiger Produkte. Ergänzend werden neun Prozesskategorien definiert, die Infrastrukturprozesse der Supply-Chain abbilden.

Auf der SCOR Ebene 3 werden zu jeder definierten Prozesskategorie einzelne Prozesselemente mit definierten In- und Outputs aufgestellt. So setzt sich beispielsweise die Prozesskategorie »Source stocked Product« (SCOR Code: S1) aus fünf Prozesselementen zusammen.

Die SCOR Ebene 4 schließlich ist im Referenzmodell nicht ausformuliert. Diese Ebene ermöglicht es Unternehmen, weitere Detaillierungen auf der Aktivitätenebene vornehmen zu können und unternehmens- und branchenspezifische Besonderheiten zu berücksichtigen.

Welche Elemente unterscheidet das SCOR-Modell auf den unterschiedlichen Ebenen?

2.2.2. Anwendung auf unternehmensübergreifende Supply Chains

Das SCOR-Modell ist explizit konzipiert, um unternehmensübergreifende Supply Chains abzubilden. Die definierten Prozesskategorien und -elemente sind insbesondere für Aktivitäten der Lieferanten- und Abnehmer-Schnittstellen eines Unternehmens definiert. Die *Abbildung 7-8* zeigt die Anordnung der fünf ausgewiesenen Managementprozesse über eine fünfstufige Supply Chain. Mit der SCOR-Methodik können einige Kernforderungen, die das Supply Chain Management an die beteiligten Unternehmen stellt, adressiert werden:

Das SCOR-Modell adressiert zentrale Anforderungen an ein Supply Chain Management

- Das Vorhandensein einer gemeinsamen Sprache ermöglicht und fördert die Kommunikation über Supply Chain Konfigurationen und -Optimierungsmöglichkeiten.
- Das System standardisierter Prozesselemente und Schnittstellen ermög-

licht eine konsistente Darstellung der Ist-Prozesse sowie das Re-Design von Wertschöpfungsketten über Unternehmensgrenzen hinweg.

- Als Folge davon kann die Entwicklung und Formulierung einer gemeinsamen Supply Chain-Strategie und die Konfiguration einer optimalen Supply Chain unterstützt werden. Gemeinsame Analyse und Designprozesse erhöhen letztlich auch die Kooperationsintensität und das Vertrauen zwischen den beteiligten Partnern.

- Einschränkungen beim Einsatz der SCOR-Methodik können sich dadurch ergeben, dass der offen formulierte Standard des Referenzmodells branchenspezifische Besonderheiten nicht ausreichend berücksichtigt und dadurch Prozessmodelle zu ungenau bleiben. Erforderliche Anpassungen des Standards gehen allerdings mit Einbußen der Transparenz und Kompatibilität gegenüber Dritten einher.

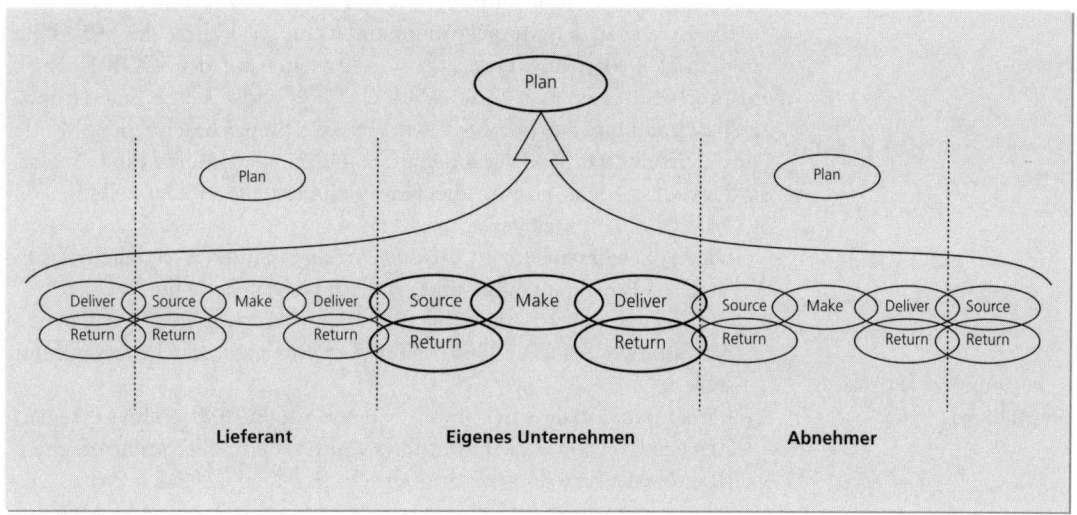

Die Ausklammerung spezifischer Prozessketten im Bereich Marketing oder Entwicklung im bestehenden Referenzmodell kann darüber hinaus für die Darstellung bestimmter Wertschöpfungsketten zu gravierenden Lücken führen, insbesondere für Firmen, bei denen kooperative Entwicklungs- oder Marketingprozesse entscheidende Wettbewerbsfaktoren darstellen. Dazu sei jedoch angemerkt, dass sich das SCOR-Modell in der Entwicklung befindet und weitere Prozesskategorien und -elemente hinzukommen werden.

Abb. 7-8: Prozesskette von der Wertschöpfungsstufe -2 bis zur Wertschöpfungsstufe +2 betrachtet mit SCOR-Managementprozessen (übernommen aus: *Supply Chain Council* 2002b)

2.2.3. Praxisbeispiel MainLOG

Die SCOR-Methodik zur Abbildung einer unternehmensübergreifenden Prozesskette wurde 2001 im Rahmen des MainLOG-Projektes eingesetzt, um eine gemeinsame Prozesskette zwischen dem Handelsunternehmen *Otto Versand* und der Spedition *Kühne & Nagel* zur Beschaffung von Textilien und Handelswaren aus Fernost abzubilden (vgl. ausführlich *Engelbrecht et al.*

2002, S. 188-203). Aufbauend auf einer Darstellung und Analyse der Wertschöpfungskette bestand das Ziel darin, exemplarisch Werkzeuge zur Bewertung der Prozesskette nach Zeit, Kosten und Qualitätsaspekten vorzunehmen und Prozessschwachstellen zu identifizieren. Basis für die Prozessbewertung und eine ergänzende Darstellung der Informations- und Kommunikationsstrukturen war die Darstellung der Prozesskette entsprechend der SCOR-Methodik.

Die zu modellierende Prozessstrecke ging vom Zwischenlager und Quality Center des *Otto Versands* in Hongkong aus und führte über den Seeweg zu den Importhäfen Hamburg und Rotterdam und den Nachlauf auf verschiedenen Verkehrsträgern in Deutschland zu den Regionallagern des *Otto Versands*. Eingebunden in die Betrachtung waren neben verschiedenen Bereichen des *Otto Versands* in Deutschland und Hongkong der Logistikdienstleister *Kühne & Nagel* und die für den Nachlauf in Deutschland verantwortlichen Speditionsunternehmen *Rohde & Liesefeld* und *SCT*.

Ein konkretes Beispiel für die Anwendung des SCOR-Modells...

Ergänzend zu den Modellierungsstufen eins bis drei, die das SCOR-Referenzmodell vorsieht, wurden Prozessaktivitäten auf der SCOR Ebene 4, entsprechend einer im Hause *Kühne & Nagel* entwickelten Standardprozessbeschreibung, den »KN Standard Process Steps« beschrieben. Mit der Durchführung der Modellierung auf SCOR Ebene 4 durch die KN Standard Process Steps konnte die Kompatibilität dieser Darstellung zum SCOR-Referenzmodell gezeigt werden.

Die Prozessdarstellungen auf den einzelnen Stufen waren die Basis für die weiteren Projektaufgaben und erfüllten verschiedene Funktionen:

- Etablierung eines Kommunikationsstandards zwischen den Partnern der Supply Chain zur Diskussion über Prozesse und Prozessschnittstellen.

...zeigte die Tragfähigkeit des Ansatzes

- Basis für die Analyse der physischen und administrativen Prozesse nach Zeitaspekten sowie die Ermittlung von Ist- und Soll-Durchlaufzeiten.
- Basis für die Erstellung einer unternehmensübergreifenden Prozesskostenrechnung zur Bewertung von Alternativen nach Kostenaspekten.
- Basis für die Analyse und Planung von vorgehaltenen und nachgefragten Kapazitäten an definierten Prozessteilstrecken.

Zusammenfassend konnte als Projektergebnis festgehalten werden, dass sich die Prozessdarstellung nach SCOR-Methodik gut für die Abbildung unternehmensübergreifender Wertschöpfungsketten eignet und durch ihre Kompatibilität eine zuverlässige Basis für aufbauende Supply Chain Controlling Werkzeuge darstellt.

3. Ausgewählte Felder und Instrumente des Supply Chain Controlling

Die bisher betrachteten Instrumente des Supply Chain Management und -Controlling hatten zum Ziel, ein gemeinsames und einheitliches Verständnis der unternehmensübergreifenden Prozesse aller beteiligten Unternehmen zu schaffen. Hiermit liegt die Basis vor, konkrete Gestaltungs- und Steuerungsaufgaben wahrzunehmen. Hierzu werden wiederum Instrumente benötigt. Ausgewählte von diesen sollen im Folgenden näher vorgestellt werden.

3.1. Überblick

Instrumente des Supply Chain Controlling sollten in der Lage sein, die spezifischen strategischen und operativen Engpässe des Supply Chain Management zu adressieren. Zudem sind eine hohe Transparenz und möglichst einfache Verwendbarkeit der Instrumente notwendig; Komplexität wäre ein zentraler Hinderungsgrund für die kettenweite Verankerung eines Instruments. Neben einer ex post-gerichteten Kontrolle des Status Quo sollten die Instrumente Hilfestellung bei der operativen und strategischen Planung leisten sowie die Umsetzung von Verbesserungsmaßnahmen in der Supply Chain unterstützen.

Viel stärker als innerhalb eines Unternehmens spielen im Supply Chain Management »weiche« Faktoren – wie z.B. Vertrauen – eine wesentliche Rolle. Diese beziehungsrelevanten Aspekte müssen daher in einem Controlling-System für Supply Chains explizit berücksichtigt werden. Diese Anforderungen führen uns dazu, einen kombinierten Einsatz von vier Instru-

Abb. 7-9: Die vier vorgestellten Instrumente des Supply Chain Controlling (SCC)

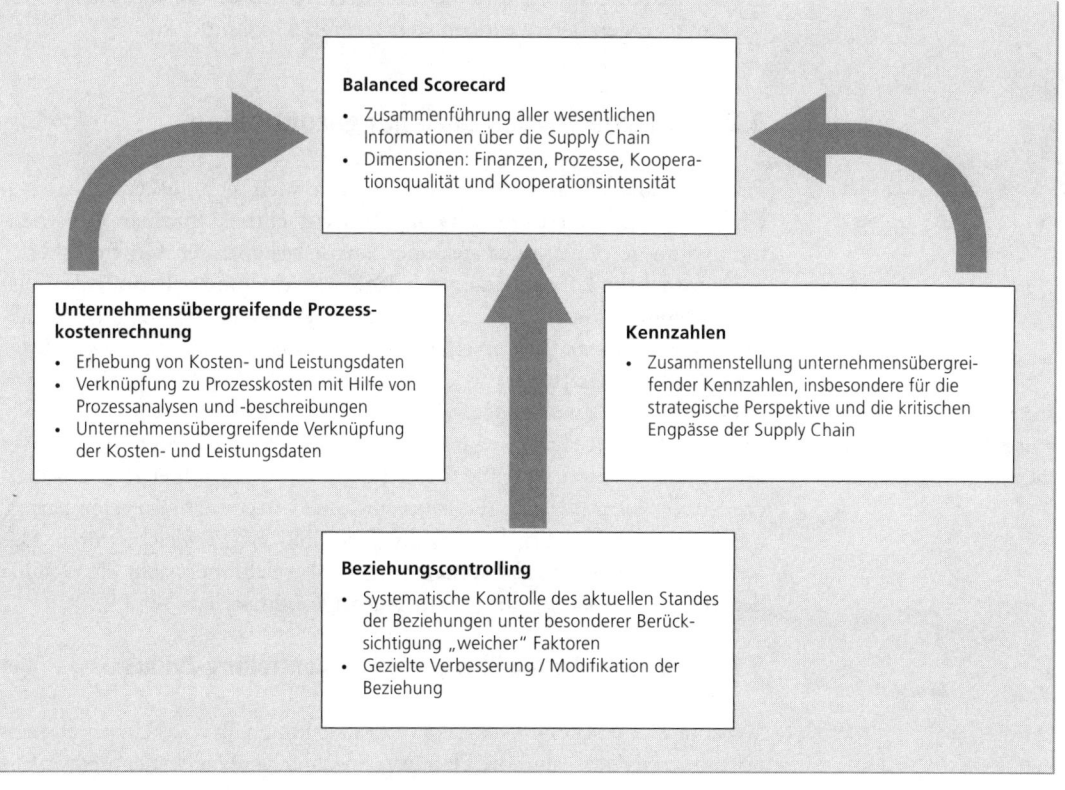

Balanced Scorecard
- Zusammenführung aller wesentlichen Informationen über die Supply Chain
- Dimensionen: Finanzen, Prozesse, Kooperationsqualität und Kooperationsintensität

Unternehmensübergreifende Prozesskostenrechnung
- Erhebung von Kosten- und Leistungsdaten
- Verknüpfung zu Prozesskosten mit Hilfe von Prozessanalysen und -beschreibungen
- Unternehmensübergreifende Verknüpfung der Kosten- und Leistungsdaten

Kennzahlen
- Zusammenstellung unternehmensübergreifender Kennzahlen, insbesondere für die strategische Perspektive und die kritischen Engpässe der Supply Chain

Beziehungscontrolling
- Systematische Kontrolle des aktuellen Standes der Beziehungen unter besonderer Berücksichtigung „weicher" Faktoren
- Gezielte Verbesserung / Modifikation der Beziehung

menten vorzuschlagen (vgl. die *Abbildung 7-9*):

- Der Controlling-Prozess für die Beziehungen innerhalb der Supply Chain und die Berücksichtigung beziehungsrelevanter Faktoren kann durch Methoden des *Beziehungscontrolling* abgedeckt werden.
- Die Identifikation von wesentlichen Prozesskostentreibern und die Schaffung einer gemeinsamen Sprache und Datenbasis für den Austausch von Kosten- und Leistungsdaten wird durch eine *unternehmensübergreifende Prozesskostenrechnung* erreicht.
- Die Fokussierung auf Engpässe der Supply Chain durch Verwendung von unternehmensübergreifenden Kennzahlen wird durch die Übertragung des Konzeptes der *Selektiven Kennzahlen* als ein interaktives System (vgl. Kapitel 3, Abschnitt 1.3.) auf das Supply Chain Controlling ermöglicht.
- Schließlich wird mit Hilfe der *Balanced Scorecard* als ein diagnostisches System eine ausgewogene Darstellung aller wichtigen Faktoren in einem Supply Chain Netzwerk realisiert.

Den größten Nutzen stiften die Instrumente, wenn sie kombiniert eingesetzt werden

Die einzelnen Instrumente können – bis auf die Balanced Scorecard – unabhängig voneinander verwendet werden. Jedoch ergibt sich die vollständige Transparenz und Berücksichtigung aller Faktoren über die Supply Chain erst bei einer integrierten Verwendung aller vier Instrumente. Die Methoden des Beziehungscontrolling und die Balanced Scorecard haben einen stärker strategischen Charakter, während die unternehmensübergreifende Prozesskostenrechnung und die Selektiven Kennzahlen hauptsächlich für operative Fragen herangezogen werden (vgl. Abschnitt 1.2.).

3.2. Methoden des Beziehungscontrolling

Partnerschaften zwischen Unternehmen können sich aus verschiedenen Konstellationen heraus entwickeln, etwa von einem einzelnen Unternehmen voran getrieben oder aus einer länger bestehenden Geschäftsbeziehung erwachsend. Unabhängig von der Vorgeschichte der Partnerschaft hat ein Beziehungscontrolling die Aufgabe, Kriterien zu definieren, die den aktuellen Stand einer Partnerschaft messbar machen (vgl. *Wiedemann/Dunz* 2000, S.42f.). Weiterhin ist zu identifizieren, in welchen Bereichen der partnerschaftlichen Zusammenarbeit Verbesserungen erzielt werden können.

Im Beziehungscontrolling können zwei Aufgabenbereiche unterschieden werden

Dies kann durch ein Beziehungscontrolling erreicht werden, das im Wesentlichen aus zwei Aufgabenbereichen besteht: Ein unternehmensübergreifender Controlling-Zyklus führt auf Basis von gemeinsam vereinbarten, quantifizierten Zielvorgaben regelmäßige Soll-/Ist-Vergleiche durch. Das Vertrauenscontrolling als zweiter Aufgabenbereich überwacht die Qualität der Vertrauensbasis in einer Partnerschaft kontinuierlich.

3.2.1. Unternehmensübergreifender Controlling-Zyklus

Wesentliche Funktionen, die das Controlling innerhalb eines Unternehmens unterstützen muss, sind die Planung (einschließlich Zielfestlegung), Infor-

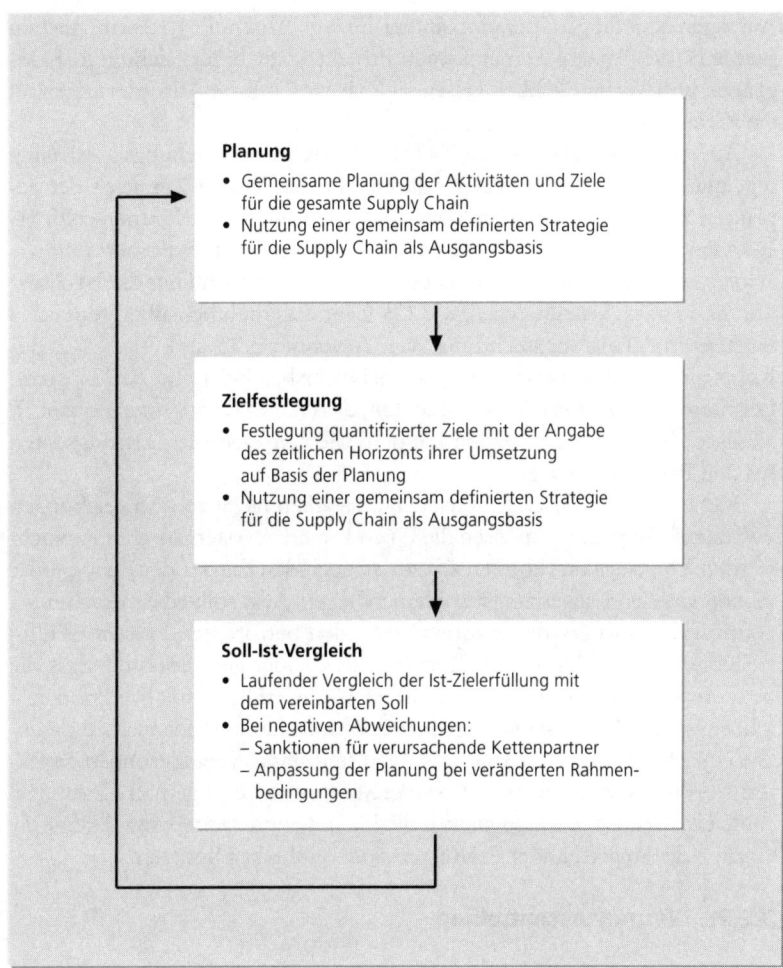

Planung
- Gemeinsame Planung der Aktivitäten und Ziele für die gesamte Supply Chain
- Nutzung einer gemeinsam definierten Strategie für die Supply Chain als Ausgangsbasis

Zielfestlegung
- Festlegung quantifizierter Ziele mit der Angabe des zeitlichen Horizonts ihrer Umsetzung auf Basis der Planung
- Nutzung einer gemeinsam definierten Strategie für die Supply Chain als Ausgangsbasis

Soll-Ist-Vergleich
- Laufender Vergleich der Ist-Zielerfüllung mit dem vereinbarten Soll
- Bei negativen Abweichungen:
  – Sanktionen für verursachende Kettenpartner
  – Anpassung der Planung bei veränderten Rahmenbedingungen

Abb. 7-10: Beziehungscontrolling auf Basis von Planung, Zielfestlegung und Soll/Ist-Vergleichen

mationsversorgung und Kontrolle. Diese Aufgabenfelder sind auch auf ein Beziehungscontrolling innerhalb einer Supply Chain Partnerschaft zu übertragen (vgl. *Wiedemann/Dunz* 2000, S. 46f., *Otto* 2002, S. 35).

Ein Beziehungscontrolling hat daher zuerst die Aufgabe, eine gemeinsame Planung der Aktivitäten und Ziele der Supply-Chain-Partner zu ermöglichen. Es muss ein unternehmensübergreifender Controlling-Zyklus etabliert werden (vgl. die *Abbildung 7-10*). Ausgangspunkt sollte hierbei eine gemeinsam festgelegte Strategie sein, die von allen Supply Chain Partnern als sinnvoll erachtet wird und mit den individuellen Unternehmensstrategien (weitestgehend) kompatibel ist. Ausgehend von dieser Strategie sind regelmäßig Ziele für die gesamte Supply Chain festzulegen, die wiederum auf die einzelnen relationalen Beziehungen zwischen den Unternehmen heruntergebrochen werden können. Diese Ziele sollten möglichst quantifiziert werden, damit eine eindeutige Messbarkeit ermöglicht wird. Je nach Strategie der Supply Chain können diese Ziele unterschiedliche Ausprägung besitzen. Neben Kosten-, Leistungs- und Erlöszielen sind Ziele, die

Supply Chain Controlling

Aussagen über die Kooperationsintensität (vgl. Abschnitt 1.1.) ermöglichen (wie z.B. die Anzahl gemeinsamer Projekte), zu berücksichtigen. Kongruenz und Verbindlichkeit lassen sich als wesentliche Anforderungen an die Ziele festhalten.

Auf Basis der festgelegten Ziele sind durch ein Beziehungscontrolling regelmäßige Soll-/Ist-Vergleiche durchzuführen. Dieser Vergleich der geplanten Ziele mit dem tatsächlich erreichten Zustand der Partnerschaft erlaubt eine Aussage darüber, wie gut die Partnerschaft funktioniert und wie erfolgreich sie ist. Die Erfassung der Steuerungsgrößen über die Ist-Situation basiert auf Instrumenten, wie z.B. einer unternehmensübergreifenden Kosten- und Leistungsrechnung (vgl. Abschnitt 3.3.) und Supply-Chain-Kennzahlen (vgl. Abschnitt 3.4.). Dabei ist insbesondere bei den Kosten-, Leistungs- und Erlöszielen zu beachten, dass nur in dem Umfang quantifizierbare Ziele definiert werden können, wie vergleichbare Ausgangsdaten bei den Partnern vorliegen.

Soll-Ist-Vergleiche sind auch im Beziehungscontrolling unabdingbar

Kommt es bei diesen Vergleichen zu starken negativen Abweichungen von den Zielvorgaben, müssen die Gründe hierfür systematisch untersucht werden. Die Ursachen können z.B. im mangelnden Einsatz der Partner oder in individuellen Umsetzungsproblemen liegen. Also sollte das Beziehungscontrolling entweder dafür sorgen, dass den betroffenen Partnern Hilfestellungen bei der Umsetzung gegeben wird, oder gewährleisten, dass die betroffenen Unternehmen bei weiterer Nichterfüllung mit Sanktionen – z.B. in Form von Preiszuschlägen – zu rechnen haben. Eine weitere mögliche Ursache für negative Abweichungen sind starke Veränderungen der externen Einflussfaktoren wie z.B. starke Marktveränderungen. In diesem Fall sollte überprüft werden, inwieweit die Planung und Zielsetzung der Supply Chain trotz abweichender Prämissen noch Gültigkeit besitzen.

3.2.2. Vertrauenscontrolling

Der große Einfluss von Vertrauen auf die Qualität und den Erfolg der Zusammenarbeit in einer Kooperation ist theoretisch nachweisbar (vgl. *Wurche* 1994, S. 155). In einer empirischen Studie wurde zudem Vertrauen als der wichtigste Erfolgsfaktor in einer Lieferanten-Produzenten-Beziehung identifiziert (vgl. *Wertz* 2000, S. 158). Es ist evident, dass großes Vertrauen zwischen Partnern viele Aufgaben einfacher lösbar macht. Insbesondere Fragen des Datenaustausches und der Aufteilung möglicher Gewinne zwischen den Partnern lassen sich auf Basis einer vertrauensvollen Partnerschaft einfacher lösen (vgl. Abschnitt 3.3.).

Vertrauen spielt in Supply Chain-Beziehungen eine zentrale Rolle

Vertrauen ist ein komplexes, psychologisches Phänomen, das sich nicht monokausal erklären lässt. Eine quantitative Messung des Vertrauens ist daher schwierig, muss jedoch realisiert werden, um das Vertrauen innerhalb der Partnerschaft kontrollieren zu können. Folgende Faktoren können das Vertrauen positiv beeinflussen (vgl. *Handfield/Nichols* 1999, S. 83ff) und eine quantifizierbare Aussage über das Vertrauen in der Partnerschaft ermöglichen:

- *Zuverlässigkeit*: Die Partner halten sich an vereinbarte Abmachungen.
- *Kompetenz*: Die ausgewählten Partner verfügen über nachgewiesene tech-

nologische Kompetenz und stellen kompetente und erfahrene Mitarbeiter für die Zusammenarbeit zur Verfügung.

- *Emotionales Vertrauen*: Die Mitarbeiter, die die Schnittstelle der Zusammenarbeit bilden, besitzen gutes technologisches Know-how, gute Führungsfähigkeiten und gesunden Menschenverstand.
- *Verletzbarkeit*: Ein »fairer« Informationsaustausch, der keinen der Partner benachteiligt, stellt sicher, dass kein Partner das Gefühl hat, ungerecht behandelt zu werden.
- *Loyalität*: Demonstration einer hohen Einsatzbereitschaft für die Partnerschaft zeigt dem Partner, dass man die Partnerschaft ernst nimmt.

Kriterien, mit denen sich Vertrauen operationalisieren lässt

Ein Vertrauenscontrolling sollte daher die Partner dazu anhalten, stärker auf diese Faktoren zu achten. Eine Möglichkeit, den Grad des Vertrauens und andere »weiche« Faktoren zwischen den Partnerunternehmen zu messen, liegt in einer regelmäßigen gegenseitigen Befragung aller wichtigen Partnerunternehmen der Supply Chain bezogen auf die oben genannten Faktoren. Diese Befragung sollte sowohl die relationalen Beziehungen zwischen einzelnen Unternehmen erfassen, als auch Aspekte, die das Vertrauen in der Partnerschaft insgesamt betreffen, berücksichtigen. Um einen Eindruck über das Vertrauen in der gesamten Supply Chain zu erhalten, können Durchschnitte aus den einzelnen Vertrauenswerten herangezogen werden. Neben den Durchschnittswerten sind auch Varianzen von Interesse, da insbesondere starke Abweichungen vom Durchschnitt wichtige Anhaltspunkte für die Ursachenanalyse geben. Die Befragung ist möglichst von einem unabhängigen Dritten – wie z.B. einem Marktforschungsinstitut oder einem externen Berater – regelmäßig durchzuführen, da ansonsten die Gefahr einer Verfälschung der Ergebnisse aufgrund von Subjektivität und Opportunismus bestehen kann.

Neutrale Befragungen können den Stand des Vertrauens messen

Sollten bei einer Befragung niedrige Vertrauenswerte identifiziert werden, können die Ursachen bei einem individuellen Unternehmen liegen oder aber in strukturellen Problemen der Partnerschaft begründet sein. Im ersten Fall kann das betreffende Unternehmen angehalten werden, stärker auf vertrauensbildende Faktoren zu achten. Liegen die Ursachen eher im strukturellen Bereich – z.B. begründet durch starke Machtungleichgewichte – sollten die Unternehmen gemeinsam versuchen, hier einen stärkeren Ausgleich zugunsten der Partnerschaft in der Supply Chain zu erreichen und eine Win-Win-Situation für alle Partner herzustellen. Insbesondere in der kooperativen Lösung von Konflikten, die in einer Partnerschaft unvermeidlich sind, liegt ein wesentlicher Erfolgsfaktor für das langfristige Bestehen einer Kooperation zwischen Unternehmen (vgl. *Wertz* 2000, S. 88f.).

3.2.3. Praxisbeispiel der dm-drogerie markt GmbH + Co. KG, Karlsruhe

dm-drogerie markt GmbH + Co. KG (im Folgenden kurz *dm* genannt), hat sich seit ihrer Gründung im Jahre 1973 durch den geschäftsführenden Gesellschafter *Götz W. Werner* zum zweitgrößten Drogeriemarkt in Deutschland entwickelt. Heute besteht ein Filialnetz von mehr als 1.300 Filialen, davon über 600 in Deutschand mit mehr als 8.000 Beschäftigten. Im Geschäftsjahr 2000/2001 erreichte *dm* in Deutschland einen Umsatz von 1.657 Mio. Euro, europaweit von 2.338 Mio Euro. Das Gesamtsortiment umfasst über 13.000 Produkte aus den Sortimentsbereichen Schönheit, Baby, Gesundheit, Photo, Haushalt und Tier. Die Produkte werden von über 600 Lieferanten bezogen, wobei der überwiegende Anteil über das nationale Verteilzentrum in Weilerswist und Meckenheim abgewickelt wird (ca. 85% vom Umsatz). Direktbelieferungen an die Filialen werden von ca. 30 Lieferanten durchgeführt.

Bereits zu Beginn der neunziger Jahre – einige Zeit bevor ECR (Efficient Consumer Response) in Deutschland thematisiert wurde – befasste sich *dm* mit der Industriekommunikation. Ziel war es, mit den Lieferanten in einen logistikorientierten Dialog zu treten, d.h. Probleme an den logistischen Schnittstellen zu klären und gemeinsam Optimierungspotenziale zu heben. Im Laufe der Zeit gewann die kooperative Zusammenarbeit mit der Industrie zunehmend an Bedeutung und die Optimierung der gesamten Wertschöpfungskette von der Produktion bis zum Kunden wurde angestrebt; die Industriekommunikation wandelte sich zum Supply Chain Management. *dm* ist heute eines der führenden Handelsunternehmen im ECR-Bereich, was maßgeblich darauf zurückzuführen ist, dass im Unternehmen die Ausrichtung aller Prozesse auf den Kunden und die partnerschaftliche Zusammenarbeit mit den Lieferanten gelebt wird. Beide Punkte sind als Kunden- und Partnergrundsätze neben den Mitarbeitergrundsätzen in der dm-Unternehmensphilosophie verankert. Laut der ECR-Erfolgsfaktorenstudie (vgl. *Seifert* 2001) – in der *dm* als das Handelsunternehmen mit der größten ECR-Kompetenz in Deutschland beurteilt wird – ist das gegenseitige Vertrauen der Kooperationspartner einer der wesentlichen Faktoren für den Erfolg von ECR-Projekten. Vor diesem Hintergrund kommt auch dem Beziehungscontrolling bei dm eine besondere Bedeutung zu.

Die Beziehung *dm* – Lieferant ist durch eine Vielzahl von Kontaktpunkten geprägt. Hieraus entstand die Schwierigkeit, dass an jeder Schnittstelle ein anderer Eindruck von der Zusammenarbeit bestand. An verschiedenen Stellen lagen Informationen über den Lieferanten vor, die unterschiedlich interpretiert wurden. So wurde beispielsweise aus Sicht der Disposition der Industriepartner als besonders kooperativer und flexibler Geschäftspartner wahrgenommen, im Wareneingang galt der gleiche Lieferant als unzuverlässig. Es gab kein einheitliches Bild im Unternehmen. An den verschiedenen Stellen der Wertschöpfungskette wurde immer nur ein Ausschnitt aus der gesamten Zusammenarbeit mit den Lieferanten betrachtet und Optimierungsansätze konnten somit auch nicht die gesamte Supply-Chain umfassen. Ziel von *dm* war es daher, die Teilbetrachtungen aus den verschiedenen Bereichen zu einer Gesamtsicht zusammenzuführen.

In dem Projekt »Optimierung der Versorgungskette« wurde diese Thematik aufgegriffen. Projektteilnehmer waren Mitarbeiter aus den an der Wertschöpfungskette beteiligten Bereichen, z.B. Einkauf, Produktmanagement, Stammdatenpflege, Disposition, Wareneingang etc. Die Koordination erfolgte durch das Supply-Chain-Management.

Ein Teil der Projektarbeit war die Zusammenführung und die Interpre-

Das Vertrauenscontrolling basiert auf Erfahrung, die im Zusammenhang von ECR gemacht wurde

Ziel von dm war es, Teilbetrachtungen aus den verschiedenen Bereichen zu einer Gesamtsicht zusammenzuführen

tation der bereits in den verschiedenen Bereichen bestehenden Kennzahlen. Im Unterschied zu einer klassischen Lieferantenbewertung war es jedoch nicht das Ziel, die Leistungen des Partners einseitig durch *dm* zu bewerten. Vielmehr wurde ein Gesamteindruck über die Zusammenarbeit zwischen den Unternehmen angestrebt. Aus diesem Grund wurden bereits zu Beginn des Projektes sieben Lieferanten als Teammitglieder integriert. So konnten auch die Erfahrungen, welche die Lieferanten in der Zusammenarbeit mit *dm* gemacht hatten, eingebunden werden.

Eine wesentliche Projektaufgabe war die Auswahl und die einheitliche Definition der Kennzahlen. Um eine Überfrachtung des Kennzahlensystems zu vermeiden, wurden aus einem Katalog von ursprünglich fast hundert Kennzahlen nur diejenigen ausgewählt, welche die Supply Chain am besten charakterisieren. Dabei spielte der Input der Lieferanten eine wichtige Rolle, denn eine Prämisse war, dass nur Kennzahlen in die Gesamtbetrachtung einfließen, wenn sie vom Lieferanten beeinflussbar, nachvollziehbar und akzeptiert sind. Ein weiterer wichtiger Aspekt war die einheitliche Definition der Kennzahlen, d.h. sowohl *dm* als auch der Lieferant müssen wissen, was beispielsweise die Kennzahl »Termintreue« bedeutet. Bei *dm* wird sie als Unterschied zwischen dem vereinbarten und dem tatsächlichen Liefertag definiert. Die Definitionen wurden mit den Lieferanten abgestimmt, um Fehlinterpretationen zu vermeiden und um eine größere Akzeptanz zu erreichen.

Auf die genaue Definition der Kennzahlen sollte große Sorgfalt verwendet werden

Als Projektergebnis ist ein *Prozess-Management-Informationssystem* (PROMI) entstanden. Die Kennzahlen sind inhaltlich in die Bereiche Ware, Geld und Kooperation gegliedert. Im Warenfluss werden die Mengentreue, die Termintreue und die Reichweite bewertet. Für den Geldfluss sind das Zahlungsverhalten und die Rechnungsqualität ausschlaggebend. Für jede Kennzahl wurden im Projekt Ziel- und Grenzwerte definiert. Eine Übersicht über diese Faktoren wird mit dem Supply Chain-Profil erreicht (vgl. die *Abbildung 7-11*).

Die einzelnen Kennzahlen werden anhand von Ergebnisklassen mit Noten bewertet. Bei einer Mengentreue (Verhältnis Liefermenge zur Bestellmenge) über 98 % wird beispielsweise die Note 1 vergeben. Eine Mengentreue zwischen 96 und 98% ergibt die Note 2 usw. Die Note 5 ist dabei

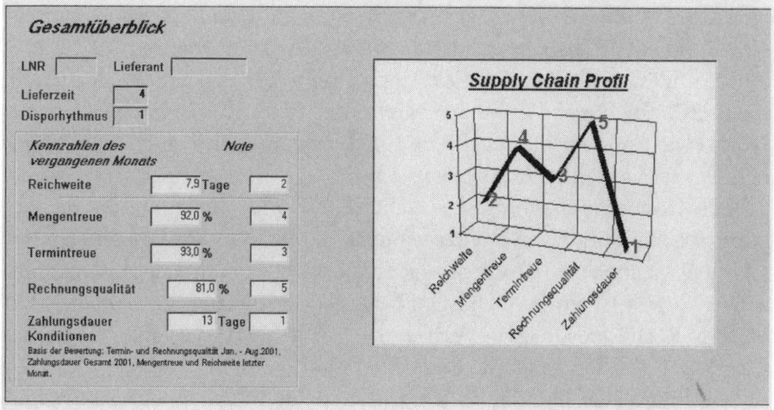

Abb. 7-11: Supply Chain-Profil (Auszug aus PROMI)

die schlechteste Note, wobei Handlungsbedarf ab einer Bewertung mit 3 besteht. Über das Supply Chain-Profil ist auf einen Blick erkennbar, in welchen Bereichen das größte Optimierungspotenzial besteht. Um den Ursachen für die auffallenden Kennzahlen näher auf den Grund zu gehen, sind in PROMI weitere Details ersichtlich. Bei der Mengentreue kann beispielsweise geprüft werden, ob nur bestimmte Arten von Aufträgen betroffen sind oder ob bestimmte Artikel zu dem Ergebnis geführt haben. Jede Kennzahl kann bis auf die Einzelpositionen heruntergebrochen werden, so dass eine vollständige Transparenz erreicht wird.

Die Kennzahlen werden monatlich aktualisiert und den Lieferanten in regelmäßigen Abständen zugesendet. In einem Gespräch mit den jeweiligen Ansprechpartnern bei *dm* und beim Industriepartner werden die Kennzahlen analysiert, um bei Problemen gemeinsam nach Lösungen zu suchen. Dabei ist der Input der Lieferanten sehr wichtig, denn eine nicht zufriedenstellende Kennzahl kann ihre Ursache auch in nicht stimmigen Abläufen bei *dm* haben. Wenn beispielsweise der Lieferant die vereinbarten Liefertermine häufig nicht einhält, kann dies in der verspäteten Bestelldatenversendung durch *dm* begründet liegen.

Ein wesentlicher Bestandteil von PROMI ist die Beurteilung der Kooperation. Neben den quantitativen Faktoren spielt die Qualität der Zusammenarbeit eine große Rolle. Selbst wenn alle messbaren Kennzahlen zufriedenstellend sind, kann es vorkommen, dass die Beziehung Lieferant – *dm* von einem oder von beiden Partnern nicht als positiv empfunden wird. Aus diesem Grund werden die oben genannten quantitativen Kennzahlen um qualitative Faktoren ergänzt, die mittels eines Fragebogens erhoben werden. Dabei werden sowohl die Ansprechpartner bei *dm* als auch die Ansprechpartner beim Lieferanten über ihre Einschätzung der Zusammenarbeit befragt. Beurteilt wird dabei z.B. die Erreichbarkeit, die Vollständigkeit von Informationen oder die Zusammenarbeit bei Neueinführungen. Es werden wiederum Noten von 1 bis 5 vergeben, welche in einem Diagramm dargestellt werden (vgl. die *Abbildung 7-12*).

Der Umgang mit den Fragebögen war ein wesentlicher Erfolgsfaktor des Projekts. Den Ansprechpartnern musste bewusst gemacht werden, dass es nicht darum geht, einzelne Personen zu beurteilen, sondern dass eine Verbesserung der Prozesse angestrebt wird. Dadurch dass sich *dm* über Jahre hinweg als zuverlässiger Partner erwiesen und gerade im ECR-Umfeld seine Vertrauensfähigkeit unter Beweis gestellt hat, konnten sich die Lieferanten und auch die *dm*-Mitarbeiter sicher sein, dass die ehrliche Beantwortung des Fragebogens keine unerwünschten Maßnahmen nach sich zieht. Nur so war es möglich, brauchbare Ergebnisse aus den Fragebögen zu ziehen. Ferner wird in PROMI bewusst keine Gesamtnote pro Lieferant vergeben. Wie bereits erwähnt, ist es nicht das Ziel, eine Lieferantenbewertung durchzuführen und darauf aufbauend Boni oder Mali zu vergeben. Im Fokus steht vielmehr die Optimierung der Supply Chain. In dem oben aufgezeigten Supply Chain-Profil besteht beispielsweise bei der Mengentreue und bei der Rechnungsqualität Verbesserungspotenzial. Bei einer einfachen Durchschnittsbildung würde dieser Lieferant die Note 3 erhalten und somit bestünde kein Handlungsbedarf. Die beiden Problembereiche wären

Für die Messung der Leistung der Bestelldisposition steht eine Vielzahl von Leistungsgrößen zur Verfügung

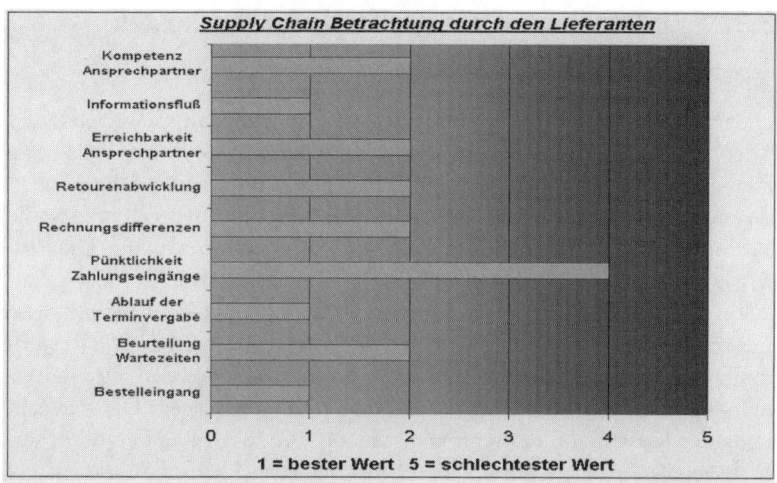

Abb. 7-12: Supply Chain-Be-
trachtung eines Lieferanten
(Auszug aus PROMI)

nicht klar erkennbar und somit kann keine Optimierung der Prozesse erfolgen. Des Weiteren stellt sich bei einer Durchschnittsnotenberechnung
das Problem der Gewichtung. Für den Wareneingang ist z.B. die Termintreue das wichtigste Kriterium, für die Disposition die Reichweite. Es kann
nicht definiert werden, welche Kennzahl wichtiger ist, da somit potenzielle Problemfelder nicht ausreichend berücksichtigt werden könnten.

Momentan dient PROMI als Grundlage für Logistikgespräche mit den
Lieferanten. Gemeinsam mit den Industriepartnern wird erarbeitet, mit welchen Maßnahmen die Supply Chain optimiert werden kann. Aus diesen Gesprächen können in der Folge ECR-Projekte, wie z.B. Vendor Managed In-
ventory (VMI), entstehen. Oftmals können Ineffizienzen in der Supply
Chain auch durch verhältnismäßig kleine Aktivitäten wie eine Überprüfung
und ggfs. Neugestaltung des Informationsflusses behoben werden.

Im nächsten Schritt ist es geplant, den Benchmarking-Aspekt in PRO-
MI aufzunehmen. Angestrebt wird ein Vergleich des Lieferanten mit dem
besten/schlechtesten/durchschnittlichen Wert in seiner Kategorie. Somit
kann bei *dm* erkannt werden, bei welchem Lieferanten das größte Optimierungspotenzial besteht. Der Industriepartner hingegen kann seine eigenen
Leistungen besser einschätzen. Ein Lieferservicegrad von 95% kann beispielsweise im Sortimentsbereich A der schlechteste Wert sein. Im Sortimentsbereich B wird dieser Wert gerade mal von 5% der Lieferanten erreicht und alle anderen liegen darunter. Nur durch den Vergleich kann eine Kennzahl qualifiziert beurteilt werden.

Mittelfristig sollen die Informationen aus PROMI mit den Inhalten des
dm-extranets verknüpft werden. Das dm-extranet ist seit Januar 2001 im
Einsatz und bietet den Industriepartnern über das Internet den Zugriff auf
tag- und filialgenaue Abverkaufs-, Bestands- und Lieferdaten. Durch die Integration der Inhalte von PROMI wäre ein System geschaffen, welches ein
umfassendes, zeitnahes Supply Chain-Monitoring als Basis für ein erfolgreiches Supply-Chain-Management ermöglicht.

Frau Saskia Strobel arbeitet im Bereich Supply Chain Management der dm-drogerie
markt GmbH+Co KG in Karlsruhe.

Perspektiven der Weiterentwicklung des Systems

3.3. Unternehmensübergreifende Prozesskostenrechnung

Die Prozesskostenrechnung wurde bereits ausreichend umfangreich in der Theorie behandelt (z.B. *Kaplan / Cooper* 1999; *Horváth & Partner* 1998). Die Bezüge zur Logistikkostenrechnung haben wir im Kapitel 6 hergestellt. Grundsätzliches Ziel der Prozess- und auch Logistikrechnung ist die Verringerung der Ungenauigkeiten in der Kostenträgerrechnung. Die Prozesskostenrechnung wendet die Ideen der klassischen Bezugsgrößenkalkulation auf Gemeinkostenbereiche an und erlaubt damit eine Bewertung von Leistungseinheiten, wie z.B. Kosten pro Einlagerungsauftrag. Die Bestimmung der richtigen Leistungszahlen (»Leistungstreiber«) kann mit Hilfe einer systematischen Prozesserfassung und -analyse erfolgen. Die Verrechnung der Kosten auf Kostenträger, wie z.B. Produkte, Kunden oder Vertriebskanäle, erfolgt dann entsprechend der tatsächlich in Anspruch genommenen Leistungsmengen und nicht auf Basis von pauschalen Gemeinkostenzuschlägen. Damit wird eine deutlich bessere Verrechnung der Gemeinkosten erreicht. Die bei der Anwendung der Prozesskostenrechnung zu Tage tretenden Kalkulationsfehler der bisherigen Kalkulation können z.T. sehr hoch sein, was wiederum starken Einfluss auf das Produkt-, Kunden und Vertriebswegportfolio haben kann (vgl. Kapitel 6 und *Liberatore / Miller* 1998 S. 132ff.).

3.3.1. Status Quo der Prozesskostenrechnung

Trotz der dargestellten deutlichen Vorteile der Prozesskostenrechnung gibt es bisher noch relativ wenige Unternehmen, die die Prozesskostenrechnung tatsächlich verwenden. Ca. 40 Prozent der deutschen Unternehmen betreiben die Prozesskostenrechnung fallweise und nur vier Prozent haben die Prozesskostenrechnung im laufenden Einsatz (vgl. *Homburg / Weber / Aust / Karlshaus* 1998, S. 16). Auch in den USA ist ein niedriger Implementierungsstand im Hinblick auf Activity Based Costing (ABC) zu beobachten. Über die Hälfte der US-amerikanischen Unternehmen plant sogar, ABC überhaupt nicht einzuführen (vgl. *Keebler* 2001, S. 419). Auch in den Logistikbereichen deutscher Unternehmen liegt ein niedriger Verbreitungsgrad der Prozesskostenrechnung vor, was aufgrund von Anteilen der Logistikkosten an den Gesamtkosten zwischen 10 und 25 Prozent problematisch erscheint.

Der Hauptgrund für diesen niedrigen Implementierungsstand liegt in dem hohen Aufwand, den die Implementierung einer Prozesskostenrechnung verlangt, da die meisten Unternehmen bisher funktional und nicht prozessorientiert ausgerichtet sind – wir werden hierauf im abschließenden Kapitel 9 dieses Buches noch einmal zurückkommen. Offenbar besteht die Einschätzung, dass der hohe Aufwand nicht durch einen entsprechenden Nutzen gerechtfertigt wird. Den größten Teil davon verursacht die detaillierte Analyse der Prozesse, die Einführung einer Leistungserfassung und die laufende Prozessaktualisierung.

- Bei der *Prozessanalyse* muss im Wesentlichen ein detailliertes Prozessmapping durchgeführt werden, bei dem die einzelnen Prozessschritte erfasst werden. Zudem sind die Leistungstreiber zu bestimmen, die die Kosten der einzelnen Prozesse und Prozessteile maßgeblich beeinflussen.
- Die Einführung einer *Leistungsrechnung* wird meistens durch mangelhafte Datenverfügbarkeit erschwert. Als Übergangslösung wird oft versucht, die Daten manuell zu erfassen, was aber eine recht kostenintensive Lösung darstellt. Die eleganteste und zumindest mittelfristig auch kostengünstigste Variante hierzu stellt die automatisierte Erhebung von Leistungsdaten durch Betriebsdatenerfassungssysteme (BDE) dar. Das Erstellen der Schnittstellen zu den BDE-Systemen sowie die Zusammenfassung der Daten in einer Datenbank sind hierbei wiederum als Hauptprobleme der Implementierung einer Prozesskostenrechnung zu nennen – wir sind auf diese Fragestellungen im 4. Kapitel dieses Buches bereits detailliert eingegangen.
- Durch laufende Optimierungs- und Restrukturierungsmaßnahmen verändern sich die Prozesse im Unternehmen permanent. Diese *Veränderungen* müssen detailliert nachgehalten und dokumentiert werden, damit die Prozesskostenrechnung weiterhin aussagekräftige Ergebnisse liefern kann.

Wo liegen die wichtigsten Implementierungsprobleme?

3.3.2. Entwicklungspfad für die unternehmensübergreifende Prozesskostenrechnung

Aufgrund des allgemein niedrigen Implementierungsstandes der Prozesskostenrechnung in den Unternehmen kann auch im Rahmen des Supply Chain Controlling nicht davon ausgegangen werden, dass die kooperierenden Unternehmen alle über eine ausgebaute Prozesskostenrechnung verfügen. Aus diesem Grunde muss ein Entwicklungspfad definiert werden, bei dem die Unternehmen entsprechend ihrer Möglichkeiten gemeinsam Wege finden, um das Ziel einer unternehmensübergreifenden Transparenzsteigerung und Kostenreduzierung erreichen zu können. Dieser Entwicklungspfad kann drei Stufen umfassen:

1. *Kostenoptimierung über Kostentreiber*, z.B. Lagerbestände oder Verfügungsgrade. Es werden keine direkten Kosteneinsparungen berechnet, sondern es wird indirekt über die Veränderung der wesentlichen Kostentreiber eine Effizienzsteigerung erreicht.
2. *Fallweise Prozesskostenrechnung für die Supply Chain.* Ergänzend zur ersten Stufe werden den einzelnen Prozessschritten Kosten zugeordnet. Dies geschieht jedoch nur fallweise und nicht auf laufender Basis. Daher ist auch keine laufende Erfassung der Leistungen erforderlich.
3. *Voll ausgebaute Prozesskostenrechnung in allen betrachteten Unternehmen.* Es stehen automatisiert sämtliche relevanten Kosten- und Leistungsgrößen zur Verfügung. Die Kostendaten für Prozesse sind genau und die Kalkulationen können differenziert werden für Produkte, Kunden und Vertriebswege.

Wie kann ein Entwicklungspfad für eine unternehmensübergreifende Prozesskostenrechnung aussehen?

3.3.2.1. Kostenoptimierung über Kostentreiber

Hauptsächliches Ziel einer unternehmensübergreifenden Prozesskostenrechnung ist die Reduzierung der Prozesskosten in der gesamten Kette. Hierzu schafft sie Transparenz über gegenseitige Kostenabhängigkeiten zwischen den Partnerunternehmen. Insbesondere sollen unternehmensübergreifende Effekte sichtbar gemacht werden, die die Kosten für alle Partner beeinflussen und erst durch eine unternehmensübergreifende Perspektive reduziert werden können. Nicht das lokale Optimum im einzelnen Unternehmen ist anzustreben, sondern das Gesamtoptimum für die Supply Chain.

Um das Ziel der unternehmensübergreifenden Kostenreduktion zu erreichen, ist eine voll ausgebaute Prozesskostenrechnung bei den kooperierenden Unternehmen nicht unbedingt notwendig. Es muss jedoch ein grundlegendes Verständnis bei den beteiligten Unternehmen über die zu optimierenden Prozesse und die wesentlichen Kostentreiber geschaffen werden. Dieses Verständnis baut auf einem dreistufigen Prozess auf:

1. *Prozessanalyse und -mapping für alle Unternehmen in einer Kette*
   Die Prozesse, die für die Supply Chain relevant sind, werden mit Hilfe eines Prozess-Referenzmodells wie z.B. SCOR oder der Supply Chain Map systematisch und unternehmensübergreifend abgebildet (vgl. nochmals den Abschnitt 2.). Im Vordergrund steht hierbei das gemeinsame Verständnis für den Gesamtprozess und nicht eine Detaillierung bis auf die letztmögliche Ebene.

2. *Identifikation der Hauptkostentreiber*
   In jedem Unternehmen der Supply Chain werden für die einzelnen Prozessschritte die Hauptkostentreiber identifiziert. Ein unternehmensübergreifender Vergleich führt dann zur Identifikation der wichtigsten Kostentreiber für die gesamte Supply Chain und für die betrachteten Unternehmen. Wichtig ist, dass ein gemeinsames Verständnis über die Definition der verwendeten Kostentreiber bei allen Unternehmen herrscht.

3. *Analyse der Auswirkungen von Veränderungen zwischen Unternehmen*
   Auf Basis des nun vorhandenen Prozessmappings und der Kostentreiber können Szenarioanalysen über die Auswirkungen von Maßnahmen auf den Gesamtprozess und die Kostentreiber durchgeführt werden.

Wesentliche Vorteile dieses pragmatischen Vorgehens liegen in der einfachen Umsetzbarkeit und in den relativ niedrigen Anforderungen an die vorhandene Vertrauensbasis der beteiligten Unternehmen. Es ist nicht notwendig, vertrauliche Kostendaten zwischen den Partnerunternehmen auszutauschen. Die Einsparungen werden auch nicht monetär ausgedrückt, sondern können indirekt durch die definierten Kostentreiber abgebildet werden. Dies sollte insbesondere bei Netzwerken, die noch nicht lange existieren, oder bei denen es starke Machtungleichgewichte gibt, die Umsetzung dieses Konzeptes deutlich vereinfachen: Direkte Auswirkungen auf die Preisverhandlungen sind nämlich nicht zu befürchten.

Die Kostenoptimierung über Kostentreiber sollte einem dreistufigen Vorgehen folgen

Das hier vorgeschlagene Konzept stellt eine sinnvolle Ergänzung des Beanspruchungs- und Belastbarkeitsportfolios (BPP) dar (vgl. Abschnitt 2.1.2.), da es die strukturelle Betrachtung des Unternehmensnetzwerkes um die Kosten- bzw. Effizienz-Perspektive ergänzt.

Ein Beispiel für dieses Vorgehen – allerdings auf ein unternehmensinternes Problem bezogen – findet sich bei *HP* (vgl. *Davis* 1993, S. 35ff.). *HP* hat eine Methode entwickelt, die es erlaubt, die Optimierung der Supply Chain mit Hilfe der abhängigen Kostentreiber Lagerbestände und Verfügungsgrade zu ermöglichen. Grundlegende Idee ist hierbei, dass Lagerbestände immer eine Reaktion auf Unsicherheiten sind, die in dem gesamten Prozess vom Lieferanten, über die Produktion bis hin zur Kundennachfrage existieren. Die Methode wurde angewendet, um den Produktions- und Auslieferungsprozess der DeskJet-Drucker grundlegend zu verändern. Auf Basis eines einfachen Prozessmappings wurde festgestellt, dass die Drucker in der Fabrik für die einzelnen Länder spezifiziert (Bedienungsanleitung, Netzteile) und dann als Fertigprodukte in die Distributionszentren der Länder verschickt wurden. Dieser Prozess führte zu relativ hohen Lagerbeständen in den Distributionszentren. Die Idee war nun, die Drucker als generische Zwischenprodukte in die Distributionszentren der Länder zu schicken und die Spezifizierung an die Länderanforderungen erst vor Ort bei Auftragseingang durchzuführen. Dieses Vorgehen müsste zu deutlich niedrigeren Lagerbeständen für die generischen Drucker führen, als sie aus dem ursprünglichen Prozess für den Versand von fertigen Druckern resultierten. Auf Basis einer Analyse des Alternativprozesses unter Berücksichtigung von Lagerbeständen, Verfügungsgraden und der Schwankung der Nachfrage in den einzelnen Ländern konnte der Nutzen des Alternativprozesses nachgewiesen werden (vgl. *Abbildung 7-13*). Hierzu wurden keine direkten Kosteneinsparungen berechnet, sondern lediglich über die Veränderung der Kostentreiber Lagerbestand und Verfügungsgrad argumentiert.

Beispiel Druckerspezifizierung bei HP

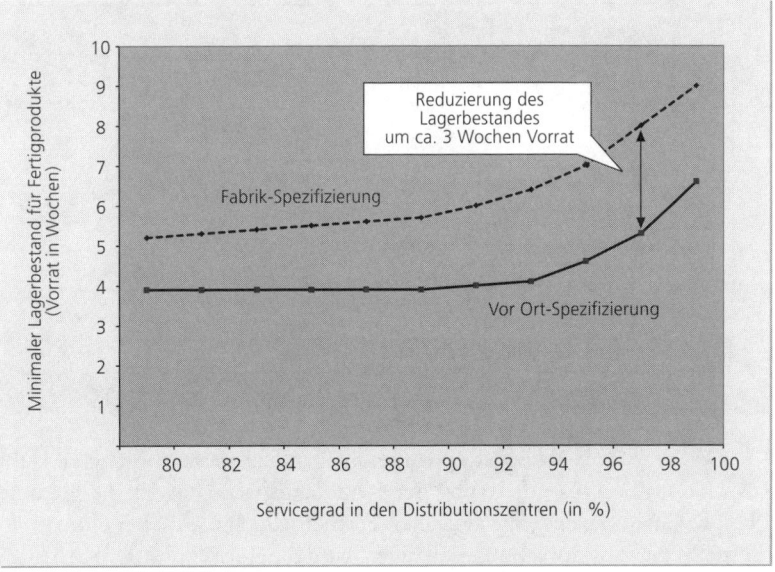

Abb. 7-13: Analyse der Auswirkung auf die Lagerbestände bei Veränderung des Auslieferungsprozesses für Drucker (übernommen aus: *Davis* 1993, S. 43)

3.3.2.2. Fallweise unternehmensübergreifende Prozesskosten- rechnung

Als Ergänzung zu den oben dargestellten Schritten Prozessmapping und Identifikation der Kostentreiber umfasst die nächste Ausbaustufe die fallweise Zuordnung der Kosten zu den einzelnen Prozessschritten. Diese Kostenzuordnung hat nicht den Anspruch, besonders exakt zu sein. Ziel ist vielmehr eine Priorisierung nach der Kostenhöhe sowie die Berechnung der Kosten pro Leistungseinheit. Es wird also die – wenngleich auch grobe – Berechnung der Kosten pro Leistungseinheit – wie z.B. Lagerkosten pro m^3 oder Versandkosten pro Palette – ermöglicht. Auf Basis dieser Kostensätze lassen sich nun detailliertere Kostenanalysen als in Ausbaustufe 1 durchführen.

Effizienzgewinne in der Kette zeigen sich erst bei gemeinsamer Betrachtung des Material- und Warenflusses über mehrere Unternehmen hinweg

Beispielhaft kann die Verlagerung von Beständen von einem Großhändler hin zum Produzenten analysiert werden (vgl. die *Abbildung 14*). In der Ausgangssituation wurden die Waren vom Produzenten an den Großhändler frei Haus geliefert, der die Waren wiederum zwischenlagerte, bevor sie an den Endkunden verkauft wurden. Bei Betrachtung der Kostensätze für die Lagerhaltung und -kontrolle sowie die Versandkosten wurde schnell klar, dass es für die gesamte Kette effizienter wäre, die Lagerhaltung zum Produzenten zu verlagern und den Transport auf Kosten des Großhändlers durchführen zu lassen. Um die gesamte Kosteneinsparung dieser Veränderung für die Kette zu berechnen, werden die Kostensätze mit der jeweiligen Mengenänderung multipliziert. Die Kostenveränderung für Produzent und Großhändler zusammen gibt dann Aufschluss über die zu erwartenden Kosteneinsparungen für die gesamte Kette.

Kostentreiber	Kostensätze	Mengen- veränderungen	Kosten- veränderungen
Produzent			
Lagerhaltung			
- Massenhaltung	1,28/m^3	+10.000 m^3	+12.800
- individuelle Ware	2,52/m^3	+10.000 m^3	+25.200
Lagerkontrolle	1,95/m^3	+10.000 m^3	+19.500
Versand	3,05/Palette	-20.000 Paletten	-61.000
			-3.500
Großhändler			
Lagerhaltung	1,62/m^3	-25.000 m^3	-40.500
Lagerkontrolle	2,45/m^3	-25.000 m^3	-61.250
Versand	2,69/Palette	+20.000 Paletten	+53.800
			-47.950
Erwartete Kostenveränderung pro Jahr			**-51.450**

Abb. 7-14: Beispiel für die Verlagerung von Beständen vom Großhändler zum Produzenten (übernommen aus *Dekker/Van Goor* 2000, S. 50)

Das als zweite Ausbaustufe vorgeschlagene fallweise Vorgehen erlaubt also die grobe Quantifizierung der Kosteneinsparungen für die gesamte Supply-Chain. Solange die einzelnen Partner jedoch nicht über eine detaillierte Prozesskostenrechnung verfügen, wird die Zuordnung der Kosten zu den Prozessen recht ungenau bleiben, da im Wesentlichen mit Zuschlagssätzen operiert wird. Dafür ist eine nur fallweise Betrachtung mit überschaubarem Aufwand verbunden. Trotzdem wird durch dieses Vorgehen ein Überblick über die Kostenverteilung in der Supply Chain erreicht. Es kann somit identifiziert werden, an welchen Hebeln angesetzt werden muss, um die Kosten in der gesamten Supply Chain zu reduzieren. Allerdings ist eine ausreichende Vertrauensbasis zwischen den Partnern notwendig, um den Austausch der Kostendaten zu ermöglichen. Die Unternehmen, die diese zweite Ausbaustufe anwenden, müssen sich auch darüber einigen, wie die quantifizierten Kosteneinsparungen untereinander aufgeteilt werden – im 8. Kapitel findet sich ein praktisches Beispiel zu dieser unternehmensübergreifenden fallweisen Anwendung der Prozesskostenrechnung.

3.3.2.3. Voll ausgebaute unternehmensübergreifende Prozesskostenrechnung

Mit der zunehmenden Verbreitung des Instrumentes ergeben sich auch weiter gehende Möglichkeiten der Anwendung einer unternehmensübergreifenden Prozesskostenrechnung. Gegenüber dem oben skizzierten Vorgehen der ersten und zweiten Ausbaustufe werden die Ergebnisse deutlich genauer und stehen auch laufend, ohne großen zusätzlichen Erhebungsaufwand zur Verfügung.

Diese Verbesserungen sind nur auf der Basis einer unternehmensübergreifend einheitlichen Definition von Kosten- und Leistungsdaten erfüllbar. Ähnlich wie bei kompatiblen PC-Systemen bedeutet dies, dass die in den einzelnen Unternehmen erhobenen Daten ohne weitere Bearbeitung mit den Daten aus anderen Unternehmen verknüpft oder verglichen werden können (vgl. *Kummer* 2001, S. 82). Diese Standardisierung wird insbesondere durch einheitliche Definition und Abgrenzung der verwendeten Kosten- und Leistungsdaten erreicht, wie es z.T. auch schon bei der ersten und zweiten Ausbaustufe notwendig ist. Besonderer Wert ist dabei auf eine gemeinsame Sprache zur Beschreibung der Prozesse über die Unternehmensgrenzen hinaus zu legen, um die Definition und Abgrenzung der Kosten- und Leistungsgrößen zu erleichtern. Das SCOR-Modell kann hierbei eine wichtige Rolle spielen (vgl. *Kloth* 1999, S. 15ff.). Meistens sind Unternehmen in mehreren verschiedenen Supply Chains eingebunden. Da das Einhalten von mehr als einem Standard für Kosten- und Leistungsdaten einen erheblichen laufenden Aufwand für das einzelne Unternehmen darstellen würde, sollte die Standardisierung möglichst branchenübergreifend erfolgen (vgl. *VDI* 2000, S. 2ff.).

> Die Beteiligung von Unternehmen in mehreren Supply Chains erfordert eine Standardisierung der Kosten- und Leistungsgrößen

Neben der rein definitorischen Standardisierung spielt auch die Standardisierung des Datenaustausches zwischen den IT-Systemen der beteiligten Unternehmen eine wichtige Rolle. Die zumeist sehr unterschiedlichen IT-Systeme der Partner sollten miteinander kompatibel sein, um die Kosten- und Leistungsdaten schnell verfügbar zu machen und manuelle Eingriffe und damit die Gefahr von Fehlern zu reduzieren.

> Auch die Standardisierung der IT-Systeme ist von großer Bedeutung

Sobald die Standardisierung der Kosten- und Leistungsdaten und ein gemeinsames Prozessverständnis in einer Supply Chain hergestellt sind, ergeben sich folgende Möglichkeiten für eine voll ausgebaute, unternehmensübergreifende Anwendung der Prozesskostenrechnung:

- Aggregation von unternehmensinternen Kosten- und Leistungsdaten zu Kosten- und Leistungsdaten der gesamten Supply Chain und damit Bestimmung der Gesamteffizienz einer Supply Chain.
- Detaillierte Kostenanalysen für Entscheidungen, die sich auf alle Supply Chain-Partner auswirken, wie z.B. Komplexitätsreduktion, Bestandsreduktion oder Veränderung der Durchlaufzeiten.
- Vergleich der unternehmensinternen Daten für ein Prozessbenchmarking zwischen den Supply Chain-Partnern (vgl. *Kummer* 2001, S. 84).
- Entwicklung einer fairen Regelung zur Aufteilung der Gewinne durch Kosteneinsparungen, die durch Optimierung der gesamten Supply Chain erzeugt wurden.
- Supply Chain Costing als Target-Costing für die Logistikkosten der Supply Chain. Die Logistikprozesse in der gesamten Supply Chain werden so definiert, dass das vom Endkunden präferierte Preis-/Nutzenverhältnis für das Produkt erreicht wird (vgl. *Kummer* 2001, S. 83). Die Realisierung der Ziel-Kosten wird zum mittelfristigen Ziel der Prozessoptimierung in allen Unternehmen der Supply Chain.

Diese Möglichkeiten bestehen vollständig nur bei einer detailliert ausgebauten Prozesskostenrechnung bei allen betrachteten Unternehmen. Die oben skizzierten Stufen eins und zwei können diese Anforderungen nur begrenzt erfüllen, da die verwendeten Daten zu ungenau sind und die Daten auch nicht laufend zur Verfügung stehen. Jedoch wird der bereits dargestellte niedrige Implementierungsstand der Prozesskostenrechnung in den Unternehmen die Umsetzung der voll ausgebauten unternehmensübergreifenden Variante wohl vorerst auf relativ wenige Kooperationen beschränken. Zudem muss auch zwischen den kooperierenden Unternehmen eine starke Vertrauensbasis existieren, damit ein derart weitreichender Datenaustausch stattfinden kann (vgl. Abschnitt 3.2.). Ein weiteres Problem ist das Fehlen bzw. die mangelnde Verbreitung von Standards für Kosten- und Leistungsgrößen. Erste Ansätze wie z.B. SCOR oder die Kennzahlen des VDI müssen daher weiterentwickelt werden und größere Verbreitung finden. So lange diese Hindernisse nicht aus dem Weg geräumt sind, stellen die Ausbaustufen eins und zwei eine sinnvolle Lösung für die unternehmensübergreifende Prozesskostenrechnung dar.

Erst bei vollem Ausbaustand der Prozesskostenrechnung erschließt sich das gesamte Nutzenpotenzial für die Supply Chain

3.4. Kennzahlen für das Supply Chain Controlling

Neben grundlegenden Kosten- und Leistungsdaten spielen Kennzahlen eine wesentliche Rolle in der Führung von Unternehmen. Kennzahlen verknüpfen verschiedene Daten in einer Zahl und machen die geschäftliche Realität damit einfacher und schneller verständlich. Kennzahlensysteme wiederum setzen mehrere Kennzahlen zueinander in Beziehung. Ein bekanntes Beispiel für Kennzahlensysteme ist das *DuPont*-Schema zur Berechnung des RoI (Return on Investment), das schon im Jahre 1919 entwickelt wurde, oder die Balanced Scorecard, die wir bereits im 2. Kapitel dieses Buches kennengelernt haben und die uns auch gleich wieder begegnen wird. Kennzahlen und Kennzahlensysteme werden meist in das laufende Berichtswesen eingebracht; das Kapitel 5 zeigte dies anhand zweier Berichtswesen-Beispiele. In der betrieblichen Praxis allerdings haben Kennzahlensysteme noch nicht den Status erreicht, der ihnen eigentlich zustehen müsste. Knapp die Hälfte aller deutschen Unternehmen verwendet zur Zeit kein Kennzahlensystem (vgl. *Weber/Sandt* 2001, S. 22). Dieser Stand ist insgesamt unbefriedigend, sowohl für die einzelnen Unternehmen als auch für ihre Zusammenarbeit in einer Supply Chain.

Der empirische Stand von Kennzahlensystemen ist schon unternehmensintern eher unbefriedigend

3.4.1. Anforderungen an Kennzahlen in einem Supply Chain Management

Die Anwendung von Kennzahlen ist in der Vergangenheit aufgrund folgender Beobachtungen zunehmend in die Kritik geraten:
* Die verwendeten Kennzahlen fokussieren zu stark auf finanzielle Größen.
* Kennzahlen werden nicht nach Bedarf, sondern nach Verfügbarkeit der Informationen ausgewählt.
* Kennzahlen beschränken sich auf vergangenheitsorientierte Daten.

Die Berücksichtigung dieser Kritikpunkte – die auch für das Logistik- und Supply Chain Controlling relevant sind – führt zu Anforderungen, die Kennzahlen »idealerweise« erfüllen sollten:
* Allgemein sollten Kennzahlen nicht nur den Fokus auf kurzfristige Gewinnmaximierung legen, sondern auch die langfristige Existenzsicherung und die Ertragsziele adäquat abbilden. Daher sollten Kennzahlen auch in engem Zusammenhang mit der Strategie stehen.
* Das oft übliche »blinde« Übernehmen von bestehenden Kennzahlen sollte einem überlegten und begründeten Auswahlprozess weichen. Man muss sich genau vor Augen führen, welcher Sachverhalt mit welchen Kennzahlen abgebildet werden kann. Ein solcher systematischer Auswahlprozess vermeidet die Erstellung von »Zahlenfriedhöfen«, die niemand versteht und daher auch von niemand verwendet werden. Damit im Zusammenhang steht auch die Notwendigkeit einer pragmatischen und allgemein verständlichen Definition der Kennzahlen. Dies erleichtert das Verständnis und damit die Verwendung der Kennzahlen im Unternehmen und auch in der Supply Chain.

Was ist bei der Gestaltung eines Kennzahlensystems zu beachten?

* Die verwendeten Kennzahlen werden optimal in einem ausgewogenen Kennzahlensystem eingesetzt, das sowohl Leistungen als auch Kosten äquivalent berücksichtigt, diese miteinander verknüpft und eine Verbindung mit der Strategie herstellt.
* Kennzahlensysteme können sowohl diagnostischen als auch interaktiven Charakter haben (vgl. Kapitel 3, Abschnitt 1.3.). Unternehmen müssen sich diesen – sehr unterschiedlichen – Ausrichtungen bewusst sein und ihre Kennzahlensysteme entsprechend auf den im Vordergrund stehenden Verwendungszweck hin ausgestalten.

Supply Chain Controlling

Durch Bildung von Kategorien kann man sich leichter einen Überblick über die Vielzahl der möglichen Kennzahlen im Bereich des Supply Chain Controlling verschaffen. Exemplarisch sind in der *Abbildung 7-15* die möglichen Kategorien für Leistungs- und Kostenkennzahlen des Supply Chain Controlling mit einzelnen Beispielen dargestellt.

Typ	Kategorien	Beispiel
Leistungen	Geschwindigkeit	Gesamtdurchlaufzeit
	Effizienz	Supply Chain Cycle-Time
	Effektivität	Anteil auftragsbezogener Fertigung
	Qualität	Fehlerrate pro Einheit
	Flexibilität	Umstellungszeit für neue Produkte
	Kooperationsintensität	Anzahl ausgetauschter Daten
	Struktur	Anzahl Teilenummersysteme
	Komplexität	Zahl der Produktvarianten
	Kooperationsgüte	Vetrauensindex
Kosten	Prozesskosten	Supply Chain-Gesamtkosten
	Qualitätskosten	Durchschnittliche Fehlerkosten pro Einheit
	Bevorratungskosten	Bestandskosten
	Abstimmungskosten	Kosten des Informationsaustauschs

Abb. 7-15: Kategorien für Leistungs- und Kosten-Kennzahlen des SCC mit Beispielen

Der unternehmensübergreifende Einsatz von Kennzahlen stellt weiterhin Bedingungen, die bereits bei der unternehmensübergreifenden Prozesskostenrechnung (vgl. Abschnitt 3.3.) dargestellt wurden. Insbesondere eine einheitliche Definition und Abgrenzung der verwendeten Kennzahlen ist notwendig, um unternehmensübergreifende Kennzahlen verwenden zu können. Zudem werden Kennzahlen für Supply Chains nur dann sinnvoll erstellt werden können, wenn bei den einzelnen Partnerunternehmen ein ausreichend detailliertes Informationssystem existiert. Dieses System sollte auch flexibel genug sein, um die vorhandenen Daten in neue, einheitlich definierte Kennzahlen umzurechnen, bzw. es sollte auf Basis einer standardisierten Definition, wie z.B. dem SCOR-Modell oder der VDI-Richtlinie 4400 (Richtlinie des Verbandes Deutscher Ingenieure zur Standardisierung wesentlicher Kennzahlen der Logistik), entwickelt worden sein.

Drei Ebenen sind bei der Kennzahlenbildung zu unterscheiden

Um möglichst alle wesentlichen Aspekte einer Supply Chain abzubilden, müssen drei Ebenen bei der Verwendung von unternehmensübergreifenden Kennzahlen für Supply Chains unterschieden werden:

- *Supply Chain Ebene*: Kennzahlen, die die gesamte Supply Chain betreffen, werden hier abgebildet. Beispiele sind die Gesamtdurchlaufzeit eines Auftrages durch die gesamte Kette, der Cash to Cash Cycle (Dauer, bis investiertes Geld zur Produktion einer Ware wieder zum Hersteller der Ware zurückfließt) oder die Supply Chain-Gesamtkosten.
- *Relationale Beziehung*: Kennzahlen, die eine Zweier-Beziehung, wie z.B. Lieferant/Händler abbilden. Beispiele für Kennzahlen sind hier: Lieferfähigkeit des Lieferanten, Zahlungszuverlässigkeit des Händlers oder durchschnittliche Lagerbestände bei Händler und Lieferant.

- *Einzelnes Unternehmen:* Die unternehmensbezogen formulierten Kennzahlen sind die notwendige Basis der anderen beiden Ebenen.

3.4.2. Beispiel Selektiver Kennzahlen

Beziehen wir diese Überlegungen im ersten Schritt auf unser im 2. Kapitel vorgestelltes Konzept der »Selektiven Kennzahlen«. Hier wurden zwei grundsätzliche Perspektiven (strategisch und operativ) unterschieden. Kombiniert mit der soeben vorgestellten Differenzierung spannt sich eine Matrix mit sechs Feldern auf, die auch die *Abbildung 7-16* – angefüllt mit Beispielen – zeigt.

Die strategischen und operativen Kennzahlen auf den drei Ebenen sollten in einem engen Zusammenhang zueinander stehen. Dies erlaubt das Verfolgen von Problemen von der oberen Supply Chain-Ebene bis in die Ebene des einzelnen Unternehmens hinein. Je nach Perspektive und Verwendung kann eine einzelne Kennzahl strategischen oder operativen Charakter haben. Beispielsweise kann die Kennzahl Lieferflexibilität strategisch verwendet werden, um Bestände gezielt zu reduzieren. Eine operative Verwendung derselben Kennzahl kann sich auf die Erfüllung spezifischer Kundenanforderungen bezüglich der Lieferflexibilität beziehen. Wesentlich bei der Unterscheidung zwischen strategischen und operativen Kennzahlen auf allen drei Ebenen ist der Zeithorizont, der hinter der Zielerreichung der Kennzahlen steht. Kurzfristig erreichbare Ziele haben einen operativen Charakter, mittel- bis langfristige Ziele sind jedoch strategischer Natur.

Ob eine Kennzahl strategisch oder operativ ausgerichtet ist, kann man ihr »von außen« nicht ansehen

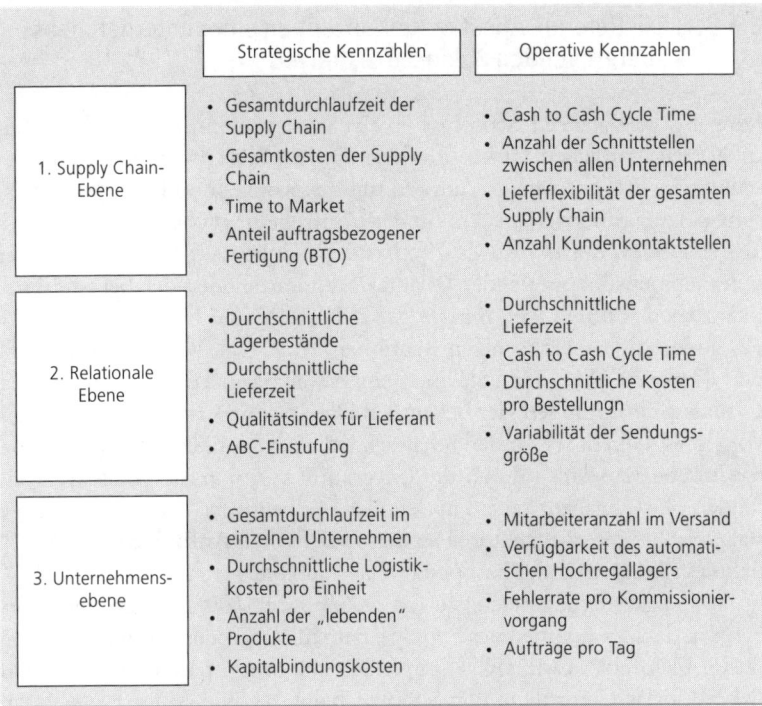

	Strategische Kennzahlen	Operative Kennzahlen
1. Supply Chain-Ebene	• Gesamtdurchlaufzeit der Supply Chain • Gesamtkosten der Supply Chain • Time to Market • Anteil auftragsbezogener Fertigung (BTO)	• Cash to Cash Cycle Time • Anzahl der Schnittstellen zwischen allen Unternehmen • Lieferflexibilität der gesamten Supply Chain • Anzahl Kundenkontaktstellen
2. Relationale Ebene	• Durchschnittliche Lagerbestände • Durchschnittliche Lieferzeit • Qualitätsindex für Lieferant • ABC-Einstufung	• Durchschnittliche Lieferzeit • Cash to Cash Cycle Time • Durchschnittliche Kosten pro Bestellungn • Variabilität der Sendungsgröße
3. Unternehmensebene	• Gesamtdurchlaufzeit im einzelnen Unternehmen • Durchschnittliche Logistikkosten pro Einheit • Anzahl der „lebenden" Produkte • Kapitalbindungskosten	• Mitarbeiteranzahl im Versand • Verfügbarkeit des automatischen Hochregallagers • Fehlerrate pro Kommissioniervorgang • Aufträge pro Tag

Abb. 7-16: Beispiel für strategische und operative Kennzahlen auf den drei Ebenen des Supply Chain Controlling

Das Konzept der Selektiven Kennzahlen ist ein Beispiel für ein interaktives Kennzahlensystem (vgl. Kapitel 3, Abschnitt 1.3.), da es die Fokussierung auf spezifische Engpässe und deren regelmäßige Kontrolle unterstützt. Im folgenden Abschnitt wird die Balanced Scorecard als ein Kennzahlensystem vorgestellt, das aufgrund seiner Ausgewogenheit für eine diagnostische Nutzung prädestiniert ist.

3.4.3. Die Balanced Scorecard für das Supply Chain Controlling

Das Instrument der Balanced Scorecard eignet sich zum Controlling von Supply Chains insbesondere aus zwei Gründen: Zum einen erscheint es aufgrund seiner ausgewogenen Abbildung unterschiedlicher Führungsperspektiven geeignet, die interorganisatorische Zusammenarbeit in ihrer gesamten Komplexität zu erfassen. Zum anderen weist sie in der unternehmerischen Praxis einen hohen Bekanntheitsgrad und Implementierungsstand auf: Nach Schätzungen der Gartner Group haben im Jahr 2000 in den USA bereits 40 Prozent der »Fortune 1000« Unternehmen das Konzept der Balanced Scorecard eingesetzt. Eine aktuelle Studie belegt, dass über die Hälfte der Unternehmen auch in Deutschland derzeit eine Balanced Scorecard einführt bzw. weiterentwickelt (vgl. *Weber/Sandt* 2001, S. 22). Es können aber nur solche Instrumente die Zusammenarbeit in der Supply Chain unterstützen, die allen beteiligten Partnern hinlänglich bekannt sind. Allerdings gilt es, die im zweiten Kapitel beschriebene »traditionelle« Balanced Scorecard nicht unerheblich an die spezifischen Anforderungen des Supply Chain Controlling anzupassen.

3.4.3.1. Existierende Ansätze zur Konzeption einer unternehmensübergreifenden Balanced Scorecard

Obwohl die Balanced Scorecard in der Managementpraxis und der betriebswirtschaftlichen Diskussion einen hohen Stellenwert einnimmt, beschäftigen sich nur wenige Autoren mit der Konzeption bzw. der Anpassung einer Balanced Scorecard für das Controlling von Supply Chains (vgl. *Stölzle/Heusler/Karrer* 2001, S. 79). Erste Gedanken zur Konzeption einer unternehmensübergreifenden Balanced Scorecard finden sich bei zwei amerikanischen Autoren (vgl. *Brewer/Speh* 2000, S. 75 und *Brewer/Speh* 2001, S. 52) und im deutschsprachigen Raum bei *Werner* (vgl. *Werner* 2000a, S. 8f., und *Werner* 2000b, S. 14f.). Sie übernehmen die Balanced Scorecard in ihrer Grundstruktur mit den vier bekannten Dimensionen, die wir im Kapitel 2 vorgestellt haben. Es werden inhaltlich lediglich sporadisch Supply Chainspezifische Aspekte – durch die Integration von unternehmensübergreifenden Leistungskennzahlen in den vier Perspektiven – ergänzt, ohne die Balanced Scorecard strukturell an den spezifischen Anforderungen unternehmensübergreifender Kooperation auszurichten.

Weiter gehen die Vorschläge von *Stölzle* und *Weber*. *Stölzle* stellt ausführlich dar, dass im Rahmen des Supply Chain Managements im Wesentlichen die Problemfelder Dynamik, Komplexität und Intransparenz auftreten und daher für das Controlling von Supply Chains erhöhte Anforderungen an

Welche Vorschläge unterbreitet die Literatur, um zu einer passenden BSC für das Supply Chain Management zu kommen?

den Koordinations- und Steuerungsbedarf gestellt werden müssen. Die Balanced Scorecard ist hierfür ein geeignetes Instrument, wenn diese sowohl inhaltlich als auch strukturell angepasst wird. Um innerhalb der Supply Chain auch die Vorleistungen der Lieferanten zu berücksichtigen und alle Aktivitäten von der Quelle bis zur Senke und umgekehrt getrennt abbilden zu können, ergänzt *Stölzle* die vier ursprünglichen Perspektiven um eine fünfte Perspektive, die Lieferantenperspektive (vgl. *Stölzle/Heusler/Karrer* 2001, S. 80). Weiterhin schlägt er – ähnlich wie *Brewer/Speh* (vgl. *Brewer/Speh* 2000, S. 86) – die Verwendung von unternehmensübergreifenden Leistungskennzahlen wie z.B. den »Cash to Cash Cycle« (Zeit zwischen Abfließen und Zufließen liquider Mittel über die gesamte Supply Chain) und die »Supply Chain Cycle Time« (Vergleich von Durchlaufzeit und Wertschöpfungszeit) vor (vgl. *Stölzle/Heusler/Karrer* 2001, S. 80f.).

Stölzle schlägt die Einführung einer Lieferantenperspektive vor

Weber entwickelt eine Balanced Scorecard für den Logistikbereich, indem er diese an die spezifischen Anforderungen der koordinationsbezogenen Entwicklungsstufe der Logistik anpasst. Hierzu wird eine in der Struktur geänderte Balanced Scorecard für die einzelnen Funktionsbereiche (Beschaffungs-, Produktions-, und Distributionslogistik) und für die Gesamtlogistik vorgeschlagen. Auf der Ebene der einzelnen Funktionsbereiche führt er die Lieferantenperspektive ein, da Quellen und Senken des Material- und Warenflusses für die einzelnen Logistikbereiche in hohem Maße bedeutsam sind. Für den Funktionsbereich Produktion ist der Lieferant der Funktionsbereich Beschaffung und der Kunde der Funktionsbereich Distribution. Um die Balanced Scorecard in ihrer Komplexität nicht zu überfrachten, verzichtet *Weber* auf die Lern- und Entwicklungsperspektive mit der Begründung, dass diese erst auf der Ebene der Gesamtlogistik sinnvoll verwendet werden kann (vgl. *Weber* 2002, S. 301f.). Eine ähnliche Argumentation gilt für die Lieferanten- und Kundenperspektive auf Ebene der Gesamtlogistik. Da die material- und warenflussbezogene Koordination zum einen strukturelle Maßnahmen, zum anderen laufende Koordinationsaktivitäten erfordert, die auf Ebene der Gesamtlogistik erfolgen, sind diese Anforderungen über eigene Perspektiven abzubilden. Die Lieferanten- und Kundenperspektiven verbleiben für die spezifischen Anforderungen auf den Funktionsbereichsebenen (vgl. *Weber* 2002, S. 305). Daher befinden sich auf der Ebene der Gesamtlogistik die Finanz-, Koordinationsstruktur-, Koordinationsprozess- sowie Lern- und Entwicklungsperspektive (vgl. die *Abbildung 7-17*).

Der Vorschlag von Weber ist auf die unternehmensinterne Logistik bezogen

Die Verwendung von unterschiedlichen Perspektiven für Balanced Scorecards über die verschiedenen Unternehmensebenen ist folglich dadurch zu begründen, dass es möglich ist, eine Kaskade von unterschiedlichen Scorecards zu entwickeln, die miteinander in einer logischen, nicht aber zwingend in einer mathematischen Beziehung stehen müssen (vgl. *Weber* 2002, S. 301). Wenn man diese Ausführungen konsequent einen Schritt weiterführt und aufbauend auf den Balanced Scorecards auf Funktionsbereichsebene eine Balanced Scorecard auf Unternehmensebene entwickelt hat, schließt sich quasi automatisch die Frage an, wie diese in eine Balanced Scorecard für das Controlling von Supply Chains einzubringen ist.

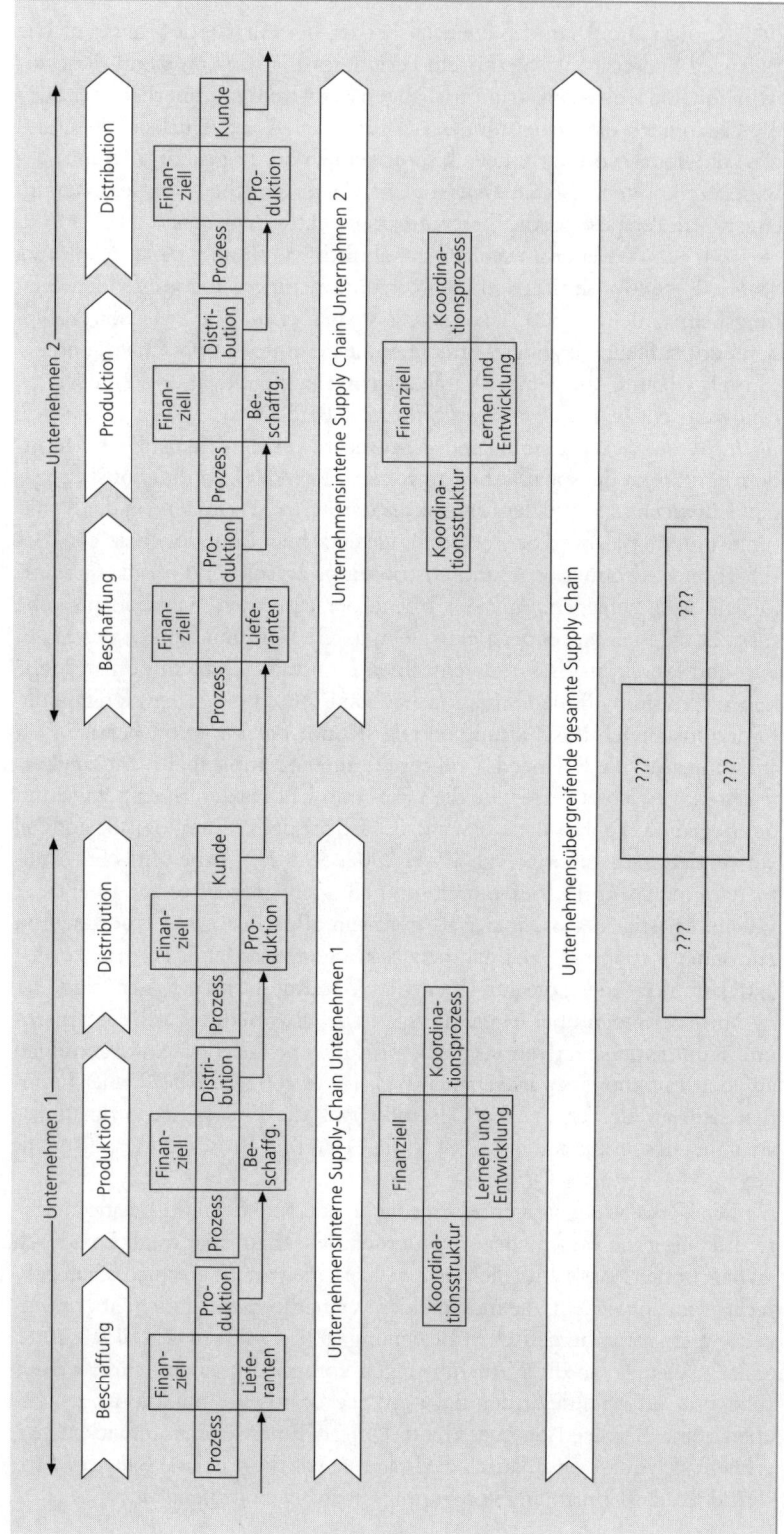

Abb. 7-17: Darstellung der Kaskade von Balanced Scorecards über verschiedene Ebenen (in Anlehnung an *Weber*, 2002, S. 301f.)

3.4.3.2. Die Balanced Scorecard für das Supply Chain Controlling nach Weber/Bacher/Groll

Eine Balanced Scorecard für das Controlling von Supply Chains muss zum einen unternehmensübergreifende Sachverhalte berücksichtigen und zum anderen die Faktoren Kooperationsqualität und Kooperationsintensität abbilden (vgl. Abschnitt 1). Hieraus resultiert eine signifikante inhaltliche und strukturelle Veränderung der traditionellen Balanced Scorecard. Wir schlagen strukturell die vier Perspektiven Finanzen, Prozess, Kooperationsqualität und Kooperationsintensität vor. Inhaltlich werden ausschließlich Supply Chain-bezogene Kennzahlen verwendet (vgl. die *Abbildung 7-18*).

Wie bei der traditionellen Balanced Scorecard soll im Rahmen einer Balanced Scorecard für das Controlling von Supply Chains die *finanzielle Perspektive* zeigen, ob die Implementierung der Supply Chain-Strategie zur Ergebnisverbesserung beiträgt. Kennzahlen der finanziellen Perspektive können z.B. die erzielte Gesamtkapitalrendite, Economic Value Added (EVA) oder Cash Value Added (CVA) bezogen auf die gesamte Supply Chain sein. Darüber hinaus sind finanzielle Kennzahlen – wie z.B. Gesamtlogistikkosten – notwendig, um die finanzielle Leistungsfähigkeit der Supply Chain zu messen. Die finanziellen Kennzahlen nehmen auch hier eine Doppelrolle ein. Zum einen definieren sie die finanzielle Leistung, die von einer Supply Chain-Strategie erwartet wird. Zum anderen fungieren sie als Endziele für die anderen Perspektiven der Balanced Scorecard, die über Ursache-Wirkungsbeziehungen mit den finanziellen Zielen verbunden sind.

Der Vorschlag einer Supply-Chain-bezogenen BSC beinhaltet zwei bekannte Perspektiven...

Die Aufgabe der *Prozessperspektive* ist es, diejenigen Prozesse abzubilden, die vornehmlich von Bedeutung sind, um die Ziele der finanziellen Perspektive zu erreichen. Die für eine traditionelle Balanced Scorecard geforderte Abbildung der unternehmensinternen Wertschöpfungskette (vgl. *Weber/Radtke/Schäffer* 2001, S. 8) wird nun auf die Betrachtung der gesamten Supply-Chain erweitert. Im Rahmen der Prozessperspektive ist zu überprüfen, ob die unternehmensübergreifende Flussorientierung erreicht wird und welche Hindernisse bei der Realisierung auftreten. Eine wichtige Kenngröße könnte etwa die Gesamtdurchlaufzeit durch die Supply Chain sein.

In Abschnitt 1. dieses Kapitels wurde bereits erwähnt, dass sich für das Controlling von Supply Chains spezifische Anforderungen ergeben, die insbesondere Aussagen über die Dimensionen Kooperationsqualität und Kooperationsintensität erfordern. Daher werden diese Perspektiven in die Balanced Scorecard für das Controlling von Supply Chains integriert.

...und zwei neue Perspektiven: Kooperationsintensität und Kooperationsqualität

Im Rahmen der Perspektive *Kooperationsintensität* sollen die »harten« Faktoren der Kooperation gemessen werden. Diese Perspektive ist notwendig, um zum einen die Art und Weise, zum anderen die Entwicklung der Zusammenarbeit zwischen den Supply Chain Partnern zu verfolgen. Dieser Sachverhalt kann z.B. durch die Quantität und Qualität ausgetauschter Datensätze quantifiziert werden. Eine solche Abbildung der Beziehungsintensität wird auch in Ansätzen von *Brewer/Speh* (vgl. *Brewer/Speh* 2000, S. 89) und *Stölzle* (vgl. *Stölzle/Heusler/Karrer* 2001, S. 81) vorgeschlagen, aber nicht konsequent zu Ende geführt.

Supply Chain Controlling

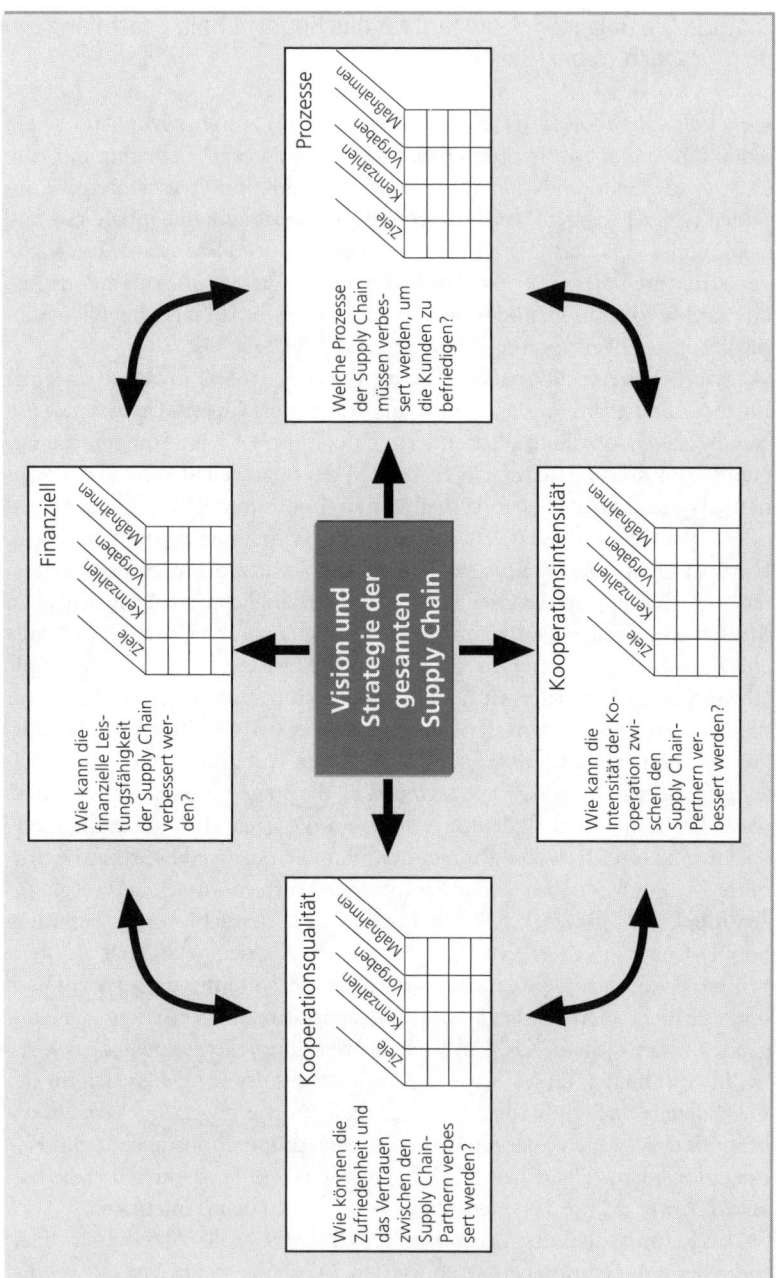

Abb. 7-18: Die Balanced Scorecard für das Supply Chain Controlling

In der betriebswirtschaftlichen Literatur ist bisher die Abbildung der »weichen« Faktoren der Kooperation im Rahmen einer Balanced Scorecard eher vernachlässigt worden. Da diese »weichen« Faktoren aber einen zentralen Einfluss auf den Erfolg der Beziehung haben und bei Mängeln ein Scheitern der Zusammenarbeit verursachen können, müssen auch sie in die Steuerung einer Supply Chain einbezogen werden. Hierfür dient die Perspektive *Kooperationsqualität*. Sie erfasst, wie gut die Kooperation zwischen den Partnern funktioniert. Beispiele können Indizes zur Zufriedenheit, dem Vertrauen der Partner untereinander oder die Anzahl der unkooperativ gelösten Konflikte sein (vgl. *Weber* 2002, S. 312).

Ganz entsprechend dem Standardmodell der Balanced Scorecard sollte eine solche für Supply Chains die Kennzahlen der einzelnen Perspektiven auf eine überschaubare Anzahl beschränken. Spezifisch ist aber zu beachten, dass die Kennzahlen gemeinsam und einheitlich zwischen den Partnern definiert werden und dass hauptsächlich unternehmensübergreifende Kennzahlen Verwendung finden.

Auch für die hier vorgestellte Balanced Scorecard für das Supply Chain Controlling ist der Ausgangspunkt die gemeinsame Strategiedefinition der Partner bezogen auf die gesamte Supply Chain. Diese Strategie wird mit Hilfe der Balanced Scorecard operationalisiert und »umsetzungsfähig« gemacht. Allerdings sind im Bereich der unternehmensübergreifenden Strategiefindung und -definition in der Praxis (eklatante) Defizite festzustellen; Unternehmen sehen sich bis heute selten als Mitglieder einer oder mehrerer (gemeinsamer) Supply Chains; dementsprechend findet die Koordination einer unternehmensübergreifenden Strategie, die für das Supply Chain Management unerlässlich ist, kaum statt (vgl. *Stölzle/Heusler/Karrer* 2001, S. 76). *Kaufmann* spricht an dieser Stelle sehr pointiert von »Kooperationsromantik« (vgl. *Kaufmann* 2001, S. B 11). Fragen der gemeinsamen Strategiedefinition und der Integration der Supply Chain-Strategie in die Gesamtstrategie der einzelnen Unternehmen sowie die damit einhergehende »Synchronisierung« der unterschiedlichen Balanced Scorecards sind auch im Rahmen der betriebswirtschaftlichen Forschung noch nicht ausreichend beantwortet. Jedoch sollten – ebenso wie bei den Kennzahlen – drei Ebenen für Balanced Scorecards verwendet werden (vgl. Abschnitt 3.4). Neben der Supply Chain Ebene als höchste Ebene sollten BSC's für die relationalen Beziehungen zwischen einzelnen Unternehmen, sowie BSC's für die einzelnen Unternehmen existieren. Die BSC für die relationalen Beziehungen kann dabei die gleiche Struktur aufweisen wie die Supply Chain-BSC.

Auch für eine unternehmensübergreifende Balanced Scorecard muss eine Strategie
der Ausgangspunkt sein

3.4.3.3. Begründung für das Fehlen weiterer Perspektiven

Die von *Kaplan* und *Norton* vorgeschlagene Grundform der BSC hat sich so breit in den Unternehmen verankert, dass es an dieser Stelle sinnvoll erscheint, kurz zu begründen, warum nur zwei der traditionellen BSC-Perspektiven in die Supply-Chain-Balanced Scorecard übernommen werden:

- Die *Kundenperspektive* im Sinne von Endkundenperspektive ist nicht notwendig, da in den meisten Fällen nur der Endproduzent eine Schnittstelle zum Endkunden besitzt und die Kundenbeziehung kontrolliert. Daher sollte die Kundenperspektive bei dem Endproduzenten in der Balanced Scorecard auf Unternehmensebene verwendet werden. Strategien bezogen auf Endkunden werden im Rahmen der Supply Chain-Strategie definiert. Kundenbezogene Anforderungen aus der Strategie – wie z.B. Lieferzeiten – werden im Rahmen der Prozessperspektive der unternehmensübergreifenden Balanced Scorecard erfasst.
- Für die *Lern- und Entwicklungsperspektive* gilt eine einzelunternehmensbe-

zogene Zuordnung: Die Verantwortung, Defizite zu beheben, die innerhalb der Supply Chain auftreten und auf das eigene Unternehmen zurückzuführen sind, liegt auf Ebene der einzelnen Unternehmen. Ziele zur Verbesserung in den Bereichen Qualifizierung von Mitarbeitern, Leistungsfähigkeit des Informationssystems sowie Motivation und Zielerreichung von Mitarbeitern können unternehmensübergreifend in den Perspektiven Prozess, Kooperationsintensität und Kooperationsqualität definiert werden, die dann in den unternehmensinternen Balanced Scorecards zu berücksichtigen und somit in den einzelnen Unternehmen umzusetzen sind.

- Für die von *Stölzle* vorgeschlagene Lieferantenperspektive ist analog zur Kundenperspektive zu argumentieren: Kunden- und Lieferantenbeziehungen innerhalb der Supply Chain werden im Rahmen der neu entwickelten Prozessperspektive unternehmensübergreifend abgebildet. Die von *Weber* für die Gesamtlogistik vorgeschlagenen Perspektiven Koordinationsstruktur und Koordinationsprozess (vgl. *Weber* 2002, S. 305) sind schließlich ebenfalls unternehmensinterne Perspektiven. Sie werden durch die unternehmensübergreifenden Kooperationsperspektiven erweitert.

Einordnung der anderen Ansätze

3.4.3.4. Beispiel für eine unternehmensübergreifende Balanced Scorecard

Analog zur traditionellen Balanced Scorecard (vgl. *Weber/Radtke/Schäffer* 2001, S. 8) sollen die Kennzahlen der Kooperationsqualitäts-, Kooperationsintensitäts- und Prozessperspektive über Ursache-Wirkungsbeziehungen mit den finanziellen Zielen verbunden sein (vgl. die *Abbildung 7-19*).

Die Verknüpfung kann – selten – auf mathematischen oder – überwiegend – auf sachlogischen Zusammenhängen beruhen. Nimmt man bei-

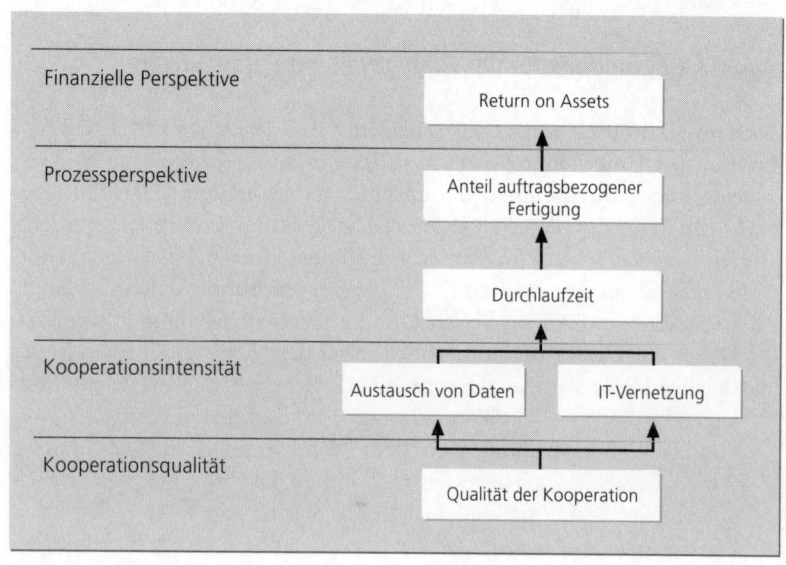

Abb. 7-19: Beispielhafte Darstellung von Ursache-Wirkungszusammenhängen einer unternehmensübergreifenden BSC

spielsweise die Kapitalrendite (Return on Assets) als oberste Zielgröße innerhalb der finanziellen Perspektive der gesamten Supply Chain an, so kann diese durch den Anteil der auftragsbezogenen Fertigung verbessert werden. Dabei hängt der Anteil der auftragsbezogenen Fertigung in hohem Maße von der realisierten Gesamtdurchlaufzeit ab. Dem RoA liegt also die Durchlaufzeit als Eingangsgröße zu Grunde (Prozessperspektive). Um die Durchlaufzeit zu optimieren, ist ein Austausch von relevanten Daten, die wiederum durch eine verbesserte IT-Vernetzung der Partner beschleunigt werden kann, eine wesentliche Voraussetzung (Kooperationsintensität). Dieser Austausch von relevanten und vertraulichen Informationen ist aber nur bei einem ausreichenden Vertrauen zwischen den Partnern möglich (Kooperationsqualität).

Analog der Vorgehensweise für eine traditionelle Balanced Scorecard sind für alle Perspektiven strategische Ziele, relevante Messgrößen und Maßnahmen zur Zielerreichung zu definieren. Dabei werden in einzelnen Perspektiven zur Ermittlung einer Messgröße für die gesamte Supply Chain Verdichtungen der Kennzahlen der einzelnen Unternehmen vorzunehmen sein. Diese Verdichtungen sind je nach Kennzahltyp und Perspektive unterschiedlich zu gestalten. Betrachten wir als Beispiel Kennzahlen, die eine Aussage über die Zufriedenheit innerhalb der Kooperation ermöglichen. Für sie ist es notwendig, »Ausreißer« nicht durch eine Durchschnittsbildung zu glätten und somit aus dem Blickfeld zu verlieren. Vielmehr sollten für Kennzahlen, bei denen diese Probleme auftreten, neben den Durchschnittswerten auch Varianzen angegeben werden. Bei Kennzahlen wie z.B. Durchlaufzeiten kann wiederum eine additive Verdichtung sinnvoll sein, da die Summe der Durchlaufzeit über die gesamte Supply Chain eine wichtige Messgröße darstellt. Für eine detaillierte Analyse sind neben der Summe auch hier die Einzelwerte anzugeben, um die Maximal- bzw. Minimalwerte identifizieren zu können.

In *Abbildung 7-20* (vgl. Folgeseite) ist beispielhaft eine Balanced Scorecard für eine Supply Chain dargestellt, die in ihrer Struktur auch für andere Kooperationen und Netzwerke verwendet werden kann. Sie schließt auch die Diskusssion dieses Instruments ab.

> Die Kennzahlen sollten nicht nur Durchschnitte, sondern auch Varianzen festhalten

4.　Fazit

Vorgestellt wurde ein integratives Controlling-System für Supply Chains, das aus vier Instrumenten besteht, die auf die spezifischen Anforderungen der Steuerung von unternehmensübergreifenden Supply Chains ausgerichtet sind. Dabei wurden die Instrumente im Vergleich zu ihrem »unternehmensinternen« Gebrauch inhaltlich und strukturell z.T. wesentlich verändert. Die inhaltliche Veränderung erfolgt durch die gezielte Verwendung von unternehmensübergreifenden Daten, die durch die Verknüpfung standardisierter, unternehmensinterner Daten erstellt werden. Eine wesentliche strukturelle Modifikation erfuhr die Balanced Scorecard durch die Einbeziehung der für eine unternehmensübergreifende Kooperation erfolgsrele-

Supply Chain Controlling

vanten Faktoren Kooperationsintensität und Kooperationsqualität.

Allerdings gilt es noch eine Reihe von Problemen zu lösen und Fragen zu beantworten. Ein Problemfeld, das bereits angesprochen wurde, betrifft die Frage der einheitlichen Definition und Abgrenzung von Kosten- und Leistungsdaten, um den Informationsaustausch zwischen den Unternehmen zu vereinfachen. Die vorhandenen Ansätze zur Standardisierung (vgl. *Kloth* 1999 S. 15ff., *VDI* 2000. S. 2ff.) müssen hierzu noch erweitert und in den Unternehmen fester verankert werden. Als weiterer Handlungsbedarf seien insbesondere die Themenkomplexe der unternehmensübergreifenden Strategiedefinition bzw. der Prozess der Strategiefindung innerhalb der Supply Chain-Partner und die Integration der hier vorgestellten Controlling-Instrumente in das Controlling der einzelnen Unternehmen genannt. Insbesondere der Prozess der unternehmensübergreifenden Strategiedefinition als Ausgangsbasis und die Verankerung bzw. Integration in die Strategie der einzelnen Unternehmen sind detailliert zu erarbeiten. Ohne eine einheitliche Supply Chain-Strategie aller beteiligten Unternehmen kann es auch kein sinnvolles Supply Chain Controlling geben.

Abb. 7-20: Beispielhafte Balanced Scorecard für eine Supply Chain

	Strategische Ziele	Messgrößen	Mögliche Maßnahmen
Finanzielle Perspektive	Profitabilität der Supply Chain steigern	RoA für die gesamte Supply Chain um x% steigern	Outsourcing von Warehousing, um die Kapitalbindung entlang der Supply Chain zu senken
	Kostenführerschaft erreichen	Logistikkosten in der gesamten Supply Chain pro Einheit um x% senken	Kapazitäten der Supply Chain-Partner bündeln
Prozess-perspektive	Kunde soll die Ware 10 Tage nach Auftragseingang erhalten	DLZ für die gesamte Supply Chain auf 10 Tage reduzieren	Prozessoptimierung der Supply Chain-Partner bündeln
	Flexibilität der Fertigung erhöhen	Freezing Point in % der gesamten DLZ erhöhen	Konstruktion der Teile flexibel halten und konsequente Verankerung des Postponement-Gedankens
Perspektive der Kooperations-intensität	Datenaustausch zwischen den Partnern intensivieren	Anzahl und Häufigkeit ausgetauschter Datensätze	IT-Vernetzung der Supply Chain-Partner verbessern
	Abstimmung zwischen den Partnern verbessern	Anzahl der notwendigen Abstimmungssitzungen	Protokollführung systematisieren
Perspektive der Kooperations-qualität	Vertrauen und Zufriedenheit der SC-Partner erhöhen	Indizes für Vertrauen und Zufriedenheit	Vision und Grundsätze gemeinsam definieren
	Art der Zusammenarbeit verbessern	Anzahl unkooperativ gelöster Konflikte in der Supply Chain	„Schiedsrichter" für die Supply Chain einführen

5. Praxisbeispiel: Aufbau eines wertorientierten Supply Performance Measurement-Systems bei *DaimlerChrysler*

Am Ende des – umfangreichen – Kapitels zum Supply Chain Controlling soll ein konkretes Unternehmensbeispiel stehen, das einen bemerkenswerten Entwicklungsstand besitzt. Die Ausführungen konkretisieren viele der gemachten konzeptionellen Ausführungen, gehen zum Teil aber auch darüber hinaus.

5.1. Grundverständnis Supply Chain Management bei *DaimlerChrysler*

»Die Bedeutung der Logistik in der Fertigung ... steigt ständig. Ein Unternehmen, das hier zurückliegt, kann diesen Nachteil kaum durch Vorzüge anderswo ausgleichen. Meine Position: Sage mir, wie Deine Logistik funktioniert, und ich sage Dir, wie wirtschaftlich Du produzierst.«
(*Helmut Petri*, Mitglied des Geschäftsfeldvorstandes Pkw Mercedes-Benz, smart und Leiter Produktion in der *DaimlerChrysler AG*, Trends in der Automobilproduktion (8.Juni 1999)

Innerhalb der letzten Jahre hat das Logistikverständnis bei *DaimlerChrysler* eine grundlegende Veränderung erfahren. Wurden früher logistische Prozesse zur Auftrags- bzw. Fertigungssteuerung und die Aktivitäten der Materialwirtschaft inhaltlich und organisatorisch eher separiert, dominiert heute ein ganzheitliches Supply Chain Verständnis. Diese Weiterentwicklung ist im Wesentlichen durch zwei Aspekte erklärbar. Einerseits erfolgte eine unternehmensinterne Integration aller logistischer Aufgaben in einem durchgängigen Prozessmodell, selbst wenn diese Aufgaben oder Funktionsumfänge formal ausserhalb der Logistikbereiche organisiert waren. Andererseits wurden gezielt unternehmensexterne Aktivitäten in die Beschreibung der Supply Chain einbezogen.

Historisch gesehen war die Verantwortung der Logistik lange Zeit auf die klassischen Aufgaben der Materialwirtschaft konzentriert – den Transport, den Umschlag und die Lagerung von Bauteilen zur Sicherstellung einer hohen Versorgungsqualität für die Fertigungsbereiche. In Ergänzung zu diesen ausführungsbezogenen Prozessen, werden bei *DaimlerChrysler* auch steuernde Prozesse integrativer Bestandteil der Supply-Chain, die aus den komplexen Anforderungen der Vertriebs- und Produktionsprogrammplanung resultieren. Dabei ist der Fahrzeugkunde gleichermaßen Ausgangs- und Endpunkt der logistischen Prozessbetrachtung. Zu den ergänzenden Elementen der originären Supply Chain zählen beispielsweise die Steuerung der Produktionsaufträge und Karossen in den Werken, alle dispositiven Prozesse zur Materialflussplanung oder der Versand von Fertigfahrzeugen zum Point of Sale. Die Supply Chain erstreckt sich demnach von der Generierung eines Kundenauftrages bis zur Auslieferung der fertigen Fahrzeuge. Zusätzlich wird die Supply Chain durch eine Planungsfunktion komplettiert. Diese ist auf die Realisierung aller logistikspezifischen Aspekte der Produkt- und Produktionsplanung fokussiert, z.B. das Anlauf- und Änderungsmanagement bzw. die Auslaufplanung einzelner Baureihen, die Festlegung der Layouts von Fertigungshallen oder die Entwicklung von Ladungsträgern und Betriebsmitteln.

Bei der Ableitung der gegenseitigen Leistungs- und Prozessanforderungen diskutieren alle betroffenen Funktionsbereiche (z.B. Entwicklung, Vertrieb, Produktion und Logistik) ihre jeweilige Verantwortung aus der Perspektive interner Kunden und Lieferanten im gesamten Wertschöpfungsprozess. Im Ergebnis dieser Entwicklung wurde eine starke Prozessorientierung – ein logistisches Grundprinzip bei *DaimlerChrysler* – zu einem prägenden organisatorischen Gestaltungsmerkmal im Unternehmen. Die konsequente Ausrichtung an einer optimierten Gesamtwertschöpfung ist das übergeordnete Ziel der Prozessgestaltung und soll bereichsinterne Partikularinteressen und funktionale Suboptima als handlungsleitendes Kriterium ablösen. Unter Berücksichtigung einer unternehmensexternen Perspektive endet die Gestaltung der Supply Chain nicht mehr an den Unternehmensgrenzen von *DaimlerChrysler*. Das Supply Chain Management unterstützt explizit die Entwicklung der Zulieferketten und logistischen Prozesse der Lieferanten, Spediteure und logistischen Dienstleiter. Unabhängig von der baureihenspezifischen Entwicklungs- bzw. Fertigungstiefe im *Daimler-Chrysler* Konzern richtet sich die Aufmerksamkeit der Logistik stets auf die kollaborative Planung bzw. auf die Harmonisierung der Gestaltungsmerkmale bestehender Supply Chains.

Durch die unternehmensübergreifende Prozessgestaltung bilden sich zunehmend logistische Netzwerkbeziehungen zwischen *DaimlerChrysler* und seinen Lieferanten heraus. Die Erstellung logistischer Leistungen basiert dabei auf gemeinsam getragenen Leistungskriterien, sogenannten »Key Performance Indicators«, durch die die Wirtschaftlichkeit und Qualität der erbrachten Leistungen entlang der gesamten Supply Chain nachvollziehbar wird. Eine wesentliche Herausforderung für die übergreifende Prozessgestaltung besteht darin, geeignete Formen der Zusammenarbeit und des Beziehungsmanagements zwischen wirtschaftlich und rechtlich unabhängigen Unternehmen zu etablieren. Die Umsetzung geeigneter Prozessstandards entlang der Supply Chain wird vor allem dadurch erschwert, dass teilweise keine direkten Geschäftsbeziehungen zwischen *DaimlerChrysler* und den Unternehmen der zweiten oder dritten Zulieferstufe bestehen, aber dennoch am Prinzip der Durchgängigkeit neuer Prozessstandards festgehalten werden soll. Eine wesentliche Kernaufgabe für die *DaimlerChrysler*-Logistik ist es daher, den Mehrwert neuer Gestaltungselemente mit quantifizierbaren Performanceverbesserungen für alle beteiligten Partner zu belegen.

Die Idee einer ganzheitlichen Logistik findet ihren prozessualen Ausdruck im Supply-Backbone – dem gemeinsame Prozessmodell der weltweiten *DaimlerChrysler*-Logistikbereiche (vgl. die *Abbildung 7-21*). Er ist aus dem ursprünglichen Backbone der *Chrysler Corporation* und dem Logistikmodell der *Daimler-Benz AG* entstanden.

Innerhalb des Supply-Backbone-Modells werden alle betriebenen Logistikprozesse der Beschaffungs-, Produktions- und Distributionslogistik be-

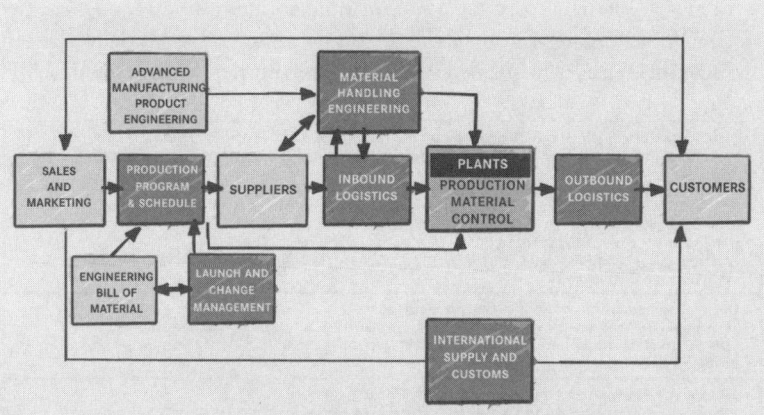

Abb. 7-21: Supply-Backbone
Modell © *DaimlerChrysler*
Supply-System

schrieben. Die Basis des Modells bilden sieben originär logistische Kern-prozesse, die – wie bereits ausgeführt – mit den wichtigsten vor- und nach-gelagerten Prozessen bzw. Prozesselementen verknüpft werden. Eine de-taillertere Definition der einzelnen Kernprozesse wird in *Abbildung 7-22* (Originär logistische Teilprozesse) und *Abbildung 7-23* (Definition sonstiger Teilprozesse und externer Partner) dargestellt – beide Abbildungen finden Sie auf der übernächsten Seite).

Zusammenfassend betrachtet ist die Veränderung im logistischen Grundverständnis bei *DaimlerChrysler* primär durch den Anspruch an eine wachsende Leistungsfähigkeit und eine signifikante Verbesserung der Ge-samtwirtschaftlichkeit logistischer Prozesse determiniert. Die durchgängi-ge Gestaltung und praktische Realisierung einer effektiven und effizienten Supply Chain bilden somit einen integralen Bestandteil im gesamten Wert-schöpfungsprozess.

5.2. Herausforderungen an das Logistik-Controlling bei *DaimlerChrysler*

Für die Gestaltung der Controlling-Prozesse und die Entwicklung geeig-neter Controlling-Instrumente innerhalb der Supply Chain haben die Veränderungen im logistischen Grundverständnis bei *DaimlerChrysler* maß-gebliche Konsequenzen. Controlling ist nicht mehr einseitig auf die Ver-folgung der Logistikkosten konzentriert, sondern versteht sich vielmehr als Steuerungsfunktion der Gesamtperformance innerhalb der Supply Chain. Die wichtigsten Herausforderungen an das Logistik-Controlling bei *Daim-lerChrysler* lassen sich in folgenden drei Punkten zusammenfassen:

1. *Steigende Logistikaufwände durch zunehmende Individualisierung der Produktpa-lette*

   Die stetig wachsende Teile- und Variantenvielfalt führt zu permanent steigenden Anforderungen an die logistische Leistungserstellung. Eine wesentliche Herausforderung besteht darin, eine wirtschaftliche Balan-ce zwischen dem Wachstum zusätzlicher Absatzmengen einerseits und dem absoluten logistischen Mehraufwand andererseits zu erreichen. Bei der Entscheidung für zusätzliche Ausstattungs- oder Modellvarianten muss das primäre Bestreben darin bestehen, immer den wirtschaftlichen

Material Handling Engineering (MHE)	• Planung der gesamten Beschaffungskette vom Lieferant bis zum Bereitstellungsort • Planung der hierzu notwendigen Einsatzfaktoren wie Personal, Einrichtungen und Verpackungen auf Basis der von MHE festgelegten Standards
Production Programming and Scheduling (PPS)	• PPS handhabt alle Kapazitäten und Kapazitätsengpässe für ein integriertes Vertriebs- und Produktions-programm • Erstellung der Materialbedarfsprognosen sowie der Lieferabrufe • Erzeugung der Auftragsreihenfolge für die Produktionsbereiche und alle anderen Partner innerhalb der gesamten Logistikkette
Launch and Change Management (LCM)	• Umsetzung des Anlauf- und Änderungsprozesses im Werk • Übergreifende Schnittstelle zwischen Vertrieb, Entwicklung, Lieferanten und der Produktion • LCM koordiniert und steuert die Änderungsvorhaben und schafft Klarheit über den aktuellen Produktprojektstand
Inbound Logistics (IBL)	• Einkauf von Frachten und transportrelevanten Dienstleistungen • Planung und Realisierung von Transporten von allen Zulieferern zu den DC-Produktionsstätten, Industrieparks, Lieferanten-Logistik-Zentren und sonstigen Lagereinrichtungen • Rückführung von Leergut und Rückwaren • Sicherstellung kontinuierlicher Transparenz über Liefer- und Transportdaten einschließlich Sendungsverfolgung
Production Material Control (PMC)	• Management sämtlicher Aktivitäten, die den Material- und Informationsfluss von den Lieferanten zum Bereitstellungsort • Steuerung werksinterner Materialbewegungen
Outbound Logistics (OBL)	• Planung, Entwicklung und das Management des Distributionsnetzwerkes für die weltweite logistische Steuerung fertiger Fahrzeuge von den Montagewerken zum Kunden
International Supply and Customs (ISC)	• Planung und Ausführung aller Aktivitäten zur weltweiten Belieferung internationaler Standorte mit Teilen und Rohmaterial von externen Lieferanten und DC-Werken

Abb. 7-22: Originär logistische Teilprozesse

Advanced Manufacturing Engineering (Produktionsplanung)	• Planung des Produktionsprozesses (Layouts der Arbeitsstationen), des Werkslayouts und der Werksspezifika auf Basis der Materialflussanalyse, Lagerorte, Abladestellen, Ladungsträgerinhalten und -umschlag
Product Engineering (Produktentwicklung)	• Entwicklung unter frühzeitiger Berücksichtigung der logistischen Anforderungen im Produktentstehungsprozess
Engineering Bill of Material (Dokumentation der Entwicklung)	• Dokumentationsstückliste – enthält alle Informationen zu den benötigten Teilen, Komponenten und Systemen
Sales and Marketing (Vertrieb und Marketing)	• Erstellung der Prognosen für Baureihen, Typklassen, Baumuster und Ausstattungen • Übergabe der Kundenaufträge an die Werke und Modifizierung des Vertriebsprogramm auf Basis der Kundenanforderungen • Berücksichtigung von Material-, Kapazitätsrestriktionen, Anlaufkurven und Werkskalender
Suppliers (Lieferanten)	• Teilbelieferung gemäß der Lieferabrufe und Lieferbedingungen – richtige Teile, in der richtigen Menge, in der richtigen Qualität und zur richtigen Zeit
Customers (Kunden)	• Endkunde und Händler

Abb. 7-23: Definition sonstiger Teilprozesse und externer Partner

Nettoeffekt für die Gesamtwertschöpfung im Auge zu behalten. Für die Realisierung dieses Anspruchs ist jedoch ein prozessbezogenes, ganzheitliches Denken vorauszusetzen, dass derzeit in der Unternehmenspraxis durchaus noch von bereichs- und funktionsbezogenen Einzelinteressen dominiert wird. In der Konsequenz muss die Gestaltung eines integrierten Logistik-Controlling folgerichtig an den Grundwerten der Prozessorientierung und Wertorientierung ausgerichtet sein.

2. *Optimierung der Logistikkostenrate durch eine frühzeitige Einbindung in den Produktentstehungsprozess*
Eine Kernanforderung für die nachhaltige Optimierung der Logistikkostenrate (Logistikkosten pro produzierter Einheit) besteht in der früheren Einbindung in den Produktentstehungsprozess, die vor allem auf eine logistikgerechte Produkt- und Produktionsgestaltung abzielt. Da-

durch erhält die Logistik u.a. einen direkteren Stellhebel auf die Festlegung der Teilegeometrie, die nachhaltigen Einfluss auf mögliche Ladungsträgerdesigns, logistische Flächenbedarfe oder resultierende Handlingsbedarfe im Fertigungsprozess hat. Durch eine aktive Mitwirkung in der Produktenstehung können wesentliche Bestandteile der Kostenrate wie Investitionsbedarfe bzw. die späteren Prozesskosten der Logistik sowohl für die Serienproduktion als auch für die logistischen After Sales Umfänge positiv beeinflusst werden. Für den Aufbau eines Performance Measurement System ist der klare Anspruch ableitbar, eine grundlegende Methodik zur Kalkulation der Logistikkostenrate und deren Abhängigkeit von Stellhebeln im Prozessdesign zu thematisieren.

3. *Früherkennung potenzieller Performance Risiken durch Fokussierung auf ein unternehmensübergreifendes Prozesscontrolling*
   Durch die immer stärkere Abhängigkeit von der Leistungsfähigkeit der Lieferanten und externen Dienstleistern nimmt die Unterstützung der externen Partner bei der Gestaltung ihrer Fertigungs- und Belieferungsprozesse einen immer größeren Raum ein, da Lieferengpässe und Qualitätsprobleme gegenüber dem Endkunden oftmals ihre Ursachen bereits in der zweiten oder dritten Zulieferstufe haben. Das Logistik-Controlling übt daher in Zusammenarbeit mit den Einkaufsbereichen starken Einfluss auf die Gestaltung durchgängiger Steuerungsprozesse und die Performancebewertung externer Partner und Lieferanten aus. Die Einführung flächiger Lieferantenbewertungssysteme stellt weniger ein methodisches Problem als vielmehr eine besondere Herausforderung an die Bereitschaft zur Leistungstransparenz und die verbindliche Einhaltung vertraglich vereinbarter Leistungsstandards aller Prozessbeteiligten dar. Im Ergebnis dieser Diskussion ergibt sich eine weitere Anforderung für die Entwicklung eines ganzheitlichen Controllingsystems – die Einbeziehung unternehmensexterner Logistikaktivitäten in die Bewertung der Gesamtperformance innerhalb der Supply Chain auf Basis systematisch abgeleiteter Performance Indikatoren und Gütekriterien.

Die dargestellten Rahmenbedingungen für die Weiterentwicklung des Supply Chain Controlling betreffen gleichermaßen inhaltliche Fragestellungen als auch Aspekte zur Verbesserung der bestehenden Controllingprozesse und -instrumente. Durch die Entwicklung des Supply Performance Measurement-System wurde der Versuch unternommen, die Vielzahl der unterschiedlichen Herausforderungen in einem integrierten Vorgehensmodell zu vereinen.

5.3. Konzeptüberblick Supply Performance Measurement-System

In den letzten Jahren wurden bei *DaimlerChrysler* verstärkt Bemühungen zur Weiterentwicklung des Logistik-Controlling unternommen. Im Rahmen eines Teilprojektes im Post Merger Integration (PMI)-Prozess mit *Chrysler* wurde ein Supply Performance Measurement-System (SPM) entwickelt, das

Supply Chain Controlling

die zuvor ausgeführten Herausforderungen an ein innovatives Logistik-Controlling konsequent aufgreift. In Abhängigkeit von den jeweiligen Voraussetzungen und Handlungsbedarfen wird das SPM derzeit in allen relevanten Logistikbereichen und -prozessen bei *DaimlerChrysler* in die Praxis überführt. Das Supply Performance Measurement-System ist dabei integraler Bestandteil einer ganzheitlichen Logistikstrategie, dem sogenannten Supply-House (vgl. die *Abbildung 7-24*). Das Supply-House definiert die inhaltlichen Systemgrenzen zur Beschreibung der Logistikstrategie, es beschreibt alle zentralen logistikrelevanten Erfolgsfaktoren.

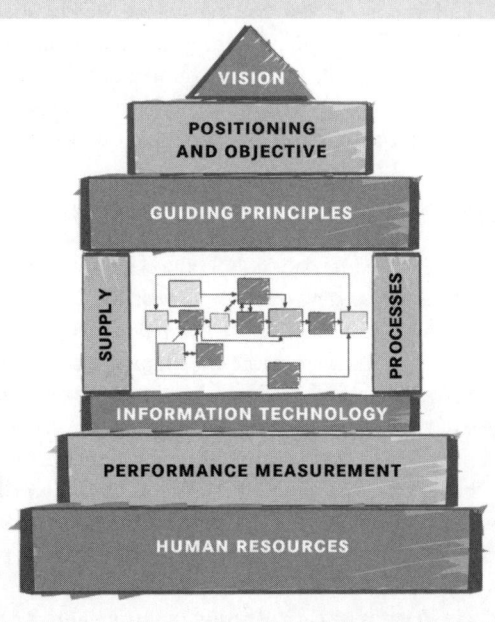

Abb. 7-24: Performance Measurement als integraler Bestandteil des Supply-House © *DaimlerChrysler*-Supply-System

Performance-Measurement in der Logistik orientiert sich an den konzernweit gültigen Prinzipien der wertorientierten Unternehmensführung. Sie beschreiben die nachhaltige Steigerung des Unternehmenswertes als das oberste Unternehmensziel, an dem alle unternehmerischen Aktivitäten ausgerichtet werden. »Wertorientierung« ist im *DaimlerChrysler*-Verständnis ein langfristig ausgerichteter Ansatz, der den Ansprüchen von Kunden, Mitarbeitern und Aktionären und damit auch der gesellschaftlichen Verantwortung gleichermaßen Rechnung trägt.

Das Supply Performance Measurement-System (SPM) wird entlang der gesamten DC Supply Chain als integriertes Steuerungsmodell für alle logistischen Prozesse verwendet. Der Begriff der Steuerung ist durch folgende fünf Kerninhalte inhaltlich belegt:

1. Ableitung konsistenter Zielkaskaden auf Basis der strategischen bzw. operativen Planung im Konzern und im jeweiligen Geschäftsbereich.
2. Definition unterjähriger Ziele und deren Verankerung in individuellen Zielvereinbarungen der jeweiligen Prozesseigner.
3. Verfolgung der Zielerreichungsgrade auf Basis integrierter Reportinginstrumente, z.B. der Balanced Scorecard.
4. Im Fall einer Zielabweichung Ableitung von Korrekturmaßnahmen mit personalisierter Umsetzungsverantwortung.
5. Reviews und kontinuierliche Weiterentwicklung des Supply Performance Measurement.

Der Aufbau des Supply Performance Measurement-System gliedert sich in drei wesentliche Komponenten, die nachfolgend beschrieben werden:

1. die Definition konkreter Leistungsanforderungen,
2. den eigentlichen Steuerungs- und Controllingprozess und
3. die Darstellung und Kommunikation von Leistungsdaten

5.3.1. Leistungsanforderungen

In Anlehnung an das konzernweit gültige Konzept der wertorientierten Unternehmensführung werden in einem ersten Schritt verschiedene Leistungsanforderungen an logistische Prozesse definiert. Durch die Auswahl dieser Kriterien wird ein methodisches Bezugssystem geschaffen, das bei der Ableitung geeigneter Steuerungsgrößen zur aktiven Beeinflussung und Bewertung logistischer Performance eine Orientierungshilfe bietet.

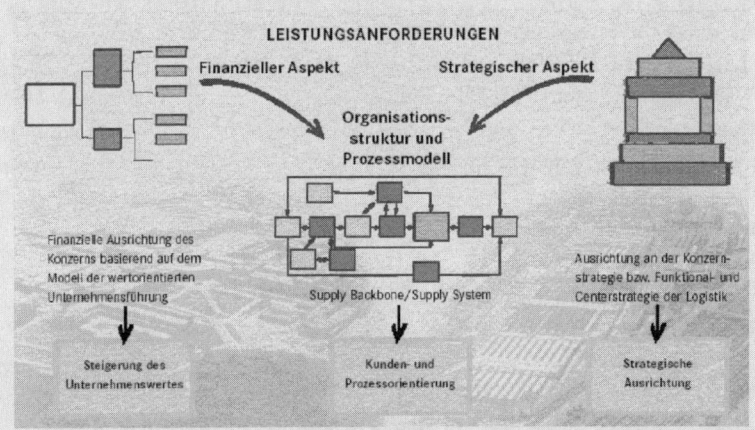

Abb. 7-25: Leistungsanforderungen an Supply-Performance-Measurement
© *DaimlerChrysler* Supply-System

Das Performance Measurement System von DaimlerChrysler ist an folgenden Leistungsanforderungen ausgerichtet (vgl. die *Abbildung 7-25*):

*   der Ableitung logistikspezifischer finanzieller Steuerungsgrößen auf Basis übergeordneter Steuerungsgrößen im Konzern (z.B. Value Added, Operating Profit, Net Assets), um den spezifischen finanziellen Beitrag der Supply-Prozesse zur Steigerung des Unternehmenswertes zu verdeutlichen;
*   der Formulierung einer Funktionalstrategie Supply und die daraus ableitbaren Messgrößen und Gütekriterien, durch die logistische Zielbeiträge zur Umsetzung übergeordneter Strategieziele im Konzern und im jeweiligen Geschäftsbereich bewertbar werden;
*   der Definition geeigneter Prozesskennzahlen, die gleichermaßen die Effektivität als auch die Effizienz der Logistikprozesse messbar machen und damit die Grundlage für die Leistungsrechnung bilden

Die dargestellten Leistungsanforderungen bilden das inhaltliche Fundament für eine integrierte Performancebewertung. Die Messung logistischer Leistungsfähigkeit wird im vorliegenden Ansatz dabei keineswegs auf die Verfolgung finanzieller Parameter reduziert. Vielmehr wird Wirtschaftlichkeit und die Erfüllung finanzieller Ziele (z.B. die Erreichung einer definierten logistischen Kostenrate) als ein resultierendes Produkt aus der richtigen

Strategie und effektiver bzw. effizienter Prozesse verstanden.

Im Implementierungsprozess werden für alle drei Leistungsanforderungen geeignete Stellhebel und Steuerungsgrößen abgeleitet. Auf die detaillierte methodische Vorgehensweise für deren Ableitung wird ausführlich im Abschnitt 5.4 eingegangen.

5.3.2. Steuerungs- und Controllingprozess

Das Supply Performance Measurement-System (SPM) ist in den konzernweit etablierten Steuerungsprozessen fest verankert. Ausgehend von der strategischen Planung (Planungshorizont 10 Jahre), der operativen Planung (Planungshorizont 3 Jahre) und dem Prozess der unterjährigen Zielvereinbarung, besteht ein weiteres Kernelement zur Realisierung des SPM in der konsistenten Zielkaskadierung. Bezugspunkt für den Prozess der Zielableitung sind übergeordnete strategische Ziele des Konzerns bzw. der Geschäftsfelder und die Funktionalstrategie der Logistik.

Innerhalb der einzelnen Planungsstufen werden die übergeordneten Strategieziele hierachie- und prozessspezifisch kaskadiert, um im Ergebnis eine Durchgängigkeit von strategischen und operativen Zielen und geeigneten Steuerungsgrößen innerhalb der Supply Chain konsistent abbilden zu können. Da der Steuerungsprozess nach dem Prinzip geschlossener Regelkreise organisiert ist, wird das Element der Planung durch den Prozess des Reporting von aktuellen Leistungsdaten bzw. Reviewprozesse zur kontinuierlichen Verbesserung des gesamten SPM ergänzt (vgl. die *Abbildung 7-26*).

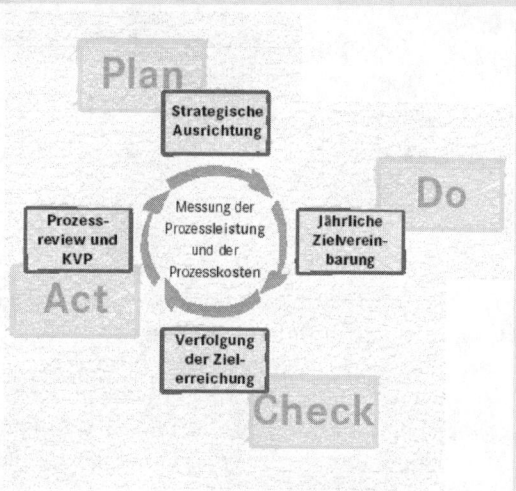

Abb. 7-26: Steuerungsprozess innerhalb des SPM © *DaimlerChrysler*-Supply-System

5.3.3. Kommunikation von Leistungsdaten

Zur ganzheitlichen Bewertung der Supply Chain Performance werden drei Anwendungsfelder (Perspektiven) des SPM unterschieden (vgl. die *Abbildung 7-27*). Dabei stellt die BSC als Standardinstrument zur Steuerung und Verfolgung der Unternehmensleistung die Ergebnisdaten für die unterschiedlichen Zielgruppen zur Verfügung:

- die *interne Perspektive* zur Bewertung der Performance aller Teilprozesse im Supply-Backbone, die direkt durch *DaimlerChrysler* ausgeführt werden;
- die *externe Perspektive* zur Evaluierung der Performance von Lieferanten,

Spediteuren und Dienstleistern;

- das *Projektcontrolling* zur Steuerung der Wirtschaftlichkeit und Prozessperformance von Produktprojekten (Anlaufprozesse für Neutypen und Modellpflegen) und Strukturprojekten (z.B. Implementierung von E-Business Tools oder Projekten zur kontinuierlichen Verbesserung).

Ungeachtet der unterschiedlichen Schwerpunkte bei der Bewertung logistischer Leistungsfähigkeit unterliegen alle Anwendungsbereiche den gleichen methodischen Ansprüchen bei ihrer Bearbeitung. So erfolgt beispielsweise für alle Anwendungsfelder des SPM eine durchgängige Orientierung am Supply-Backbone als dem verbindlichen logistischen Prozessmodell bei *DaimlerChrysler*. Zum anderen finden die bereits kommentierten differenzierten Leistungsanforderungen in jedem Anwendungsfeld ihre Anwendung. Diese Form der methodischen Standardisierung stärkt das gemeinsames Supply Chain- bzw. Controllingverständnis zwischen den internen und externen Partner und ermöglicht einen gezielten Erfahrungsaustausch zwischen unterschiedlichen Verantwortungsbereichen.

Die Planung von Leistungszielen, die Verfolgung der Zielerreichung und

	Interne Perspektive	Externe Perspektive	Projektcontrolling
Kerninhalte	1. Leistungsmessung und -bewertung für alle internen Teilprozesse des Supply Backbone 2. Betrifft die Prozesse MHE, PPS, LCM, IBL, PMC, OBL, ISC	1. Messung, Auswertung und Darstellung aller Leistungen von Lieferanten und Spediteure, die durch DaimlerChrysler eingekauft werden 2. Zur Erstellung der externen BSC durch den Einkauf stellt Supply spezifische Daten zur Bewertung der logistischen Lieferantenleistung und -qualität zur Verfügung	1. Leistungsmessung und -bewertung für alle Produkt-, und Strukturprojekte 2. Messung der Zielerreichung entlang definierter Quality Gates 3. Bewertung der Zielerreichung von zeitlichen Meilensteinen, Ergebnisqualität, Kosten
Bewertungsdimensionen	Individuell definiert Kernelement: Wirtschaftlichkeit, Prozessgüte, Qualität und Kundenorientierung, Human Ressources und Managementqualität	Wirtschaftlichkeit (Transportbeanstandungen, Kosten für logistische Fehlleistungen) Qualität (Mengendifferenzen) Logistische Prozessperformance (Über- und Unterlieferung, Fehlteile, Bandstillstände, Fahrzeugsperrungen, Nichterfüllung Lieferantenanforderungen)	Generell Einhaltung von Kosten-, Termin- und Qualitätszielen Verfolgung projektspezifischer Erfolgskriterien Einhaltung von Quality Gate Voraussetzungen i. S. einer Erfüllung von Kriterien zur Fortsetzung von Projekten
Prozesseigner	Prozesseigner in allen internen Supply Teilprozessen Alle Prozesseigner entlang der Führungskaskade, vom Top Management bis auf Meisterebene	Global Procurement & Supply für Erstellung der externen BSC Alle Prozesseigner innerhalb Supply mit Schnittstellen zu Lieferanten und Spediteuren	Projektleiter Teilprojektleiter und Prozesseigner

das Reporting von logistischen Kenngrößen für alle Anwendungsfelder werden durch standardisierte Instrumente und Prozesse zur Leistungsdarstellung unterstützt. Ein wesentliches Instrument, um die aktuelle Performancesituation zu kommunizieren und in die bestehenden Controlling- und Reportingaktivitäten einzubinden, ist die Balanced Scorecard (BSC). Sie wird sowohl für die interne Perspektive der Leistungsbewertung (»interne BSC«) als auch für die Evaluierung der Lieferantenperformance (»externe BSC«) als ein wichtiges methodisches Werkzeug verwendet.

Abb. 7-27: Übersicht zu den Anwendungsfeldern SPM

Supply Chain Controlling

Innerhalb der internen BSC werden beispielsweise alle relevanten bereichs- bzw. prozessspezifischen Steuerungsgrößen abgebildet und mindestens monatlich diskutiert (vgl. die *Abbildung 7-28*). Im Sinne eines geschlossenen Regelkreislaufes werden Abweichungen zwischen IST- und SOLL-Zustand bzw. dem Erwartungswert erfasst, ihre Ursachen analysiert und im Bedarfsfall geeignete Korrekturmaßnahmen eingeleitet. In Zukunft

BSC Supply									
Strategische Ziele	Umsetzungsaktivität u. Messgröße	Benchmark	Istwert Vorjahr	Zielwert lfd. Jahr	Veränderungen in %	Monatliche Leistung		Projektstatus	Prozesseigner
						Jan ... Dez			
Kosten									
Qualität · Frühzeitige Einbindung in Produktentstehungsprozess	· Fehlerrate Spezialladungsträger Neutyp	8 %	30 %	15 %	50 %	0,5 % ... 6,5 %		▶	H. Muster
Durchlaufzeit/Prozess									
Personal-Produktivität									

Abb. 7-28: Prinzipdarstellung zur Kommunikation von Leistungsdaten mit Hilfe der Balanced Scorecard
© *DaimlerChrysler*-Supply-System

wird die durchgängige Kommunikation aller relevanten Informationen innerhalb der Logistikorganisation durch ein IT-Tool zur Abbildung der Balanced Scorecard unterstützt. In Abschnitt 5.5. wird auf den gesamten Themenkomplex BSC nochmals im Detail eingegangen. Die große Herausforderung bei der Erarbeitung der Struktur bzw. der Inhalte für die Balanced Scorecard besteht vor allem in der konsistenten Ableitung der relevanten Steuerungsgrößen und in einer bedarfsorientierten Definition geeigneter BSC Dimensionen. Daher soll nachfolgend vor allem der methodische Ansatz zur Ableitung der SPM Inhalte näher betrachtet werden.

5.4 Methodische Vorgehensweise zur Ableitung der SPM-Inhalte

Nach den bisherigen Einsatzerfahrungen ist die Wirksamkeit des Supply Performance Measurement-System nur zum Teil durch seine theoretische Ausgewogenheit und Konzeptqualität validierbar. Für den praktischen Anwender stellen vielmehr die Qualität der im SPM verfolgten Inhalte und die Praktikabilität der eingesetzten Methoden und Instrumente für deren Definition wesentliche Erfolgsfaktoren dar. Die Ableitung der SPM-Inhalte beruht auf einem im Konzern bereits vielfach angewendeten Modell zur Definition von Werttreibern (vgl. die *Abbildung 7-29*). Als solche werden Stellhebel bezeichnet, die vom jeweiligen Prozesseigner direkt beeinflusst werden können und einen signifikanten Einfluss auf die Verbesserung der Wertgenerierung haben. Die methodische Vorgehensweise zur Ableitung von Stellhebel bzw. Steuerungsgrößen und deren Überführung in geeignete Controlling-Instrumente soll in den nachfolgenden Abschnitten eingehender beschreiben werden.

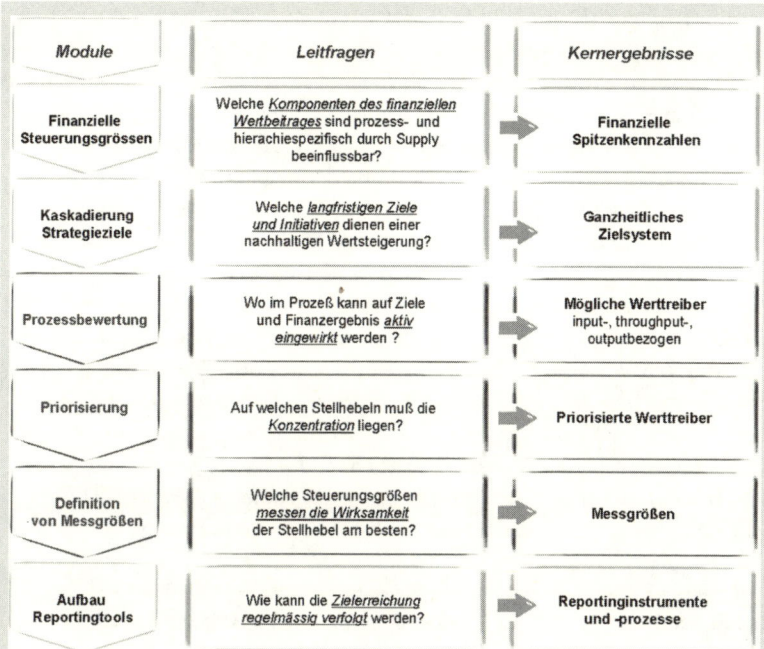

Module	Leitfragen	Kernergebnisse
Finanzielle Steuerungsgrössen	Welche *Komponenten des finanziellen Wertbeitrages* sind prozess- und hierachiespezifisch durch Supply beeinflussbar?	Finanzielle Spitzenkennzahlen
Kaskadierung Strategieziele	Welche *langfristigen Ziele und Initiativen* dienen einer nachhaltigen Wertsteigerung?	Ganzheitliches Zielsystem
Prozessbewertung	Wo im Prozeß kann auf Ziele und Finanzergebnis *aktiv eingewirkt* werden ?	Mögliche Werttreiber input-, throughput-, outputbezogen
Priorisierung	Auf welchen Stellhebeln muß die *Konzentration* liegen?	Priorisierte Werttreiber
Definition von Messgrößen	Welche Steuerungsgrößen *messen die Wirksamkeit* der Stellhebel am besten?	Messgrößen
Aufbau Reportingtools	Wie kann die *Zielerreichung regelmässig verfolgt* werden?	Reportinginstrumente und -prozesse

Abb. 7-29: Schrittfolge zur Ableitung der SPM Inhalte © *DaimlerChrysler* Value-Based-Management-Methodenhandbuch

5.4.1. Ableitung finanzieller Steuerungsgrößen

Im Unterschied zu vielen in der Literatur zitierten Implementierungsversuchen und Interpretationen des Balanced Scorecard Ansatzes existiert innerhalb des SPM eine klare Ausrichtung der Gesamtperformance am Ziel der Wertsteigerung von *DaimlerChrysler*. Die Mehrdimensionalität der Supply-Performance steht dabei ausser Frage, allerdings werden bei Verfolgung der einzelnen Betrachtungsdimensionen klare Ursache-Wirkungs-Relationen zu Grunde gelegt. Selbstverständlich hat gerade das Supply Chain-Management ein vitales Interesse an effektiven Prozessen. Letztlich ist aber die beste bauteilbezogene Versorgungssicherheit oder eine absolute Termintreue bei der Erfüllung des Kundenauftrages nicht befriedigend, wenn sich der finanzielle Mitteleinsatz zur Erstellung dieser Leistungen als unwirtschaftlich erweist.

Daher beginnt die Ableitung der Inhalte des Supply Performance Measurement-System mit der Ableitung geeigneter, logistikspezifischer finanzieller Steuerungsgrößen auf Basis der im Konzern gültigen Spitzenkennzahlen. Dieser Implementierungsschritt erfolgt in enger Vernetzung mit der im Konzern verbindlichen Steuerungsphilosophie der wertorientierten Unternehmensführung. Die Messung der Wertschaffung einer Periode erfolgt im DaimlerChrysler Konzern durch die Kennzahlen »Wertbeitrag« (Value Added) und »Wertveränderung« (Delta Value Added). Das Ausmaß der Rentabilität wird dabei anhand der Kennzahl »Return On Net Assets« (RONA) nachvollzogen. Der »Wertbeitrag« wird ermittelt als Differenz zwischen der Ergebnisgröße »Operating Profit« und den Kosten des eingesetzten Kapitals (Kapitalbindung x Kapitalkostensatz), wobei die Kapitalbindung den »Net Assets« entspricht.

Die »Wertveränderung« wird als Differenz der jeweiligen Wertbeiträge zweier aufeinanderfolgender Perioden errechnet. Die beiden grundsätzlichen Wege der Wertschaffung im operativen Geschäft bestehen in profitablem Wachstum (z.B. durch Ausweitung der Produktpalette) bzw. der Steigerung der Profitabilität (z.B. Reduzierung Fixkostenanteil).

Zielsetzung des ersten Schrittes zur Ableitung der SPM Inhalte ist die Identifikation der Umsatz-, Kosten- bzw. Net Asset Bestandteile, die durch die einzelnen Supply-Prozesse zielgerichtet beeinflusst werden können und direkt auf die Konzernsteuerungsgrößen wirken (vgl. die *Abbildung 7-30*). Hierzu werden Umsatz, Kosten sowie Net Assets des eigenen Bereichs analysiert. Ergebnis der Analyse sind priorisierte logistikspezifische Finanzkennzahlen. Sie bilden später auch die Grundlage zur Ermittlung der prozessbezogenen Stellhebel im dritten Schritt des Implementierungsprozesses. Bei der Ableitung der finanziellen Steuerungsgrößen für die Supply Chain stehen folgende Ziele im Mittelpunkt der Betrachtung

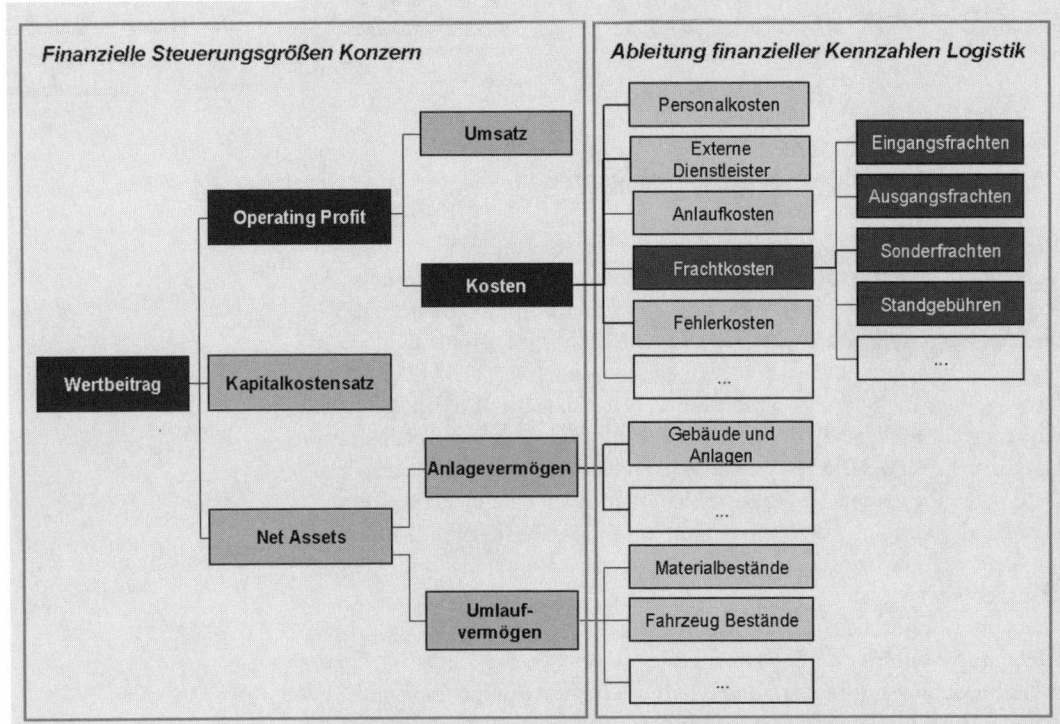

Abb. 7-30: Prinzipdarstellung zur Ableitung finanzieller Steuerungsgrößen Supply aus den Konzernsteuerungsgrößen *DaimlerChrysler*

- Transparenz über den aktuellen finanziellen Ressourceneinsatz:
  – Welche Kosten entstehen im Prozess und in welcher Höhe?
  – Wie hoch ist die Kapitalbindung?
  – Wie wirken einzelne Steuerungsgrößen integrativ zusammen?
- Transparenz hinsichtlich der Einflussgrößen auf Umsatz, Kosten sowie

Net Assets der übergeordneten Konsolidierungseinheit, z.B. Geschäfts-
bereiche;

- Gemeinsames Verständnis über finanzielle Ursache-Wirkungsbeziehungen;
- Identifikation der finanziellen Spitzenkennzahlen für die Teilprozesse in
den logistischen Teilprozessen.

Der eigentliche Ableitungsprozess besteht primär in der Erarbeitung sogenannter Kennzahlenbäume, die auf der zunächst vollständigen Abbildung
der logistikspezifischen Kostenkomplexe und -arten besteht. Um sich tatsächlich auf die ergebniskritischen Finanzkennzahlen zu konzentrieren
werden die Elemente der Kennzahlenbäume priorisiert. Hauptkriterien zur
Priorisierung sind der prozentuale Gesamtanteil einzelner Kostenarten an
den Gesamtkosten und die aktive Beeinflussbarkeit einzelner Kostenkomplexe durch die Prozesseigner in der Supply Chain (vgl. die *Abbildung 7-31*).

**Praxisbeispiel: Aufbau
eines wertorientierten
Supply Performance
Measurement-Systems
bei *DaimlerChrysler***

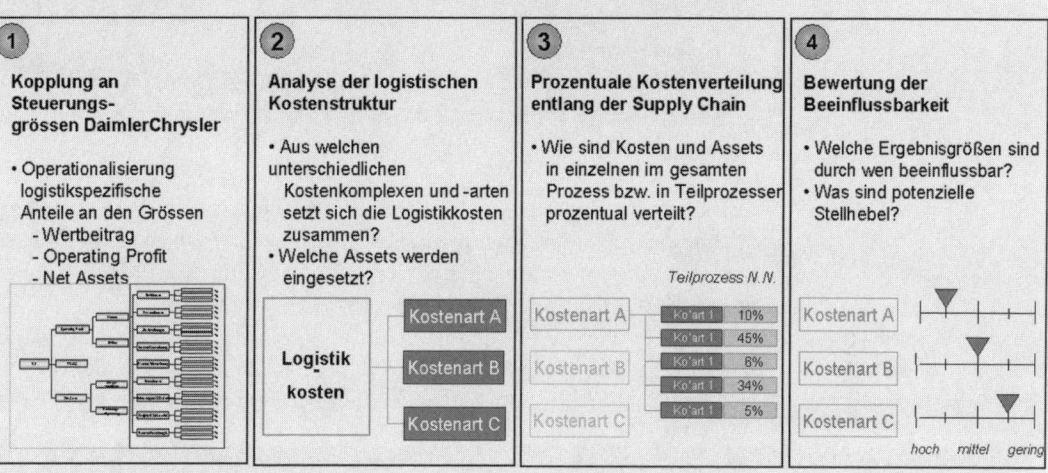

Abb. 7-31: Übersicht zu den
wichtigsten Prozessschritten
für die Ableitung und Priorisierung finanzieller Steuerungsgrößen im SPM

Im Ergebnis dieses Prozessschritts werden alle finanziellen Steuerungsgrößen definiert, die später in die Balanced Scorecard der einzelnen logistischen
Teilprozesse aufgenommen werden. Die endgültige Auswahl der Finanzkennzahlen für die BSC basiert dabei nicht mechanistisch auf einer hohen
prozentualen Gewichtung einzelner Ergebniskomponenten. Vielmehr sind
für die Eingrenzung der finanziellen SPM Inhalte folgende Kriterien handlungsleitend:

- Verwendbarkeit einzelner Steuerungsgrößen zur präventiven Erken-
nung möglicher finanzieller Performancerisiken,
- Volatilität einzelner Steuerungsgrößen und die damit verbundene Notwendigkeit, zielkritische Abweichungen im Fokus eines unterjährigen
Controlling zu behalten und
- Verfolgung strategierelevanter finanzieller Ziele, unabhängig von ihrem
prozentualen Anteil am finanziellen Ergebnisbeitrag

5.4.2. Kaskadierung logistischer Strategieziele

Das SPM-Konzept zielt auf die Unterstützung einer nachhaltigen Performanceentwicklung innerhalb der Supply Chain. Daher müssen für das Supply Chain Management Langfristziele abgeleitet werden, die neben finanziellen Kriterien weitere Dimensionen der Leistungsfähigkeit reflektieren. Dies bedingt ein aktives Auseinandersetzen mit zukünftigen Chancen und Risiken bzw. Stärken und Schwächen in den jeweiligen Logistikprozessen. Strategische Ziele finden ihren Niederschlag in einem ganzheitlichen Zielsystem, das – wie bereits im Abschnitt 5.3. angemerkt – unterschiedliche Betrachtungsdimensionen berücksichtigt:

- die Verfolgung nachhaltiger finanzieller Ergebnisbeiträge, die innerhalb der Supply Chain generiert werden;
- Definition der konkreten logistischen Produkte & Dienstleistungen und deren Qualität, mit denen die Verantwortlichen in der Supply Chain ihre internen und externen Kunden versorgen;
- die Gestaltung effizienter und effektiver Prozesse, die zur Leistungserstellung notwendig sind;
- die Diskussion von Potenzialfaktoren, die langfristig den Erfolg absichern, z.B. die Entwicklung der notwendigen Expertise der Mitarbeiter und Führungskräfte.

Für die langfristige Ausrichtung der Supply Chain als unterstützenden Wertschöpfungsprozess ist es erforderlich, im Sinne einer vertikalen und horizontalen Zielintegration einen klaren Bezug zur Strategie übergeordneter, aber auch angrenzender Bereiche herzustellen.

Abb. 7-32: Beispielhafte Umsetzung der strategischen Zielkaskadierung

Bei der Ableitung strategischer Ziele besteht das wichtigste Ziel darin, konkrete individuelle Teilziele bzw. Zielbeiträge zu definieren, die später in operativen Aufgaben und Aktivitäten münden (vgl. die *Abbildung 7-32*). Der

	Strategische Ziele Werke gesamt	Strategischer Zielbeitrag Supply gesamt	Massnahmen	Messgrösse	Zielbeiträge interne Teilprozesse			Externe Zielbeiträge	
					Teilprozess 1	...	...	**Vertrieb**	...
Wirtschaftlichkeit					+	-			
Markt, Kunde, Qualität									
Prozessgestaltung und Organisation									
Human Resource, Managementqualität und Innovation									

Kaskadierung strategischer Zielbeiträge

Vorteil dieser kaskadierten Zielableitung besteht darin, dass alle Beteiligten ein gemeinsames Geschäftsverständnis entwickeln und eine hohe inhaltliche Konsistenz bei der Erarbeitung der wichtigsten Langfristziele entwickelt wird.

5.4.3. Prozessleistung und Prozesswirtschaftlichkeit

Das Herzstück für eine ganzheitliche Erarbeitung der SPM Inhalte ist eine detaillierte Betrachtung der operativen Logistikprozesse. Der Prozessbegriff umfasst gleichermaßen logistische Wertschöpfungsanteile im engeren Sinne, als auch die dafür notwendigen Managementprozesse innerhalb der Supply Chain, wie z.B. die Budgetplanung oder die Gestaltung der Kommunikation innerhalb der Supply Chain.

Bei der Analyse der Prozesse werden zunächst konkrete Stellhebel im Prozess untersucht, die unmittelbar eine Veränderung im finanziellen Ergebnis hervorrufen. Ergänzend werden Stellhebel definiert, die unmittelbar auf die Erfüllung der strategischen Ziele innerhalb der Supply Chain wirken, z.B. eine weitere Verbesserung der Liefertreue gegenüber den Kunden unterstützen. Für die Bewertung von Prozessen sind folgende Leitfragen handlungsleitend:

1. Welche konkreten Prozessleistungen tragen zur Erfüllung der bestehenden strategischen und operativen Ziele bei?

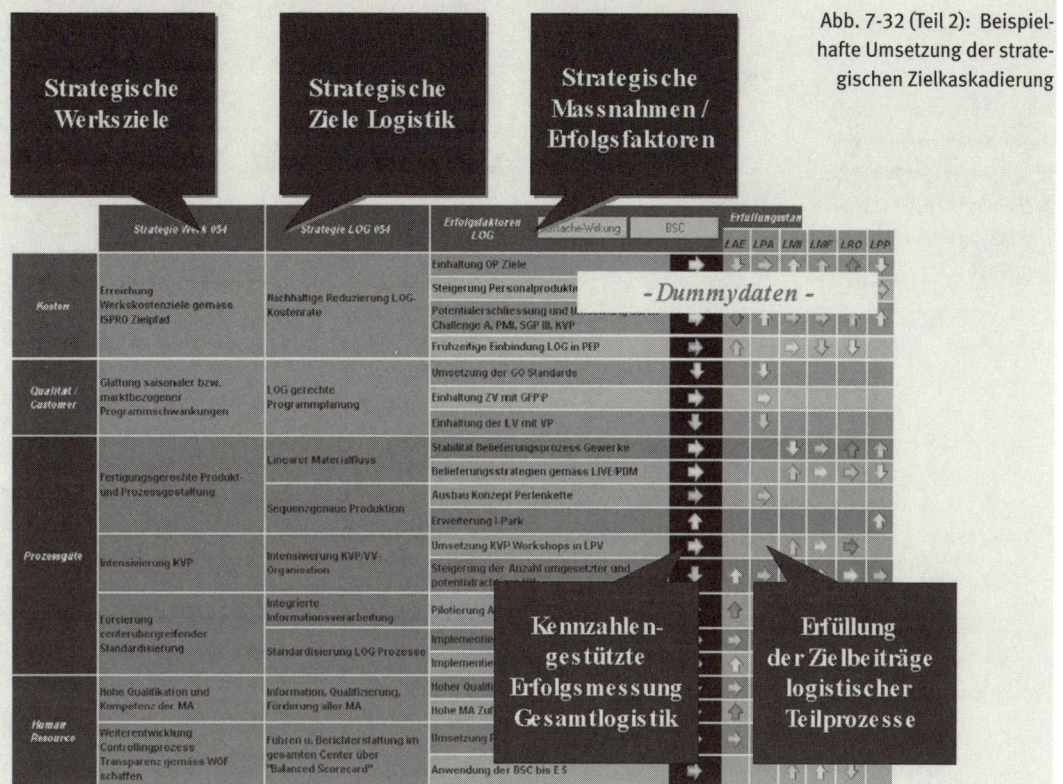

Abb. 7-32 (Teil 2): Beispielhafte Umsetzung der strategischen Zielkaskadierung

2. Welchen Einfluss haben die bestehenden Prozesse auf die finanzielle Performance?
3. Welche Handlungsbedarfe zur Optimierung der Prozesse bzw. der Organisation lassen sich ableiten?

Um die Komplexität einer aussagekräftigen Prozessbewertung zu reduzieren, wurde ein Modell der wichtigsten Kennzahlenarten entwickelt. In diesem spiegeln sich zwei grundlegende Dimensionen für die Prozessbewertung wider – die Effektivität und die Effizienz logistischer Prozesse (vgl. die *Abbildungen 7-33* bis *7-35*).

Die Bewertung der Effektivität basiert auf einer Analyse der im Prozess erstellten Leistungen (vgl. *Abbildung 7-33*). Diese werden im Rahmen einer Schnittstellenuntersuchung dokumentiert. Bei dieser Analyse werden die relevanten Kunden-Lieferanten-Relationen erfasst, die im Arbeitsalltag zur Leistungserstellung notwendig sind.

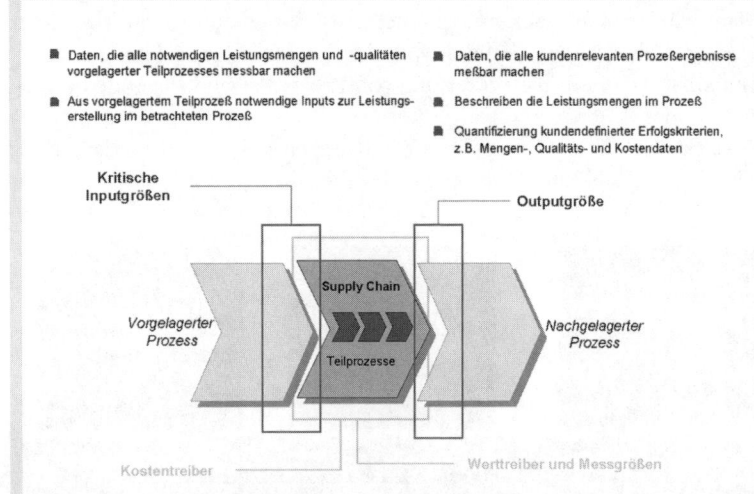

Abb. 7-33: Differenzierung von Kennzahlen zur Bewertung der Prozesseffektivität © *DaimlerChrysler* Value-Based-Management Methodenhandbuch

Für eine Integration geeigneter Steuerungsgrößen in das SPM werden die analysierten Leistungen anschließend nach definierten Kriterien priorisiert. Für jede Schnittstelle werden diejenigen Leistungen ausgewählt, die für die Realisierung der Gesamtprozessziele eine hohe Wertigkeit besitzen und deren aktuelle Ausführungsgüte als erfolgskritisch eingestuft wurde. Die Bewertung dieser Priorisierungskriterien erfolgt jeweils aus der Perspektive des Leistungsgebers (Lieferant im Prozess) und des Leistungsnehmers (Kunde im Prozess), um die gegenseitigen Leistungsanforderungen zu harmonisieren und ein gemeinsames Prozessverständnis zu stärken. Bei diesen Analysen werden die unternehmensexternen Prozesspartner explizit beteiligt.

Die im Ergebnis erzeugten Leistungsportfolios werden später zusätzlich dazu verwendet, Dokumentationen trennscharfer Aufgaben, Kompetenzen und Verantwortlichkeiten innerhalb der gesamten Supply Chain zu generieren bzw. zu aktualisieren.

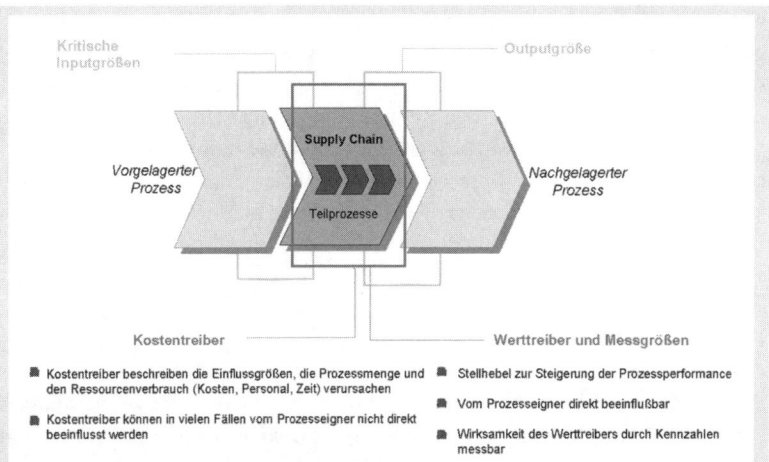

Kostentreiber beschreiben die Einflussgrößen, die Prozessmenge und den Ressourcenverbrauch (Kosten, Personal, Zeit) verursachen

Kostentreiber können in vielen Fällen vom Prozesseigner nicht direkt beeinflusst werden

Stellhebel zur Steigerung der Prozessperformance

Vom Prozesseigner direkt beeinflußbar

Wirksamkeit des Werttreibers durch Kennzahlen messbar

Abb. 7-34: Differenzierung von Kennzahlen zur Bewertung der Prozesseffizienz © *DaimlerChrysler* Value-Based- Management Methodenhandbuch

Neben der Bewertung der relevanten input- und outputbezogenen Steuerungsgrößen im Prozess (Prozesseffektivität) erfolgt, wie bereits ausgeführt, eine nähere Untersuchung der Effizienz bzw. der organisatorischen Gestaltungsmerkmale, die den Prozessablauf nachhaltig beeinflussen (vgl. die *Abbildung 7-34*). Dabei werden u.a. folgende Fragen und Optionen geprüft:

- Chronologie in der Abfolge der einzelnen Teilprozesse und Tätigkeiten,
- Reduzierung unnötiger Teilprozesse, Handlingstufen und Schnittstellen,
- Möglichkeit für parallele statt sequentielle Durchführung bestimmter Abläufe,
- Potenziale zur Verbesserung der Durchlaufzeit bzw. der zeitlichen Effizienz einzelner Prozessschritte
- Existenz durchgängiger Prozesseignerschaft bzw. -kompetenz, die auch im Alltag gelebt wird,
- direktes Feedback zur Qualität einzelner Prozess-Stufen auf Basis quantifizierbarer Erfolgskriterien und Messgrößen,
- Überwindung von organisationsbedingten Engpässen im Prozessablauf.

Ein Wesensmerkmal der Effizienzbeurteilung ist die integrierte Analyse der organisatorischen Güte von Prozessen und der Konsequenzen für das finanzielle Ergebnis der jeweiligen Prozesse. Wie bereits ausgeführt, wird im Konzept des SPM finanzielle Performance als ein Resultat effizienter Abläufe verstanden, da finanzielle Ertragsminderungen bzw. Mehrkosten zu einem Großteil durch Blindleistungen im Prozess und damit durch die Verschwendung wertvoller Ressourcen (z.B. Material, Zeit, Personal) erklärbar sind.

Eine zusätzliche Methode zur Bewertung der Effizienz ist die Prozesskostenrechnung, bei der eine detaillierte Zuordnung aller Kostenarten zu den einzelnen Prozessstufen und Tätigkeiten erfolgt. Ziel dieser Methode ist es, Stellhebel zur Optimierung der Kostenstruktur zu ermitteln. Dazu werden zum einen Optionen für eine Reduzierung der Durchführungshäufigkeit bestimmter Tätigkeiten geprüft, um gezielt in Richtung der Mengenkomponente der Prozesskosten zu intervenieren. Mögliche Stellhebel sind zum Beispiel die Optimierung der Fehlerhäufigkeiten zur Reduzierung des Nacharbeitsvolumens; eine Reduzierung fehlerhafter Daten in Frachtpapieren und Rechnungen zur Verringerung des Mengenanteils von Clearingtätigkeiten oder die Verbesserung des Auslastungsgrades von Frachtkapazitäten. Andererseits besteht ein wirksamer Stellhebel in der gezielten Beeinflussung der Preiskomponente, um bei konstanter Leistungsmenge die Kostenentwicklung aktiv zu beeinflussen, z.B. durch eine werksübergreifende Bündelung von Beschaffungsvolumina im Frachteinkauf zur Nutzung von Degressionseffekten.

Die Prozesskostenrechnung war für die grundlegende Gestaltung der SPM Methoden ein wichtiger Bezugspunkt. Auf Grund des teilweise doch beträchtlichen Implementierungsaufwandes wird dieses Konzept derzeit in der *DaimlerChrysler*-Logistik nicht flächig eingesetzt. Allerdings kann in ausgewählten Standorten auf sehr erfolgreiche Einzelanwendungen verwiesen werden. Zusammenfassend betrachtet liegen nach Abschluss der Prozessbewertung für die beiden dargestellten Grunddimensionen Prozesseffektivität und -effizienz geeignete Steuerungsgrößen vor, die später in die Balanced Scorecard überführt werden (vgl. *Abbildung 7-35*).

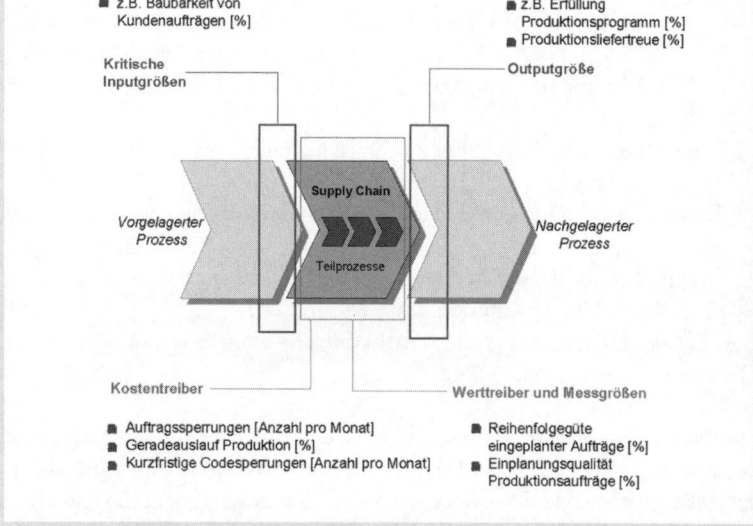

Abb. 7-35: Ganzheitliche Ableitung von Kennzahlen für den Backbone-Prozess »Programm Planning and Scheduling« © *DaimlerChrysler* Value-Based-Management Methodenhandbuch

5.5. Aufbau der Balanced Scorecard

Die in den vorangegangenen Schritten identifizierten Stellhebel müssen zur Eingrenzung eines praktizierbaren Umfangs an handlungsrelevanten Steuerungsgrößen priorisiert werden. Hierbei werden aus der Vielzahl der potenziellen Stellhebel diejenigen ausgewählt, die einen hohen Einfluss auf das finanzielle Ergebnis bzw. das Erreichen der strategischen Ziele haben.

Ein weiteres Kriterium zur Priorisierung geeigneter Stellhebel ist die direkte Beeinflussbarkeit durch den Prozesseigner.

Um die Wirksamkeit der Stellhebel quantifizieren zu können, werden den priorisierten Werttreibern geeignete Messgrößen zugeordnet. Bei der Auswahl der Messgrößen wird auf bestimmte Kriterien der Eignung geachtet, z.B. auf die derzeitige Verfügbarkeit, eine prinzipielle Erhebbarkeit bzw. Aufwand und Aussagekraft neu zu generierender Messgrößen. Zur trennscharfen Definition bzw. zur Verbesserung eines einheitlichen Verständnisses der Messgrößen werden strukturierte Kennzahlen-Steckbriefe angefertigt. Später werden die Messgrößen in den Regelprozess der Berichterstattung integriert (vgl. die *Abbildung 7-36*).

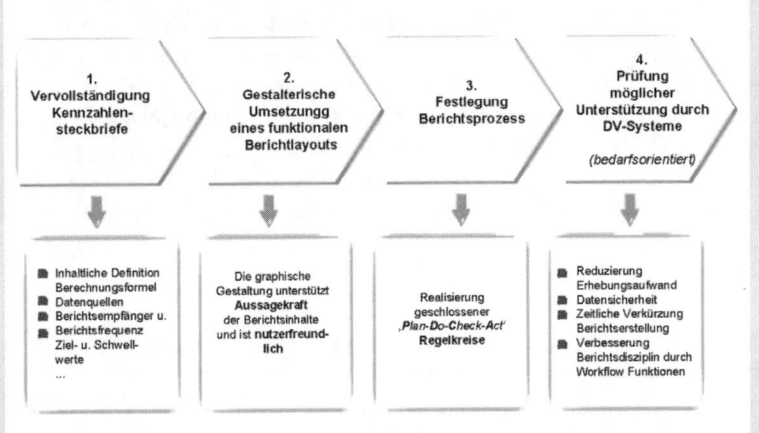

Abb. 7-36: Überblick zu
Kernaktivitäten beim Aufbau
eines Reportingsystems ©
DaimlerChrysler Value-
Based -Management Metho-
denhandbuch

Die inhaltliche Aufbereitung und das Reporting von Leistungsdaten ist ein wesentliches Steuerungsinstrument, das eine wichtige kommunikative Funktion übernimmt. Das Berichtswesen soll als aktive Unterstützung bei der Verankerung der abgeleiteten Stellhebel und Kennzahlen im Alltagsgeschäft verstanden werden. Dazu muss ein Berichtssystem vor allem auf steuerungsrelevanten Messgrößen beruhen und die Früherkennung von ergebniskritischen Zielabweichungen ermöglichen. Die Qualitätsanforderungen an das Reporting von Performancedaten innerhalb des SPM können wie folgt zusammengefasst werden:

- regelmäßige Verfolgung der geplanten Zielerreichung und frühzeitiges Erkennen von notwendigen Korrekturmaßnahmen,
- integrative Zusammenführung bislang redundanter Berichtsinhalte,
- Transparenz über die Performancesituation und konsolidierte Ergebnisbewertung für verschiedene Funktionsbereiche und Hierarchiestufen,
- Anwendung eines integrierten Reportings als präventives Steuerungsinstrument u.a. durch Verfolgung von Frühindikatoren,
- periodische Betrachtung von Plan-, IST- und Forecast Werten; sofern vorhanden zusätzlicher Bezug zu Benchmarkdaten,
- Unterstützung für die Konsistenz zwischen strategischer bzw. operativer Planung und dem Zielvereinbarungsprozess,

Supply Chain Controlling

- Berücksichtigung unterschiedlicher Betrachtungsdimensionen wie Kosten, Prozessgüte, Durchlaufzeiten, Qualität, Mitarbeiterproduktivität,
- empfängerorientierte Festlegung von Berichtsumfang bzw. -tiefe.

Ein Instrument, das die dargestellten Anforderungen ausgezeichnet erfüllt, ist die Balanced Scorecard. Das Grundprinzip der BSC beruht auf einer mehrdimensionalen, ausgewogenen Leistungsmessung. Innerhalb des Supply Performance Measurement-Systems wird die BSC als Standardtool zur Darstellung der internen Leistungsfähigkeit als auch zur Bewertung der Lieferantenperformance verwendet. Die Ableitung und Benennung geeigneter Dimensionen der BSC orientiert sich stets an den bereichsindividuellen Anforderungen.

Seit Ende 2001 besteht bei *DaimlerChrysler* auch die Möglichkeit, die Balanced Scorecard mit Hilfe einer eigenentwickelten IT-Applikation, dem Performance Manager, zu generieren. Durch diese Entwicklung wurde die Möglichkeit eingeräumt, den in vielen BSC-Projekten beklagten Erstellungs- und Pflegeaufwand drastisch zu reduzieren. Das fachliche Konzept des Performance Managers beruht auf den dargestellten Prinzipien der integrativen Performancebewertung, so dass der Einsatz dieser IT-Lösung die weitere Verankerung dieser Controllingphilosophie im Arbeitsalltag unterstützt (vgl. *Abbildung 7-37*).

Nachdem die wichtigsten methodischen Bausteine und Instrumente kurz vorgestellt wurden, soll nachfolgend der eigentliche Implementierungsprozess des Supply Performance Measurement-System kommentiert werden.

Abb. 7-37: Kennzahlengestützte und beispielhafte graphische Auswertung von Leistungsdaten mit Hilfe einer BSC IT-Applikation © *DaimlerChrysler* vbm Performance Manager

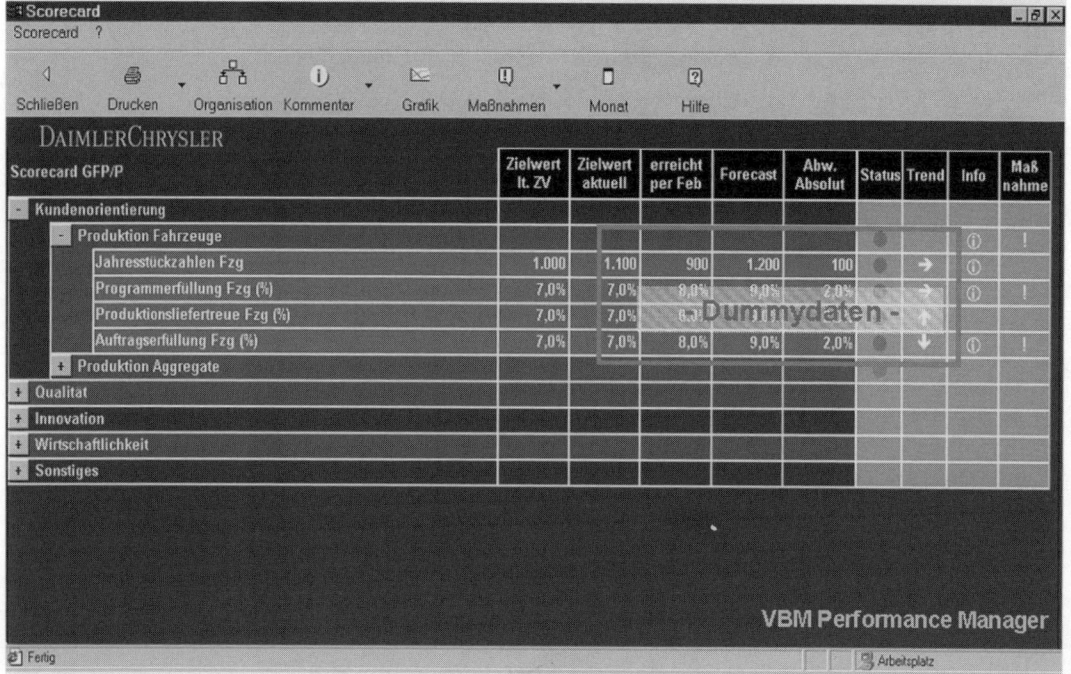

5.6.   Implementierungsprozess

Selbstverständlich existierten sowohl innerhalb der ehemaligen *Chrysler Corporation* als auch in der *Daimler-Benz AG* vielfältigste Erfahrungen mit Performance Measurement-Systemen, seit Mitte der 90er Jahre auch zunehmend gestützt auf den Balanced Scorecard-Ansatz. In der *Chrysler Corporation* wurde 1995 die Internal Balanced Scorecard für die Logistik eingeführt. Die Implementierung dieses Instrumentes war primär darauf gerichtet, die Logistikorganisation innerhalb der Unternehmensgrenzen auf alle notwendigen Ziele und Aufgaben zu fokussieren, die einen unmittelbaren Mehrwert für den Kunden generieren.

Die Inhalte der internen Balanced Scorecard setzen sich aus Steuerungsgrößen zusammen, die größtenteils in einem bottom-up Prozess von den jeweiligen Abteilungen generiert wurden. Zur Unterstützung dieses Prozesses wurde im Rahmen von sogenannten »Scorecard Classes« allen Anwendern ein gemeinsames methodisches Vorgehen zur Entwicklung und Anwendung der Balanced Scorecard vermittelt. Basierend auf den Leistungsdaten aus den dezentralen Logistikbereichen der weltweiten Produktionswerke bzw. den Daten aus Zentralbereichen in Auburn Hills wurden monatlich Scorecards für jede einzelne Backbone-Funktion und eine integrierte Gesamtdarstellung der Logistikleistungen erstellt. Diese Scorecards bildeten eine wichtige Grundlage für die Gestaltung der jährliche Zielvereinbarung und die monatlichen Verfolgung der Zielerreichung. Parallel zur internen Balanced Scorecard entstanden erste Ansätze zum Aufbau von Beurteilungssystemen für die Performance externer Lieferanten und Service Provider.

In den Logistikbereichen der ehemaligen *Daimler-Benz AG* wurden bis zum Beginn des Merger mit *Chrysler* in zahlreichen Pilotprojekten vergleichbare Prozessschritte zum Aufbau einer BSC entwickelt und mit bereits bestehenden Steuerungsinstrumenten verknüpft, z.B. mit dem Prinzip der

Abb. 7-37: Kennzahlengestützte und beispielhafte graphische Auswertung von Leistungsdaten mit Hilfe einer BSC IT-Applikation © *DaimlerChrysler* vbm Performance Manager (Teil 2)

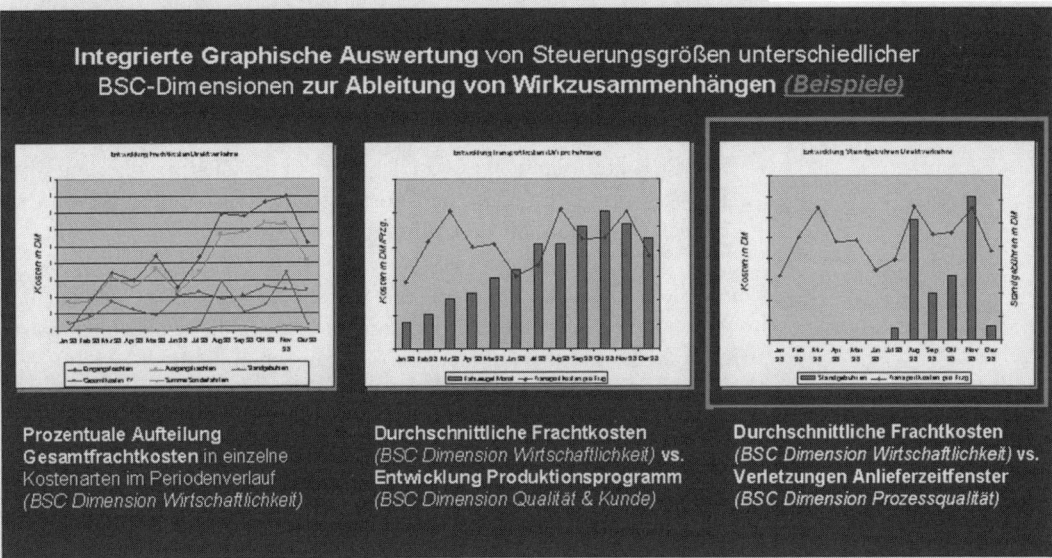

wertorientierten Unternehmensführung, dem EFQM-Modell zur Bewertung von Business Excellence oder dem flächig etablierten Prozess der jährlichen Zielvereinbarungen. Aufgrund der dezentralen Organisation der operativen Logistikbereiche wurden diese Aktivitäten jedoch nur selektiv und nicht auf Basis eines vergleichbaren methodischen Vorgehens implementiert. Daher bestand eine zentrale Herausforderung für den Fusionsprozess zwischen den Logistikbereichen *Chrysler* und *Daimler-Benz AG* darin, eine praxistaugliche Standardmethode zur nachhaltigen Performance Bewertung zu entwickeln und diese zunächst in einigen ausgewählten Standorten erfolgreich zu implementieren.

Das eingangs vorgestellte Performance Measurement-System wurde innerhalb eines halben Jahres in drei unterschiedlichen Werken pilotiert, um konkrete Erfahrungen bei der praktischen Umsetzung zu sammeln und Feinkorrekturen im Konzept vorzunehmen. Gleichzeitig sollte durch die praktische Verprobung der Mehrwert des Systems für potenzielle Anwender dargestellt werden. Für die Realisierung der Pilotprojekte wurden »Tandems« aus lokalen Logistikexperten der Werke und einem zentralen Projektteam gebildet, die gemeinsam die Verantwortung für eine erfolgreiche Pilotierung trugen. Die wichtigsten Erfolgsfaktoren für die Projektdurchführung lassen sich wie folgt zusammenfassen:

- Eine anspruchsvolle Projektdauer von 4-6 Monaten zwingt zur Konzentration auf die wesentlichen Umsetzungsschritte.
- Die Verwendung einfacher, für die operative Arbeitsebenen gut nachvollziehbarer Instrumente und Methoden sichert das inhaltliche Verständnis und eine aktive Beteiligung der zukünftigen Prozesseigner.
- Ein kompetenzgeleitetes, kollegiales Zusammenspiel zwischen zentralen und dezentralen Projektmitarbeitern bildet die Grundlage dafür, individuelle Kompetenzen und Stärken wirkungsvoll im Prozess einzusetzen.
- Der Mut zur 80% Lösung – ohne den ganzheitlichen Steuerungsanspruch in Frage zu stellen – sichert die Balance zwischen zeitlichem Aufwand und Ergebnisqualität im Implementierungsprozess.
- Die Prozessanalysen und Ableitung geeigneter Steuerungsgrößen sind ungeachtet aller Pragmatik zeitintensiv, aber als Anfangsinvestition sinnvoll.
- Der Projekterfolg ist stark von der Klarheit der Zielformulierung, vom Engagement, der Bereitschaft zur Leistungstransparenz und dem inhaltlichen Verständnis des Auftraggebers abhängig.

Durch die erfolgreichen Pilotprojekte wurden die Kernelemente des SPM im Wesentlichen bestätigt. Eine Erkenntnis soll abschließend explizit unterstrichen werden: Eine unabdingbare Voraussetzung für die nachhaltige Umsetzung des SPM ist die Verankerung der dahinterliegenden Steuerungsphilosophie entlang aller logistischen und nicht-logistischen Teilprozesse innerhalb der gesamten Supply Chain. Eine erfolgreiche Umsetzung dieses Steuerungskonzeptes ist davon abhängig, die Ganzheitlichkeit der Supply Chain auch bei der Gestaltung der notwendigen Controlling-Prozesse zu respektieren. Daher beruht dieses Konzept exakt auf dem eingangs dargestellten Verständnis der Supply Chain als ein systemisches, funktions- und unternehmensübergreifendes Konstrukt.

Erst wenn die Fokussierung auf bereichsbezogene Einzelinteressen und die Verfolgung individueller Suboptima zugunsten einer ganzheitlichen Performancebewertung und Prozessmanagement aufgegeben wird, kann dieses Steuerungskonzept sein vollständiges Wirkungspotential entfalten. Der damit verbundene Veränderungsprozess im Logistik-Controlling bzw. die Weiterentwicklung der notwendigen Controllinginstrumente ist insbesondere in komplexen Organisationen ein anspruchsvoller, zeitintensiver Prozess, an dessen Sinnhaftigkeit allerdings bei *DaimlerChrysler* kein Zweifel besteht.

5.7. Zusammenfassung

Mit der Erweiterung des Logistikverständnisses im Sinne eines unternehmensüberschreitenden Supply Chain Management bei *DaimlerChrysler* wurden die Grundlagen für ein innovatives Logistikcontrolling geschaffen. Gekoppelt an das Konzept der wertorientierten Unternehmensführung wird innerhalb der Supply Chain ein durchgängiges Performance Measurement System eingeführt. Es berücksichtigt gleichermaßen strategische bzw. operative Ziele und gilt sowohl für das Controlling unternehmensinterner Supply-Prozesse als auch für die Leistungsbewertung der Lieferanten und Dienstleister. Ein Kernelement ist die Einführung geeigneter Reportinginstrumente auf Basis der Balanced Scorecard-Philosophie, in der die wichtigsten finanziellen und nicht-finanziellen Werttreiber und Kennzahlen verfolgt werden. In Zukunft wird ein IT-Tool die Anwendung der BSC erleichtern.

Die bisherigen praktischen Anwendungserfahrungen bestärken die Verantwortlichen in den zentralen Logistikbereichen bzw. in den Werken, den eingeschlagenen Weg fortzusetzen. Unterstützt durch einen zentralen Bereich für Logistikplanung arbeiten die dezentralen Logistikbereiche der Werke – je nach Ausgangssituation und Handlungsbedarf – derzeit an der Umsetzung des vorgestellten Konzeptes.

Herr Sören Häse ist Manager Corporate Controlling der DaimlerChrysler AG, Stuttgart Möhringen

6. Zitierte und weiterführende Literatur

Das Feld des Supply Chain Controlling ist noch wenig bestellt. Da es noch keinen Standard gibt, haben wir in diesem Kapitel deutlich mehr Literatur zitiert als ansonsten in diesem Buch. Entsprechend lang fällt auch die folgende Literaturliste aus.

• Beamon, B.M. (1999): Measuring supply chain performance, in: International Journal of Operations and Production Management, 19. Jg., H.

Supply Chain Controlling

3, S. 275-292.

- Bechtel, C./Jayaram, J. (1997): Supply Chain Management: A Strategic Perspective, in: International Journal of Logistics Management, 8. Jg., H. 1, S. 15-34.
- Bowersox, D.J./Closs, D.J. (1996): Logistical Management: The integrated Supply Chain Process, 3. Aufl., New York 1996.
- Brewer, P.C./Speh, T.W. (2000): Using the Balanced Scorecard to Measure Supply Chain Performance., in: Journal of Business Logistics, 21. Jg., H. 1, S. 75-93.
- Brewer, P.C./Speh, T.W. (2001): Adapting the Balanced Scorecard to Supply Chain Performance, in: Supply Chain Management Review, 5. Jg., H. 2, S. 48-56.
- Christopher, M (1999): Logistics and Supply Chain Management: Strategies for Reducing Cost and Improving Performance, 2. Auf., London
- Cooper, M.C./Ellram, R.M. (1993): Characteristics of Supply Chain Management and the Implications for Purchasing and Logistics Strategy, in: International Journal of Logistics Management, 4. Jg., H. 2, S. 13-22.
- Cooper, M.C./Lambert, D.M./Pagh, J.D. (1997): Supply Chain Management: More than a new Name for Logistics; in: The International Journal of Logistics Management, 8. Jg., H. 1, S. 1-14.
- Davis, T. (1993): Effective supply chain management, in: Sloan Management Review, 33. Jg. H. 4, S. 35-46.
- Dekker, H.C./Van Goor, A.R. (2000): Supply Chain Management and Management Accounting: A Case study of Activity-Based Costing, in: International Journal of Logistics: Research and Applications, 3. Jg., H. 1, S. 41-52.
- Ellram, L.M./Copper, M.C. (1993): The Relationship between Supply Chain Management and Keiretsu, in: The International Journal of Logistics Management H. 1/1993 (4. Jg.), S. 1-12.
- Engelbrecht, Chr./Knobloch, U./Schmitt, A./Wallenburg, C.M./Weber, J. (2002): Gestaltungsfeld Controlling, in: Baumgarten, H./Stabenau, H./Weber, J./Zentes, J. (2002): Management integrierter logistischer Netzwerke, Bern, S. 105-211.
- Gericke, J./Kaczmarek, M./Schweier, H./Sonnek, A./Stüllenberg, F./Wiesenhahn, A. (1999): Anforderungen an das Controlling von Supply Chains, in: Logistik Spektrum, 11 Jg., H. 2, S. 13-16.
- Göpfert, I. (2000): Logistik Führungskonzeption – Gegenstand, Aufgaben und Instrumente des Logistikmanagements und -controllings, München 2000.
- Göpfert, I. (2001): Logistik Controlling der Zukunft, in: Controlling, S. 347-355.
- Gunasekaran, A./Patel, C./Tiriroglu, E. (2001): Performance measures and metrics in a supply chain environment., in: International Journal of Operations and Production Management, 21. Jg., H. 1, S. 71-87.
- Hagen, N./Springer, V./Stabenau, H. (2002): Gestaltungsfeld Prozessmanagement, in: Baumgarten, H./Stabenau, H./Weber, J./Zentes, J. (2002): Management integrierter logistischer Netzwerke, Bern, S. 9-104.
- Handfield, R.B./Nichols, E.L. (1999): Introduction to Supply Chain Ma-

nagement, New Jersey.

- Homburg, Chr./Weber, J./Aust, R./Karlshaus, J.T. (1998): Interne Kundenorientierung der Kostenrechnung – Ergebnisse der Koblenzer Studie, Schriftenreihe Advanced Controlling Band 7, Vallendar.
- Horváth, P. (1998): Controlling 7. Auflage, Stuttgart.
- Horváth & Partner (1998): Prozesskostenmanagement – Methodik und Anwendungsfelder, München.
- Horváth & Partner (2000): Balanced Scorecard umsetzen, Stuttgart.
- Kaplan, R.S./Cooper, R. (1999): Prozesskostenrechnung als Managementinstrument, Frankfurt.
- Kaufmann, L. (2001): Robuster Fahrplan – Management der Versorgungskette, in: Frankfurter Allgemeine Zeitung vom 7. November 2001 Nr. 259, Sonderbeilage Einkauf und Logistik, S. B 11.
- Kaufmann, L./Germer, T. (2001): Controlling internationaler Supply Chains, in: Arnold, H./Mayer, R./Urban, G.(Hrsg.): Supply Chain Management – Unternehmensübergreifende Prozesse – Kollaboration – IT Standards, Bonn, S. 177-192.
- Keebler, J.S. (2000): The State of Logistics Measurement, in: The Supply Chain & Logistics Journal, 3. Jg., H. 2, S. 1-7.
- Keebler, J.S. (2001): Measuring Performance in the Supply Chain, in: Mentzer, J.T. (Hrsg.): Supply Chain Management, Thousand Oaks, CA, S. 411-436.
- Kloth, M. (1999): Steuerung der Supply Chain auf Basis des SCOR-Modells, in: Weber, J./Dehler, M. (Hrsg.): Effektives Supply Chain Management auf Basis von Standardprozessen und Kennzahlen, Dortmund, S. 9-23.
- Kuhn, A./Hellingrath, B./Kloth, M (1998): Anforderungen an das Supply Chain Management der Zukunft, in: Information Management & Consulting, 13. Jg., H. 3, S. 7-13.
- Kummer, S. (2001): Supply Chain Controlling, in: krp, 45. Jg., S. 81-87.
- Lambert, D.M./Emmelhainz, M.A./Gardner, J.T. (1996): Developing and Implementing Supply Chain Partnerships, in: The International Journals of Logistics Management H. 2/1996 (7. Jg.), S. 1-17.
- Liberatore, J.L/Miller, T. (1998): A framework for integrating activity based costing and the balanced scorecard into the logistics strategy development and monitoring process, in: Journal of Business Logistics, 19. Jg., H. 2, S. 131-152.
- Mentzer, J.T./Konrad, B.P. (1991): An efficency/effectiveness approach to logistics performance measurement, in: Journal of Business Logistics H. 1/1991 (12. Jg.), S. 33-62.
- Otto, A. (2002): Management und Controlling von Supply Chains – Ein Modell auf Basis der Netzwerktheorie, Wiesbaden 2002.
- Seifert, D. (2001): Efficient Consumer Response – Strategische Erfolgsfaktoren für die Wertschöpfungspartnerschaft von Industrie und Handel, München.
- Stölzle, W./Heusler, K.F./Karrer, M. (2001): Die Integration der Balanced Scorecard in das Supply Chain Management-Konzept – »BSCM«, in: Logistik Management, 3. Jg., H. 2-3, S. 75-85.

Supply Chain Controlling

- Supply Chain Council (SCC) (2002a): Supply-Chain Council Home Page. http://www.supply-chain.org.
- Supply Chain Council (SCC) (2002b): Supply-Chain Operations Reference-model. Overview of SCOR Version 5.0, Pittsburgh.
- VDI (2000): VDI-Richtlinie 4400: Logistikkennzahlen für die Produktion und Distribution, Düsseldorf.
- Weber, J. (1999b): Stand und Entwicklungsperspektiven des Logistik-Controlling, WHU Forschungspapier Nr. 61, Vallendar.
- Weber, J. (2000): Neue Perspektiven des Controlling, WHU Forschungspapier Nr. 77, Vallendar.
- Weber, J. (2002): Logistikkostenrechnung. Kosten-, Leistungs- und Erlösinformationen zur erfolgsorientierten Steuerung der Logistik, 2. Aufl., Berlin u.a.
- Weber, J./Bacher. A./Groll, M. (2002): Konzeption einer Balanced Scorecard für das Controlling von unternehmensübergreifenden Supply Chains, in: krp, 46. Jg., H. 3.
- Weber, J./Blum, H. (2001): Logistik-Controlling – Konzepte und empirischer Stand, Schriftenreihe Advanced Controlling Band 20, Vallendar.
- Weber, J./Engelbrecht, C./Knobloch, U./Schmitt, A./Wallenburg, C.M. (2002): E-Commerce in der Logistik: Quantensprung oder Business-as-usual – Ergebnisse einer explorativen Marktstudie, Bern.
- Weber, J./Radtke, B./Schäffer, U. (2001): Erfahrungen mit der Balanced Scorecard, Schriftenreihe Advanced Controlling Band 19, Vallendar.
- Weber, J./Sandt, J. (2001): Erfolg durch Kennzahlen – Neue empirische Ergebnisse, Schriftenreihe Advanced Controlling Band 21, Vallendar.
- Weber, J./Schäffer, U. (2000): Balanced Scorecard & Controlling, Implementierung – Nutzen für Manager und Controller – Erfahrungen in deutschen Unternehmen, 3. Aufl., Wiesbaden.
- Werner, H. (2000a): Die Balanced Scorecard im Supply Chain Management/Teil 1, in: Distribution, 31. Jg., H. 4, S. 8-11.
- Werner, H. (2000b): Die Balanced Scorecard im Supply Chain Management/Teil 2, in: Distribution, 31. Jg., H. 5, S. 14-15.
- Wertz, B. (2000): Management von Lieferanten-Produzenten Beziehungen, Wiesbaden.
- Wiedemann, H./Dunz, R. (2000): LIKE – Beziehungsmanagement in der Automobilzulieferindustrie am Beispiel der Sachs AG (Atecs Mannesmann), in: Hildebrandt, H./Koppelmann, U. (Hrsg.): Beziehungsmanagement mit Lieferanten – Konzepte, Instrumente, Erfolgsnachweise, Stuttgart, S. 25-47.
- Wurche, S. (1994): Vertrauen und ökonomische Rationalität in kooperativen Interorganisationsbeziehungen, in: Sydow, J./Windeler, A. (Hrsg.): Management interorganisationaler Beziehungen. Vertrauen, Kontrolle und Information, Wiesbaden, S. 142-159.
- Zäpfel, G./Piekarz, B. (1996): Supply Chain Controlling: Interaktive und dynamische Regelung der Material- und Warenflüsse, Wien.

Kapitel 8

Projektbezogenes Logistik-Controlling

Management Summary

Controlling kann sich nicht nur auf das laufende Geschäft beziehen: Auch das Management muss neben dem »business as usual« zunehmend neue Fragestellungen und Probleme aufnehmen und bewältigen. Damit ist das parallele Abarbeiten von Projekten und laufendem Geschäft mittlerweile für die meisten Manager Standard. Sie brauchen dabei auch für das Projektmanagement entsprechende Unterstützung durch die Controller.

»Projekt« ist der Oberbegriff für Aktivitäten ganz unterschiedlicher Natur. Die Spannweite reicht von grundlegenden Restrukturierungen des Materialflusses bis hin zu »überschaubaren« Rationalisierungsprojekten. Der jeweils unterschiedlichen Tragweite entsprechend sind unterschiedliche Instrumente und Vorgehensweisen erforderlich.

Die Tätigkeiten der Controller können von der Durchführung des Projektmanagements (Organisation, Zeit- und Vorgehensplan etc.) über die Übernahme typischer Bewertungsaufgaben bis hin zur Einbindung des Projekts in die Unternehmens-Gesamtplanung reichen (Verbindung zum Zentralcontrolling). Die Gründe für die Wahrnehmung solcher Aufgaben entsprechen im Wesentlichen denen im »laufenden Geschäft«: Für ihre Zahlennähe gibt es in Projekten diverse sinnvolle Verwendung; ihre Neutralität und Unabhängigkeit hilft, Fehlentwicklungen zu vermeiden; ihre »ökonomische Brückenfunktion« zum Zentralcontrolling ist eine tragfähige Basis, die – hoffentlich vorhanden! – Vorteilhaftigkeit von Projekten entsprechend in der zentralen Mittelabstimmung kommunizieren zu können.

1. Was bedeutet »Projektmanagement«?

Das Tagesgeschäft hinreichend zu beherrschen, erweist sich in den Unternehmen nur als notwendige, nicht hinreichende Bedingung für Wettbewerbsfähigkeit. Projektarbeit macht einen zunehmenden Anteil an der Arbeit der Manager und Mitarbeiter aus. Um der Vielfalt der Ausprägungen von Projektarbeit gerecht zu werden, macht eine kurze einführende Betrachtung Sinn.

1.1. Nebeneinander von Projekt- und Routinemanagement

Das Umfeld der Unternehmen wird zunehmend dynamischer. Die Gründe sind hinlänglich bekannt und müssen hier nicht weiter ausgeführt werden. Zunehmende Dynamik verlangt von den Unternehmen ein immer höheres Maß an Veränderungsfähigkeit. Sich auf verdienten Lorbeeren auszuruhen, wird ein immer selteneres Privileg. Innovationen müssen geleistet, Routinen verändert werden. Für das tägliche Management im Unternehmen bedeutet dies, dass immer stärker Projekte an die Seite des laufenden Geschäfts treten.

Projekte gewinnen an Bedeutung

Projekt- und Routinegeschäft besitzen ganz unterschiedliche Merkmale. Eine idealtypische Gegenüberstellung zeigt die *Abbildung 8-1*. Manager müssen entsprechend unterschiedliche Fähigkeiten aufweisen und kombinieren können, wenn sie beiden Führungsaufgaben gerecht werden wollen. Gleiches gilt für Controller als Dienstleister des Managements.

projektorientierte Führungsdimension	routineorientierte Führungsdimension
einmalig, situativ (projektspezifisch)	standardisiert, konstant
aufgaben- und problemorientiert	funktions- oder fachorientiert
aperiodisch, befristet, lebenszyklusorientiert	periodisch, dauerhaft, bestandsorientiert
flexibel, interdisziplinär, diagonal	starr, funktional, hierarchisch
innovationsfördernd, hohe Unsicherheit	routineorientiert, geringe Unsicherheit
Anreiz: Handlungsspielraum, soziale Kontakte, Lernchance, Anerkennung	Anreiz: Mitarbeiterverantwortung, Entgelt, Karriere

Abb. 8-1: Unterscheidung von Projekt- und Routinemanagement (entnommen aus Mörsdorf 1998, S. 100)

1.2. Nähere Charakterisierung des Projektmanagements

1.2.1. Unterschiedliche Projektphasen

Projekte durchlaufen idealtypisch unterschiedliche Phasen eines »Lebenszyklus«. Wie viele dies genau sind, ist in der Literatur umstritten. Diverse

Einteilungen konkurrieren miteinander. Für unsere Zwecke reicht eine sehr einfache, dreistufige Unterteilung aus (vgl. *Mörsdorf* 1998, S. 103ff.): Im ersten Schritt muss ein Projekt geplant, entschieden und eingerichtet werden. Als zweite Phase schließt sich die eigentliche Projektdurchführung an, bevor das Projekt in der dritten Stufe beendet wird.

1.2.1.1. Projektvorbereitung

Die Projektvorbereitungsphase beginnt mit der Entwicklung der Projektidee (»Die Lieferzeitprobleme müssten eigentlich durch die Implementierung eines neuen Steuerungssystems in den Griff zu bekommen sein«), die näher ausgearbeitet und entscheidungsreif gemacht wird. Neben den ökonomischen Wirkungen umfasst die Entscheidungsvorbereitung auch einen genauen Plan der Projektdurchführung. Zur Entscheidungsfindung kommen für alle größeren Projekte klassische Verfahren der Investitionsrechnung zum Einsatz (z.B. Nutzwertanalyse, Kapitalwertrechnung). An die (positive) Entscheidung schließt sich als letzte Phase der Projektvorbereitung der Aufbau des Projektteams und die Bereitstellung der für dieses notwendigen Ressourcen an.

Am Anfang steht die Projektidee

Sehr unterschiedliche Managementaufgaben kommen in dieser ersten Projektphase zusammen:

In vielen Unternehmen fehlt ein hinreichendes Innovationsklima

- Die Ideenfindung fällt in die Rubrik »Innovationsmanagement«. Es bedarf einer genügenden Kreativität, um neue Ideen zu gewinnen. Ein traditionelles »Vorschlagswesen-Denken« reicht nicht aus. Das Management muss vielmehr ein Innovationsklima schaffen. Hiermit tun sich viele Unternehmen noch sehr schwer.
- Die Projektbewertung verlangt typische »kaufmännische« Vorgehensweisen und Fähigkeiten.
- Das Projektteam festzulegen und den Projektablauf vorzustrukturieren, sind schließlich typische Organisationsaufgaben.

1.2.1.2. Projektdurchführung

Die eigentliche Projektdurchführung unterscheidet sich vom Routinemanagement insbesondere durch den geringeren Wissensstand und die daraus resultierende Notwendigkeit, häufiger bei unerwarteten Problemen und Abweichungen flexibel reagieren zu müssen. Eine weitere Herausforderung des Projektmanagements besteht (insbesondere) in der Phase der Projektdurchführung darin, die Verbindung zum Routinemanagement einerseits und zu anderen Projekten andererseits zu beachten. Nur bei sehr großen Projekten liegt zuweilen die Situation eines »greenfield-approachs« vor. Im Normalfall sind Projektprioritäten stets mit den Prioritäten des laufenden Geschäfts abzuwägen und beide miteinander zu koordinieren. Gleiches gilt für die Abstimmung mit anderen Projekten (im Sinne eines Multiprojektmanagements). Gerade hier ist in vielen Unternehmen ein erheblicher Schwachpunkt zu erkennen, indem zu viele Projekte gleichzeitig angegangen werden, für die die notwendige Managementkapazität fehlt und die sich zudem häufig überschneiden.

Im Normalfall sind Projektprioritäten stets mit den Prioritäten des laufenden Geschäfts abzuwägen

In der Phase der Projektdurchführung sind insbesondere »klassische« Managementfähigkeiten gefordert (Teamführung, Durchsetzungsstärke, Konsequenz). Das laufende Monitoring der Zielerreichung (hinsichtlich Zeit, Qualität und Kosten) fällt wiederum in den Bereich kaufmännischer Skills.

1.2.1.3. Projektbeendigung

Mit der Fertigstellung des Projekts – z.B. dem erfolgreichen Probebetrieb der neu eingeführten Steuerungssoftware – geht die Managementverantwortung im Regelfall vom Projekt- in das Routinemanagement über. Wesentliche Führungsaufgabe in dieser letzten Projektphase ist die Rückführung bzw. Auflösung der Projektorganisation. Insbesondere bei größeren Projekten bedeutet diese Phase mehr als einen Federstrich. So ist z.B. zu überlegen, ob ein Mitglied des Projektteams die fertige Projektlösung – quasi als Pate – weiter betreut, ob bei auftretenden signifikanten Problemen die Projektverantwortung wieder auflebt oder welche Karrierewege für erfahrene und erfolgreiche Projektmitarbeiter im Routinemanagement offen stehen. Zur Lösung dieser Probleme muss das Projektmanagement insbesondere organisatorische Fähigkeiten besitzen.

Was passiert mit dem
Projektteam am Ende des
Projekts?

1.2.2. Unterschiedliche Projekteigenschaften

Die konkreten Anforderungen an das Projektmanagement unterscheiden sich jedoch nicht nur nach den unterschiedlichen Phasen eines Projekts; sie sind auch von Projekteigenschaften beeinflusst. Zwei von diesen seien abschließend kurz angesprochen:

- *Innovationsgrad des Projekts*: Je innovativer der Gegenstand eines Projekts ausfällt, desto weniger Wissen steht dem Management zur Vorbereitung und Durchführung zur Verfügung. Dies hat Konsequenzen für das mit dem Projekt eingegangene Risiko, für die Güte der Entscheidungsvorlage, für die Konsequenzen erkannter Abweichungen vom Projektplan und für die Einbeziehung zwischenzeitlich erkannter Veränderungen. Stark vereinfacht kann man in diesem Sinne »strategische« von »normalen« Projekten trennen. Bei ersteren besteht die zentrale Managementherausforderung darin, die richtige Balance zwischen Durchhalten der Projektidee und Umsteuern zu wahren. Die Kunst des Managements »normaler« Projekte liegt dagegen in einer professionellen Projektvorbereitung und konsequenten Umsetzung der Projektziele.

Je innovativer das Projekt,
desto bedeutsamer die
Frage, wann es bei sich ab-
zeichnendem Misserfolg abgebrochen werden sollte

- *Interdisziplinaritätsgrad des Projekts*: Sehr großen Einfluss auf das Management eines Projekts nimmt auch die Frage, wie viele unterschiedliche Bereiche vom Projekt berührt werden. Zumeist lässt sie sich unmittelbar in die Frage übersetzen, wie heterogen das Projektteam zusammengesetzt werden muss. So sind viele Logistik-Themen nicht von den Logistikern alleine zu lösen; vielmehr bedarf es der Einbeziehung von (zumindest) Markt-, Produktions- und Beschaffungsstellen. Denkt man an Projekte im Bereich des Supply Chain Management, sitzen auch Vertreter anderer Unternehmen mit am Tisch. Derart »gemischte

Teams« stellen an das Projektmanagement erhebliche Anforderungen. Es gilt, die unterschiedlichen Denkweisen und Interessen der Beteiligten zu erkennen, zu berücksichtigen und zu einer Gesamtlösung zusammenzufügen. Die häufig beklagte »Sprachlosigkeit« zwischen tradierten Unternehmensbereichen zeigt, dass dies schon innerhalb der Unternehmensgrenzen erhebliche Probleme bereitet. Sitzen dagegen – z.B. für eine Lagerinvestition – nur Logistiker am Tisch, fällt die Projektarbeit in diesem Aspekt deutlich leichter.

2. Rolle des Projektcontrolling

Als Ergebnis des Abschnitts 1 können wir sehr unterschiedliche Managementherausforderungen und -anforderungen festhalten, die für eine effiziente und effektive Projektrealisation zu erfüllen sind. Eine solche Ausgangslage lässt vermuten, dass sich diverse Anknüpfungspunkte für eine Führungsunterstützung durch Projektcontrolling ergeben. In der Tat liegen diese vor. Wir wollen im Folgenden kurz die unterschiedlichen möglichen Beiträge eines Projektcontrolling zum Gelingen von Projekten durchgehen. Auf eine Diskussion der diversen definitorischen Ansätze für Projektcontrolling sei bewusst verzichtet (wen diese interessieren, sei z.B. auf *Mörsdorf* 1998, S. 111-126, verwiesen).

Zunächst sei daran erinnert, dass Controlling und das, was Controller tun, grundsätzlich auseinander gehalten werden müssen.
- Controlling bedeutet – wie im 1. Kapitel dieses Buches ausgeführt – die Sicherung der Rationalität der Führung und ist damit mit der Qualitätssicherung vergleichbar: Letztere richtet sich auf die Leistungserstellung (z.B. einen Transportvorgang), Erstere auf die Führung.
- Controller nehmen einen Teil der Rationalitätssicherung wahr, indem sie z.B. Planvorschläge des Managements kritisch hinterfragen. Daneben erstellen sie aber auch eine Reihe weiterer Dienstleistungen für das Management (z.B. Bereitstellung von Informationen, Abnehmen von Routinetätigkeiten usw.). Umgekehrt finden sich für die Rationalitätssicherung auch andere Träger. Ein besonders wichtiger Fall wird derzeit unter dem Stichwort »Wertorientierung« sichtbar: Der Kapitalmarkt – z.B. in Form von Analysten – hinterfragt und beurteilt die Planung der Vorstände – mit zum Teil sehr skeptischem Ergebnis!

Folglich müssen auch Projektcontrolling und Aktivitäten von Projektcontrollern getrennt betrachtet werden.

Die Aufgaben des Projektcontrolling lassen sich in der Praxis grob in zwei große Gruppen unterteilen:
- Zum einen hat das Projektcontrolling sicherzustellen, dass das Projekt den »Regeln der Kunst« gemäß abgewickelt wird. Dies bedeutet auf der einen Seite die Einhaltung vorgegebener Projektrichtlinien (z.B. hinsichtlich der zu verwendenden Kalkulationsverfahren, der einzuhaltenden Berichtstermine oder der Dokumentation von Projektphasen). Auf

der anderen Seite müssen möglichst alle Aspekte berücksichtigt werden, die ein erfolgreiches Projektmanagement ausmachen. Derartige Erfolgsfaktoren sind Gegenstand des folgenden Abschnitts 3.

- Zum anderen greift das Controlling aktiv in das Management der einzelnen Projektphasen ein, in dem es etwa Fehlentwicklungen in der Projektvorbereitung verhindert (z.B. Durchsetzen einer realistischen Sicht des Nutzens eines Projekts) oder Abweichungen von den Projektzielen in der Durchführungsphase »aufmerksamkeitswirksam« in den Managementprozess zurückspielt.

Für Controller stellen beide Aufgabengruppen kein Buch mit sieben Siegeln dar. Sie können das Projektmanagement geeignet ergänzen, da sie eine neutrale Rolle einnehmen (Unabhängigkeit) und zudem zumeist eine andere Sicht auf die Dinge besitzen (kaufmännisch versus problemlösungsbezogen). Durch die unternehmensweite Controller-Organisation können Projektcontroller auch helfen, einzelne Projekte in den gesamten Planungszusammenhang einzuordnen. Projektcontroller können darüber hinaus ihre Projektmanager auch entlasten, indem sie etwa die Bewertung von Projektalternativen vornehmen, in der laufenden Kommunikation über den Fortgang des Projekts berichten und die Projektkontrolle übernehmen.

Immer dann, wenn das Volumen der Projekttätigkeit eine genügende Spezialisierung projektbezogener Aufgaben erlaubt, sollte deshalb die Einrichtung einer Projektcontrollerstelle ernsthaft überlegt werden.

Bei entsprechender Größe der Projekte machen Projektcontroller stets Sinn

3. Erfolgsfaktoren für das Projektmanagement

In der einschlägigen Literatur findet sich eine Vielzahl von Erfahrungen dokumentiert, wie man Projekte erfolgreich führt und unter Kontrolle hält. Diese Erfahrungen seien im Folgenden zu fünf »Erfolgsfaktoren« verdichtet, die näher diskutiert werden. Die Aussagen gelten explizit für Projekte, die das (dominierende) Routinegeschäft ergänzen, also für die Situation, die für die Logistik typisch ist. Für strikt projektorganisierte Unternehmen (z.B. des Anlagenbaus) müsste anders argumentiert werden. Basis der folgenden Ausführungen sind neben Erkenntnissen der Literatur insbesondere konkrete Erfahrungen mit Benchmarking-Projekten, zum einen aus selbst durchgeführten, zum anderen aus einer internationalen empirischen Studie zum Erfolg von Benchmarking-Projekten (vgl. *Weber/Wertz* 1999). Diese seien auch als konkrete Beispiele herangezogen.

Fünf Erfolgsfaktoren des Projektmanagements lassen sich unterscheiden

3.1. Hohe Qualität der Vorbereitung des Projekts

Professionellen Projekt-Unternehmen, etwa des Anlagenbaus, ist die hohe Bedeutung der Projektvorbereitungsphase durchweg bekannt. Für das Logistik-Management eines Unternehmens sieht die Ausgangssituation anders aus: Dort dominiert das Routinegeschäft. Folglich konnte nur begrenzte Er-

**Projektbezogenes
Logistik-Controlling**

fahrung mit Projekten gesammelt werden. Dann aber wird die Notwendigkeit einer genauen Planung von Umfang, Zielen, Verlauf, Ergebnissen und deren Umsetzung leicht unterschätzt. Für unser Beispiel Benchmarkingprojekte kann zum einen immer wieder beobachtet werden, dass mit der Dauer der Projektdurchführung immer neue Anfragen an das Benchmarking-Team herangetragen werden, was denn auch noch untersucht werden sollte. Zum anderen kann eine solche Sammlerwut auch im Benchmarking-Team selber stecken. Aus Unsicherheit darüber, welche konkreten Ziele im Fokus des Projekts stehen, sammelt man erst einmal Material, definiert Kennzahlen und entwirft Fragebögen – bis schließlich auch das Team selbst den Überblick verloren hat. Solche Projekte enden dann meistens – wenn sie nicht ganz abgebrochen werden – in dicken Benchmarking-Berichten, die in der Schublade verschwinden.

**Beispiel Benchmarking-
Projekte**

Aus diesem Grund ist es äußerst erfolgskritisch, Umfang und Ziele des Projekts genauestens zu definieren und festzuhalten. Wichtig ist dabei auch die Einbindung des Projekts in den Gesamtzusammenhang des Unternehmens. Betrachten wir ein Beispiel aus der Logistik: Ausgangspunkt ist ein sehr schlechter Lieferservice auf den wichtigsten Märkten. Die eigenen Prozesse betrachtet, können drei Ansatzpunkte für ein Benchmarking identifiziert werden:

- Zum einen können erhebliche Verbesserungspotenziale im Bereich der Distributionslogistik, d.h. in der Kommissionierung, der Verpackung und dem Transport der produzierten Güter liegen.
- Unter Umständen liegt das Problem des schlechten Lieferservices jedoch zum anderen nicht an der Distributionslogistik, sondern vielmehr an der Koordination zwischen den verschiedenen Logistikbereichen, also an der Abstimmung zwischen Beschaffungs-, Produktions- und Distributionslogistik.
- Schließlich kann man sich fragen, ob der schlechte Lieferservice nicht etwa das Ergebnis einer falschen Logistik-Strategie ist, die die Optimierung der bestehenden Systeme von vornherein ausschließt. So könnte beispielsweise aufgrund der Markterfordernisse eine pull- anstelle einer push-Strategie erforderlich sein.

Diese Zusammenhänge gilt es bereits bei der Planung einer Benchmarking-Studie zu berücksichtigen, um das Benchmarking-Objekt klar zu beschreiben. Es ist offensichtlich, wie unterschiedlich das Vorgehen jeweils aussehen wird!

**Projekte ohne genaue
Kosten-, Zeit- und Qualitäts-
ziele machen wenig Sinn**

Sind der Projektinhalt und der Umfang des Projekts festgelegt, so gilt es im Folgenden, konkrete Ziele festzulegen. Sie dienen nicht nur als Orientierungshilfe während des Projekts, sondern auch als Bewertungsmaßstab des Projekterfolgs.

Zwei weitere Gründe für die Wichtigkeit einer genauen Projektvorbereitung seien noch ergänzt. Zum einen signalisiert eine solche Planungs-Investition eine hohe Bedeutung des Projekts und eine entsprechende Ernsthaftigkeit sowie Kommittment des Logistik-Managements. Schnellschüsse haben wenig Bestand und werden selten Ernst genommen. Zum anderen kann in einer genauen Projektvorbereitung auch vorgedacht werden, wer am Ende der Projektumsetzung wie dastehen wird, wer mit anderen Worten möglicherweise zu den Gewinnern, wer zu den Verlierern zählen wird. Insbesondere bei tief in die Substanz gehenden Projekten ist diese Frage von ganz erheblicher Bedeutung. Ihre Klärung vor Beginn des Projekts hilft, erhebliche Probleme während des Projekts zu vermeiden.

3.2. Adäquate Zusammensetzung des Projektteams

Streng genommen auch zur Projektvorbereitung zählt die Frage, wie das Projektteam zusammengesetzt sein sollte. Der hohen Bedeutung dieser Frage wegen soll sie aber in einem eigenen Abschnitt angesprochen werden. Vier Aspekte haben sich als erfolgskritisch gezeigt:

- *Crossfunktionalität*
  Das Projektteam muss in der Lage sein, das im Projekt verfolgte Problem aus unterschiedlichen Sichten heraus zu beleuchten. Wir sind weiter oben bei dem Aspekt des Interdisziplinaritätsgrades von Projekten schon kurz darauf eingegangen. Aufgrund des bereichs- und unternehmensübergreifenden Charakters der Logistik ergibt sich die Anforderung nach Crossfunktionalität des Teams für Logistik-Projekte regelmäßig.

Das Projektteam muss ein Projekt aus unterschiedlichen Perspektiven heraus sehen können

- *Aufgabenverteilung*
  Teams werden schnell ineffizient, wenn nicht den einzelnen Teammitgliedern konkrete Aufgaben und/oder Rollen zugewiesen werden. Hierbei lassen sich zum einen die unterschiedlichen fachlichen Hintergründe nutzen – der Logistiker wird in einem Produktgestaltungsteam so natürlich primär für material- und warenflussbezogene Fragestellungen verantwortlich sein, der Controller für Kalkulationen und Informationsversorgung. Zum anderen gilt es auch, persönliche Fähigkeiten, Eigenschaften und Präferenzen zu nutzen. So macht es beispielsweise Sinn, bewusst Treiber- und Bremserrollen im Team zu vergeben. Erst das optimale Zusammenspiel beider Rollen sichert den Projekterfolg!
- *Teamgröße*
  Die Größe des Projektteams muss trotz der Breite der wahrzunehmenden Aufgaben überschaubar gehalten werden. Ein zu großes Team führt i.d.R. zu einem exponentiell ansteigenden Koordinationsaufwand, der das Voranschreiten im Projekt wesentlich hemmen kann.
- *Konstanz der Gruppenzusammensetzung*
  Neben der richtigen Zusammensetzung bildet auch die Konstanz des Teams einen wesentlichen Erfolgsfaktor. Allerdings wird ein Wechsel des Teams in vielen Unternehmen gewollt, und zwar zwischen der Vorbereitung und der Umsetzungsphase, etwa, wenn die Ergebnisse eines Benchmarkingprozesses feststehen, Verbesserungspotenziale identifiziert wurden und diese nun zur Implementierung anstehen. Ein Wechsel der Verantwortung kann an dieser Stelle insofern sinnvoll sein, als dass bei der Implementierung andere Fähigkeiten und Kompetenzen

Teams mit ständig wechselnden Mitgliedern sind wenig effizient

gefragt sind als in den vorhergehenden Phasen. Um auch in einem solchen Fall Kontinuität sicherzustellen, sollte zumindest der Projektleiter weiter verfügbar und verantwortlich bleiben.

Zum Projcktteam gehört schließlich auch ein geeigneter Projektleiter. Nur ein starker und »sichtbarer« Projektleiter kann komplexe und umsetzungsintensive Projekte durchführen und den – immer zu beobachtenden – Widerständen bei der Implementierung trotzen.

3.3. Sicherstellen von hinreichendem Management-Support

Unternehmen stehen unter erheblichem Druck. Diverse Veränderungen stehen an, sind unabdingbar. Zudem darf das Routinegeschäft nicht leiden. Die Anforderungen an das Management steigen weiter an. Dies gilt auch in zeitlicher Hinsicht.

Knappe Zeit des Managements erfordert eine engpassbezogene Priorisierung. Umgekehrt kann der Umfang erwiesener Management-Attention als Indikator für die Bedeutung gelten. Und dies heißt für Projekte: Je mehr Aufmerksamkeit ein Projekt vom Management erhält und je höher die involvierten Manager »aufgehängt sind«, desto wichtiger ist das Projekt im und für das Unternehmen. Umgekehrt: Vollzieht sich ein Projekt weitgehend unbemerkt von der maßgeblichen Führungs-Crew, dann lohnt es sich wohl auch nicht, sich intensiver darum zu kümmern. Projekte ohne Visibility bieten aber auch für die Projektmitarbeiter keine vernünftige Basis, auf sich aufmerksam zu machen. Projekte ohne eine solche Basis sind für aufstrebende Top-Leute wenig interessant. Qualitativ schlecht besetzte Projekte versprechen wenig Erfolg. Hier schließt sich der Kreis.

Ohne die Unterstützung des
Top-Managements »laufen«
große Projekte nicht

Ganz oben in der Liste der Erfolgsfaktoren eines Projekts steht deshalb die Notwendigkeit einer hierarchieübergreifenden Projektunterstützung. Nur so können Widerstände überwunden werden, nur so ist es möglich, die richtigen Mitglieder für das Projektteam zu gewinnen. Die Projektunterstützung lässt sich noch in zwei Aspekte unterteilen:
- Zum einen muss in jeder Phase des Projekts die Unterstützung des jeweiligen Top-Managements für die Durchführung des Projekts vorliegen, bei sehr großen Logistik-Projekten die der Unternehmensleitung, bei kleineren die der Logistikleitung.
- Gleich wichtig ist jedoch auch eine kontinuierliche Einbindung der Process-Owner, die von dem Projekt betroffen sind. Ohne ihre Unterstützung wird das Projekt schnell scheitern – spätestens bei der Implementierung.

Unterscheidung von Macht-
und Fachpromotor

Die Einbindung des Top-Managements kann in unterschiedlicher Form erfolgen. Neben der formellen Auftragsvergabe sollte eine permanente Einbindung erreicht werden. Dies kann zum einen in der Form einer Sponsorship für das Projekt erfolgen (*Machtpromotor*), zum anderen in einer direkten Beteiligung eines Vertreters des Top-Managements im Projektteam bestehen. Welche Form der Einbindung vorteilhafter ist, muss auf Grundlage der speziellen Gegebenheiten entschieden werden. Sinn macht auch eine kontinuierliche Berichterstattung über den erreichten Projektstatus vor dem Top-Management, etwa im Rhythmus von vier Wochen.

Was die Einbindung der Process Owner betrifft, ergibt sich eine ähnliche Konstellation. Auch hier ist entweder die direkte Einbindung in oder aber eine enge Anbindung an das Projektteam denkbar, Letzteres beispielsweise durch regelmäßige Projektpräsentationen. Eine direkte Einbindung empfiehlt sich immer dann, wenn die Zahl der betroffenen Process Owner überschaubar ist und die Größe des Projektteams nicht sprengt.

3.4. Offenheit während des Projektverlaufs

Menschen haben – wie die Psychologen sagen – eine »Bestätigungspriorität«. Sie versuchen, Bekanntes und Bewährtes beizubehalten. Sie begrüßen Veränderungen zumeist nicht, sondern haben vor ihnen Angst. Wenn Projekte Veränderungen mit sich bringen – und welches Projekt tut dies nicht? – ist also mit Angst und daraus resultierenden Widerständen zu rechnen; von Letzteren war vorab schon die Rede.

Veränderungsprozesse rufen bei vielen Angst hervor

In einem solchen Umfeld wird die Bedeutung von Offenheit während des Projektverlaufs deutlich: Nur eine aktive Kommunikation kann Vertrauen aufbauen und Ängste so weit wie möglich vermeiden. Sie beugt Gerüchten, Falschmeldungen und Vorurteilen vor. Sie kann es erreichen, dass die Betroffenen schrittweise mit den Zielen und Konsequenzen des Projekts bekannt gemacht und damit eingebunden werden. Ein Mindestmaß von Kommunikation ist bereits erforderlich, damit das Projekt bei den Nicht-Beteiligten unvoreingenommen wahrgenommen wird. Nicht-Kommunikation erzeugt den Eindruck von Geheimniskrämerei und diese zieht schnell Angst und Reaktanz nach sich.

3.5. Durchführung von Projektkontrolle

Als letzter Erfolgsfaktor sei die Projektkontrolle angesprochen – quasi ein Hometurf der Projektcontroller. Auf eine solche Kontrolle a priori zu verzichten, hieße, den Projekterfolg in Frage zu stellen: Werden gesetzte Ziele nicht überprüft, besteht schnell die Gefahr, sie aus den Augen zu verlieren. Das häufig zu beobachtende Versanden (zu) vieler angefangener Projekte hat einen Grund in der mangelnden Projektvorbereitung, einen anderen aber auch in der fehlenden Konsequenz systematischer Kontrolle.

Keine Planung ohne Kontrolle – das gilt auch für Projekte!

Projektkontrolle ist von ihrer Wirkung her mit »normaler« Ergebniskontrolle vergleichbar. Zum einen ermöglicht sie, durch die Gegenüberstellung von Gewolltem und Erreichtem neue Erkenntnisse zu gewinnen, die für Aktionen im laufenden Projekt oder für weitere Projekte genutzt werden können. Kontrolle bedeutet in dieser Hinsicht Lernen. Zum anderen übt Kontrolle eine verhaltenslenkende Wirkung aus: Wenn ein Projektleiter weiß, dass die mit ihm vereinbarten Projektziele auch tatsächlich nachgehalten werden, wird er der Erreichung des Versprochenen eine höhere Bedeutung zumessen als dann, wenn das Erreichte unsichtbar und folgenlos bleibt.

Projektkontrolle weist im Bereich des Kontrollobjekts Unterschiede zur »normalen« Kontrolle auf: Nicht nur die Projektergebnisse stehen auf dem Prüfstand, sondern auch der Projektprozess: Sind Zeitpläne eingehalten worden, wurde das Projekt genügend kommuniziert, ist das Projektteam hinreichend lange zusammengeblieben? Im Routinegeschäft fallen solche Überprüfungen nur in größeren Zeitabständen an; für Projekte bilden sie den Regelfall.

4. Konkretes Projektbeispiel: Beschaffungsoptimierung bei der *BASF AG*

4.1. Einführung

Ein gutes Beispiel zur Veranschaulichung der möglichen Rolle des Controlling und des Einsatzes diverser Controlling-Instrumente im Rahmen eines Logistikprojektes bietet das MainLOG-Projekt, das 2000 bei der *BASF AG*, Ludwigshafen durchgeführt wurde.

Ausgangspunkt des Projektes war die Absicht, die Beschaffung von C-Teilen zu optimieren. Dies basierte auf der Überlegung, dass bei Waren mit niedrigem Wert die Prozesskosten bei der Beschaffung in Relation zum Warenwert recht bedeutend sind und teilweise sogar über den Kosten der Waren liegen. Schon in der Vorbereitung des Projektes wurde klar, dass ein solches Projekt abteilungsübergreifend sein und eine gewisse Integration der Lieferanten erfordern würde.

Von Seiten der *BASF* waren bis dahin in den Beschaffungsprozess von C-Teilen neben den späteren Nutzern (also den werksinternen Abnehmern) sowie der Qualitätssicherung hauptsächlich die Bereiche Einkauf und Logistik involviert. Optimierungsansätze wurden jeweils separat mit unterschiedlichen Zielfunktionen verfolgt. Während der Einkauf versuchte, produktspezifisch die Konditionen zu verbessern, verfolgte der Logistikbereich bei den C-Teilen einen eher funktionsbezogenen Ansatz, bei dem z.B. das Lager unabhängig von den Zuliefertransporten betrachtet und optimiert wurde. Diese recht starke funktionale Trennung sollte innerhalb dieses Projektes zugunsten einer ganzheitlichen Betrachtung der gesamten Wertschöpfungskette aufgehoben werden und so das bisherige Logistikverständnis auf die Bereiche Koordination und Flussorientierung erweitern.

Aufgrund des vorgegebenen begrenzten Projektbudgets wurde schnell klar, dass kein detailliertes Beschaffungskonzept für alle C-Teile bei der *BASF* erarbeitet und darüber hinaus noch implementiert werden konnte. Insbesondere auch deswegen nicht, weil sich dabei vor dem Hintergrund der zu erwartenden Veränderungen »natürlich« innerhalb des Unternehmens vielfältige Widerstände ergeben hätten. Um dennoch die bei der Beschaffung von C-Teilen vermuteten Potenziale zu identifizieren, ein an-

Im C-Teile-Bereich sind die Gedanken der Logistik im betrachteten Fall noch nicht ausreichend aufgenommen worden

wendbares Konzept zu entwickeln und darüber hinaus »echte« Umset-
zungserfahrungen zu sammeln, wurde ein zweistufiges Vorgehen gewählt.

In der ersten Phase wurde ein einzelner Produktbereich isoliert betrachtet mit der Zielsetzung, dessen Beschaffung zu optimieren. Dabei war
die verwendete Methodik so zu gestalten, dass sie sich für die Optimierung
der Beschaffung anderer C-Teile ebenso eignete. Neben direkt feststellba-
ren Verbesserungen in einem Teilbereich, die später zudem als Überzeu-
gungsargumente dienen könnten, war das Ergebnis also ein integriertes Ma-
nagementtool für die standardisierte Analyse und Restrukturierung von Be-
schaffungsprozessketten von technischen Gütern bei der *BASF*. In einer
zweiten Phase sollten dann basierend auf dem entwickelten Beschaffungskonzept unter Nutzung des getesteten Managementtools die Beschaffung
anderer C-Teile optimiert werden.

Als Pilotprojekt wurde die Beschaffung von Schrauben ausgewählt.
Hierbei stand die gesamte Prozesskette vom Fertigwarenlager der Hersteller bzw. Händler der Schrauben (beides im Folgenden mit Lieferant bezeichnet) bis zu den Nutzern, den *BASF*-internen Abnehmern, im Fokus.
Warum die Wahl auf die scheinbar so nebensächlichen Schrauben fiel, lässt
sich einfach erklären. Bei den Schrauben handelt es sich um ein typisches
C-Teil. Im Gegensatz zum häufig angeführten »Klassiker« Büromaterial
sind die Schrauben bei der *BASF* aber kritisch für die Produktion, da sie
insbesondere bei der Erstellung bzw. Reparatur von verfahrenstechnischen
Anlagen eingesetzt werden. Somit sind die Anforderungen an die Logistik
in Bezug auf die Versorgungssicherheit wesentlich höher. Zudem ist das Be-
schaffungsvolumen der *BASF AG*, Ludwigshafen, an Schrauben so umfangreich, dass offensichtlich bereits eine isolierte Betrachtung erfolgsver-
sprechend ist. Das Volumen beträgt etwa 4 Mio. Euro und damit ca. 0,2%
am deutschen Gesamtmarkt. Die über 50 Schraubenlieferanten der *BASF*
befinden sich überwiegend in Deutschland, zum Teil aber auch im europä-
ischen Ausland. Der sehr vielfältige Bedarf verteilt sich etwa hälftig auf ge-
normte Schrauben, die überwiegend von Händlern bezogen werden, und
auf Sonder- und Spezialschrauben, die hauptsächlich direkt von den Her-
stellern stammen. Kennzeichnend für den Ausgangszustand ist die heterogene Struktur der Prozess- bzw. Teilprozessketten in Abhängigkeit vom jeweiligen Schraubenlieferanten. Das Verhältnis der *BASF* zu den Lieferanten ist eher kompetitiv, echte Partnerschaften bestehen nur in allerersten
Ansätzen.

Um eine erfolgreiche Umsetzung des Projektes im Vorfeld zu begün-
stigen, wurde großer Wert auf die Projektplanung und -vorbereitung gelegt.
Im Laufe des Projektes erwies sich insbesondere die gute Zusammensetzung des Projektteams mit kompetenten und motivierten Mitarbeitern als
wichtiger Faktor, um zwischenzeitlich auftauchende Widerstände und Probleme aufzulösen bzw. zu entschärfen. Das Kernteam setzte sich aus sechs
Mitarbeitern zusammen, drei von ihnen Mitarbeiter der *BASF*, die zwischen
10% und 50% ihrer Kapazität über einen Zeitraum von ca. 6 Monaten für
das Projekt zur Verfügung standen, und drei wissenschaftliche Mitarbeiter
von Instituten und Hochschulen aus dem MainLOG-Forschungsverbund.
Zusätzlich wurde ein Lenkungsausschuss gebildet, der einen ständigen ab-

Schrauben sind ein typi-
sches C-Material, haben aber
bei der *BASF* eine nicht zu
vernachlässigende Bedeu-
tung

Das Projekt wurde sorgfältig
vorbereitet

teilungsübergreifenden Input gewährleistete und dessen Mitglieder zudem für die spätere Umsetzung maßgeblich waren.

Für den Bereich der Schraubenbeschaffung lagen bei der *BASF*, wie für andere C-Teile auch, kaum prozessbezogene Daten vor, was eine durchaus typische Situation in der Praxis darstellt. Die Kosten werden auf der notwendigen Detaillierungsebene nur kostenstellenbezogen erfasst, prozessbezogene Werte fehlten vollständig. Zudem gab es kein zentralisiertes Wissen über die Prozessabläufe. Es war nur auf die einzelnen Teilbereiche bezogen in den Köpfen der involvierten Mitarbeiter »gespeichert«. Für die Vorgehensweise innerhalb des Projektes wurde daher folgende Grobplanung beschlossen:

- Zunächst erfolgte ein umfassendes Prozessmapping unter Verwendung der in Kapitel 7 vorgestellten SCOR-Systematik mit dem Ziel, eine Übersicht über die einzelnen Prozessschritte zu gewinnen.

Die Vorgehensweise im Projekt wurde in fünf Punkte strukturiert

- Darauf basierend wurde eine Prozesskostenrechnung für die Schraubenbeschaffung implementiert, um eine kostenmäßige Bewertung der Prozesse zu ermöglichen. Das Hauptziel des Einsatzes der Prozesskostenrechnung war die verursachungsgerechte Quantifizierung der Kosten, die in unternehmensübergreifenden Beschaffungsprozessen anfallen.
- Nach Durchführung einer detaillierten Analyse des Ist-Zustandes erfolgte anschließend die Neumodellierung und Optimierung der betrachteten Prozessketten unter Berücksichtigung gegebener und zukünftiger Restriktionen. Dies beinhaltete insbesondere die Umsetzung einer erhöhten Integration von Lieferanten und Kunden sowie die Eliminierung nicht wertschöpfender Aktivitäten.
- Zur Gewinnung fehlender Daten und zur Überprüfung verschiedener Optimierungsoptionen wurden parallel die Lieferanten in Form einer breiten fragebogengestützten Befragung und gezielten Individualgesprächen eingebunden.
- Nachfolgend war das Sollkonzept wiederum mittels SCOR zu modellieren und dann mit der entsprechend modifizierten Prozesskostenrechnung zu evaluieren.

Um innerhalb des Projektes Überschneidungen mit parallel laufenden IT-Projekten zu minimieren, lag der Fokus des entwickelten Konzeptes auf den Bereichen Lieferantenmanagement und Materialfluss, wobei neben reinen TUL-Prozessen auch logistikmanagementorientierte Aspekte betrachtet wurden.

4.2. Rolle des Controlling innerhalb des Projektes

Das Controlling hatte innerhalb dieses Projekts eine zentrale Rolle sowohl im Rahmen der Ist-Analyse als auch bei der Ausgestaltung des Soll-Konzeptes. Ausgehend von Elementen der Informationsbereitstellung, die in der frühen Phase des Projektes dominierten, stieg die Führungsorientierung im Laufe des Projektes an. Gemäß der Führungsorientierung und der Ko-

ordinationsfunktion des Controlling arbeitete das Controlling insbesondere im Bereich der Erarbeitung des Soll-Konzeptes Hand in Hand mit dem
Prozessmanagement, nicht zuletzt weil während des Projektes eine ständige Evaluation verschiedener Ansätze notwendig war.

Die Aufgaben des Controlling waren dabei vor allem von folgenden
Aspekten geprägt:

- Strikte Ziel- und Effizienzorientierung bei der Reorganisation der logistischen Prozesse.
- Starke Prozessorientierung auf Grund von integrierten Logistikketten
als Untersuchungsobjekt.
- Ganzheitliche Betrachtungsweise, die sowohl schnittstellenübergreifend
erfolgte, als auch den gesamten Lebenszyklus der Produkte umfasste.
- Verursachungsgerechte Kostenallokation, da zusammen mit der Untersuchung von logistischen Vorgängen auch der Bereich der indirekten
Leistungserbringung betrachtet wurde.

4.3. Prozessmapping mittels SCOR

Das Prozessmapping wurde mittels des in Kapitel 7 vorgestellten SCOR-
Modells des Supply Chain Council durchgeführt (vgl. *Hagen/Springer/Sta-
benau* 2002, zur detaillierteren Darstellung). Dieses Modell wurde genutzt,
da es explizit für das Abbilden unternehmensübergreifender Supply Chains
konzipiert ist. Es ist dabei sowohl für die Darstellung von Ist-Prozessen als
auch für die Definition von Soll-Prozessen geeignet. Der SCOR-Ansatz eignet sich besonders bei der Reorganisation von Prozessen und liefert gleichzeitig eine Basis zur quantitativen Beurteilung der Prozesse, z.B. im Rahmen
einer Prozesskostenrechnung.

Zuerst wurde ein Referenzmodell der Warenflüsse des Versorgungs-
netzwerkes der Beschaffung von technischen Gütern bei der BASF erstellt
(vgl. die *Abbildung 8-2* auf der Folgeseite). Betrachtet wurde der gesamte
Prozess zwischen den Fertigwarenlagern der Lieferanten und den BASF-
internen Abnehmern. Der Knoten »Lieferant« bezeichnet dabei sowohl
Hersteller als auch Händler. Die Versorgung mit technischen Gütern erfolgt
über eine zweistufige Lagerhaltung bestehend aus Zentrallager und mehreren Unterlagern.

Im ersten Schritt wurde ein
Referenzmodell der Waren-
flüsse des Versorgungsnetz-
werks erstellt

Die Versorgung der Kunden, der BASF-internen Anforderer, erfolgt auf
zwei alternativen Wegen:

1. Bei direktkontierbaren (DKB-) Bestellungen wird die Ware nach der Bestellung direkt vom Schraubenlieferanten an den Anforderer geliefert.
2. Bei Schrauben, die den Hilfs- und Betriebsstoffen (H+B) zugeordnet
werden, erfolgt die Versorgung als lagerhaltiges Material entweder direkt
aus dem Zentrallager oder aus einem der Unterlager und zwar entweder als Selbstentnahme oder als Belieferung. Die Anlieferung erfolgt
durch den Lieferanten an das Zentrallager, von wo aus eine interne Distribution erfolgt.

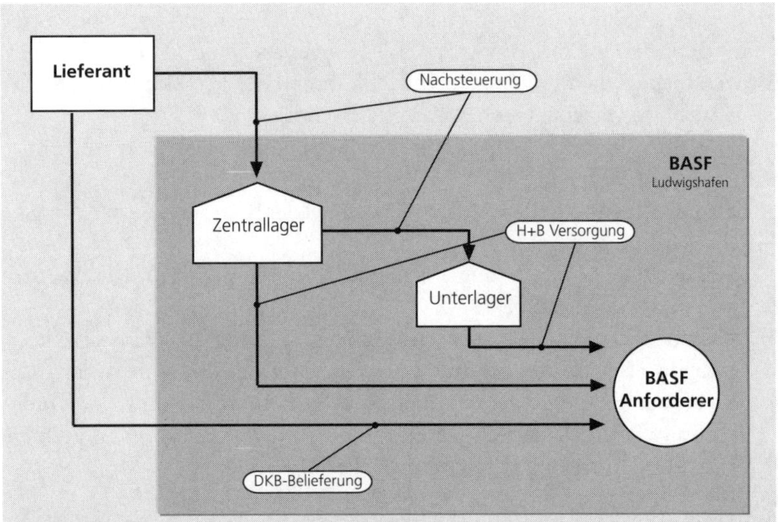

Projektbezogenes Logistik-Controlling

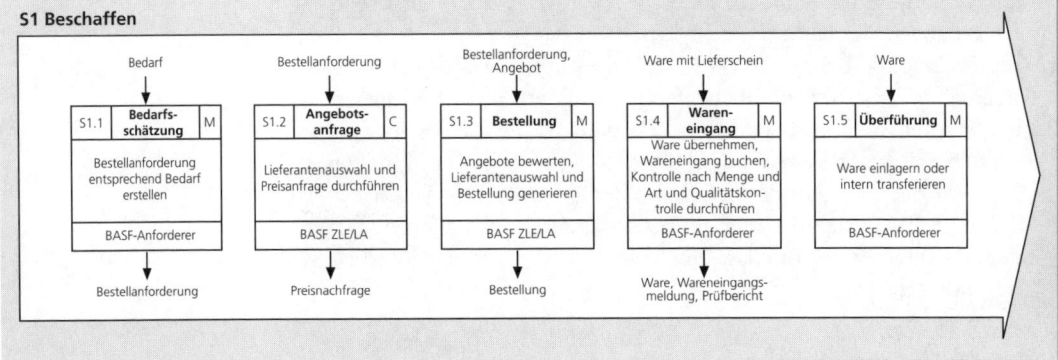

Abb. 8-2: Versorgungsnetzwerk der *BASF AG* (SCOR-Ebene 1)

Zur Abbildung dieser Versorgungsmodi wurde ein entsprechendes Prozessmodell auf SCOR-Ebene 2 erstellt. Nach der Definition der Prozesskategorien wurden auf der Ebene 3 die benötigten Prozesselemente definiert bzw. identifiziert. Hierbei war zu berücksichtigen, dass bei DKB- und H+B-Bestellungen sowohl Einzelbestellungen als auch Abrufbestellungen basierend auf Rahmenverträgen durchgeführt werden.

Im zweiten Schritt der Prozessanalyse wurden vier Prozesskettenmodelle aufgestellt, um die möglichen Modi abzubilden. Der Unterschied zwischen Einzel- und Abrufbestellung wirkte sich insbesondere auf die Fakturierung, die nebenläufigen Stützprozesse (z.B. Abschluss von Verträgen) und die Planungsprozesse (z.B. Lieferantenauswahl) aus.

Diese Prozesskettenmodelle wurden dann auf SCOR-Ebene 3 unter Einbeziehung der jeweiligen Prozessbeteiligten spezifisch konfiguriert. Als Beispiel sei hier die Prozesskategorie S 1 (Technische Güter beschaffen) genannt, die sich bei der DKB-Versorgung auf Ebene 3 in die fünf Prozesselemente Bedarfsschätzung, Angebotsanfrage, Bestellung, Wareneingang und Überführung untergliedert (vgl. die *Abbildung 8-3*).

Abb. 8-3: Prozesskettenmodell »DKB-Einzelbestellung« (SCOR-Ebene 3)

Konkretes Projekt-bei-spiel: Beschaffungs-optimierung bei der BASF AG

Schon bei diesem Schritt konnten erste Optimierungspotenziale aufgedeckt werden. Insbesondere bei der Definition des In- und Outputs einzelner Elemente offenbarten sich Defizite im Informationsfluss. Somit entwickelten sich die erstellten Prozesskettenmodelle auch zu einer gemeinsamen Kommunikationsplattform für die Prozessbeteiligten, die der Diskussion von Schnittstellenproblemen diente.

Nach Erfassung der vorhandenen Prozessstrukturen rückte für den weiteren Projektverlauf insbesondere die Fragestellung in den Mittelpunkt, ob die vier Versorgungsmodi in ihrer bisherigen Form notwendig wären und welcher unter Berücksichtigung von Kosten- und Leistungsaspekten der effizienteste sei.

4.4. Prozesskostenrechnung

4.4.1. Erstellung der Prozesskostenrechnung

Auf Basis des SCOR-Modells wurde eine Prozesskostenrechnung als Tool des Prozesscontrolling implementiert (vgl. *Engelbrecht et al.* 2002, zur detaillierten Darstellung). Für die Optimierung der Schraubenbeschaffung waren dabei folgende Bereiche von besonderer Bedeutung:

- Erhebung der Gesamtkosten des Prozesses Schraubenbeschaffung und getrennte Erfassung der Kostenanteile einzelner Hauptprozesse.
- Ermittlung der Kostendifferenzen zwischen den zwei unterschiedlichen Prozesstypen der Schraubenbeschaffung (DKB- gegenüber H+B-Bestellungen) und hinsichtlich unterschiedlicher Bestellmodalitäten (Einzel- gegenüber Abrufbestellung).

Die Analyse war darauf ausgerichtet, unterschiedliche Prozesstypen der Schraubenbeschaffung und unterschiedliche Bestellmodalitäten miteinander zu vergleichen

Dabei ging es nicht nur um die Bereitstellung von absoluten Kostengrößen, sondern auch um die Ableitung von Kostendifferenzen, die ihrerseits Ansatzpunkte für die Modellierung des Soll-Prozesses liefern. Wie bekannt, ist die Verfügbarkeit von prozessorientierten Kostendaten eine zentrale Anforderung für die Anwendbarkeit eines angemessenen Prozesscontrollings. Da die Kosten bei der *BASF* bisher nicht einzelnen Prozessen verursachungsgerecht zugeordnet wurden, mussten für die Anwendung der Prozesskostenrechnung die vorhandenen Daten der Kostenstellenrechnung umgerechnet sowie die Arbeitszeiten je Prozesselement ermittelt werden.

Die für das Projekt gewählte Prozesskostenrechnung war eine Teilkostenrechnung, die nur die unmittelbar mit dem Abwicklungsprozess verbundenen Kosten berücksichtigte. In einem ersten Schritt wurden aus der Kostenstellenrechnung die relevanten Gesamtkosten und -arbeitszeiten der beteiligten Abteilungen bestimmt. Dabei wurden nur die Arbeitzeiten der mit der Schraubenbeschaffung beschäftigten Mitarbeiter berücksichtigt und diejenigen Kosten eliminiert, die nicht unmittelbar den entsprechenden Prozessen zuordenbar waren. Die Kosten wurden entsprechend den aus einem *BASF*-internen Kostenrechnungsprojekt ermittelten Werten in leistungsmengenneutrale und leistungsmengeninduzierte Kosten unterteilt. Basierend auf den in der SCOR-Methodik ermittelten Aktivitäten wurden

Die Prozesskostenanalyse wurde auf Basis von Teilkosten durchgeführt anschließend in Gesprächen und durch Messungen die Arbeitszeiten und Häufigkeiten je Aktivität – im Nachfolgenden als Prozesselement benannt – ermittelt. Die zuvor ermittelte Reihenfolge der Aktivitäten war für die Prozesskostenrechnung zunächst unerheblich. Die Kosten je Prozesselement errechneten sich aus der Multiplikation der benötigten Arbeitszeiten und der Stundenkostensätze der ausführenden Abteilungen.

Das gewählte Vorgehen stellte einen guten Mittelweg zwischen Komplexität und Pragmatismus dar

Diese gewählte Methodik stellte einen guten Mittelweg zwischen Komplexität und Pragmatismus dar. Dabei zeigte sich auch, dass sich die Prozesskostenrechnung sehr gut auf der SCOR-Methodik aufsetzen ließ. Die beschriebene Systematik ist auch im Sinne einer Plankostenrechnung für die im weiteren Projektverlauf vorgesehene Bewertung des Soll-Konzeptes geeignet und dient dann dem Ausweisen von Kostensenkungspotenzialen.

Als zentraler Kostentreiber wurde die Anzahl der Bestellungen identifiziert. Dieser wurde sowohl im Zusammenhang mit der Lieferantenbefragung als auch durch Auswertungen der Einkaufssysteme bei *BASF* direkt ermittelt. Die Kosten der betrachteten Ist-Prozesse konnten somit sowohl auf Gesamtbasis als auch je Bestellung ausgewiesen werden. Darüber hinaus war eine kostenrechnerische Transparenz auf Prozesselementebene geschaffen, die unternehmensübergreifend zum Einsatz kommen konnte.

Da im Sinne der unternehmensübergreifenden Perspektive Prozesskosten bei *BASF*-Lieferanten einzubeziehen waren, erfolgte auch eine Grobanalyse der Prozesse bei den Lieferanten. Hierzu diente in einer ersten Stufe eine indirekte Erhebung per Fragebogen. Nach Plausibilisierung und Anpassung durch das Projektteam erfolgte anschließend in einer zweiten Stufe eine Validierung und Erweiterung der gewonnenen Erkenntnisse in individuellen Workshops mit ausgewählten Lieferanten. Dabei wurden für das weitere Vorgehen auch Erkenntnisse aus anderen Lieferbeziehungen der Lieferanten gewonnen.

Das Fehlen einer laufenden Prozesskostenrechnung kann für Restrukturierungsprojekte durch fallweise Analysen geheilt werden

Im Rahmen eines Prozessreengineering wie bei diesem Projekt ist es nicht nötig, eine permanente Prozesskostenrechnung zu installieren, die mit Ist-Mengen und Ist-Kosten rechnet und einen erheblichen IT-Aufwand nach sich zieht. Die einmalige Berechnung der Prozesskosten kann für das Reengineering und das Auditieren von integrierten Logistikketten mit vergleichsweise wenig Aufwand umgesetzt werden. In diesem Fall wurden die Kalkulationen mit der Microsoft-Applikation EXCEL durchgeführt.

4.4.2. Gewonnene Ergebnisse

Vorab lässt sich festhalten, dass die gewählte Methodik der Prozesskostenrechnung alle drei zu beantwortenden Fragen zu klären vermochte. Die Abwicklungskosten ließen sich auf dem Gesamtniveau ebenso wie für einzelne Prozesselemente ausweisen. Auch Kosten für die unterschiedlichen Beschaffungsprozesse (direkt bzw. über das Lager) waren genauso auswertbar wie die für die unterschiedlichen Beschaffungsmodalitäten.

Erstes Teilresultat der Prozesskostenrechnung war die Schaffung einer abteilungs- und unternehmensübergreifenden Transparenz über die Gesamtkosten der Schraubenbeschaffung. Die Prozesskosten im betrachteten Teil der Wertschöpfungskette hatten ungefähr einen Anteil von 25% an den

in der gesamten Wertschöpfungskette anfallenden Kosten inll. den Pro-
duktions- und Materialkosten.

Den größten Anteil dieser Prozesskosten machten mit 41% dabei die
BASF-internen Abwicklungskosten aus. Den zweitgrößten Block stellten
mit etwa 29% die Abwicklungskosten bei den Lieferanten dar. Die aus dem
durchschnittlichem Lagerwert und einem marktüblichen Durchschnittszins
kalkulierten Kapitalkosten der *BASF* lagen bei 16% und bildeten den dritt-
größten Block. Die verbleibenden 14% machten die anfallenden Frachtkosten aus. Sie wurden zum Zeitpunkt der Projektdurchführung in der Regel
von den Lieferanten getragen und über den Preis der Schrauben an die
BASF »weitergereicht«.

Die Prozesskostenrechnung ermöglichte zudem auch die Klärung der
Frage nach den Kosten der einzelnen Beschaffungsprozesse. Die Bestellung
über das Zentrallager (H+B) war etwa 70% teurer als die direkte Bestellung
(DKB). Der Grund lag dabei nicht ausschließlich in der Lagerhaltung selbst,
sondern in den damit verbundenen wesentlich komplexeren Beschaffungsprozessen bei der *BASF*. Auch die generell vermutete Kosteneinsparung
durch Abwicklung der Bestellungen auf Basis von Rahmenverträgen zeigte sich in diesem Projekt. Bei der Schraubenbeschaffung ließen sich hierdurch je nach Prozess die Gesamtkosten zwischen 20% und 30% reduzieren.

Auch für die einzelnen Wertschöpfungsstufen innerhalb der betrachteten Kette ergaben sich detaillierte Kostendaten. So hatten die Kosten der
Lagerhaltung einen Anteil von fast 50% bei den über das Lager abge-
wickelten Bestellungen (H+B). Für die Direktbestellungen zeigte sich, dass
ein wesentlicher Kostenblock bei den Lieferanten anfiel.

Die Abwicklungskosten
machten den größten Block
der Prozesskosten aus – bei
C-Teilen kein überraschendes
Ergebnis!

4.5. Gestaltung des Soll-Konzepts

Ausgehend von den Ergebnissen der Ist-Analyse, die auf dem Prozessmapping und der Prozesskostenrechnung basierten, wurden verschiedene
Optimierungsansätze für eine Neugestaltung der Prozessstrukturen geprüft. Dabei bestand insbesondere bei den Lagerbestellungen (H+B) aufgrund der hohen Kosten konkreter Handlungsbedarf, aber auch bezüglich
der Transaktionsstrukturen und der hohen Anzahl von Lieferanten. Aus
weiteren, speziellen Analysen, die das Controlling durchführte, zeigten sich
auch Ansatzpunkte bei der Steuerung der Zulieferverkehre und den Transportkosten. Beim Einkauf von Transportleistungen erhielten die Lieferanten nämlich teilweise wesentlich schlechtere Konditionen als die *BASF*.

Nicht alle der sich generell für C-Artikel anbietenden Optimierungsansätze kamen auch für die Schraubenbeschaffung in Frage. Unter Abwägung
verschiedener Vor- und Nachteile und unter Berücksichtigung erwarteter
zukünftiger Entwicklungen wurde ein Soll-Konzept mit den nachfolgend
aufgeführten Eckpunkten aufgestellt. Zur Evaluation und vergleichenden
Beurteilung verschiedener Alternativen wurde dabei fortlaufend die bereits
implementierte Prozesskostenrechnung genutzt.

Die Ergebnisse der Ist-Analyse lieferten vielfältige Anstö-
ße zur Gestaltung eines Soll-
Konzepts

- Reduktion der Lieferantenanzahl auf fünf Kernlieferanten, Ergänzungslieferungen sollten zukünftig über zwei Händler abgewickelt werden. Dadurch könnten insgesamt etwa 40 Lieferanten wegfallen, was auch die Verbesserung der Logistiksysteme und die Einbindung der Lieferanten entscheidend vereinfachte.
- Verbesserung der Transaktionsstrukturen durch die verstärkte Bestellung über Rahmenverträge und die Fakturierung über Gutschriftverfahren.
- Elektronische Anbindung der Lieferanten zur kompletten Bestellabwicklung unter Vermeidung von Medienbrüchen. Dezentrale Wareneingangserfassung über mobile Barcodesysteme.
- Verbesserter Materialfluss durch Wechsel der Logistikpartner und einstufige Lagerhaltung in Kombination mit Konsignationslagern. Einführung von definierten Drop-off-Points bei den Direktbestellungen.

Neben den Gestaltungsvorteilen, die sich aus einer Lieferantenreduktion ergeben, ließen sich auch direkte Kostenvorteile erzielen. Diese wurden im Rahmen der Lieferantenanalyse ermittelt. Die Veränderung der Lieferantenzahl wirkte sich in dem zu Grunde gelegten Modell auf zwei Arten aus. Einerseits wurden bei einer Reduktion der Lieferanten Prozesskosten verringert, da bestimmte von der Lieferantenanzahl abhängige Hauptprozesse wie Lieferantenbeurteilung seltener anfielen. Andererseits erhöhte sich das Frachtvolumen je Lieferant, so dass die Lieferanten bei den Frachtraten bessere Rabattierungen realisieren und größere Lieferungen veranlassen könnten. Ergebnis der Untersuchung war, dass die Reduktion eines Lieferanten eine Minderung der Beschaffungskosten in Höhe von etwa 1% der relevanten Beschaffungskosten bewirkte, was bei einer ursprünglichen Lieferantenzahl von ca. 50 erheblichen Potenzialen entsprach. Grenzen für ein Vorgehen in Richtung Single Sourcing lieferte das Streben der *BASF*, mögliche Abhängigkeiten bereits im Vorfeld auszuschließen und deshalb mehrere alternative Lieferanten zu behalten.

> Die Analyse deckte eine Reihe von Potenzialen auf, die mit Hilfe der Prozesskostenrechnung bewertet werden konnten

Der Wechsel der Logistikpartner war einerseits aus Kostengesichtspunkten empfehlenswert. Andererseits stellte das Soll-Konzept erhöhte Anforderungen, die nicht in allen Fällen durch die bisherigen Logistikdienstleister erfüllt werden konnten. So sollten die Logistikdienstleister neben der reinen Transportdienstleistung über zusätzliche Funktionalitäten verfügen und beispielsweise eine elektronische Anbindung zur *BASF* ermöglichen, sodass Aufträge und Sendungsavis möglichst medienbruchfrei elektronisch abgewickelt werden konnten. Auch die Fähigkeiten zum Barcode-Handling bzw. zur Sendungsbündelung und zur professionellen Tourenplanung waren erforderlich.

> Die neue Lösung setzte deutlich höhere Anforderungen an das Logistik-Know-how der Dienstleister

Das erarbeitete Soll-Konzept ermöglichte eine erhebliche Reduktion der Prozesskosten durch eine Straffung bzw. erhebliche Vereinfachung der Prozessstrukturen, was auch an dem resultierenden Netzwerk deutlich wird (vgl. die *Abbildung 8-4*).

Um eine abschließende vergleichende Bewertung der ursprünglichen Prozessstrukturen mit denen des Soll-Konzeptes zu ermöglichen, mussten mit der SCOR-Methodik für die neuen Abläufe entsprechende Prozessket-

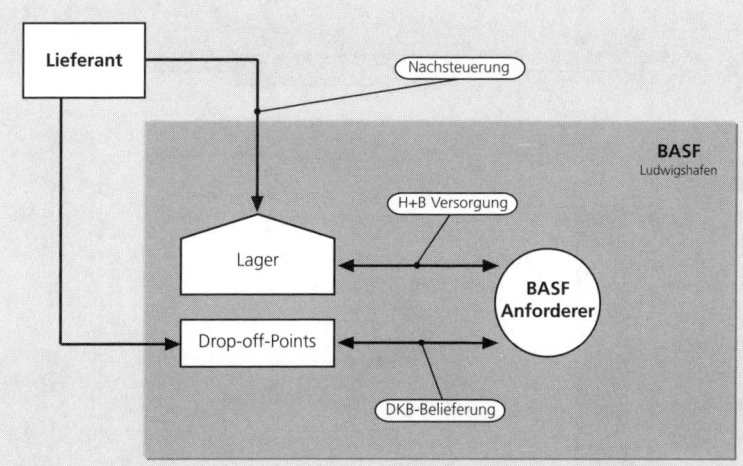

Abb. 8-4: Vereinfachtes Netzwerk des Sollkonzeptes
(SCOR-Ebene 1)

tenmodelle erstellt werden. Diese wurden dann einer erneuten Prozessbewertung unterzogen, um einen Nachweis für die tatsächlichen Einsparpotenziale bei der *BASF* und den Lieferanten zu erbringen.

4.6.   Bewertung des Soll-Konzeptes

Bei der Berechnung der Prozesskosten des geschilderten Soll-Konzepts ergaben sich auf Seiten der *BASF* Einsparpotenziale von 65% (vgl. die *Abbildung 8-5* auf der Folgeseite). Etwa 20% dieser Einsparungen entfielen auf den Bereich der Bestellabwicklung durch eine Straffung der Prozesse und die Verschiebung der Prozesstypverteilung hin zu direkten Abrufen. Diese Optimierungsansätze führten auch in der Lagerhaltung zu signifikanten Einsparungen von etwa 35% des Gesamteffekts. Ein weiterer Hebel waren Einsparungen bei den Frachtkosten, die zum einen durch eine Bündelung der Lieferungen bei weniger Lieferanten einen Mengeneffekt nach sich zogen und zum anderen durch die Nutzung der besseren *BASF*-Konditionen auch einen Preiseffekt mit sich brachten.

Insgesamt war das Einsparpotenzial unerwartet hoch

Weitere 35% der Einsparungen ließen sich bzgl. der Kapitalkosten durch die Einrichtung von Konsignationslagern erzielen. Die Schraubendisposition sollte zwar wie bisher durch die *BASF* getätigt werden, allerdings waren die Schraubenlieferanten bereit, Zugeständnisse bezüglich des Zeitpunkts des Eigentumsübergangs zu machen, der erst bei der Entnahme aus dem Lager durch die *BASF* erfolgen sollte. Damit akzeptierten die Lieferanten eine erhöhte Kapitalbindung, da sie die Einrichtung eines Konsignationslagers als Kundenbindungsmaßnahme ansahen und zudem selber damit Prozesseinsparungen realisieren konnten.

Zusätzlich zu den Einsparungen der *BASF* ließ sich auf Zulieferseite durch die Optimierung der Prozesse und die Umstellung auf das Soll-Konzept ein Einsparungspotenzial in der selben Größenordnung erzielen. Durch die erhöhten Kapitalkosten durch die Konsignationslager wurde

**Projektbezogenes
Logistik-Controlling**

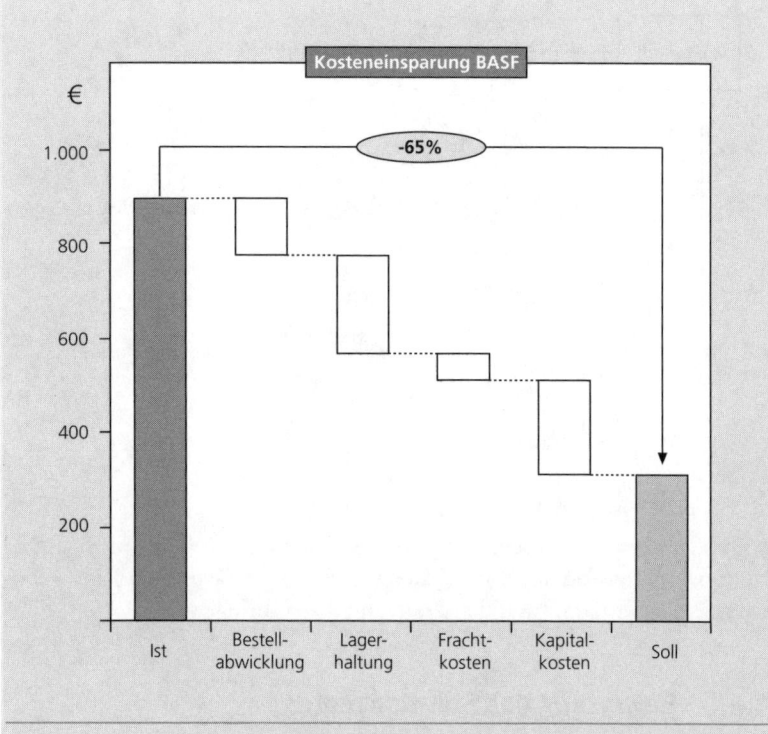

Abb. 8-5: Kostenersparnis
BASF-Schraubenbeschaffung

aber ein großer Teil dieses Effekts wieder aufgezehrt. »Unter dem Strich« verblieb dennoch eine Verbesserung von über 10%.

Damit ergab sich eine Win-Win-Situation, die wesentliche Vorausset-zung dafür war, die Lieferanten für die Umsetzung des Soll-Konzeptes zu gewinnen. Hinzu kam der Effekt der Bündelung der Nachfrage auf eine we-sentlich geringere Zahl von Lieferanten. Bezogen auf die komplette unter-suchte Supply Chain ergaben sich Kosteneinsparungen in Höhe von knapp 50 % bzw. ca. 650 Tsd. Euro.

4.7. Handlungsempfehlungen und Übertragung auf andere C-Teile

Die Untersuchung der Prozesskosten der Schraubenbeschaffung bei der *BASF* bestätigte die grundsätzlichen Kostenreduktionsmöglichkeiten in diesem Bereich. Grundsätzlich sind über die vorgestellten Optimierungs-maßnahmen hinaus noch weitere denkbar, die in anderen Situationen sinn-voll sind. So lässt sich beispielsweise beim Lieferantenmanagement eine noch stärkere Nachfragebündelung erzielen. Zudem blieben aufgrund feh-lender Daten innerhalb dieses Projektes auch Potenziale aus einer Verbes-serung der Bestellrhythmen unberücksichtigt.

Trotz des recht geringen Anteils (ca. 25%) der Prozesskosten bei der Schraubenbeschaffung im Vergleich zu den übrigen Kosten, welche die *BASF* über die Einkaufspreise zu tragen hat, lassen sich in diesem Bereich

Die Ergebnisse lassen sich von den Schrauben auf C-Tei-le generell übertragen

die größten Einsparungen erzielen. So reduzieren sich durch die vorgestellte Reorganisation der Logistik und der gesamten Beschaffung die Gesamtkosten der Schraubenbeschaffung (Einkaufswert plus Prozesskosten) bei der *BASF* um fast 13%.

Bei anderen C-Artikeln ist der Anteil der Prozesskosten z.T. wesentlich höher als bei der Schraubenbeschaffung, bei der sich durch den hohen Anteil von Spezialschrauben und recht großen Bestellmengen im Durchschnitt hohe Bestellwerte ergeben. Hier verspricht die Nutzung der entwickelten Methodik und die Übertragung des vorgestellten Konzeptes entsprechend höhere Einsparpotenziale. Zudem lassen sich bei einer breiteren Anwendung des Konzeptes auch Synergien zwischen unterschiedlichen Produktgruppen erzielen.

Im Rahmen des Prozesscontrollings wurde auch eine solche Extrapolation der Einsparpotenziale auf die gesamte C-Teil-Versorgung der *BASF* vorgenommen. Selbst bei konservativsten Schätzungen ergeben sich Einsparungsmöglichkeiten von 3,5 Mio. Euro pro Jahr am Standort Ludwigshafen. Optimistischere Schätzungen versprechen aber auch durchaus das Zehnfache an Einsparungen.

Neben den konkret entwickelten Methoden und Konzepten lässt sich als generelle Handlungsempfehlung aus diesem Projekt eine Verschiebung der Tätigkeitsschwerpunkte in der Beschaffung von einer reinen Preisorientierung hin zu einer stärkeren Prozessorientierung ableiten. Auch im Zeitalter von elektronischen Auktionen und grenzenloser Transparenz durch E-Commerce muss darauf hingewiesen werden, dass die wesentlichen Einsparhebel in der Prozessoptimierung liegen.

4.8.   Fazit aus dem Projekt

In diesem Beispiel zeigt sich eindrucksvoll, dass selbst in scheinbar unwichtigen Bereichen wie bei der Schraubenbeschaffung eine Reorganisation der Logistik und der zugrunde liegenden Prozesse sehr wohl Sinn macht und erhebliche Einsparungen und Leistungsverbesserungen nach sich ziehen kann. Dafür ist auch bei kleineren oder scheinbar weniger wichtigen Projekten eine adäquate Planung und ein systematisches Vorgehen notwendig. Nur durch die gezielte Einbindung des Controlling mit den entsprechenden Methoden und Instrumenten lässt sich eine konsequente Erreichung der angestrebten Ziele gewährleisten. Darüber hinaus muss das Projektmanagement darauf ausgerichtet sein, auch gegen plötzlich auftretende Widerstände gewappnet zu sein und diese schnellst möglich zu beseitigen.

5.   Zitierte und weiterführende Literatur

• Alter, A. (1991): Integriertes Projektcontrolling – Ein ganzheitlicher Ansatz auf Grundlage des Lebenszyklus von Systemen, Gießen.

**Projektbezogenes
Logistik-Controlling**

- Andreas, D./Rademacher, G./Sauter, B. (1992): Projekt-Controlling und Projekt-Management im Anlagen- und Systemgeschäft, Frankfurt/Main.
- Hagen, N./Springer, V./Stabenau, H. (2002): Gestaltungsfeld Prozessmanagement, in: Baumgarten, H./Stabenau, H./Weber, J./Zentes, J. (2002): Management integrierter logistischer Netzwerke, Bern, S. 9-104.
- Madauss, B.J. (1994): Handbuch Projektmanagement, 5. Aufl., Stuttgart.
- Mörsdorf, M. (1998): Konzeption und Aufgaben des Projektcontrolling, Wiesbaden.
- Offermann, A. (1985): Projekt-Controlling bei der Entwicklung neuer Produkte, Frankfurt/Main.
- Engelbrecht, Chr./Knobloch, U./Schmitt, A./Wallenburg, C.M./Weber, J. (2002): Gestaltungsfeld Controlling, in: Baumgarten, H./Stabenau, H./Weber, J./Zentes, J. (2002): Management integrierter logistischer Netzwerke, Bern, S. 105-211.
- Weber, J./Wertz, B. (1999): Benchmarking-Excellence, Schriftenreihe Advanced Controlling, Bd. 15, Vallendar.

Management Summary

Controlling vollzieht sich im Wechselspiel zwischen Manager und Controller. Gerade durch das Zusammentreffen der unterschiedlichen Sichtweisen kann die Führungsqualität gesteigert werden. Für die Logistik setzt dies voraus, dass sich die Controller stärker als in der Vergangenheit für die wettbewerbskritische Funktion Logistik interessieren. Hier sind aktuell erhebliche Defizite festzustellen. Controller sind traditionell zum einen stark monetär ausgerichtet (»ein Controller rechnet«). Wie ausführlich in diesem Buch gezeigt, wird eine solche Beschränkung dem Logistikmanagement nicht gerecht. Zum anderen ist die Unternehmenskenntnis der Controller stark auf die Produktion konzentriert. In der Logistik sind – wie neueste empirische Erkenntnisse zeigen – nur selten eigene Controller zu finden, und Zentralcontroller verstehen zumeist wenig von Logistik.

Folglich besteht ein erheblicher Handlungsbedarf. Das Logistikmanagement sollte ebenso wie der Controllerdienst Anstrengungen unternehmen, diesem Bedarf gerecht zu werden!

1. Vorteile des Einsatzes von Logistik-Controllern

Bevor ein Logistikmanager den Ratschlag eines Controllers sucht, muss er davon überzeugt sein, dass ihm die Unterstützung tatsächlich hilft. Diese Einschätzung trifft man nicht überall an. Controller gelten zuweilen als »Spion der Zentrale«, »Bremser« und »Erbsenzähler«, also gerade nicht als kundenorientierte interne Dienstleister. Am Beginn dieses abschließenden Kapitels müssen deshalb kurze Überlegungen stehen, wie Controller Managern grundsätzlich helfen können, d.h., was ihren Nutzen ausmacht.

1.1. Was machen Controller in der Praxis eigentlich?

Das Berufsbild der Controller ist – wie bereits angesprochen – bunt und vielfältig. Dies trägt ihm nicht selten den Vorwurf des »Schillernden« ebenso ein, wie es Mythen und Vorurteile nährt (»Controller als graue Eminenz«). Ohne viel Mühe lässt sich allerdings ein harter Aufgabenkern erkennen, den wir aus zwei unterschiedlichen Perspektiven beleuchten wollen. Jeweils dient empirische Erfahrung der Veranschaulichung.

1.1.1. Perspektive der Aufgabenfelder

Controller trifft man in der Praxis stets in drei Aufgabenfeldern an: Controller beteiligen sich an der Planung, sie übernehmen einen wichtigen Teil der laufenden Kontrollen und sind in vielfältiger Hinsicht an der Informationsversorgung des Managements beteiligt.

- In der *Planung* nehmen sie drei Teilaufgaben wahr: Sie organisieren und steuern den jährlich wiederkehrenden Planungsprozess (»Planungsfahrplan«). Sie helfen bei der Entwicklung von Plansätzen (z.B. bei der Bewertung von Plan-Alternativen). Sie nehmen kritisch zu Plansätzen Stellung und erhöhen damit die Planungsqualität (z.B.: Stimmen die Planungsprämissen?).

Controller helfen dem Management insbesondere in Planung, Kontrolle und Informationsversorgung

- Die *Kontrollaufgaben* der Controller beziehen sich wesentlich auf die Budget- und die Investitionskontrolle. Abweichungsanalysen und Maßnahmenvorschläge helfen, das eher negative Image der Kontrolle ins rechte Licht zu rücken (und seiner tatsächlichen Bedeutung gerecht zu werden: Kontrolle ist primär ein Lernvorgang!).
- Zu den *Informationsaufgaben* gehören insbesondere das laufende Berichtswesen und die anlassbezogene Bereitstellung (zumeist monetärer) Informationen. In vielen Unternehmen betreiben die Controller auch die Kostenrechnung. Die Informationsaufgaben lassen sich prägnant unter dem Begriff der »Transparenzverantwortung« zusammenfassen.

Controller sorgen für Transparenz

Wie Controller ihr Zeitbudget auf diese drei Hauptaufgaben aufteilen, ist von Unternehmen zu Unternehmen unterschiedlich. Die *Abbildung 9-1*

**Träger der Controlling-
Aufgaben**

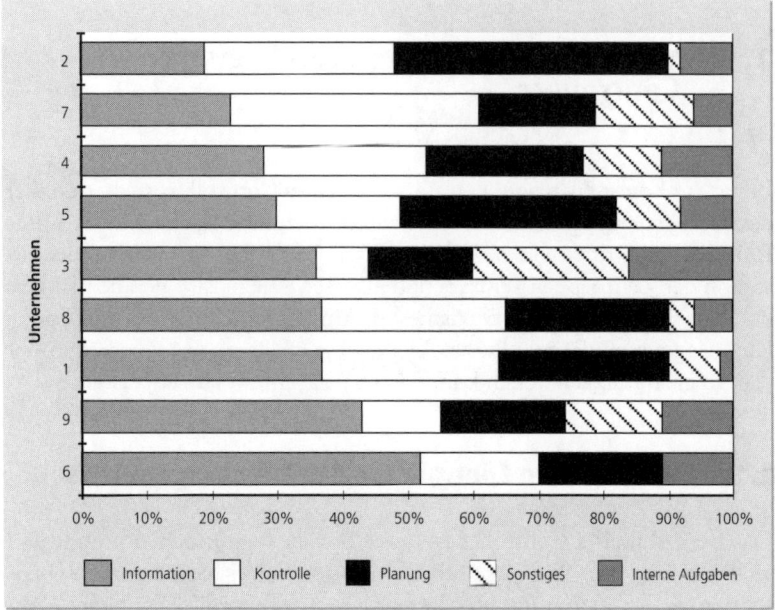

Abb. 9-1: Verteilung der Controlleraufgaben nach unterschiedlichen funktionalen
Aufgabengruppen in den
Unternehmen des WHU-Ar-
beitskreises Benchmarking
Controlling

zeigt die Ergebnisse einer Benchmarking-Studie von neun in Deutschland
tätigen Großunternehmen (geordnet nach dem Anteil der Informationsaufgaben). Die Unterschiede sind erheblich. Gründe hierfür liegen zum Teil
in der Unterschiedlichkeit des Geschäfts, zum anderen in den unterschiedlichen Entwicklungspfaden des jeweiligen Controllerbereichs (Grad der
Etablierung, persönliche Präferenzen u.a.m.).

Weitere Unterschiede werden sichtbar, wenn man zwischen Zentralcontrolling auf der einen Seite und »Controlling vor Ort« auf der anderen
Seite unterscheidet. Letzteres kann sich intensiver um konkrete Manage-
mentprobleme kümmern, klagt allerdings häufig über zu erfüllende Aufgaben für das Zentralcontrolling (insbesondere Lieferung von Zahlen). Dieses wiederum hat neben der Beratung des Top-Managements Richtlinien-
und ähnliche Gestaltungsarbeit zu erfüllen. Die *Abbildung 9-2* veranschaulicht dies am konkreten Beispiel eines Handelskonzerns. Sie zeigt nicht nur
andere Aufgabenschwerpunkte, sondern auch unterschiedliche Aufgaben-
inhalte. Zudem liefert sie noch zahlreiche Beispiele zur näheren Veranschaulichung der Aufgabengruppen.

1.1.2 Perspektive der Aufgabenschwerpunkte

Mehr über das Selbstverständnis der Controller erfährt man, wenn man neben den Aufgabenfeldern auch ihre Aufgabenschwerpunkte näher betrachtet. Die folgenden Erkenntnisse entstammen der Arbeit am *Center for
Controlling & Management (CCM.)* an der WHU, in dem mehrere Großunternehmen eng mit der Hochschule zusammenarbeiten. Die Schwerpunkte der
Controllertätigkeit wurden – nach intensiver Diskussion mit den Controllern – danach unterschieden,

- ob Controller ihren Fokus auf die *Schaffung von Transparenz durch Bereitstellung geeigneter Informationen* legen,
- ob sie vor allem als *Methodenexperten* in Erscheinung treten,
- ob Controller ihre primäre Aufgabe in der *Sicherstellung rationaler Entscheidungsprozesse* – beispielsweise im Rahmen einer neutralen Bewertung unterschiedlicher Sichtweisen – sehen oder
- ob sie als inhaltlicher *Sparringspartner des Managers* im Rahmen der Entscheidungsfindung fungieren.

Vorteile des Einsatzes von Logistik-Controllern

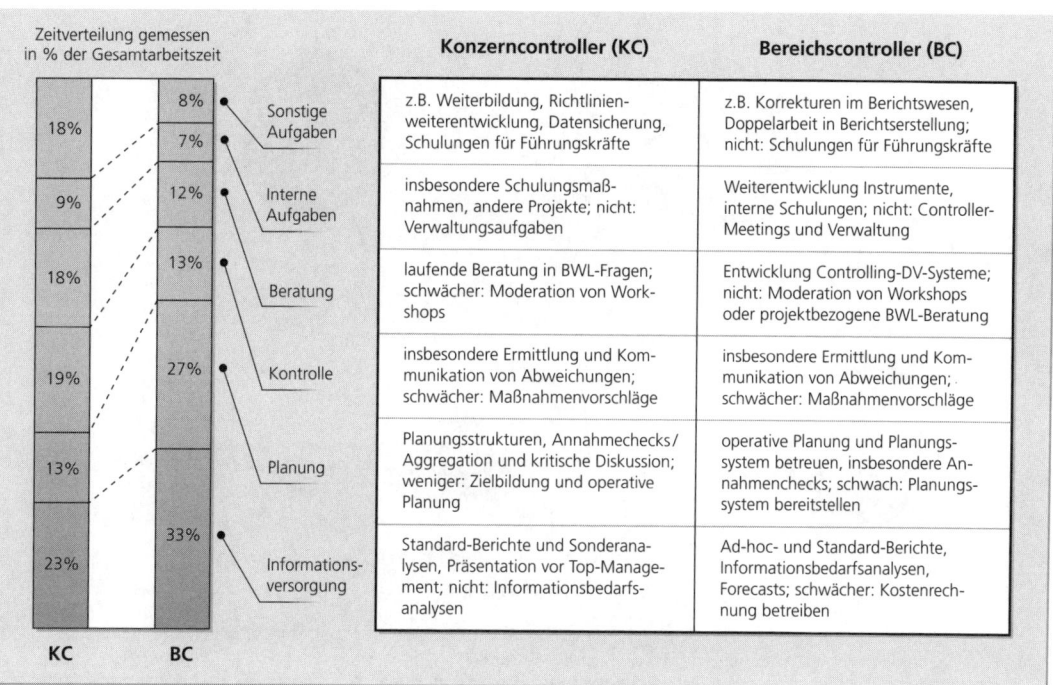

Zeitverteilung gemessen in % der Gesamtarbeitszeit		Konzerncontroller (KC)	Bereichscontroller (BC)
18% → 8% / 7%	Sonstige Aufgaben	z.B. Weiterbildung, Richtlinienweiterentwicklung, Datensicherung, Schulungen für Führungskräfte	z.B. Korrekturen im Berichtswesen, Doppelarbeit in Berichterstellung; nicht: Schulungen für Führungskräfte
9% → 12%	Interne Aufgaben	insbesondere Schulungsmaßnahmen, andere Projekte; nicht: Verwaltungsaufgaben	Weiterentwicklung Instrumente, interne Schulungen; nicht: Controller-Meetings und Verwaltung
18% → 13%	Beratung	laufende Beratung in BWL-Fragen; schwächer: Moderation von Workshops	Entwicklung Controlling-DV-Systeme; nicht: Moderation von Workshops oder projektbezogene BWL-Beratung
19% → 27%	Kontrolle	insbesondere Ermittlung und Kommunikation von Abweichungen; schwächer: Maßnahmenvorschläge	insbesondere Ermittlung und Kommunikation von Abweichungen; schwächer: Maßnahmenvorschläge
13% →	Planung	Planungsstrukturen, Annahmechecks/ Aggregation und kritische Diskussion; weniger: Zielbildung und operative Planung	operative Planung und Planungssystem betreuen, insbesondere Annahmenchecks; schwach: Planungssystem bereitstellen
23% → 33%	Informationsversorgung	Standard-Berichte und Sonderanalysen, Präsentation vor Top-Management; nicht: Informationsbedarfsanalysen	Ad-hoc- und Standard-Berichte, Informationsbedarfsanalysen, Forecasts; schwächer: Kostenrechnung betreiben
KC BC			

Hiermit lässt sich ein breites Spektrum an unterschiedlichem Selbstverständnis der Controller abbilden.

Wir haben die Controller gleichzeitig danach gefragt, mit welchem Ergebnis sie die genannten Schwerpunkte ausfüllen. Kriterien waren dabei für uns die Art der bereitgestellten Informationen (quantitative vs. qualitative Informationen), der Grad der Kundenorientierung und die Größe des erzielten Entscheidungseinflusses. Um nicht zu sehr in der Eigenperspektive verhaftet zu sein, wurden die Einschätzungen der Controller schließlich mit denen »ihrer« Manager konfrontiert. Das Ergebnis all dieser Empirie zeigt stark zusammengefasst die *Abbildung 9-3*.

Abb. 9-2: Beispiele einer Leistungsverteilung zwischen Konzern- und Bereichscontrolling (entnommen aus *Weber/Prenzler/David* 2001, S. 27)

1.2. Wie unterstützen Controller ihre Manager genau?

Unsere grundsätzliche Sicht des Controlling haben wir bereits im ersten Kapitel und mehrfach an anderen Stellen dieses Buches ausgeführt: Control-

Träger der Controlling-Aufgaben

ling zielt darauf ab, die Rationalität der Führung zu sichern. Dies spiegelt sich im Zusammenspiel von Manager und Controller wider: Controller leisten für ihre Manager eine spezifische Form von Führungsunterstützung. Diese lässt sich in drei Arten unterteilen.

Controllerprofile im Fremd- und Selbstbild (1 = nicht zutreffend, 7 = zutreffend)

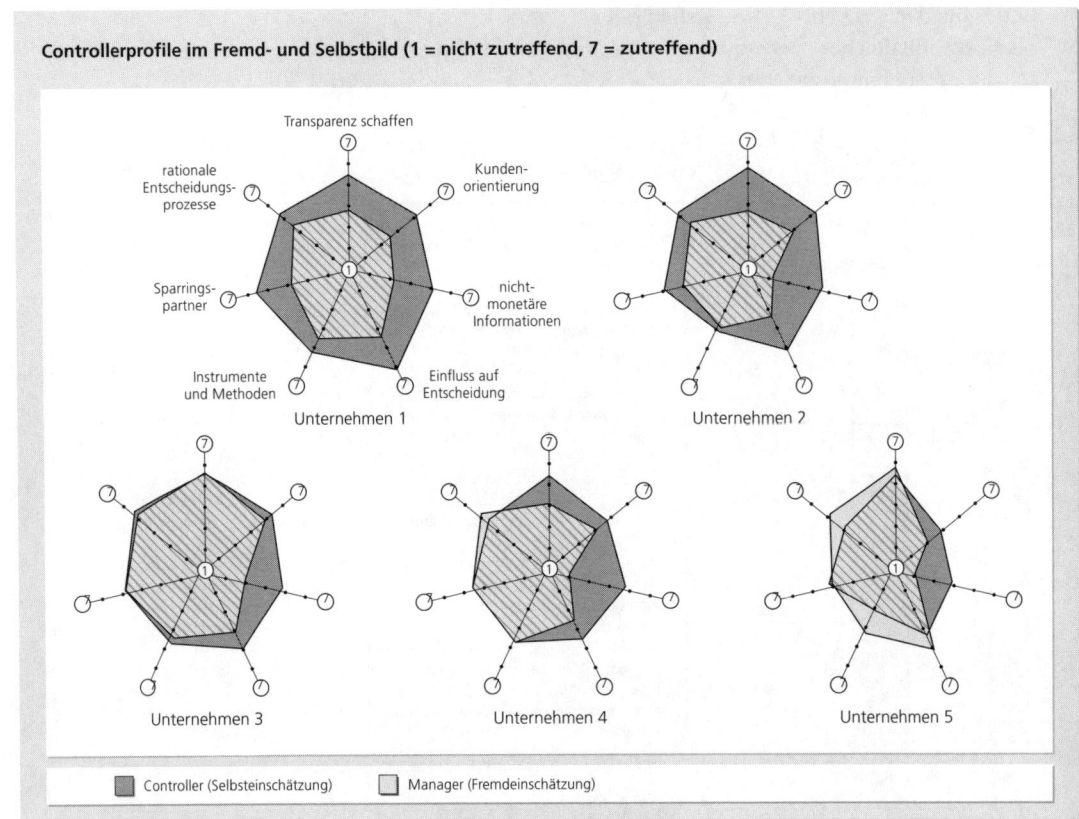

Abb. 9-3: Controllerprofile in Selbst- und Fremdeinschätzung (entnommen aus *Weber/Prenzler/David* 2001, S. 35)

1.2.1. Entlastung des Managements

Manager sind – hoffentlich – gut bezahlt und haben wenig Zeit. Es macht deshalb Sinn, wenn ihnen Controller bestimmte Führungsaufgaben abnehmen. Diese müssen delegierbar sein und Spezialisierungsvorteile bei den Controllern erwarten lassen.

Manager delegieren ihren Controllern ein ganzes Spektrum an Aufgaben

Beide Kriterien werden zum einen von den typischen, mit der Bereitstellung und Auswertung von »betriebswirtschaftlichen« Zahlen verbundenen Aufgaben erfüllt. Controller versorgen – wie auch empirisch gezeigt – das Management mit Ergebnisgrößen. Sie berichten monatlich über die angefallenen Kosten (und Erlöse), führen Investitionsrechnungen durch. Sie sprechen mit dem Management Ergebnisabweichungen durch und machen sich Gedanken über neue Steuerungssysteme. Sie betreiben die Kostenrechnung oder geben Kostenrechnern die Vorgaben, welche Informationen die Kostenrechnung für das Management liefern soll. Controller sind im Umgang mit diesen Aufgaben geschult. Sie sind darin erfahren. Sie gehen gerne mit Zahlen um. Bedenkt man, dass sie zudem in der Gehaltsliste deutlich hinter den Managern rangieren, ist die Wirtschaftlichkeit der Aufgabenübertragung evident.

Eine ähnliche Einschätzung trifft zum anderen auf einen Teil der Planungsaufgaben zu. Controller gestalten Form und Ablauf der Planung. Sie sind für den Großteil der Planungsinstrumente fachlich zuständig. Sie stellen sicher, dass Planungstermine eingehalten werden. Sie führen im Rahmen der Budgetierung Plansätze zusammen und decken Inkonsistenzen in den Zahlen auf. Eine hinreichende Trennbarkeit von Planungsinhalt und Planungsprozess, erhebliche Spezialisierungsvorteile verbunden mit dem Argument niedrigerer Entlohnung erklären die Aufgabenwahrnehmung durch Controller.

Überträgt man diese Überlegungen auf den Logistikbereich, so spricht auch dort viel für die Übertragung derartiger Aufgaben auf spezielle Controller. Reicht das Aufgabenvolumen nicht aus, um einen Controller auszulasten, besteht zum einen die Möglichkeit, das Zentralcontrolling um Unterstützung anzugehen. Zwar mag zunächst ein gewisses Misstrauen herrschen (»Spion der Zentrale«). Derartige Vorurteile sind aber in gemeinsamer Arbeit zumeist schnell auszuräumen. Zum anderen »rechnet sich« der Controller nicht nur durch Entlastungsaufgaben, sondern auch durch die Ergänzung des Managements. Diese Funktion sei im Folgenden näher betrachtet.

1.2.2. Ergänzung des Managements

Die Entlastung des Managements vollzieht sich als Ergebnis einer Delegationsbeziehung: Der Manager erteilt dem Controller – explizit oder implizit – konkrete Aufträge (»Ich möchte jeden Mittwoch nach Monatsultimo über Soll-Ist-Abweichungen meiner Kosten informiert werden«). Controller wirken aber zuweilen auch ohne solchen Auftrag – quasi in Form einer unspezifizierten Rahmenvereinbarung. Der Grund hierfür liegt in unterschiedlichen »Weltsichten« von Managern und Controllern. Beide »ticken anders«. Hierfür findet sich beim maßgeblichen deutschen Controllertrainer, *Dr. Albrecht Deyhle*, folgendes anschauliche Bild:

»Zahlen, die betriebswirtschaftlichen Zusammenhänge und die ökonomische Logik bilden ... ein Metier für sich ... Wie soll jetzt der »Non-Accountant« als Manager damit umgehen können? Antwort: »Zusammen mit seinem Controller«. Jemand, den man Controller nennt..., hat die Aufgaben des betriebswirtschaftlichen Beraters, Ratgebers, Lotsen und eines ökonomischen Gewissens. Auch deswegen, weil ein Manager eine ziemliche Portion Euphorie braucht und deshalb, um den Schwung nicht zu verlieren, manches vielleicht gar nicht so exakt analysieren soll. Solches wäre dem Controller anzuvertrauen« (*Deyhle* 1984, S. 37f.).

Das Zusammenspiel
zwischen Manager und
Controller in der Sprache
von *Deyhle*

Controller und Manager sind häufig unterschiedlich »sozialisiert« (z.B. Ingenieur oder Naturwissenschaftler versus Kaufmann) und haben unterschiedliche persönliche Eigenschaften. Das im *Deyhle*-Zitat sichtbar werdende Bild haben wir kürzlich in einer empirischen Studie überprüft und

Träger der Controlling-Aufgaben

bestätigt. Die *Abbildung 9-4* zeigt die beiden Eigenschaftsprofile von Managern und Controllern anschaulich auf. Sie basiert auf einer gleichzeitigen und sowohl umfangreichen wie repräsentativen Befragung beider Gruppen (vgl. *Weber/Schäffer/Bauer* 2000).

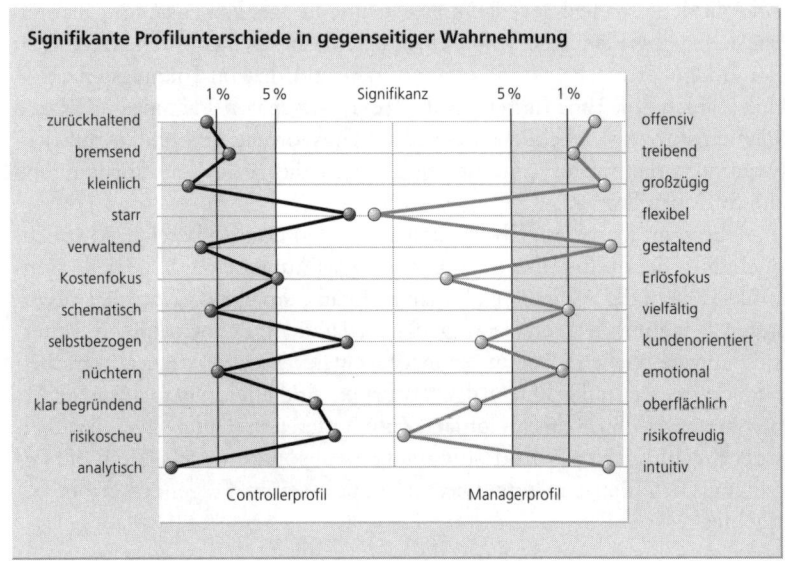

Abb. 9-4: Eigenschaften von Controllern und Managern im Vergleich (entnommen aus *Weber/Schäffer/Bauer* 2000, S. 23)

Wenn Manager und Controller die Welt unterschiedlich betrachten, können sie sich sehr gut ergänzen: Der Controller wird zum kritischen Counterpart des Managers. Er hat die Verpflichtung, Ideen und Sichtweisen des Managers kritisch zu hinterfragen, Begründungen zu verlangen und zu überprüfen, bewusste Gegenpositionen einzunehmen, den »advocatus diaboli« zu spielen. Eine solche ergänzende Rolle ist verhaltensbezogen nicht ganz einfach: Wer lässt sich schon gerne ständig kritisieren? Sachlicher Diskurs wird schnell von emotionalen Störungen überlagert. Dennoch ist die Counterpartfunktion des Controllers für den Manager außerordentlich hilfreich: Probleme zu erkennen und zu vermeiden, bevor sie aufgetreten sind, ist allemal besser, als sie im nachhinein aufwendig zu bekämpfen.

Controller und Manager ergänzen sich in der Praxis häufig sehr gut

Controller müssen behutsam vorgehen und stets den richtigen Ton treffen; Besserwisserei ist ebenso wenig angebracht wie offen zur Schau getragenes Sendungsbewusstsein. Controller müssen auf jeden Fall Neutralität und Integrität wahren – ansonsten ist die Rolle des Counterparts nicht zu spielen. Manager lehnen diese Ergänzung im übrigen – trotz aller gegenteiligen Erfahrungen in der einzelnen Entscheidungssituation – keinesfalls ab: Es besteht vielmehr empirisch ein direkter Zusammenhang zwischen der Wahrnehmung der Counterpartfunktion und der Zufriedenheit der Manager mit ihren Controllern!

Was bedeutet dies wiederum für den Logistikbereich? Typischerweise ist das Management in der Logistik »fest in Händen von Ingenieuren«. Die zusätzliche Brille eines Kaufmanns macht also Sinn. Der vom konkreten Führungsumfeld weitgehend unabhängige Drittblick kommt hinzu: Beides Argumente für den Einsatz von Logistik-Controllern!

1.2.3. Begrenzung des Managements

Nicht verschwiegen werden soll noch eine dritte Funktion von Controllern, die sich um das Phänomen des Opportunismus rankt. Unternehmen können sich nicht blind darauf verlassen, dass alle Manager per se und in jedem Fall stets nur an die Ziele des Unternehmens denken. Zumindest als Ausnahmefälle trifft man auch auf Menschen, denen ihre persönlichen Ziele wichtiger sind als die Ziele, für die sie bezahlt werden. In Fortsetzung der Ergänzungsfunktion muss ein Controller auch damit rechnen, dass »sein« Manager anderes im Sinn hat, als er offen ausspricht. Ein erfahrener Controller kann von einer Vielzahl von Situationen berichten, in denen sich zunächst sehr plausibel erscheinende Begründungen für zu treffende Entscheidungen bei näherem Hinsehen als Blendung und Täuschung herausgestellt haben. Vielleicht geht es bei der Einführung der neuesten Fördertechnik eben doch nicht (nur) um die Effizienz in der Logistik, sondern (auch) darum, technologisch seinen persönlichen Ruf als Innovator nicht zu verlieren.

Wenn es Controller auch nicht gerne zugeben: Sie haben auch die Aufgabe aufzupassen, dass das Management »auf dem Pfad der Tugend« bleibt

Controller fühlen sich in diesem Sinne »für die Einhaltung der Spielregeln« verantwortlich. Tatsächliche Begrenzungen der Manager sind in der Praxis dennoch der absolute Ausnahmefall. Typischerweise reicht ein Kokettieren mit der Begrenzungsfunktion aus, bevor das Kind in den Brunnen fällt.

1.3. Rechnen sich Controller?

Die Frage der Wirtschaftlichkeit von Leistungen ist der »klassische Hometurf« von Controllern. Sie stellen sie jahrein jahraus allen Abteilungen im Unternehmen – nur typischerweise sich selbst nicht! Nur sehr fortschrittliche von ihnen versuchen, sich dem Thema über die Messung der Zufriedenheit ihrer »Kunden« zu nähern. Auch wenn Manager die Controller als ganz nützlich und hilfreich für ihre Arbeit betrachten, muss das aber noch lange nicht heißen, dass sich die Controller auch tatsächlich rechnen. So müssen Manager in den wenigsten Unternehmen für die Controllerleistung konkret bezahlen – und wer nimmt nicht schon gerne »kostenlose« Leistungen in Anspruch?

Controller machen sich zu selten Gedanken darüber, ob sie selbst wirtschaftlich sind

Wer vor der Frage steht, ob sich die Beschäftigung eines Logistik-Controllers tatsächlich lohnt, hat zu ihrer Beantwortung ganz unterschiedliche Möglichkeiten. Zum einen kann er versuchen, eine genaue Analyse durchzuführen. Die relevanten Kriterien haben wir im vorangegangenen Abschnitt aufgeführt. Ob und in welchem Maße sie im konkreten Einzelfall gelten, ist allerdings Unsicherheit ausgesetzt. Zum anderen besteht die Möglichkeit, auf Benchmarks aus anderen Unternehmen zurückzugreifen. Wie im 1. Kapitel des Buches ausgeführt, deuten diese eher darauf hin, auf gesonderte Logistik-Controller zu verzichten: Ein Großteil des Logistik-Controlling wird derzeit von der Logistik-Linie durchgeführt! Allerdings gilt es zu bedenken: Da das Logistik-Controlling insgesamt noch am Beginn seiner Entwicklung steht, liefert der Blick zu anderen Unternehmen nur beschränkt verlässliche Informationen.

Eine weitere Möglichkeit besteht schließlich darin, die (empirische) Wissenschaft nach entsprechenden Erfahrungen zu befragen. Die Antwort ist jedoch nur bedingt befriedigend: Derzeit fehlen noch verlässliche Informationen zum Nutzen von Logistik-Controllern, und dies weltweit. Auch Studien zum Erfolgsbeitrag von Controllern allgemein sind an den Fingern einer Hand abzuzählen. Die valideste von diesen wurde kürzlich an der WHU abgeschlossen – wir haben auf sie schon mehrfach verwiesen (vgl. *Weber/Schäffer/Bauer* 2000; *Bauer* 2002). Sie kommt zu zwei Kernaussagen:

Es gibt wenige empirische Studien, die die Frage nach der Wirtschaftlichkeit der Controller beantworten

- Zum einen besteht ein signifikanter und starker Zusammenhang zwischen der Qualität der Controllerarbeit und dem Unternehmenserfolg.
- Zum anderen wird dieser Zusammenhang wesentlich davon beeinflusst, wie hoch die Anforderungen der »unternehmerischen Umwelt« an das Unternehmen sind. Je weniger großzügig diese ausfallen, desto wichtiger werden Controller!

Bedenkt man die allgemeine Entwicklung der Märkte, so spricht folglich Einiges dafür, dass sich in größeren Unternehmen die Einrichtung von Logistik-Controllerstellen rechnet, dass dies einen geeigneten Weg darstellt, den Erfolg der Logistik und den des Unternehmens insgesamt zu steigern!

2. Träger des Logistik-Controlling in Supply Chains

Besondere Probleme der Trägerschaft von Controlling-Aufgaben ergeben sich für Supply Chains. Sie seien deshalb auch in einem gesonderten Abschnitt diskutiert.

Der Frage. wie das Supply Chain Controlling institutionell verankert werden sollte, kommt für seinen erfolgreichen Einsatz entscheidende Bedeutung zu. Es muss explizit festgelegt werden, wer die zahlreichen Aufgaben wahrnimmt und die im 7. Kapitel dargestellten Instrumente tatsächlich einsetzt. Wie bei fast jeder Zusammenarbeit zwischen Unternehmen besteht auch bei der unternehmensübergreifenden Zusammenarbeit in einer Supply Chain die Gefahr opportunistischen Verhaltens durch ein oder mehrere relativ mächtigere(s) Supply Chain-Mitglied(er), das bzw. die einem objektiven Gesamtoptimum der Kette entgegensteht(en) (*Kaufmann/Germer* 2001, S. 187f). Das Supply Chain Controlling muss diesem möglichen opportunistischen Verhalten entgegenwirken, was nur durch Neutralität und Objektivität möglich ist. Die institutionelle Aufhängung des Supply Chain Controlling bestimmt daher wesentlich, welche Akzeptanz ein Supply Chain Controlling bei den beteiligten Unternehmen findet und hat damit auch starke Rückwirkungen auf die Vertrauensbasis in der Supply Chain.

Wer das Supply Chain Controlling übernehmen soll, ist derzeit noch unklar

2.1. Bestehende Ansätze und Status Quo der institutionellen Verankerung

Zum Thema der institutionellen Verankerung eines Supply Chain Controlling gibt es bisher mehr offene Fragen als Antworten. Diese Situation gilt auch für das Supply Chain Management insgesamt; auch hier ist unklar, wer die Rolle des Supply Chain Managers übernehmen soll. In diesem Zusammenhang werden meist die sogenannten 4PL's (Fourth Party Logistics Provider) in die Diskussion gebracht. Ein 4PL ist ein unabhängiger Logistikdienstleister, der die Planung, den Informationsfluss und die Kontrolle der Supply Chain übernimmt, selbst aber über keine Assets verfügt. Diese Position eines unabhängigen Dritten kann auch für die Wahrnehmung der Aufgaben des Supply Chain Controlling sinnvoll sein (vgl. *Kummer* 2001, S. 82f). Weiterhin ist auch die Rolle eines kettenexternen »Informationstreuhänders« für das Supply Chain Controlling denkbar, der von allen Unternehmen einer Kette die notwendigen Informationen einfordert, diese aufbereitet und zur Steuerung der gesamten Kette verwendet. Hier können auch Parallelen zur Standardisierungsbetrachtung (Normung und Typung) gezogen werden, wo in Deutschland das DIN (Deutsche Institut für Normung) diese externe Rolle zum Vorteil aller beteiligten Parteien übernommen hat. Diese Grundidee wäre auf einzelne Ketten zu übertragen. Hierbei können auch Verbände eine tragende Rolle spielen (vgl. *Kaufmann/Germer* 2001, S. 87).

Die Erfolgschancen dieses Modells eines neutralen Schiedsrichters werden jedoch von der Praxis als niedriger eingestuft, als die eines Modells, in dem ein fokales, mächtiges Unternehmen der Kette die Rolle des Supply Chain Managers wahrnimmt. (vgl. *Weber et al.* 2002, S. 65f; *Cooper/Ellram* 1993, S. 20). Dies ist nicht überraschend, da ein mächtiges Unternehmen in der Supply Chain großes Interesse daran hat, diese Macht zu behalten und die Steuerung und Kontrolle der Supply Chain zu übernehmen. Zudem verfügen meist nur große Unternehmen über die Kapazitäten und das Knowhow, um die Steuerung und Koordination in der Supply Chain leisten zu können. Es gibt bisher auch nur sehr wenige Beispiele aus der Praxis, in denen das Supply Chain Management an einen neutralen Dritten, der nicht in die Supply Chain eingebunden ist, übertragen wurde. Das Ideal der Neutralität und Objektivität eines Supply Chain Management bzw. Supply Chain Controlling scheint also z.Z. noch auf wenig Resonanz in der wirtschaftlichen Realität zu treffen.

2.2. Alternativen für die Verankerung des Supply Chain Controlling

Um sich dem Ideal einer fairen Partnerschaft zwischen starken und schwächeren Partnern in einer Supply Chain anzunähern und damit die Realisierung des kettenübergreifenden Gesamtoptimums zu ermöglichen, sollte das Supply Chain Controlling ein Mindestmaß an Neutralität und Objektivität besitzen. Als Vorbild kann hier das Controlling eines Unternehmens dienen, das bei richtiger Aufgabendefinition auch die Rolle eines objektiven Beraters für das Management wahrnimmt.

Die Ausgangssituation in der sich ein Unternehmensnetzwerk befindet, kann im Wesentlichen zwei Ausprägungen haben:

- *Fokales, hierarchisches Netzwerk*: Ein fokales, mächtiges Unternehmen steht im Mittelpunkt der Zusammenarbeit und bestimmt die Aktivitäten. Ein Beispiel sind die Beziehungen zwischen Automobilherstellern und ihren Zulieferern.

Unterscheidung fokaler und heterarchischer Netzwerke

- *Polyzentrisches, heterarchisches Netzwerk*: Die Teilnehmer sind gleichberechtigt und voneinander abhängig. Die Aktivitäten werden kollaborativ und abgestimmt durchgeführt. Beispiel sind die Beziehungen im Handelsbereich, wo die Handelsketten und Lieferanten z.T. stark voneinander abhängig sind.

In der ersten Ausgangssituation erscheint es unwahrscheinlich, dass das fokale Unternehmen freiwillig auf einen Teil seiner Macht und seines Handlungsspielraumes verzichtet. Jedoch wird die Einsicht, dass unternehmensübergreifende Optimierungen ein Mindestmaß an Objektivität und Neutralität erfordern, mittelfristig dazu führen, dass auch in fokalen Netzwerken eine Organisationseinheit gegründet wird, die das Supply Chain Controlling und Supply Chain Management neutral und objektiv wahrnimmt. Diese Entwicklung wird meist einen Evolutionsprozess durchlaufen, an dessen Anfang beispielsweise das fokale Unternehmen zusammen mit einem schwächeren Partner das Supply Chain Controlling übernimmt und an dessen Ende eine neutrale Einheit steht, die beispielsweise auch mit Hilfe von externen Beratern arbeitet. Diese zukünftige, neutrale Einheit könnte auch ein Supply Chain-Gremium sein, in dem alle beteiligten Unternehmen einen Sitz haben und gleiches Stimmrecht besitzen.

Wie das Supply Chain Controlling auszugestalten ist, hängt von der Form der Supply Chain ab

Befindet sich ein Netzwerk ursprünglich in der zweiten Ausgangssituation kann die Verankerung des Supply Chain Controlling relativ einfach erfolgen. Da die Unternehmen gleichberechtigt sind, kann ein einzelnes Unternehmen, das von den Partnern als kompetent erachtet wird, die Aufgaben des Supply Chain Controlling wahrnehmen. Möglicherweise erfolgt dies auch rollierend, indem beispielsweise alle zwei Jahre ein anderer Partner das Supply Chain Controlling übernimmt. Ein neutraler Dritter stellt auch hier eine Alternative dar, ist jedoch weniger notwendig als in ursprünglich fokalen, hierarchischen Netzwerken, da der Interessens- und Machtausgleich in heterarchischen Netzwerken einfacher und die Gefahr opportunistischen Verhaltens niedriger ist. Das Einbinden eines neutralen Dritten für das Supply Chain Controlling kann jedoch sinnvoll sein, wenn es Kompetenz- oder Kapazitätsengpässe bei den Unternehmen des Netzwerkes gibt. Ergänzend könnte auch hier wiederum ein Supply Chain-Gremium (s.o.) eine Option darstellen, um die Gleichberechtigung der Partner auch institutionell zu verankern.

Insgesamt lässt sich damit kein Patentrezept für die institutionelle Verankerung des Supply Chain Controlling formulieren. Je nach Ausgangssituation des Netzwerkes sollte individuell versucht werden, eine pragmatische Lösung entlang der beiden skizzierten Alternativen zu finden. Zur tatsächlichen Umsetzung dieser Konzepte in der geschäftlichen Realität gibt es bisher noch keine empirischen Ergebnisse. Vermutlich sind die Konzepte noch nicht weit über das Ideenstadium hinaus gekommen und deshalb besteht hier noch ein erheblicher Forschungs- und Handlungsbedarf für die Zukunft.

3. Handlungsbedarf für Controller

Folgt man der soeben getroffenen Aussage, so besteht in den Unternehmen ein erheblicher Handlungsbedarf. Insbesondere die Controller sind angesprochen: Sie haben sich in der Vergangenheit zu stark auf die Produktion als ihr angestammtes Spielfeld beschränkt. Weder unterstützen sie Marketing und Vertrieb ausreichend, noch Beschaffung und Einkauf. Gleiches gilt für die Logistik. Veränderung tut Not!

Die folgenden Ausführungen richten sich deshalb speziell an Controller und geben diesen ein pragmatisches, in sechs Schritte unterteiltes Veränderungs- und Handlungsprogramm (vgl. *Weber* 1997 und die *Abbildung 9-5*). Es greift vieles des in diesem Buch Ausgeführten auf und besitzt insofern auch den Charakter einer Zusammenfassung. Geführt wird die Argumentation unter dem Stichwort der Fluss- bzw. der Prozessorientierung: Es ist exakt diese Perspektive, die die Controller primär lernen müssen, um das Logistikmanagement adäquat unterstützen zu können.

Der Weg der Controller zur Prozessorientierung ist weit

1	Zerlegen Sie das Unternehmen in Kernprozesse bzw. Kernprozessketten!
2	Definieren Sie für die Kernprozesse die zentralen kundenbezogenen Anforderungen!
3	Setzen Sie die wichtigsten Anforderungen der Kunden in messbare Größen um!
4	Optimieren Sie das Verhältnis aus Kundenanforderungen und Kosten ihrer Erfüllung auf Basis der konkretisierten Messgrößen!
5	Legen Sie die Messgrößen fest, über die permanent berichtet wird!
6	Bauen Sie für diese Größen feste Planungs- und Kontroll-Regelkreise auf!

Abb. 9-5: Das Programm der 6 Schritte zur Prozessorientierung der Controller

Träger der Controlling-
Aufgaben

3.1. Prozessorientiertes Verständnis des Unternehmens

Unternehmen sind traditionell von der Aufbauorganisation dominiert. Auf sie sind die Weisungsstrukturen, die Anreize, aber auch die Planung und Kontrolle ausgerichtet. Dies ist auch die traditionelle Welt der Controller. Die Aufbauorganisation folgt(e) einer funktionalen Spezialisierung. Sie führt(e) zu einem erheblichen Koordinationsbedarf. Die hierfür entwickelten Koordinationsinstrumente und -lösungen sind mit hohen Anforderungen an Schnelligkeit und Flexibilität nicht vereinbar. Die Grenze der Leistungsfähigkeit einer abteilungsbezogenen Sicht ist schnell erreicht.

Ein Denken in Prozessen ist
ungewohnt und fällt zu-
nächst schwer – das gilt
gleichermaßen für Controller
und Manager

Neue Perspektiven werden sichtbar, wenn man das Unternehmen in einem logistischen Ansatz als ein Netz von Prozessen versteht, das es zu gestalten gilt. Bei einer Prozesssicht liegt der entscheidende Fokus darin, Teilprozesse in ihrem Zusammenhang zu erfassen. Eine prozessgerichtete Analyse wird Mehreres aufzeigen:

- Ein Denken in Prozessen ist ungewohnt und fällt zunächst schwer, Controllern ebenso wie prozessunerfahrenen Managern.
- Zwischen einzelnen Prozessschritten bestehen z.T. erhebliche zeitliche Brüche. So kommt es z.B. häufig vor, dass Arbeitsaufträge nicht komplett spezifiziert werden, Rückfragen erforderlich sind.
- Nicht selten trifft man auf Prozessschleifen, die überflüssig sind. Sie treten z.B. immer dann auf, wenn Qualitätsprobleme vorgelagerter Prozessschritte vorliegen. Diese sind um so wahrscheinlicher, je weniger Mindestqualitäten zwischen Prozessstufen abgesprochen wurden. Controllern darf es deshalb nicht primär um die Abbildung bestehender Prozesse gehen. Vor ihrer Erfassung muss die Frage ihrer heutigen und künftigen Notwendigkeit stehen.
- Für Prozessketten gibt es keinen Verantwortlichen.

Hiermit sind nur einige der wichtigen, neu zu gewinnenden Erkenntnisse angesprochen.

Die Prozessanalyse führt zu neuen Erkenntnissen, deckt Inkonsistenzen, Effizienzgräber und Unprofessionalitäten auf. Sie ist die notwendige Basis für die anschließende Prozessgestaltung. Prozessfolgen und -zusammenhänge werden neu strukturiert und organisatorisch umgesetzt. Das gesamte Prozesssystem wird so in überschaubare Teilsysteme zerlegt, ohne den Prozessfokus, das durchgängige Fließen von Aufträgen, Material und Informationen zu gefährden.

Welche Rolle Controller bei
der Vermittlung der Prozessorientierung spielen, hängt
stark davon ab, wie weit der
Gedanke der Prozessorien-
tierung bereits im Unternehmen verankert ist

Die Rolle der Controller in diesem ersten Schritt des Vorgehens ist abhängig davon, wie stark der Prozessgedanke im Unternehmen generell vorangetrieben ist.

- Liegt eine professionelle Logistik vor, muss der Controller zunächst auf die Schulbank; er muss das notwendige Wissen erwerben, um mit dem Logistik-Manager gesprächsfähig zu werden. Ein aktiver Einfluss auf die Prozessorientierung findet zunächst nicht statt.
- Werden im Unternehmen aktuell Reengineering-Projekte durchgeführt, so sollte der Controller mitwirken, um selbst Know-how aufzubauen, kritisch einwirken zu können und den Zusammenhang zu den später

dargestellten Schritten 2 - 5 zu wahren.

- Ist der Prozessgedanke neu, so muss der Controller als Innovator wirken. Praktische Beispiele unter dem Stichwort »Prozesskostenrechnung« zeigen allerdings, wie schwer es fällt, ohne breite Rückendeckung aus dem Unternehmen heraus eine derart tiefgreifende Veränderung zu betreiben.

3.2. Definition der Anforderungen an die Prozesse

Abschluss des ersten Schrittes ist eine hinlänglich konkrete Vorstellung über die im Unternehmen und in Kontakt zu seinen Marktpartnern ablaufenden Prozesse und deren Zusammenhang. Diese Kenntnis ist Ausgangspunkt für den 2. Schritt des Vorgehens. Hier geht es darum, Anforderungen für den Output und den Input der Einzelprozesse und der Prozessketten zu bestimmen. Ansatzpunkt dafür sind die Bedarfe der Kunden (z.B. Lieferzeiten, Servicegrade). An diese hat sich das gesamte Prozesssystem anzupassen, bzw. diese gilt es entsprechend den Zielen des Unternehmens zu beeinflussen. Vorbild für die einzelnen hierzu zu gehenden Schritte sind TQM-Vorgehen. Jeder Prozessabschnitt hat sich als Lieferant für den nächsten Teilprozess zu verstehen. Das Unternehmen wird den Prozessschritten folgend in eine Vielzahl von Kunden-Lieferanten-Beziehungen zerlegt.

Wie man ein Unternehmen in Prozessketten strukturiert, wurde in Reengineering- und TQM-Projekten vorgeführt

Controller können in diesem Definitionsprozess eine ganz wichtige Rolle spielen. Sie sind es gewohnt, Zielgrößen zu formulieren, deren Messbarkeit zu überprüfen und Linienverantwortliche zur Festlegung der Zielausprägung zu veranlassen. Exakt diese Schritte sind auch bei der Formulierung von Anforderungen an die Prozesse und Prozessketten erforderlich. Ungewohnt für viele Controller wird nur das Umgehen mit Mengen-, Zeit- und Qualitätsdaten sein. Hieran kann man sich aber gewöhnen.

3.3. Quantifizierung der wichtigsten Anforderungen

Ging es im Schritt 2 darum, die relevanten Zielgrößen der Prozesse und Prozessketten der Art nach zu bestimmen, steht in Schritt 3 die Detailarbeit der Operationalisierung der Ziele an. Hier eröffnet sich für den Controller ein grundsätzliches Dilemma:

- Auf der einen Seite gilt die alte Controllerweisheit: »What you can`t measure, you can`t manage«. Ziele, die sich nicht messen lassen, haben rein deklaratorischen Wert. Letztlich verändern sie kein Verhalten. Sie sind häufig verzichtbar.

Auch bei der Quantifizierung der wichtigsten Anforderungen gilt es, eine Balance zwischen einer hinreichenden Abbildung und einer überschaubaren Vielfalt zu wahren

- Auf der anderen Seite führt – gerade bei Dienstleistungen – der Versuch der genauen Messung zu einer Vielzahl von Messgrößen. Schnell ist ein Zahlenfriedhof produziert, der ebenfalls kaum Einfluss auf das Verhalten der Führungskräfte nimmt – wir sind hierauf im Kapitel 3 dieses Buches ausführlich eingegangen.

Die Umsetzung der grundsätzlich gewollten Anforderungen an die Pro-

Träger der Controlling-Aufgaben

zesse und Prozessketten in – wenige – messbare Zielgrößen ist ein wahrhaft lohnendes Arbeitsfeld für Controller! Betrachten wir die Aufgaben des Controllers am Beispiel der Messgröße »Lieferservice« genauer. Der Controller muss sich bei seiner Arbeit von folgenden Fragen leiten lassen:

- *Aussagefähigkeit und Konsistenz*
  Bilden die angedachten zu erfassenden Merkmale das Phänomen Lieferservice genügend ab?
  Lieferservice lässt sich als Grad der Erfüllung zugesagter Liefereigenschaften verstehen. Die Richtigkeit der gelieferten Waren gehört ebenso dazu wie die richtige Liefermenge. Aber auch Termin-, Qualitäts- und Nebenleistungskriterien sind für den Lieferservice bestimmend. Wie viele Merkmale in die Definition des Lieferservices einbezogen werden sollen, ist nicht a priori eindeutig und klar. Festlegungen sind erforderlich.

- *Einheitlichkeit und Konstanz*
  Wird Lieferservice nach einem durchgängigen Prinzip gemessen?
  Die Bedeutung einer exakten Festlegung wird ganz offensichtlich, wenn ein Controller die im Unternehmen an den unterschiedlichsten Stellen vorhandenen Definitionen des Lieferservices einmal exakt miteinander vergleicht. Häufig wird beispielsweise im Einkauf mit einer ganz anderen Elle gemessen als im Vertrieb! Wie soll aber eine Durchgängigkeit des Prozesssystems im Unternehmen erreicht werden, wenn noch nicht einmal über derart grundlegende Zielgrößen Einigkeit besteht? Erforderlich ist definitorische Kleinarbeit.

Durchgängigkeit der Definition von Messgrößen – diese Botschaft durchzieht das ganze Buch

- *Richtigkeit*
  Sind die ausgewiesenen Werte richtig verdichtet?
  Zum einen spricht dieser Aspekt die einzelnen Elemente des Lieferservices an. Zum anderen geht es darum, die Leistung eines Prozesses zu der der übergeordneten Prozesskette und der des gesamten Prozesssystems zu verdichten. Diese Aufgabe ist alles andere als trivial. Alle Fehler, die man in vorgelagerten Stufen der Definition von Anforderungen an Prozesse gemacht hat, kommen an dieser Stelle wieder zum Vorschein. Ohne die Durchgängigkeit und Kompatibilität der Messgrößen kann aber auch keine Durchgängigkeit und Flussfähigkeit des Prozesssystems erreicht werden.

- *Verlässlichkeit*
  Sind die Erhebungsmethoden ausreichend gegen Verfälschungen gesichert?
  Formulierte Anforderungen an Prozesse und Prozessketten dienen zum einen dazu, die Prozessleistung des Gesamtsystems (z.B. eine bestimmte Durchlaufzeit von der Bestellung bis zur Auslieferung) tatsächlich zu erzielen. Zum anderen sind sie Grundlage von Vereinbarung für die jeweiligen Verantwortlichen. Für beide Ausrichtungen ist es essentiell wichtig, die Erhebungsmethode der vereinbarten Größen ausreichend gegen Fehlereinflüsse zu schützen, sei es, dass Fehler ungesteuert passieren (z.B. durch Lücken in den Erfassungsquellen), sei es, dass Fehler nicht ganz ungewollt auftreten. Formuliert man hohe Anforderungen an die Serviceperformance eines Prozesses und lässt man den Prozess-

Wenn der zu messende Einfluss auf die Messung nehmen kann, besteht die Gefahr von Manipulation

verantwortlichen selbst und nicht vollständig transparent messen, so besteht zumindest die Gefahr von Opportunismus, auch wenn man beileibe nicht jeder Führungskraft unterstellen muss, der Versuchung bei Bedarf zu erliegen.

- *Funktionsfähigkeit*
Lässt sich ein stabiles Erfassungssystem für den Lieferservice implementieren?
Mit dieser Frage wird die Aufmerksamkeit auf die nötige instrumentelle Unterstützung der Erfassung gestellt. Die Messung der Prozessgrößen darf die Prozessverantwortlichen zeitlich nicht über Gebühr belasten. Damit ist die Übertragung der Erfassungsaufgabe auf DV-Instrumente naheliegend, wenn nicht unabdingbar. Wenn dies erfolgt, muss der Controller sicherstellen, dass das System die notwendige Stabilität aufweist und genügend schnell an notwendige Änderungen angepasst werden kann.

- *Zeitnähe*
Sind die Servicewerte ausreichend aktuell?
Prozesssteuerung heißt, unmittelbar auf den Prozess einzuwirken. Unmittelbares Einwirken ist nur möglich, wenn zeitnahe Informationen vorliegen. Auf Servicewerte genauso wie auf Kostenauswertungen bis 20 Arbeitstage nach Monatsultimo warten zu müssen, ist nicht akzeptabel. Wer sich über die Anforderungen an Prozesse und Prozessketten und deren Messung Gedanken macht, muss sich zugleich auch um möglichst kurze Informationszeiten kümmern.

> Gerade in der Logistik müssen die Steuerungsgrößen aktuell sein!

Insgesamt bietet der Schritt 3 ein ganz breites Arbeitsfeld für Controller. Da ihnen die Fragestellungen – zumindest der Art nach – aus ihrer ergebnisbezogenen Informationsversorgung bekannt vorkommen müssten, müsste diese Kompetenz in den meisten Fällen ausreichen, den »mangelnden Stallgeruch« im Feld nicht monetärer Daten auszugleichen. Allerdings müssen die Controller auch bereit sein, die ihnen Sicherheit verleihende, gewohnte Welt des Geldes und des Ergebnisses zu verlassen!

3.4. Optimierung des Verhältnisses von Prozessoutput und Prozessinput

Nach den Schritten 2 und 3 ist grundsätzlich geklärt, welche Anforderungen die Prozesse und Prozessketten erfüllen sollen und wie man diese zu messen hat. Noch nicht festgelegt ist, in welchem Maße den Kundenanforderungen Genüge getan werden soll. An dieser Stelle schlägt prinzipiell die große Stunde der Controller: Der Art nach handelt es sich bei dieser Frage um ein Investitionsproblem (wenn von der Antwort – wie fast immer – Strukturveränderungen ausgelöst werden) oder ein Problem, das mit der Bestimmung von Deckungsbeiträgen gelöst werden kann (muss). Die Grundstruktur der Fragestellung lässt sich ganz anschaulich anhand einer funktionalen Darstellung zeigen: Es geht »lediglich« darum, eine Erlöskurve und eine Kostenkurve einander gegenüberzustellen (vgl. *Abbildung 9-6*).

- Eine höhere Prozessleistung führt zu höheren Erlösen ab dem Punkt, den der Kunde als Mindestleistung erwartet. Nach deutlichem Anstieg im Sinne einer erfolgreichen Differenzierung von Konkurrenten flacht die Kurve wieder ab: Leistung, die vom Kunden nicht gebraucht wird, wird von ihm auch nicht bezahlt.
- Eine höhere Prozessleistung führt zugleich ceteris paribus zu höheren Kosten. Üblicherweise unterstellt man einen progressiven Verlauf: Die Systemleistung auf einem niedrigen Ausgangsniveau zu verbessern, fällt erheblich leichter, als eine hohe Systemleistung noch weiter voranzutreiben.

So weit zur Theorie. In der Praxis sieht alles viel schwieriger aus. Das beginnt schon bei der Bestimmung der Kosten. Zwar haben Unternehmen mit Kostenfunktionen viel Erfahrung (Grenzplankostenrechnung). Diese bezieht sich aber auf eine gegebene Technologie: Eine vorhandene Anlage wird stärker oder weniger stark in Anspruch genommen. Die Kosten steigen oder sinken mit wechselnder Beschäftigung. Nun jedoch geht es – bis auf Grenzfälle – darum, die Kosten jeweils unterschiedlicher Systemausprägungen miteinander zu vergleichen: Wie sieht ein Distributionssystem aus, das 24-Stunden-Lieferfähigkeit auf einem 98 % Lieferserviceniveau realisieren kann, wie ein solches, das 48-Stunden-Lieferfähigkeit bei 92 % Lieferserviceniveau »schafft«, wie sehen Lösungen dazwischen aus? Schnell stößt der Controller an Grenzen des Wissens. Möglich erscheint nur, Abschied zu nehmen von der Idee einer Kostenfunktion zugunsten einer Betrachtung weniger, diskretionärer Kostenpunkte. In aller Regel reicht das allerdings bereits völlig aus.

Noch schwieriger ist die Bestimmung der Erlöswirkungen. Fragen der Art, wie viel zusätzlichen Erlös die Verbesserung des Lieferservices von 95% auf 97% bringt, können derzeit in den wenigsten Unternehmen beantwortet werden. Auf diese Problematik und Wege ihrer Verringerung sind

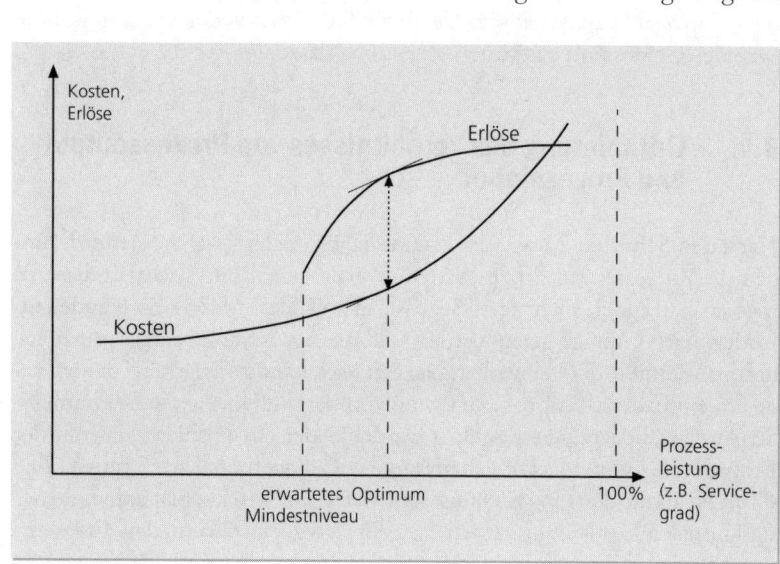

Abb. 9-6: Die Bestimmung des optimalen Prozessniveaus als Optimierungsproblem

wir ausführlich im 3. Kapitel dieses Buches eingegangen. Für den Controller bedeutet das, mit den Marketingspezialisten in engem Schulterschluss zu arbeiten, etwas, was ihm auch für seine »normale« Tätigkeit gut ansteht. Zu Recht macht man den Controllern häufig den Vorwurf, sie dächten zu stark produktions-, zu wenig marktorientiert. Der intensive Blick »von außen nach innen« macht generell Sinn, wie aktuell auch der Siegeszug der Wertorientierung zeigt (stärkere Berücksichtigung der Kapitalmärkte).

3.5. Festlegung der zu berichtenden Maßgrößen

Controller sind es gewohnt, monetäre Informationen zu berichten (Kosten, Ergebnisse). Die Erfassung logistischer Prozesse beinhaltet im Wesentlichen aber Zeit-, Mengen- und Qualitätsdaten – das 4. Kapitel dieses Buches ist voll von diesen. Wie auch die Ausführungen zum Berichtswesen im Kapitel 5 gezeigt haben, kann (und muss) es gelingen, eine für das Management sinnvolle Auswahl zu treffen. Controller müssen sich dabei an einen wesentlichen und zumeist neuen Aspekt gewöhnen: Die beste Information ist nicht die, die schön aufbereitet in einem – mehr oder weniger dicken – Bericht steht. Wenn irgendwie möglich, sollten Prozessinformationen vielmehr »in Urform« einsetzbar sein. Ein rotes Fähnchen an einer Palette in einem Fertigungsabschnitt zeigt dem dort Verantwortlichen viel schneller und viel anschaulicher ein drohendes Lieferserviceproblem auf als eine entsprechende Abweichung in einem Wochenbericht. Unmittelbare und zeitnahe Informationen sind die beste Gewähr für unmittelbares und zeitnahes Handeln. Es gilt die alte – leider etwas in Vergessenheit geratene – Aussage: »Besichtigen ist besser als Berichten«.

**Besichtigen ist besser als
Berichten**

Auch noch so viel unmittelbare Visualisierung wird aber einen Kern von zu berichtenden Prozessinformationen nicht überflüssig machen. Welche Messgrößen berichtenswert erscheinen, haben wir im 5. Kapitel dieses Buches ausführlich dargestellt. An dieser Stelle sind deshalb keine weiteren Ausführungen erforderlich.

Die Controller, die die Schritte 1 - 4 gegangen sind, haben an dieser Stelle kaum Probleme. Ihnen sind die wichtigen Messgrößen aus den Vorarbeiten hinlänglich bekannt. Für sie bedeutet der 5. Schritt im Wesentlichen eine Selektionsleistung, keine grundsätzliche intellektuelle Konzeptionsleistung. Fangen Controller dagegen beim Schritt 5 an, so besteht leicht die Gefahr von Zahlenfriedhöfen, die keine Akzeptanz finden. Die Idee des Scorecarding aufzugreifen, nur um modern zu sein, macht keinen Sinn.

3.6. Einbindung in die laufenden Führungsprozesse

Controller sind – wie gezeigt – Planungsmanager. Sie haben die Planung instrumentell, sach- und chrono-logisch zu gestalten. Ziel ist es, das Wissen der Führungskräfte auf den unterschiedlichen Ebenen des Unternehmens so zusammenzutragen, dass das Unternehmen im Wettbewerb besteht. Planungsgestaltung und Prozessorientierung heißt, die Idee der Logistik so-

Träger der Controlling-Aufgaben

wohl in der strategischen wie in der operativen Planung zu verankern:

- In der Sprache der strategischen Planung bedeutet dies – wie im 2. Kapitel des Buches gezeigt – die Ausgestaltung einer speziellen Funktionalstrategie; sie muss zwei Kernfragen schlüssig beantworten: (1) Welche Bedeutung besitzt die Prozessfähigkeit für die Wettbewerbsposition des Unternehmens? (2) In welchen Schritten kann diese Prozessfähigkeit erreicht werden?

Die Prozessorientierung muss in allen Führungsbereichen verankert werden – sonst läuft sie Gefahr, zum Modewort zu degenerieren

- In der Sprache der operativen Planung bedeutet die Prozessorientierung eine Veränderung der Sachzielplanung und ihres Verhältnisses zur Formalzielplanung. Es gilt, die Beziehungen zwischen der logistischen Leistungsfähigkeit und den damit verbundenen Kosten und Erlösen deutlich besser als in der Vergangenheit geschehen herauszuarbeiten.
- Prozessorientierung in der Planung zu verankern, bedeutet schließlich auch, die Verbindung zwischen der strategischen und der operativen Planung herzustellen. Gerade hier sind in der Praxis erhebliche Mängel zu beobachten. Ein zentrales Instrument hierzu haben wir mit der Balanced Scorecard im 2. und 7. Kapitel dieses Buches vorgestellt.

Controller müssen als nächsten Schritt für die geplanten Werte systematische Kontrollen einrichten. Wie ebenfalls in diesem Buch schon ausgeführt, wirkt sich die laufende Überprüfung gesetzter Ziele (sehr) positiv auf das Unternehmensergebnis aus. Sie steigert sowohl das Commitment der Führungskräfte, Versprochenes auch in die Tat umzusetzen, als sie auch ein systematisches Lernen aus Abweichungen ermöglicht. Hier sollte der Controller ganz in seinem Element sein: Abweichungsanalyse ist eine seiner traditionellen Kernaufgaben.

Ein dritter Baustein zur Verankerung der Prozessorientierung in der laufenden Führung liegt in der Veränderung der Anreizgestaltung. Manager sind derzeit noch überwiegend mit finanziellen Größen gesteuert; nichtmonetäre Incentive-Bestandteile stehen hinter finanziellen deutlich zurück. Dies präjudiziert ein entsprechendes Verhalten der Manager: Wenn ein Logistikleiter seinen variablen Gehaltsbestandteil wesentlich durch die Einhaltung gesetzter Kostenziele erzielen kann, muss es nicht verwundern, wenn er sich nicht primär um ein höheres logistisches Leistungsniveau kümmert! Controller müssen also darauf achten, dass zwischen Zielsetzung und Incentivierung ein ausgewogenes Verhältnis besteht. Erst dann sind alle Vorarbeiten geleistet, um eine professionelle Logistik zu realisieren!

4. Zitierte und weiterführende Literatur

- Bauer, M. (2002): Controllership in Deutschland. Zur erfolgreichen Zusammenarbeit von Controllern und Managern, Wiesbaden.
- Cooper, M.C./Ellram, R.M. (1993): Characteristics of Supply Chain Management and the Implications for Purchasing and Logistics Strategy, in: International Journal of Logistics Management, 4. Jg., H. 2, S. 13-22.
- Deyhle, A. (1997): Management- und Controlling-Brevier, 7. Aufl.,

Wörtsee-Etterschlag.

- Kaufmann, L./Germer, T. (2001): Controlling internationaler Supply Chains, in: Arnold, H./Mayer, R./Urban, G.(Hrsg.): Supply Chain Management – Unternehmensübergreifende Prozesse – Kollaboration – IT Standards, Bonn, S. 177-192.
- Kummer, S. (2001): Supply Chain Controlling, in: krp, 45. Jg., S. 81-87.
- Weber, J. (1997): Prozessorientiertes Controlling, Bd. 1 der Schriftenreihe Advanced Controlling, Vallendar.
- Weber, J. (1999): Einführung in das Controlling, 8. Aufl., Stuttgart.
- Weber, J./Engelbrecht, Chr./Knobloch, U./Schmitt, A./Wallenburg, C.M. (2002): E-Commerce in der Logistik: Quantensprung oder Business-as-usual – Ergebnisse einer explorativen Marktstudie, Bern.
- Weber, J./David, U./Prenzler, C. (2001): Controller Excellence, Bd. 23/24 der Schriftenreihe Advanced Controlling, Vallendar.
- Weber, J./Schäffer, U./Bauer, M (2000): Controller & Manager im Team. Neue empirische Erkenntnis, Bd. 14 der Schriftenreihe Advanced Controlling, Vallendar.

Stichwortverzeichnis

Zum Autor

Jürgen Weber, geboren am 4.11.1953 in Holzminden. Er studierte Betriebswirtschaftslehre an der Universität Göttingen und legte dort 1978 sein Di-

plom-Examen ab. Anschließend promovierte er
1981 an der Universität Dortmund. 1982 ging er
an die Universität Erlangen-Nürnberg, an der er
Mitte 1986 habilitierte. Im gleichen Jahr übernahm
er als Universitätsprofessor im Privatdienst den
Lehrstuhl für Betriebswirtschaftslehre, insbesondere Rechnungswesen/Controlling, an der WHU
Koblenz. Seit 1986 war er neben dem Wahl-
pflichtfach Controlling und Kostenrechnung zeit-
weise auch für die Wahlpflichtfächer Externes
Rechnungswesen (bis heute) und Produktionswirtschaft zuständig. Als akademische Ämter sind
die Leitung des Centers for Controlling & Ma-
nagement (*CCM.*), des Kompetenzzentrums für Logistik und E-Commerce sowie des Arthur-Andersen-Zentrums für Externes Rechnungswesen
und Steuerrecht, ein Rektorat, mehrere Prorektorate sowie der Vorsitz im
Prüfungs- und Promotionsausschuss zu nennen.

Weber nahm Gastprofessuren an der Universität Wien (SS 1990) und der
Wirtschaftsuniversität Wien wahr (WS 1999/2000). Er gehört mehreren
Wissenschaftlichen Kommissionen des Verbandes der Hochschullehrer für
Betriebswirtschaft e.V. an und ist Mitherausgeber der Zeitschrift für Pla-
nung (ZP) und der Kostenrechnungspraxis (krp). Rufe an die Universität
Mainz (Logistik) und die Wirtschaftsuniversität Wien (Controlling) lehnte
er ab.

Am Lehrstuhl sind mittlerweile über 50 Dissertationen und 4 Habilita-
tionen erfolgreich abgeschlossen worden. Unter den Ehemaligen finden
sich viele Universitäts- und Fachhochschul-Professoren, Unternehmens-
gründer und Geschäftsführer von mittelgroßen und großen Unternehmen.

Außeruniversitär sind neben umfangreicher Vortragstätigkeit die Auf-
sichtsratsmandate in der *Lufthansa Cargo AG*, Frankfurt, der *Microlog Logistics AG*, Frankfurt, und dem *Gesundheitszentrum Evangelisches Stift Sankt Mar-
tin*, Koblenz, zu nennen. Das ausgeprägte Praxisinteresse *Webers* führte
schon früh zur Übernahme zahlreicher Beratungs- und Schulungsmanda-
te. Als Mitbegründer der *CTcon – Consulting & Training im Controlling* GmbH
(www.ctcon.de), eines schnell wachsenden Dienstleisters mit den Ge-
schäftsbereichen Unternehmensberatung und Managementschulung unter-
strich er bereits im Jahr 1992 die Vision, die Unternehmenspraxis ganz-
heitlich insbesondere bei der Bewältigung von Veränderungsprozessen zu
unterstützen. Über die Funktionen als Mitgesellschafter und als Vorsitzen-
der des Wissenschaftlichen Beirats ist er der *CTcon*, die Büros in Vallendar,
Bonn, Düsseldorf und Frankfurt unterhält, bis in die Gegenwart hinein eng
verbunden.

Veröffentlichungen:

Bücher

Zielorientiertes Rechnungswesen für öffentliche Betriebe – dargestellt am Beispiel von Studentenwerken, Baden-Baden 1983; Logistikkostenrechnung. Kosten-, Leistungs- und Erlösinformationen zur erfolgsorientierten Steuerung der Logistik, 2. Aufl., Berlin u.a. 2002; Einführung in das Rechnungswesen I: Bilanzierung, 5. Aufl., Stuttgart 1996; Einführung in das Rechnungswesen II: Kostenrechnung, 5. Aufl., Stuttgart 1997; Hochschulcontrolling. Das Modell WHU, Stuttgart 1996; Wprowadzenie do Controllingu, Katowice 2001.

Einführen von Logistik. Eine spannende Anleitung zum programmierten Erfolg (zusammen mit S. Kummer und F.J. Weise), Stuttgart 1993; Logistikmanagement (zusammen mit S. Kummer), 2. Aufl., Stuttgart 1998; Technology Assessment (zusammen mit D. Hoffmann, T. Kehrmann und U. Schäffer), Wiesbaden 1999; Erfolgreich entscheiden im Mittelstand (zusammen mit S. Frank und T. Reitmeyer), Frankfurt/Wiesbaden 2000; Balanced Scorecard & Controlling (zusammen mit U. Schäffer), 3. Aufl., Wiesbaden 2000.

Herausgegebene Bücher

Kostenrechnung im Mittelstand, Stuttgart 1992; Praxis des Logistik-Controlling, Stuttgart 1993; Zur Neuausrichtung der Kostenrechnung. Entwicklungsperspektiven für die 90er Jahre, Stuttgart 1993; Kennzahlen für die Logistik, Stuttgart 1995; Umweltmanagement. Aspekte einer umweltbezogenen Unternehmensführung, Stuttgart 1997.

Controlling – Eine Chance für öffentliche Unternehmen und Verwaltungen (1988); Controlling in öffentlichen Institutionen. Konzepte – Instrumente – Entwicklungen, Stuttgart 1989; Konzepte und Instrumente von Controlling-Systemen in öffentlichen Institutionen, Stuttgart 1990; Perspektiven der Controlling-Entwicklung in öffentlichen Institutionen, Stuttgart 1991 (jeweils hrsg. zusammen mit O. Tylkowski); Handbuch Controlling, (hrsg. zusammen mit E. Mayer), Stuttgart 1990; Alternative Organisationskonzepte der betrieblichen Datenverarbeitung (hrsg. zusammen mit A. Heinzl), Stuttgart 1993; Grundbegriffe des Controlling (hrsg. zusammen mit H.-U. Küpper), Stuttgart 1995; Handwörterbuch der Produktionswirtschaft, 2. Aufl. (hrsg. zusammen mit W. Kern u. H.-H. Schröder), Stuttgart 1996; Taschenlexikon Controlling (hrsg. zusammen mit H.-U. Küpper), Stuttgart 1997; Kostenmanagement. Aktuelle Konzepte und Anwendungen (hrsg. zusammen mit C.-Chr. Freidank, U. Götze, B. Huch), Berlin u.a. 1997; Kostenrechnung. Stand und Entwicklungsperspektiven (hrsg. zusammen mit W. Becker), Wiesbaden 1997; Handbuch Logistik (hrsg. zusammen mit H. Baumgarten), Stuttgart 1999; Logistik-Benchmarking (zusammen mit H. Luczak und H.-P. Wiendahl), Berlin u.a. 2001; Rationalitätssicherung der Führung (zusammen mit U. Schäffer), Wiesbaden 2001; Management integrierter logistischer Netzwerke (zusammen mit H. Baumgarten, H. Stabenau und J. Zentes), Bern u.a. 2002.

ZfB Ergänzungsheft 3/91 Controlling. Selbstverständnis – Instrumente – Perspektiven (in gemeinsamer Schriftleitung mit H. Albach).

Zum Autor

Ausgewählte Beiträge in Zeitschriften und Sammelwerken

Ausgewählte Aspekte des Controlling in öffentlichen Institutionen, in: ZögU, Bd. 6 (1983), S. 438-461; Informationsbedarf für Make-or-buy-Entscheidungen in öffentlichen Institutionen, in: ZögU, Bd. 7 (1984), S. 503-520; Zum Begriff Logistikleistung, in: ZfB, 56. Jg.(1986), S. 1197-1212; Variable und fixe Kosten – eine überflüssige Unterteilung der Kosten?, in: WiSt, 16. Jg. (1987), S. 393-398; Controlling – Möglichkeiten und Grenzen der Übertragbarkeit eines erwerbswirtschaftlichen Führungsinstruments auf öffentliche Institutionen, in: DBW, 48. Jg. (1988), S. 171-194; Change-Management für die Kostenrechnung – Zur Notwendigkeit des beständigen Wandels der Kostenrechnung, in: Scheer, A.-W. (Hrsg.): Rechnungswesen und EDV, 10. Saarbrücker Arbeitstagung 1989, Heidelberg 1989, S. 30-47; 11 Thesen zur Logistik, in: ZfbF, 42. Jg. (1990), S. 975-986; Kostenrechnung als Controlling-Objekt: Zur Neuausrichtung und Weiterentwicklung der Kostenrechnung, in: Kistner, K.P., Schmidt, R. (Hrsg.): Unternehmensdynamik, Wiesbaden 1991, S. 443-479; Versagen des Controlling? – Ein Beitrag zur Theoriefindung, in: DB, 44. Jg. (1991), S. 1785-1788; Controlling in Software-Unternehmen, in: Heinrich, J.L.,Pomberger, G., Schauer, R. (Hrsg.): Die Informationswirtschaft im Unternehmen, Linz 1991, S. 381-399; Die Koordinationssicht des Controlling, in: Spremann, K., Zur, E. (Hrsg.): Controlling. Grundlagen – Informationssysteme – Anwendung, Wiesbaden 1992, S. 169-183; Entfeinerung der Kostenrechnung?, in: Scheer, A.W. (Hrsg.): Rechnungswesen und EDV, 13. Saarbrücker Arbeitstagung 1992, Heidelberg 1992, S. 173-199; Produktions-, Transaktions- und Koordinationskostenrechnung, in: Krp-Sonderheft 1/93, S. 19-23; Bereichscontrolling. In: HWB, 5. Aufl., Stuttgart 1993, Sp. 300-312; Verkehrsbetriebe, in: HWR, 3. Aufl., Stuttgart 1993, Sp. 2012-2022; Kostenrechnung im System der Unternehmensführung – Stand und Perspektiven der Kostenrechnung in den 90er Jahren, in: Weber, J. (Hrsg.): Zur Neuausrichtung der Kostenrechnung. Entwicklungsperspektiven für die 90er Jahre, Stuttgart 1993, S. 1-77; Beteiligungscontrolling, in: Scheer, A.-W. (Hrsg.): Rechnungswesen und EDV, 14. Saarbrücker Arbeitstagung 1993, Heidelberg 1993, S. 391-417; Controlling, Informations- und Kommunikationsmanagement – Grundsätzliche begriffliche und konzeptionelle Überlegungen, in: BFuP, 46. Jg. (1993), S. 628-649; Kostenrechnung zwischen Verhaltens- und Entscheidungsorientierung, in: Krp, Jg. 1994, S. 99-104; Strategisches Controlling: Koordinationsaufgaben innerhalb der strategischen Führung, in: Riekhof, H.-Chr. (Hrsg.): Praxis der Strategieentwicklung. Konzepte – Erfahrungen – Fallstudien, 2., überarb. Aufl., Stuttgart 1994, S. 323-336; Effizienzsteigerung im Controllingbereich, in: Scheer, A.-W. (Hrsg.): Rechnungswesen und EDV. Innovatives Controlling – Der Weg zum Turnaround, 15. Saarbrücker Arbeitstagung 1994, Heidelberg 1994, S. 73-93; Wachstumsschwellen als Rahmenbedingungen für ein effizientes

Controlling im Klein- und Mittelbetrieb, in: Wagenhofer, A., Gutschelhofer, A. (Hrsg.): Controlling und Unternehmensführung. Aktuelle Entwicklungen in Theorie und Praxis, Wien 1995, S. 3-22; Kostenrechnung-(s)-Dynamik – Einflüsse hoher unternehmensex- und -interner Veränderungen auf die Gestaltung der Kostenrechnung, in: BFuP, 47. Jg. (1995), S. 565-581; Controlling von Kundenzufriedenheit, in: Simon, H., Homburg, Chr. (Hrsg.): Kundenzufriedenheit. Konzepte – Methoden – Erfahrungen, Wiesbaden 1995, S. 241-258; Logistik, in: HWProd, 2. Aufl., Stuttgart 1996, Sp. 1096-1109; Logistik- und Produktionscontrolling, in: Eversheim, W., Schuh, G. (Hrsg.), in: Betriebshütte – Produktion und Management, 7. Aufl., Berlin 1996, S. 18-1 bis 18-32; Zur Bildung und Strukturierung spezieller Betriebswirtschaftslehren – Ein Beitrag zur Standortbestimmung und weiteren Entwicklung, in: DBW, 56. Jg. (1996), S. 63-84; Selektives Rechnungswesen, in: ZfB, 66. Jg. (1996), S. 925-946; Selektives Rechnungswesen – Schlankes Controlling durch selektive Führungsinformationen. in: Krp, 40. Jg. (1996), S. 197-201; Controlling versus New Public Management – Alternative oder sich ergänzende Konzepte der Umgestaltung öffentlicher Institutionen? in: Verwaltung & Management, H. 11/12 1996, S. 344-347, H.1/2 1997, S. 38-43, H.3/4 1997, S. 89-92; Kostenrechnung am Scheideweg?, in: Freidank, C.Chr., Götze, U., Huch, B., Weber, J. (Hrsg.): Kostenmanagement. Aktuelle Konzepte und Anwendungen, Berlin u.a. 1997, S. 3-23; Kostenrechnung als zentrales Element des New Public Management?, in: Becker, W., Weber, J. (Hrsg.): Kostenrechnung. Stand und Entwicklungsperspektiven, Wiesbaden 1997, S. 485-508; Logistics as an Academic Discipline at the End of the 20th Century – A German Point of View, in: Browne, M. (Ed.): Innovation in Logistics and the State of Logistics Education at the End of the 20th Century, o.O., S. 77-91; Ursprünge, praktische Entwicklung und theoretische Einordnung der Logistik, in: Weber, J., Baumgarten, H. (Hrsg.): Handbuch Logistik. Management von Material- und Warenflussprozessen, Stuttgart 1999, S. 3-14; Gestaltung einer Logistikkostenrechnung als Lernprozess, in: Seicht, G. (Hrsg.): Jahrbuch für Controlling und Rechnungswesen '99, Wien 1999, S. 399-419; Neue Perspektiven des Controlling, in: Betriebs-Berater. Zeitschrift für Recht und Wirtschaft, 55. Jg. (2000), S. 1931-1935; Cost Accounting Systems Design and SAP – Learning from German History, in: Journal of Cost Management, Vol. 15 (2001), No. 4, S. 33-36; Logistikcontrolling, in: HWU, 4. Aufl., hrsg. v. H.-U. Küpper und A. Wagenhofer, Stuttgart 2002, Sp. 1220-1230; Stand und Entwicklungsperspektiven des Logistik-Controlling, in: Handbuch Logistik, hrsg. v. D. Arnold, H. Isermann, A. Kuhn und H. Tempelmeier, Berlin u.a. 2002, S. D5-1 - D5-13; Balanced Scorecard und Controlling: Nutzen für Manager in Sozialunternehmen, in: Hildemann, K.D. unter Mitarbeit von K. Hartmann (Hrsg.): Spannungsfeld Führung: Neue Konzepte in einem veränderten Sozialstaat, Leipzig 2002, S. 65-85; Interne Marktorientierung des Controllers, in: Krp, 46. Jg. (2002), S. 87-94.

Rationalisierung, in: HWÖ, Stuttgart 1989, Sp. 1336-1343 (mit W. Männel); Management der Logistik, in: DBW, 50. Jg. (1990), S. 775-787 (zusammen mit S. Kummer); Controlling-Entwicklung in der Bundesrepublik Deutschland im Spiegel von Stellenanzeigen, in: ZfB-Ergänzungsheft 3/91, S. 17-

35 (zusammen mit A. Kosmider); Controlling – Ein eigenständiges Aufgabenfeld in den Unternehmen der Bundesrepublik Deutschland, in: DBW,
52. Jg. (1992), S. 535-546 (zusammen mit D. Bültel); Zum Planungs- und
Kontrollverhalten von Verbänden und ähnlichen Non-Profit-Organisationen, in: ZP, Bd. 5 (1994), S. 209-225 (zusammen mit M. Hamprecht);
Benchmarking des Controlling: Ein Ansatz zur Effizienzsteigerung be-
trieblicher Controllingbereiche, in: Krp, Jg. 1995, S. 15-19 (zusammen mit
M. Hamprecht und H. Goeldel); Controlling in Non-Profit-Organisationen.
Konzept und Chancen, in: Controlling, Jg. 1995, S. 124-131 (zusammen mit
M. Hamprecht); Zum Promotionsverhalten in der deutschsprachigen Betriebswirtschaftslehre. Ergebnisse einer empirischen Erhebung, in: ZfbF,
47. Jg. (1995), S. 708-725 (zusammen mit A. Kaminski); Controlling als
Mittel des Turnarounds öffentlich gebundener Unternehmen. Das Beispiel
von Postdienst und Telekom, in: ZfB, 65. Jg. (1995), S. 933-954 (zusammen
mit E. Ernst und J. Galla); Individualisierte Produktion, in: HWProd, 2.
Aufl., Stuttgart 1996, Sp. 653-664 (zusammen mit Chr. Homburg); Operations Management, in: HWProd, 2. Aufl., Stuttgart 1996, Sp. 1347-1357; Integrierte Planung - nur ein Mythos?, in: Harvard Business Manager, 19. Jg.
(1997), H. 3, S. 9-13 (zusammen mit H. Goeldel und M. Hamprecht); Zur
Gestaltung der strategischen und operativen Planung, in: Die Unternehmung, 51. Jg. (1997), S. 273-295 (zusammen mit H. Goeldel und U. Schäffer); Rechnungslegungspolitik und Controlling: Zur Gestaltung der Kostenrechnung. in: Freidank, C.-Chr. (Hrsg.): Rechnungslegungspolitik. Eine
Bestandaufnahme aus handels- und steuerrechtlicher Sicht, Berlin u.a. 1998,
S. 1243-1283 (zusammen mit B.E. Weißenberger); Zweck der Kostenrechnung? Eine neue Sicht auf ein altes Problem, in: DBW, 58. Jg., H. 2, S. 151-
165 (zusammen mit D. Pfaff); Controlling-Entwicklung im Spiegel von Stellenanzeigen 1990-1994, in: Krp, 42. Jg. (1998), S. 227-233 (zusammen mit
U. Schäffer); Benchmarking des Controllerbereichs – Ein Erfahrungsbe-
richt, in: BFuP, 51. Jg. (1998), S. 381-401 (zusammen mit B.E. Weißenberger und R. Aust); Balanced Scorecard - Gedanken zur Einordnung des Konzepts in das bisherige Controlling-Instrumentarium, in: ZP, Bd. 9 (1998), S.
341-365 (zusammen mit U. Schäffer); Sicherung der Rationalität durch wertorientierte Planung. in: Die Unternehmung, 52. Jg. (1998), S. 209-221 (zusammen mit N. Knorren); Anreizsysteme und finanzorientiertes Controlling: Stock-Option-Pläne als Motivationsinstrument der Unternehmensleitung, in: Küting, K., Langenbucher, G. (Hrsg.): Internationale Rechnungs-
legung. Festschrift für Professor Dr. Claus-Peter Weber zum 60. Geburts-
tag, Stuttgart 1999, S. 671-696 (zusammen mit B.E. Weißenberger); Rele-
vance Lost and Found: Kostenrechnung als Steuerungsinstrument und
Sprache, in: DBW, 59. Jg. (1999), S. Statutory Regulation of The Risk-Ma-
nagement-Function in Germany: Implementation Issues for the Non-Fi-
nancial-Sector, in: Frenkel, M., Hommel, U., Rudolf, M.: Risk Management.
Challenge and Opportunity, Berlin u.a. 2000, S. 277-294 (zusammen mit A.
Liekweg); Entwicklung von Kennzahlensystemen, in: BFuP, 52. Jg. (2000),
S. 1-16 (zusammen mit U. Schäffer); Controlling als Koordinationsfunktion?, in: Krp, 44. Jg. (2000), S. 109-118 (zusammen mit U. Schäffer); Interne Kundenorientierung der Kostenrechnung? Ergebnisse einer empiri-

schen Untersuchung in deutschen Industrieunternehmen, in: DBW, 60. Jg. (2000), S. 241-256 (zusammen mit Chr. Homburg, R. Aust und J.-T. Karlshaus); Supply Chain Management und Logistik, in: WiSt, 29. Jg. (2000), S. 264-269 (zusammen mit M. Dehler und B. Wertz); Management Accounting Follows Strategy? – Zur Strategieabhängigkeit der Kostenrechnung –, in: ZP, Bd. 11 (2000), S. 307-328 (zusammen mit Chr. Homburg, R. Aust und S. Frank); Zur Charakterisierung und Entwicklung von Controlleraufgaben, in: ZP, Bd. 12 (2001), S. 25-46 (zusammen mit U. Schäffer und C. Prenzler); Die Bedeutung des Realoptionsansatzes aus Controlling-Sicht, in: Hommel, U., Scholich, M., Vollrath, R. (Hrsg.): Realoptionen in der Unternehmenspraxis. Wert schaffen durch Flexibilität, Berlin u.a. 2001, S. 13-43 (zusammen mit G. Pritsch); Zur Optimierung von Intensität und Neuplanungsanteil der operativen Planung, in: Controlling, 13. Jg. (2001), S. 283-288 (zusammen mit U. Schäffer und B. Willauer); Risk Tracking & Reporting. Ein umfassender Ansatz unternehmerischen Chancen- und Risikomanagements, in: Götze, U., Henselmann, K., Mikus, B. (Hrsg.): Risikomanagement, Heidelberg 2001, S. 47-65 (zusammen mit B.E. Weißenberger und A. Liekweg); Controlling in Dienstleistungsunternehmen, in: Bruhn, M., Meffert, H. (Hrsg.): Handbuch Dienstleistungsmanagement. Von der strategischen Konzeption zur praktischen Umsetzung, 2. Aufl., Wiesbaden 2001, S. 899-913 (zusammen mit U. Schäffer); Marketing-Controlling: Sicherstellung der Rationalität einer marktorientierten Unternehmensführung, in: Reinecke, S., Tomczak, T., Geis, G. (Hrsg.): Handbuch Marketingcontrolling. Marketing als Motor für Wachstum und Erfolg, Frankfurt/ Wien 2001, S. 32-49 (zusammen mit U. Schäffer); Finanzorientierung – die neue Herausforderung für das Controlling im internationalen Unternehmen, in: Krystek, U., Zur, E. (Hrsg.): Handbuch Internationalisierung. Globalisierung – eine Herausforderung für die Unternehmensführung, 2. Aufl., Berlin u.a. 2002, S. 541-569 (zusammen mit B.E. Weißenberger); Risikomanagement und Rationalität der Führung in unterschiedlichen Kontexten, in: Lange, K.W., Wall, F. (Hrsg.): Risikomanagement nach dem KonTraG – Aufgaben und Chancen aus betriebswirtschaftlicher und juristischer Sicht –, München 2001, S. 457-503 (zusammen mit A. Liekweg); Logistik-Controlling – Konzept und empirischer Stand, in: Krp, 45. Jg. (2001), S. 275-282 (zusammen mit H. Blum); On the way to active management of performance measures, in: International Journal of Business Performance Measurement, Vol. 3 (2001), No. 1, S. 47-65 (zusammen mit U. Schäffer); Gestaltung und Nutzung der kommunalen Kostenrechnung - eine empirische Studie, in: krp Kostenrechnungspraxis, 46. Jg. (2002), S. 37-45 (zusammen mit C. Hunold); Kennzahlensysteme in eBusiness-Start-Ups im Spiegel einer empirischen Erhebung, in: Controlling, 14. Jg. (2002), S. 355-364 (zuasammen mit U. Schäffer und H.-U. Freise); Controlling als Rationalitätssicherung der Führung, in: Seicht, G. (Hrsg.): Jahrbuch für Controlling und Rechnungswesen 2002, Wien 2002, S. 49-70 (zusammen mit U. Schäffer).